La diptongación
en las lenguas románicas

Fernando Sánchez Miret

1998
LINCOM EUROPA

Published by LINCOM EUROPA 1998.

All correspondence concerning *LINCOM STUDIES IN ROMANCE LINGUISTICS*
should be addressed to:

LINCOM EUROPA, Paul-Preuss-Str. 25, D-80995 München.

LINCOM.EUROPA@t-online.de
http://home.t-online.de/home/LINCOM.EUROPA

Printed in Germany

Die Deutsche Bibliothek - CIP-Einheitsaufnahme

Sánchez Miret, Fernando:
La diptongación en las lenguas románicas / Fernando Sánchez
Miret. - München ; Newcastle : LINCOM Europa, 1998.
 (LINCOM studies in Romance linguistics ; 04)
 ISBN 3-89586-557-5

Printed on chlorine-free paper

A mi madre y a la memoria de mi padre
A mi maestra Carmen Pensado

Para Rosana

Índice

Lista de abreviaturas

ant.	antiguo	lat.vulg.	latín vulgar
cat.	catalán	MET	metafonía
D	diptongación	mod.	moderno
dalm.	dalmático	mscs.	milésimas de segundo
cast.	castellano	port.	portugués
fr.	francés	prov.	provenzal
friul.	friulano	retorrom.	retorromance
frprov.	francoprovenzal	rum.	rumano
it.	italiano	sar.	sardo
lat.	latín	SL	sílaba libre
lat.cl.	latín clásico	ST	sílaba trabada

Introducción

Los procesos de diptongación (= D) de las vocales tónicas son una de las principales vías de transformación del vocalismo latino y ocupan, en consecuencia, un puesto importante dentro de las gramáticas históricas de la mayoría de las lenguas románicas. En consonancia con esto, la cuestión de la D, especialmente la que afecta a /ɛ, ɔ/ (= Ĕ, Ŏ), ha sido continuo objeto de atención por parte de los romanistas a lo largo de la historia de la lingüística románica.[*]

SITUACIÓN PREVIA

Las primeras hipótesis empezaron a circular a mediados del siglo XIX, pero hubo que esperar hasta los inicios del siglo XX para que apareciera una monografía que tratara ampliamente el tema (Goidànich 1907). Poco antes había salido a la luz el trabajo de Voretzsch en el que se estudiaba de manera pormenorizada la D en provenzal y algunos aspectos de la D francesa (cf. Voretzsch 1900). Ha sido constante a lo largo de la historia esta alternancia entre obras dedicadas a lenguas concretas y obras que se ocupan del problema desde su dimensión panrománica. Sin embargo, se observa que el interés por la visión panrománica ha ido decreciendo a lo largo de los años, de forma paralela al aumento de los estudios dedicados a lenguas particulares; por ejemplo, para el castellano tenemos: Alarcos (1958a), Malkiel (1984a), Torreblanca (1989); para el italiano: Castellani (1962, 1965, 1970a); para el rumano: Sampson (1985a y b) o para el friulano: Francescato (1959), Rizzolatti (1979).

Los años veinte y treinta fueron muy importantes en el desarrollo de la investigación. Hasta ese momento se ha venido aceptando de manera general la teoría del alargamiento, según la cual las vocales diptongarían al volverse largas en sílaba libre (= SL). Durante el período mencionado se produce la primera crítica importante a la teoría tradicional (Juret 1922), que fue seguida por varios intentos por mejorar la noción del alargamiento (Camilli 1923, Ronjat 1924, Weerenbeck 1930). Pocos años después aparecería un importante artículo de Schürr en el que se desarrollaba una idea defendida en primer lugar por Schuchardt (1872). En Schürr (1936) se desarrolla de forma ya bastante exhaustiva una teoría totalmente opuesta a la hipótesis del alargamiento. Según Schürr (y ya antes Schuchardt), la D de /ɛ, ɔ/ sería un proceso totalmente independiente de la duración de las vocales y condicionado por la presencia de determinados sonidos en el contexto.

A partir de los años cuarenta ya no aparecen nuevas ideas en cuanto a los aspectos fonéticos del proceso y la discusión gira en torno a la aceptación o rechazo de la teoría de Schürr (cf. Alonso 1962), en la búsqueda de explicaciones de otro tipo (por ejemplo la explicación de superestrato de Wartburg 1967², 1950¹, primera versión de 1936) o en la integración de las ideas anteriores dentro de las explicaciones estructuralistas.

---

[*]   El presente trabajo es una versión ligeramente retocada de mi tesis doctoral. Deseo expresar aquí mi agradecimiento a Carmen Pensado, José Antonio Pascual, María Jesús Mancho, Mercedes Brea, Antonio Vespertino Rodríguez y Jesús Moreno Bernal por sus críticas y sugerencias.

En 1970 apareció la versión definitiva y completa de la hipótesis de Schürr (ya había aparecido una amplia explicación en Schürr 1956) y muy poco después se publicó la última monografía hasta el momento dedicada exclusivamente al problema de la D romance (Spore 1972). A partir de esa fecha, salvando el trabajo de Van Coetsem & Buccini (1990), ha sido poco el interés dedicado a la cuestión, a pesar de que no se ha llegado todavía a una solución definitiva del problema (cf. Hall 1976: 191; Vincent 1988: 35-36).

PROPÓSITO

Hasta ahora sólo había una teoría que intentaba explicar todos los datos con una única hipótesis: la teoría metafónica de Schuchardt (1872) y Schürr (1936). Dicha hipótesis consiste en suponer que la D de /ɛ, ɔ/ habría sido inicialmente en toda la Romania un fenómeno condicionado por la metafonía (= MET) y que luego habría sufrido sucesivas transformaciones hasta llegar al estado de diversificación que se manifiesta ya en los primeros testimonios de cada una de las lenguas (cf. § 3).

La otra teoría importante explicaba algunas Ds de /ɛ, ɔ/ como fruto de un alargamiento de dichas vocales en algunos contextos, fundamentalmente en sílaba libre, mientras que reconocía que en otros casos la D de estas mismas vocales sería producida por el condicionamiento metafónico.

La intención de este trabajo es desarrollar al máximo el potencial de la teoría del alargamiento, para llegar a mostrar cómo puede incluirse dentro de dicha teoría una explicación de todos los hechos romances, no sólo los que afectan a la D de /ɛ, ɔ/, sino también los que se refieren al resto de vocales. Para ello nos ocuparemos de mejorar los planteamientos de la teoría de la D y desde este punto de vista analizaremos de nuevo los datos romances.

MARCO TEÓRICO

Nos hemos movido dentro del modelo de la Fonología y Morfología Naturales (Donegan & Stampe 1979; Dressler 1982, 1984, 1985). La Teoría Natural es funcionalista, esto quiere decir que el lenguaje humano se considera como medio de comunicación, con lo cual sus características derivan de su función como tal. Por otro lado, el lenguaje está regido, no sólo por su función como medio de comunicación, sino también por las características propias de sus usuarios. Es decir, los seres humanos aprehenden y conceptualizan el lenguaje con arreglo a la capacidad cognitiva del hombre. Igualmente el lenguaje está condicionado por el tipo de órganos fisiológicos adaptados para su producción y percepción: "the living sound patterns of languages, in their development in each individual as well as in their evolution over the centuries, are governed by forces implicit in human vocalization and perception." (Donegan & Stampe 1979: 126). Estos aspectos fisiológicos, cognitivos y comunicativos forman los límites del lenguaje humano.

La Teoría Natural, aunque hace uso en ocasiones de los instrumentos formales desarrollados en otras teorías, no se centra en la economía y la elegancia de la descripción, sino que intenta ser auténticamente explicativa (Dressler 1984: 31):

This is a *natural* theory, in the sense established by Plato in the *Cratylus,* in that it presents languages (specifically the phonological aspect of languages) as a natural reflection of the needs, capacities, and world of its users, rather than as merely *conventional* institution. It is a natural theory also in the sense that it is intended to *explain* its subject matter, to show that it follows naturally from the nature of things; it is not a conventional theory, in the sense of the positivist scientific philosophy which has dominated modern linguistics, in that it is not intended to *describe* its subject matter exhaustively and exclusively, i.e., to generate the set of phonologically possible languages. (Donegan & Stampe 1979: 127)

Las explicaciones para los cambios fonológicos se basan en factores articulatorios o perceptuales, ya que los procesos fonológicos "are substitutions which respond to physical phonetic difficulties." (Donegan & Stampe 1979: 136). Desde el punto de vista articulatorio/perceptual los cambios fonológicos se dividen en: leniciones = *backgrounding* y reforzamientos = *foregrounding*. Las leniciones facilitan la articulación y los reforzamientos favorecen la percepción. Cada tipo de cambio se produce preferentemente en una serie de contextos. Las leniciones suelen tener lugar en contextos "débiles" (coda silábica, posición átona, donde la duración del segmento es menor) y se aplican en estilos que no exigen claridad, en los que se valora más la comodidad articulatoria o en estilos rápidos (Donegan & Stampe 1979: 142-143). Por su parte, las forticiones se aplican en posiciones "fuertes" (= posiciones de prominencia prosódica y de mayor duración) y en estilos en los que se valora la perceptibilidad (= estilos expresivos, formales o lentos) (Donegan & Stampe 1979: 142).

Por otra parte, los procesos están sometidos a jerarquías de contextos (Donegan & Stampe 1979: 138). Por ejemplo, la palatalización de consonantes velares se produce en primer lugar ante [i], luego ante [e] y en último lugar ante [a] (cf. Bhat 1974 [1978]: 60-61). Cada proceso fonológico está regido por varias jerarquías de este tipo.

La D es un proceso de reforzamiento (Donegan & Stampe 1979: 142; Dressler 1984: 30). Frente a ella tenemos procesos de debilitamiento de vocales, como la monoptongación, apócope, reducción en posición final, síncopa o la aféresis. Como tal proceso de reforzamiento, veremos que la D se aplica en contextos fuertes y en estilos en los que se favorece la perceptibilidad y que sus jerarquías de aplicabilidad están en relación con este tipo de contextos (cf. §§ 2.2-2.3).

Por otro lado, hay que tener en cuenta que todos los factores que configuran el lenguaje están ordenados en función de criterios semióticos. Desde este punto de vista lo morfológico es semióticamente más importante que lo fonológico:

Words are primary signs, morphemes and MRs [= reglas morfológicas] secondary signs (i.e. signs on words, analysable within the word), while phonemes and phonological processes are tertiary signs (i.e signs analysable within the morpheme). In communication and cognition words have precedence over morphemes (and MRs), which in turn have precedence over phonemes and phonological processes (Dressler 1984: 36)

Esto quiere decir que los efectos provocados en la lengua por un cambio fonológico se verán supeditados a la tendencia natural a que todo dentro del lenguaje sea comunicativo. Esto hace que determinados procesos fonológicos sirvan como marcas de estilo, de clase social. Pero otros procesos pueden llegar a adquirir significado morfológico (= morfologización: las alternancias a que da lugar un determinado proceso fonológico pasan a servir como marcas (redundantes) de determinadas categorías morfológicas, con lo que se vuelven más importantes desde el punto de vista semiótico. Veremos también que la D se ha morfologizado y la importancia que esto ha tenido en algunas lenguas en concreto (cf. §§ 5.4.12-5.4.14).

ESTRUCTURA DEL TRABAJO
El trabajo se estructura en dos partes. En la primera nos ocuparemos de los aspectos teóricos necesarios para afrontar una nueva reconstrucción de la D romance. En primer lugar trataremos de la noción de diptongo, con el fin de aclarar algunos puntos que han condicionado la

elaboración de las teorías previas. En segundo lugar estudiaremos los aspectos más importantes del proceso de D. Delimitaremos qué es una D, a qué tipo de vocales afecta, cuáles son los contextos en los que el fenómeno se produce, qué jerarquías se deducen de lo anterior y cuál es el resultado del proceso.

En la segunda parte, tras una rápida exposición de los hechos románicos, nos ocuparemos de las teorías previas, haciendo especial hincapié en los aspectos fonéticos. En el último capítulo desarrollaremos nuestra reconstrucción de la D romance a la luz de las jerarquías obtenidas en la parte teórica. En ese capítulo veremos que las diferentes Ds de las lenguas románicas encajan dentro del marco explicativo trazado por la teoría del alargamiento (revisada), con lo cual se hacen innecesarias tanto las explicaciones que buscan los motivos de la D en causas particulares de cada lengua, como aquellas que pretenden diferenciar dos tipos de procesos distintos en la D de /ɛ, ɔ/ frente a la del resto de vocales.

Parte I

Aspectos teóricos

1
Diptongo

1.0. Introducción

En estudios precedentes sobre la D románica (p. ej. Schürr 1970a, Spore 1972) no se ha dedicado una atención especial a la definición de "diptongo" y otros conceptos relacionados. Cuando se estudia la D se da por supuesto que el resultado de este proceso es un diptongo, independientemente de los problemas que tal noción pueda entrañar y, por supuesto, independientemente de la evolución subsiguiente que el diptongo pueda sufrir[1].

Aquí se afrontará esta cuestión por dos motivos principales. Por un lado, nos interesa fijar la terminología que vamos a usar a lo largo del trabajo, dada la abundancia de términos propuestos para designar tanto los componentes como los tipos de diptongo existentes (cf. Menzerath 1941: 20-42). Por otro lado, se observa que las ideas que un lingüista tiene sobre lo que es un diptongo influyen en su manera de concebir una teoría sobre la D. En concreto, predomina la idea de que hay una gran diferencia entre diptongos crecientes (p. ej. cast. *ie, ue* en *cielo, puerta*) y decrecientes (p. ej. cast. *ei* en *peinar*) y se llega a afirmar que sólo los decrecientes son verdaderos diptongos (esta sería la postura de Sievers o Bally, como señala Menzerath 1941: 29; lo mismo opinan Grammont 1933 [1971]: 223-224, Canepari 1985[4]: 198 o Marotta 1987: 866). De esta idea se deriva otra que afecta de manera importante a las hipótesis sobre la D románica. En concreto, algunos autores han afirmado que una D espontánea produce necesariamente diptongos decrecientes (cf. en el ámbito romance Havet 1877; Schuchardt 1878; Fouché 1927; y desde una perspectiva universal Donegan 1978). Según esta hipótesis, o bien los diptongos crecientes son un estado secundario o bien han nacido de procesos distintos de una D espontánea (cf. Fouché 1927; Schürr 1936). Para la discusión de esta y otras cuestiones semejantes es necesario analizar en primer lugar los presupuestos sobre los que se basan estas ideas.

El diptongo plantea problemas en varios frentes. Por un lado, no está clara su naturaleza fonética y esto se refleja en las dificultades que encuentran los fonetistas para distinguir con nitidez entre monoptongos y diptongos o entre diptongos y hiatos. En realidad, está comúnmente aceptado (cf. p. ej. Schmitt 1931: 72) que no es posible trazar una frontera

---

1 Una excepción notable es Romeo (1968), que dedica un tercio de su trabajo a la naturaleza fonética y fonológica del diptongo.

clara entre estas tres entidades cuyas realizaciones se organizan a lo largo de una escala que lleva gradualmente desde un extremo (monoptongo) a otro (hiato).

Mucho más difícil es todavía ponerse de acuerdo acerca de su naturaleza fonológica. En este sentido los fonólogos discuten para cada lengua qué se considera diptongo y qué no y si sus diptongos deben ser analizados como unidades o como secuencias. Las diferentes posturas han dado origen a una sobreabundancia de términos técnicos que aquí será analizada en parte.

La noción de "diptongo" no puede ser definida exclusivamente desde la fonética, ni desde la fonología, que son los aspectos de los que nos ocuparemos a continuación. Es importante también el plano morfonológico. En este sentido las lenguas románicas son un ejemplo importante. En la mayoría de estas lenguas las vocales latinas Ĕ, Ŏ diptongaron en /ie/ y /uo, ue/, p. ej. VĔNTU > cast. *viento* y PŎRTA > cast. *puerta*. De este proceso histórico resulta que en lenguas como el castellano /ie, ue/ son los diptongos más abundantes. Independientemente de su estado fonético actual, es fácil admitir que se trata de diptongos, ya que entran a formar parte de alternancias morfonológicas como *viento ~ ventolera* y *puerta ~ portal*. Sin embargo, entidades fonéticas similares a las del castellano no son consideradas como diptongos en otras lenguas. Por ejemplo inglés *yes* y *twenty* contienen secuencias próximas a las del cast. [i̯e, u̯e] y, sin embargo, no se consideran diptongos en inglés, porque no provienen de monoptongos ni alternan con ellos (cf. también Mioni 1973: 174).

Por último, hay que mencionar que en el análisis de los diptongos se han tenido poco en cuenta otros factores igualmente importantes, como son la ortografía (Nathan 1986: 216), el peso de la lengua estándar sobre los diptongos de los dialectos o las perturbaciones que pueden producirle a un investigador no nativo las peculiaridades de su propia lengua (cf. Menzerath 1941: 37-39). Todos estos problemas han complicado el estudio de los diptongos y, por extensión, el de la D románica.

1.1. Análisis fonético

Desde el punto de vista fonético no se puede diferenciar siempre de manera tajante entre monoptongo, diptongo y hiato. Este problema se ha planteado tanto en las descripciones dialectológicas tradicionales como en los trabajos de laboratorio. E incluso hay casos en los que el observador percibe claramente un diptongo donde el sujeto hablante afirma sin dudar que produce un monoptongo (Schmitt 1931: 65), como en el caso conocido de los hablantes de inglés cuando pronuncian vocales de otra lengua (p. ej. cast. *bebé* sonaría aproximadamente [bei̯bei̯] en boca de un anglófono, cf. Pike 1947b: 152). Por otra parte, dentro de lo que se suele considerar como diptongos hay notables diferencias. Por ejemplo Lehiste & Peterson (1961) distinguen en el inglés americano unos diptongos con un único momento de estabilidad formántica ([ei̯, ou̯, ɚ] p. ej. en *fate, lope, hurt*) frente a otros diptongos con dos momentos de estabilidad ([ɑi̯, ɑu̯, ɔi̯] p. ej. en *tight, loud, voice*). Otra diferencia es la que nota Sievers entre los diptongos que él llama auténticos (= *echte Diphthonge*, p. ej. ai̯, ei̯, au̯, ou̯), que dan una impresión de unidad ("beide Theile für das Ohr mehr zu einer Art glatt verlaufender Einheit zusammenschmelzen"), y los que llama falsos (= *unechte Diphthonge*, p. ej. i̯ə, u̯ə, y̆ə de algunos dialectos alemanes meridionales), que parecen más bien una secuencia ("die beiden Glieder mehr selbständig und unvermittelt neben einander zu stehen scheinen"; Sievers 1901[5]: § 418).

Esta heterogeneidad de lo que se entiende por diptongo es lo que pretende reflejar Schmitt (1931: § 20) al separar tres tipos de diptongo en función de la diferenciación existente entre sus dos elementos: "semidiptongos", "diptongos continuos", "diptongos completos" (= *Halb-, Gleit-* y *Volldiphthonge*). Los semidiptongos estarían formados por una vocal y un *glide*. El *glide* no alcanzaría su objetivo, y consistiría sólo en un movimiento hacia él. En los diptongos continuos o "deslizantes" ninguna de las dos partes puede identificarse con otro sonido de la lengua. En este caso lo que importa es el movimiento de una a otra. Tampoco en este caso se tiene la sensación de un sonido doble y Schmitt propone que se transcriban con un solo símbolo. Como ejemplo de estos diptongos continuos Schmitt propone los del inglés o el alemán. Por último, en los diptongos completos sí podría hablarse de un sonido doble. Según Schmitt, un diptongo de este tipo sería [au̯] italiano. Hay que decir que *au* italiano es en ocasiones un hiato, como en *paura, baule*; además de esto, presenta una clara tendencia hacia la pronunciación como hiato cuando aparece en contextos de alargamiento de vocales, por ejemplo en final de enunciado, como en general sucede con todos los diptongos descendentes italianos (Marotta 1987: 873, 883).

Aunque se ha señalado que esta variedad de diptongos posibles tiene como consecuencia el que los rasgos que sirven para caracterizar a los diptongos de una lengua no sean generalizables a todas las lenguas (Borzone de Manrique 1979: 205), pueden señalarse algunos rasgos que permiten encuadrar fonéticamente la noción de "diptongo".

1.1.1. RASGOS ARTICULATORIOS

Por lo que se refiere a la articulación, se ha destacado la producción del diptongo con una única tensión (cf. Grammont 1933 [1971]: 109), o con un solo golpe de fuerza (Catford 1988: 115: "a single stress-pulse (or pulse of initiator power)"). En definitiva Grammont y Catford aluden al hecho de que el diptongo se inserta dentro de la misma sílaba. Por otra parte, es sabido que en la producción del habla los órganos articulatorios están en constante movimiento y esto se observa de manera especial en los diptongos, donde es esencial el paso de un sonido a otro (= *Dauerbewegung*, Menzerath 1941: 98). Según Menzerath, en contra de la antigua teoría de las posiciones articulatorias, en la articulación tanto de los diptongos como de cualquier otra secuencia no se pueden detectar momentos de posición fija los órganos, sino un movimiento incesante de un sonido a otro (Menzerath 1941: 95-109).

Por otra parte, según Collier & Bell-Berti & Raphael (1982) pueden detectarse diferentes estrategias articulatorias para distintos tipos de diptongos. Estos autores estudian el caso del holandés, donde se distinguen dos tipos de diptongos: los llamados "diptongos genuinos" (/ɛi, ʌy, au/ o /ɛi, ɣy, ɔu/, según Mioni 1973: 378-379), parecidos a segmentos unitarios y los "pseudodiptongos" (/aj, oj, uj, ew, iw/, que actúan fonológicamente como secuencias de VC). Los autores comprueban que en el caso de los diptongos genuinos el aumento de la actividad de los músculos es gradual, mientras que en los pseudodiptongos es muy rápido y en esto coinciden con las otras secuencias de sonidos. Además de esto, el gesto de los genuinos se lleva a cabo a través de una acción sinergística de diferentes músculos, mientras que el de los pseudodiptongos se forma por medio de una acción antagonística del geniogloso y el estilogloso.

1.1.2. RASGOS AUDITIVOS Y ACÚSTICOS

Por otra parte, en el plano auditivo destaca la dualidad del diptongo. La complejidad auditiva de los diptongos frente a las vocales simples hace que se perciban dos vocales, aunque en realidad habría toda una sucesión de ellas (cf. Schubiger 1977[2] [1989]: 50). Las transcripciones habituales no recogen este hecho, que llevaría a transcribir por ejemplo el diptongo inglés /ai̯/ en la forma siguiente: [aɒːɒ̞ɪ] (Labov 1994: 176).

Acústicamente el diptongo se caracteriza por presentar formantes que se mueven. En el espacio vocálico se representa los diptongos como un movimiento entre las zonas de dos vocales distintas (Borzone de Manrique 1979: 195). Así en (1) se representan los diptongos castellanos de *cielo* /i̯e/ y *peine* /ei̯/:

(1)   **diptongos castellanos /i̯e/, /ei̯/**

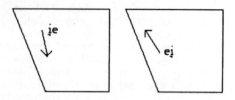

Los trazos de (1) son, al igual que las transcripciones, sólo aproximados. Pueden compararse con la figura que Labov (1994: 175) obtiene para el diptongo inglés /ai̯/. Labov mide cada diez milésimas de segundo de una producción de este diptongo de 180 mscs. de duración. El resultado es una figura como la que sigue (vid. su figura 6.6.)[2]:

(2)   **representación del diptongo inglés /ai̯/**

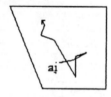

Los fonetistas clásicos (cf. p. ej. Sievers 1901[5]: § 411, Jespersen 1897-99 [1904]: §§ 212-213) ya observaron que las representaciones gráficas de los diptongos, tanto en las ortografías nacionales, como las transcripciones fonéticas usuales, usaban símbolos de otras vocales existentes en las lenguas, a pesar de que los miembros de los diptongos frecuentemente sólo se aproximan a la realización de las vocales usadas para representarlos. En los estudios sobre la acústica de los diptongos (p. ej. Lehiste & Peterson 1961: 276; Gay 1968: 1572) se ha demostrado que generalmente las configuraciones formánticas de los elementos de un diptongo no coinciden con las de ninguna otra vocal existente en la lengua en cuestión y que los símbolos usados para transcribir los diptongos no suelen ser más que los puntos hacia los que tienden los órganos, sin llegar a alcanzarlos necesariamente.

En definitiva, ha habido varios intentos para establecer los parámetros acústicos que pudieran servir para discriminar entre diptongo y vocal simple, entre diptongo y hiato y para diferenciar los distintos diptongos entre sí (p. ej. Lehiste & Peterson 1961; Gay 1968; Borzone de Manrique 1979; Bond 1978; Salza & Marotta & Ricca 1987; Marotta 1987). Los índices propuestos son fundamentalmente los siguientes: la existencia de momentos de estabilidad formántica, la duración de la transición de un sonido a otro, la velocidad de cambio de F_2 y la duración total de la secuencia.

---

2   Puede verse la representación en el espacio vocálico de los diptongos del inglés y del alemán en Schubiger (1977[2] [1989]: 51, 58) y del inglés americano en Ladefoged (1982[2]: 75).

Estabilidad formántica. Parece ser que para que se perciba un diptongo en inglés es necesario que exista una fase de estabilidad formántica, es decir, un período durante el que los formantes discurren paralelos al eje del tiempo (Lehiste & Peterson 1961). Esto, sin embargo, no parece necesario en los diptongos castellanos según los datos de Borzone de Manrique (1979: 204). Por otro lado, este criterio serviría, según Lehiste & Peterson (1961), para distinguir entre dos tipos de diptongos en el inglés americano. Por un lado, habría diptongos con un único momento de estabilidad formántica (= *single-target complex nuclei*) y, por otro, diptongos con dos momentos estables (= *double-target syllable nuclei*).

Duración de la transición entre los dos elementos. Bond (1978: 257) propone que la duración de la transición es un parámetro que permite discriminar entre diptongo y hiato y observa que este parámetro varía para las tres secuencias analizadas (/aɪ, aʊ, ɔɪ/). Según Martínez Celdrán (1984: 221), en el hiato los formantes característicos de cada vocal están bien diferenciados y se pasa de uno a otro de una manera brusca, sin embargo en el diptongo el *glide* es "una transición muy prolongada del segundo formante de la vocal de la que depende" (Martínez Celdrán 1984: 222). Por su parte, Lindau & Norlin & Svantesson (1990) estudian el papel de la transición de F_2 entre los dos elementos del diptongo en cuatro lenguas (inglés, chino, árabe y hausa). Según estos autores, parece existir la tendencia a que la duración de la transición dependa de la distancia entre los dos elementos del diptongo, pero esto no sucede en todos los diptongos. Por lo tanto este parámetro sería en parte específico de cada diptongo (Lindau & Norlin & Svantesson 1990: 14).

Velocidad de cambio de F_2. Este parámetro se obtiene de la relación entre el tiempo y el desplazamiento de F_2 en el paso de un sonido a otro. Según Gay (1968), junto a la presencia de un momento de estabilidad formántica en el inicio de la producción, este otro rasgo sirve para diferenciar a los diptongos entre sí, ya que se mantiene bastante estable aun en casos de distinta duración del diptongo (sometido a diferencias en la velocidad de elocución). Sin embargo, este parámetro no parece funcionar en otras lenguas como el castellano (Borzone de Manrique 1979: 204) o el italiano (Salza & Marotta & Ricca 1987: 31). Según Lindau & Norlin & Svantesson (1990), la velocidad de la transición no es la misma para diptongos similares (/ai, au/) en las diferentes lenguas, con lo cual este parámetro sería específico de cada lengua.

Duración. En principio los diptongos duran más que las vocales simples (por ejemplo lo comprueba para el húngaro Hegedüs 1956: 68), pero sabemos que hay lenguas con diptongos breves, como el islandés (cf. Steblin-Kamenskij 1960, Allen 1976, Árnason 1980). Según Passy, en estos casos el diptongo se ve muy expuesto a la monoptongación (cf. Passy 1891: 481). La duración es, además, el parámetro que sirve para diferenciar entre diptongo y hiato. El diptongo es más breve como conjunto, e individualmente sus partes son también más breves que las que componen el hiato, cf. Marotta (1987: 861). Según Borzone de Manrique (1979) la diferenciación entre hiatos y diptongos en castellano se basa en diferencias temporales: cuando la vocal que dura más es la más abierta, se percibe un diptongo, mientras que cuando la vocal que dura más es la más cerrada, se percibe un hiato. Además se comprueba que en sílaba átona predominan los diptongos sobre los hiatos, lo cual se explica por la menor duración de las sílabas átonas: *bi.ólogo ~ bio.logía, actú.a ~ actua.ción, cri.ar ~ criatura, pa.ís ~ pai.sano, ra.íz ~ rai.gambre, re.úno ~ reu.nión (Esbozo:* 52-53).

Estos cuatro parámetros no son absolutos y no impiden que queden siempre zonas y casos ambiguos en los que una discriminación parece imposible. En definitiva, los hechos recogidos de las lenguas naturales parecen indicar la existencia de una escala de hechos fonéticos:

(3)   **gradación monoptongo-diptongo-hiato**

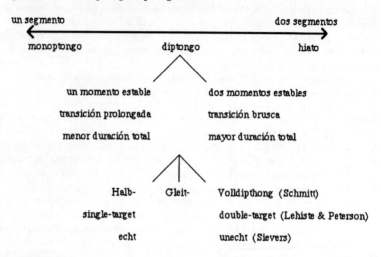

Como se observa en (3), el diptongo se inserta entre el monoptongo y el hiato y comparte características de ambos. Por eso bajo el nombre de "diptongo" se traza una bifurcación que representa a un lado las características comunes con el monoptongo y al otro las que lo acercan al hiato, junto con algunas de las etiquetas que se han dado para las diferentes situaciones.

1.2. Análisis fonológico

Uno de los objetivos fundamentales de todo análisis fonológico es la determinación de las unidades del sistema. En esta tarea hay algunos puntos especialmente conflictivos, como es el caso de las consonantes africadas, las consonantes prenasalizadas y los diptongos (Maddieson 1984: 161). En este apartado trataremos de dos tipos de problemas que plantean los diptongos. Por un lado, los diptongos se comportan para determinados aspectos como unidades simples, mientras que para otros lo hacen como unidades complejas. Esta naturaleza ambivalente del diptongo es uno de sus rasgos constitutivos. Por otro lado, estudiaremos cuál es la organización interna del diptongo y las dificultades que se presentan en el comportamiento de cada uno de los componentes.

1.2.1. UNIDAD O DUALIDAD

Es frecuente que los fonólogos no acaben de ponerse de acuerdo acerca de si un diptongo dado de una lengua concreta es una unidad o son dos unidades distintas. Este mismo problema se les plantea también a los fonetistas cuando intentan dar una definición de "diptongo". Como acabamos de ver (cf. § 1.1) esta dificultad nace principalmente del hecho de que las entidades fonéticas a que nos referimos no son discretas, sino que se organizan a lo largo de una escala como la que se ha presentado en la figura (3). Veamos, a modo de ejemplo, algunas de estas definiciones sacadas de manuales de fonética de épocas diversas y de reconocido prestigio:

Unter einem *Diphthong* im weitesten Sinne des Worts versteht man *eine einsilbige Verbindung zweier einfacher Vocale*, von denen mithin nach den allgemeinen Gesetzen der Silbenbildung [...] der eine silbisch oder Sonant, der andere unsilbisch oder Consonant ist. (Sievers 1901[5]: § 410; énfasis en el original)

une voyelle *unique* qui change de timbre au cours de son émission et qui est articulée avec une *seule* tension décroissante. (Grammont 1933 [1971]: 109; énfasis en el original)

A *diphthong* may be defined as a sequence of two perceptually different vowel sounds within one and the same syllable. (Catford 1977: 215)

single vowels with continuously changing qualities. (Ladefoged 1982[2]: 171)

Grammont y Ladefoged realzan la unidad del diptongo afirmando que se trata de una única vocal, frente a Catford, para quien el diptongo es una secuencia, o Sievers, que habla de unión monosilábica de dos vocales. Sin embargo, se observa que, sea cual sea la posición adoptada, las cuatro definiciones dejan claro un aspecto fundamental, a saber, la presencia simultánea en el diptongo de rasgos de unidad y de dualidad. Veámoslo en las definiciones que se inclinan por la unidad. El diptongo es claramente algo distinto de una vocal simple y, por lo tanto, el aspecto dual no podía quedar fuera de las definiciones de Grammont y Ladefoged, que lo ponen de manifiesto al recalcar que esa única vocal cambia a lo largo de su articulación. Grammont reparte, igual que hará después Menzerath (1941: 18), estos dos aspectos contradictorios del diptongo entre dos dominios de la fonética: la dualidad pertenecería al ámbito auditivo, mientras que la unidad sería propia del campo articulatorio. Por otra parte quienes afirman que se trata de dos sonidos vocálicos tienen que añadir un rasgo que diferencie a un diptongo de cualquier otra secuencia de sonidos vocálicos. Este rasgo consiste en que los dos sonidos se encuentran dentro de la misma sílaba. El monosilabismo es otro rasgo definitorio del diptongo: "*der Diphthong ist unter allen Umständen einsilbig*" (Menzerath 1941: 12; énfasis en el original).

En realidad, la confrontación de estas definiciones pone de manifiesto un aspecto esencial del diptongo: su ambivalencia. Los diptongos son a la vez unidades y dualidades ("unity *in diversity*", Pike 1947a: 149; énfasis en el original).

1.2.2. UNIDAD Y DUALIDAD. PROBLEMAS DEL ANÁLISIS

Como vamos a ver, algunos diptongos se comportan más como secuencias y otros están más próximos a los segmentos únicos. Algunos autores han tratado de poner esto de manifiesto en su terminología. Por ejemplo, Catford (1977: 215) observa que el aspecto dual del diptongo puede entenderse de dos maneras, bien como la secuencia de dos elementos discretos unidos por un momento de transición ("diptongo secuencial"), bien como un movimiento continuo (= *gliding*) de los órganos articulatorios ("diptongo continuo"). Igualmente Andersen (1972) señala que hay dos tipos de diptongo: un "diptongo segmental" (= una sola unidad) frente a un "diptongo secuencial" (= una secuencia).

La variedad fonética de los diptongos se traduce en un comportamiento fonológico complejo. Hay lenguas con diptongos que se comportan como unidades (p. ej. en !Xũ); hay otras con diptongos que actúan como secuencias de vocales (p. ej. en hawaiano) o como una secuencia de consonante + vocal o vocal + consonante (p. ej. en thai), cf. Maddieson (1984: 161). Hay también lenguas en que unos diptongos pueden analizarse como unidades y otros como secuencias. Esto sucedería en el inglés americano:

A distinction should be made between the classes /ɔɪ, aɪ, aʊ/ and /eɪ, oʊ/. The diphthongal nature of /ɔɪ, aɪ, aʊ/ is phonemically distinctive in most dialects of American English. /eɪ, oʊ/, on the other hand, alternate with the simple vowels [e, o], suggesting that their offglides carry no phonemic significance. (Gay 1968: 1570, n.5)

Mientras que en en inglés británico este análisis no parece fundamentado (cf. Mioni 1973: 175), tiene más razón de ser en el inglés americano, donde el segundo elemento de los diptongos /eɪ, oʊ/ tiene una realización muy débil (Mioni 1973: 190). Ya Pike (1947b) había defendido que /ɪ̯i, ʊ̯u, e̯ɪ, o̯ʊ/ eran entidades monofonémicas, mientras que /aɪ̯, aʊ̯, ɔɪ̯/ eran bifonémicas. Pike observa que los hablantes reconocen el diptongo en el caso de /aɪ̯, aʊ̯, ɔɪ̯/ pero no en el de /ɪ̯i, ʊ̯u, e̯ɪ, o̯ʊ/ y esto provoca también que identifiquen monoptongos de otras lenguas con sus /ɪ̯i, ʊ̯u, e̯ɪ, o̯ʊ/ (p. ej. pronuncian el cast. *bebé* como [be̯ɪbe̯ɪ]). Por otra parte, Pike observa que /aɪ̯, aʊ̯, ɔɪ̯/ son siempre diptongos en todas las posiciones, mientras que /ɪ̯i, ʊ̯u, e̯ɪ, o̯ʊ/ fuera del acento de frase disminuyen su carácter diptongado (cf. Pike 1947b: 155). Además hay algunos dialectos americanos en los que /ɪ̯i, ʊ̯u, e̯ɪ, o̯ʊ/ no son diptongos ni siquiera bajo el acento de frase.

Sin embargo, la existencia de estos diferentes análisis fonológicos no es achacable sólo a la variedad fonética de los diptongos de las distintas lenguas, sino también al método concreto de análisis propugnado por cada teoría (Hyman 1975 [1981]: 78). Además, dentro de las fonologías estructuralistas no hay una solución única para estos problemas (lo cual está en la raíz de la debilidad de las diferentes explicaciones estructuralistas diacrónicas):

The chief point we wish to emphasize here is that it is not always advisable or convenient to take the smallest static unit of sound analyzable by the trained ear as the unit of phonemic members ('one *piece* sound, one symbol'), and that according as we take a smaller or a larger unit for our phonemic members, we sometimes arrive at different forms of phonemic pattern for the same language, which are equally valid, though they may not be equally suitable for this or that purpose. (Chao 1934 [1957]: 41)

Junto a la variedad fonética de diptongos y los problemas de la teoría fonológica, hay otros factores que complican el análisis de los diptongos. Por un lado hay que tener en cuenta el origen histórico de los diptongos que se analizan. Si el diptongo es fruto de la unión de dos elementos preexistentes, será más factible una interpretación dual, mientras que si el diptongo surge de la segmentación de una única vocal se tenderá a la visión unitaria. Evidentemente las huellas del origen histórico de los diptongos se encuentran en su actuación morfofonológica.

Por ejemplo bastantes lenguas románicas conocen una alternancia entre diptongo (sílaba tónica) ~ monoptongo (sílaba átona) provocada por la D de las vocales tónicas: cast. *viene* ~ *venimos*, it. *siede* ~ *sediamo*, fr. *il vient* ~ *nous venons*. Con motivo de estas alternancias se ha propuesto en ocasiones una interpretación monofonémica de estos diptongos, p. ej. Navarro Tomás (1971) para el castellano.

Una vez que hemos analizado las distintas causas que complican el análisis de los diptongos (variedad fonética, problemas de método, orígenes históricos distintos), pasemos ahora a revisar sumariamente algunos de los principios de análisis propuestos por las distintas corrientes fonológicas.

1.2.3. ESTRUCTURALISMO

El estructuralismo se preocupa principalmente de la segmentación y clasificación de los fonemas de las lenguas y ha buscado el desarrollo de instrumentos seguros y automáticos para el análisis. Trubetzkoy (1939: 50-55) propone el uso tres criterios fonéticos, junto con otros tres fonológicos para dilucidar si una determinada entidad fonética es un único fonema (cf. Fischer-Jørgensen 1975: 26; Martínez Celdrán 1989: 29-32).

Por un lado, 1) la entidad en cuestión debe pertenecer a la misma sílaba, 2) debe constituir un movimiento articulatorio homogéneo y 3) debe tener la duración de un sonido normal. Por otro lado, debe comportarse como un único fonema, es decir, debe aparecer en aquellas posiciones en las que, en la lengua de la que se trate, no se permiten secuencias. Por ejemplo, si una africada aparece en una posición en la que la lengua no admite grupos, se analizará la africada como un solo fonema. Esto sucede por ejemplo en japonés (cf. Martínez Celdrán 1989: 29).

El segundo criterio fonológio exige que la interpretación debe ser aquella que aporte paralelismos al sistema (es lo que se llamó *pattern congruity* en la escuela de Bloomfield, cf. Fischer-Jørgensen 1975: 86; heredado por la fonología generativista, cf. Hyman 1975 [1981]: 116). Por ejemplo, en georgiano, las africadas muestran un contraste entre africadas con oclusiva glotal y africadas sin oclusiva glotal que se encuentra también entre las oclusivas, pero no entre las fricativas; por lo tanto las africadas se interpretan como oclusivas. Para Saporta (1956) este es un criterio totalmente circular:

> It is not clear how pattern congruity can be both a criterion and a result in linguistic analysis, without circularity. If we build symmetry into our methodology, we can be neither surprised nor pleased when it turns up in our analysis. Where possible, it seems preferable to exclude it from our criteria; then, if the analysis reveals that the material is patterned, as it so often is, so much the better. (Saporta 1956: 289)

Por último, el tercer criterio fonológico requiere que uno de los componentes de la entidad no pueda ser interpretado como variante combinatoria de otro fonema de la lengua ("test de la conmutación", cf. Hyman 1975 [1981]: 119). Esto sucede por ejemplo con cast. [tʃ], ya que [ʃ] no puede considerarse alófono de ningún fonema castellano (Martínez Celdrán 1989: 30).

Frente a estos criterios de Trubetzkoy, Martinet se apoya exclusivamente en la conmutación: hay dos fonemas si cada elemento puede ser conmutado con otro fonema o con cero, mientras que hay un único fonema si sólo uno o ninguno de los elementos puede ser conmutado.

Desde estos planteamientos estructuralistas se ha defendido la bifonematicidad de los diptongos castellanos. La primera regla de Trubetzkoy, sirve a Alarcos para negar la monofonemicidad de los diptongos castellanos [a̯i, e̯i, o̯i]. En *ay, rey* el diptongo pasa a formar parte de dos sílabas en las formas plurales *a.yes, re.yes*, mientras que esto no sucede por ejemplo en el alemán *Ei* 'huevo', que en plural es *Ei.er*, donde se observa que el diptongo se mantiene en ambos casos (Alarcos 1965[4]: § 96). Por otra parte, con arreglo al criterio de la conmutación los diptongos castellanos, tanto los decrecientes como los crecientes, serían bifonemáticos (Martínez Celdrán 1989: 31)[3]:

(4)   pares   conmutan

      ay, au   i̯ ~ u̯

      ay, huy   a ~ u

      ay, au, ah   i̯, u̯ ~ cero

      vais, veis   a ~ e

      nuevo, nieve   u̯ ~ i̯

      novio, novia   o ~ a

      dieses, dioses   e ~ o

1.2.4. UNIVERSALES

Con el mismo problema se han enfrentado los estudios de los universales de los sistemas vocálicos. Aquí tampoco se ha llegado todavía a una fácil integración y definición de los diptongos (cf. Lass 1984; Maddieson 1984: 161). Criterios muy similares a los del estructuralismo son los usados por Maddieson en la preparación de su *UCLA Phonological Segment Inventory Database*:

— Si la entidad sometida a análisis puede ser dividida por una frontera morfológica estamos ante una secuencia.

— Si forma parte de un conjunto mayor de grupos permitidos en la lengua estamos también ante una secuencia.

— Para que un diptongo sea considerado una unidad ha de tener el mismo patrón de distribución que las vocales simples por lo que respecta a sílabas y tonos. En el caso de interpretación como secuencia de vocal más consonante (en cualquier orden) hay que comprobar si se cumplen los patrones de distribución propios de vocales y consonantes respectivamente.

1.2.5. APROXIMACIÓN SUSTANTIVA

Sin embargo, como Maddieson o Lass reconocen, estos criterios no dan siempre una idea clara de la situación de los diptongos. Se hace, por lo tanto, necesario buscar otro tipo de evidencias. En este sentido Blumstein (1991) estudia, entre otras cosas, el papel que la fonética puede desempeñar en la resolución de problemas como el que nos ocupa. En concreto atiende a las oclusivas prenasalizadas. En este caso la fonética no puede decidir en un sentido u otro ya que los segmentos y las secuencias se producen de forma similar. Por lo tanto se pone de relieve que este tipo de cuestiones deben resolverse en el nivel de análisis fonológico. Y, como por su

---

[3]   Puede verse un resumen de lo dicho desde distintos planteamientos teóricos con respecto a los diptongos del castellano en Alcina & Blecua (1975: 419-428).

parte señala Rischel (1991: 241), esto ilustra lo relativa que es la fonología descriptiva en general.

> In fact, I find that the existence of such indeterminacies which call for more or less ad hoc solutions shows that purely descriptive phonology is a kind of "fiction", as was realized in the thirties by some of the most prominent phonologists (Twaddell, Chao, etc.). (Rischel 1991: 241)

Pero desde el punto de vista cognitivo, sigue Rischel, se supone que siempre hay una solución única para este tipo de problemas en la fonología interna de un hablante. Podemos preguntarnos, por lo tanto, si nos acercamos al descubrimiento de esta solución única con criterios como los empleados por los estructuralistas. Tendríamos que saber exactamente qué es lo que realmente hace que una entidad se categorice como segmento o secuencia. Pero aunque lográramos poner de manifiesto la representación interna de un hablante, esta no tendría que coincidir necesariamente con la de otro hablante, ya que, por lo que sabemos, las representaciones de los hablantes tienden a ser distintas precisamente en este punto (cf. Rischel 1991: 241). Y esto no hace más que subrayar el aspecto ambivalente del diptongo.

Ante esta situación de relativa desesperanza cabría intentar un alejamiento de los criterios más abstractos de la fonología y profundizar en la búsqueda de evidencias sustantivas: cambios históricos, adquisición del lenguaje, préstamos, habla rápida, juegos lingüísticos, defectos del habla, errores, aprendizaje de segundas lenguas (cf. Skousen 1975). En lugar de adoptar un punto de vista estructuralista que busca fundamentalmente modelos (= *patterns*), otras corrientes se han interesado por la realidad psicológica del diptongo.

Bertinetto (1988a) repite un experimento realizado anteriormente por Campbell (cf. Campbell 1981) en hablantes de finés consistente en la aplicación a una serie de palabras de un juego lingüístico muy popular en esta lengua conocido como 'kontti kieli' (= 'lenguaje kontti'). En este juego hay que intercambiar los segmentos comprendidos entre el inicio y la primera vocal de una palabra cualquiera con los correspondientes de la palabra "kontti", p. ej. *talo kontti* -> *kolo tantti*. Bertinetto quiere analizar la situación de los diptongos descendentes (p. ej. *keula* 'proa', *auki* 'abierto'), los diptongos ascendentes (p. ej. *hieno* 'simpático', *nuori* 'joven') y los hiatos que se forman en la declinación por medio de la pérdida de una consonante intervocálica (*hiestä* elativo singular de *hiki* 'sudor', *tuella* adesivo singular de *tuki* 'apoyo'). Bertinetto comprueba que los diferentes resultados posibles de este juego dan pie para trazar una escala de separabilidad de los dos elementos de estas diferentes entidades. Los diptongos descendentes y los hiatos del finés serían las secuencias más separables, mientras que los diptongos ascendentes muestran un grado menor de separabilidad (Bertinetto 1988a: 93). Bertinetto no cree que esta diferencia se deba necesariamente a un análisis subyacente de los diptongos ascendentes como vocales largas, que es lo que pretendía mostrar Campbell (1981). En su opinión hay otros factores superficiales que pueden explicar los hechos: tipo de vocales implicadas, orden en que aparecen las vocales, factores morfológicos, etc. Los datos de Bertinetto avalan la opinión de que las entidades que llamamos diptongos pueden sufrir diferentes análisis condicionados por factores de diversa índole.

Slama-Cazacu (1958) analiza el problema de los diptongos rumanos atendiendo a la información extraída del habla inversa. Sus datos hablan en favor de una interpretación monofonémica ya que los diptongos no son disociados correctamente en la inversión. P. ej. *deal* -> *lead*, *coif* -> *foic*. Pero la autora afirma que de esto no se deduce necesariamente que los hablantes no tengan conciencia de dos unidades, ya que estos errores en la inversión se producen por el predominio en determinadas condiciones de imágenes automatizadas (cf. Slama-Cazacu 1958: 133).

Por su parte, Berg (1986) estudia los diptongos alemanes con datos obtenidos de los errores y diversos juegos y presenta datos a favor de las dos interpretaciones, mono- y bifonémica. Entre los errores que Berg ha recogido en alemán hay casos en que un diptongo es sustituido en su totalidad por otro diptongo, como en

(5)   *Du warst kein echter Treu- Trauzeuge* (Berg 1986: 201): aquí el diptongo [au̯] <au> es sustituido totalmente por anticipación del diptongo [ọe̯] <eu> de la sílaba siguiente

Casos como (5) sugieren una interpretación monofonémica. Pero también hay ocasiones en que la sustitución afecta sólo a uno de los elementos del diptongo y parecen sustentar un análisis con dos fonemas:

(6)   *Ich glaube, daß irgendwo 'ne Keif- Kaufeuphorie vorhanden ist* (Berg 1986: 201): aquí el segundo elemento del diptongo [au̯] <au> es sustituido por el segundo elemento del diptongo [ọe̯] <eu>, dando origen a un diptongo [ae̯] <ei>

La existencia de errores de los dos tipos lleva a Berg a utilizar la representación autosegmental, que permite atribuir al nivel segmental los aspectos de dualidad y al nivel llamado CV o prosódico los aspectos de unidad.

1.2.6.   FONOLOGÍA NO LINEAL

Los distintos modelos de fonología no lineal proponen la existencia de diferentes niveles o estratos (= *tiers*) en la representación, que permiten establecer reglas que afectan a cada nivel individualmente (cf. Goldsmith 1990: 9). La idea nuclear de esta fonología no lineal se encuentra ya en Pike:

> Phonemes may occur in structural layers, in series of immediate constituents; a close-knit inner layer comprising a sequence of phonemes may act, in a larger structural layer, as a single but phonemically complex unit. (Pike 1947b: 158)

Como se desprende de la cita de Pike, este tipo de análisis está diseñado precisamente para poder tratar sin problemas entidades complejas como son los diptongos.

Vamos a ver algunos de los niveles que las fonologías no lineales plantean. Por un lado, nos encontramos con el nivel segmental, que es el nivel más bajo, en el que aparecerían los segmentos. Por otro lado, se habla del nivel tonal, que es aquel en el que las lenguas que los tienen colocan los tonos (Goldsmith 1990: 9):

(7)

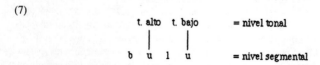

Un nivel más complejo es el nivel silábico, ya que en realidad se trata de varios niveles que representan la organización interna de la sílaba (Goldsmith 1990: 109):

(8)

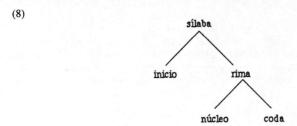

Hay análisis (9) que no dividen la sílaba en inicio y rima, sino directamente en inicio (= *onset*), núcleo y coda, y consideran que debajo del nivel silábico se encuentra el nivel nuclear, donde se diferencian las diferentes clases de núcleo silábico posibles: vocales largas y breves, consonantes nasales y líquidas silábicas, diptongos y triptongos (Schane 1995: 588).

(9)

Por otra parte, se habla también del nivel CV (= *timing tier*), donde se representan las unidades temporales y que permite una representación de las vocales y consonantes largas y otras entidades de este tipo (Goldsmith 1990: 48):

(10)

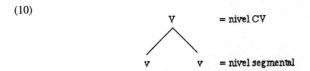

Este último nivel ha sido propuesto dentro de la llamada fonología prosódica (cf. Clements & Keyser 1983) que pretende representar el aspecto temporal de las secuencias. Lo que generalmente se analiza como un único segmento (simple o complejo) corresponde a una sola unidad en el nivel CV, mientras que lo que tradicionalmente se analiza como secuencia geminada o compuesta por dos moras corresponde a dos unidades en el nivel CV.

La representación de la fonología no lineal puede servir para poner de manifiesto, como indicaba Berg, estos dos aspectos contradictorios del diptongo, como son su dualidad y su unidad:

(11)

En el nivel CV el diptongo ocuparía una sola posición y esto reflejaría su unidad, mientras que en el nivel segmental ocuparía dos posiciones, quedando así de relieve sus aspectos duales. Igualmente este tipo de representación puede ayudarnos a comprender las diferencias existentes entre diptongos que se comportan más como unidades y otros que se acercan más a las secuencias:

(12)

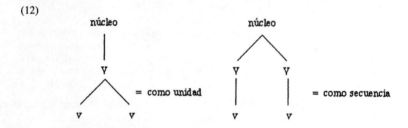

En el primer caso el diptongo ocuparía una sola posición en el nivel CV, mientras que en el otro caso ocuparía dos posiciones.

En definitiva, en la línea del interés formalista de las fonologías generativistas, la fonología no lineal ofrece una elegante formalización de los viejos problemas de la fonología que permite captar visualmente el comportamiento ambivalente de los diptongos[4].

1.2.7. CONCLUSIONES

Hasta aquí hemos visto algunas de las diversas aproximaciones al problema del análisis fonológico de los diptongos. Todos los intentos han debido enfrentarse con la naturaleza ambivalente del diptongo (*unity in diversity*). Como conclusión a este apartado proponemos una ampliación de la figura (3), en la que teníamos en cuenta sólo el comportamiento fonético. En (13) se representan las distintas posibilidades que pueden adoptar las vocales en una lengua: monoptongo, diptongo y hiato. Hemos visto que fonéticamente no hay motivos para considerar que se trata de categorías netas, sino que es necesario entenderlas en términos graduales. Esto es así también en el aspecto fonológico (cf. Bertinetto 1988a). En una escala que va desde la unidad a la dualidad, el monoptongo y el hiato ocupan los extremos, mientras que el diptongo ocupa una posición central, pues comparte rasgos de los dos tipos. Dentro del diptongo hay diferentes clases: algunos se comportan más como una secuencia y otros más como una unidad. Con esto hemos acabado de estudiar los aspectos que se refieren al diptongo en general. A continuación nos ocuparemos del análisis de los elementos que lo componen.

---

4   Vid. el mismo planteamiento para el problema de las africadas en Luschützky (1992: 136).

(13)   **gradación monoptongo-diptongo-hiato**

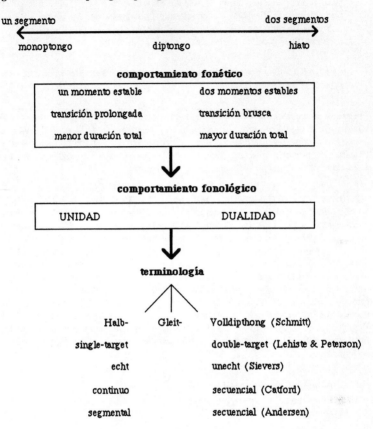

1.2.8. ORGANIZACIÓN DEL DIPTONGO

Un diptongo está formado por dos elementos de categorías distintas. Ya se ha visto que con frecuencia el diptongo presenta un único momento de estabilidad formántica, que corresponde aproximadamente a un monoptongo existente en la lengua; junto a él se encuentra una transición que apunta a la configuración formántica de otro segmento que no siempre llega a ser alcanzado plenamente. Desde otro punto de vista, uno de los elementos del diptongo es más claramente perceptible que el otro. Estos hechos justifican la jerarquización del diptongo en dos partes: el "núcleo" y el "*glide*".

1.2.9. NÚCLEO

Esta separación de los dos elementos del diptongo va íntimamente unida a la organización de la sílaba. En cada sílaba los elementos que la forman se organizan en una estructura dominada por un elemento más perceptible o núcleo. Este elemento es la cima de la sílaba y se dice que es "silábico":

In der mehrlautigen Silbe aber muss nothwendig eine *Abstufung der Schallstärke* stattfinden, indem alle übrigen Laute der Silbe einem einzigen Laute untergeordnet werden. Dieser die Silbe beherrschende Laut heisst der *Sonant* der Silbe (ist *silbisch*), die übrigen heissen die *Consonanten* der Silbe (sind *unsilbisch* [...]). (Sievers 1901[5]: § 525; énfasis en el original)

SYLLABIC: The prominent segment of a phonetic syllable or of a phonemic syllable (Pike 1947a: 251)

Por eso se dice que el núcleo del diptongo, que es más perceptible que el *glide*, es el elemento silábico (= alemán *Schallgipfel, Silbengipfel, Silbenträger*, cf. Menzerath 1941: 25; inglés *peak*). Por ejemplo en cast. *bueno* el núcleo del diptongo es [e], mientras que en *aire* es [a]. Por su parte, el *glide* es menos perceptible y se dice que es asilábico (inglés *nonpeak*). En cast. *bueno, aire* el elemento no silábico es respectivamente [u̯, i̯].

1.2.10. SILABICIDAD-PERCEPTIBILIDAD.CAMBIO DE SILABICIDAD
La silabicidad se ha definido con arreglo a la "intensidad" o "perceptibilidad" (= percepción de la intensidad; inglés *sonority*, alemán *Schallstärke*) de los sonidos (cf. Van Coetsem 1979). Cuanto más perceptible es un segmento, más posibilidades tiene de ser silábico, es decir, de ser el núcleo de un diptongo (cf. Jespersen 1897-99 [1904]: § 198; Donegan 1978 [1985]: 51; Salza 1988: 98). La perceptibilidad depende, por un lado, de la cantidad de energía usada para producir un sonido (= alemán *Druckstärke*). Por otro lado, existe también una perceptibilidad intrínseca (= alemán *Schallfülle*), más importante para la formación de las sílabas que la primera y que depende del grado de abertura propio de la articulación de cada sonido, de tal manera que las vocales más abiertas son más perceptibles (Sievers 1901[5]: §§ 517-518, 529; Hegedüs 1956: 48; Navarro Tomás 1932 [1990]: § 25). Esto se traduce en un principio que ha funcionado y dirigido una y otra vez la formación y evolución de los diptongos en la historia de las lenguas:

(14)   **principio de perceptibilidad**[5]
        El núcleo de un diptongo es su parte más perceptible, que por lo general es la más abierta.

En un experimento llevado a cabo por Andrei Avram se demuestra que las vocales más abiertas tienden a ser percibidas como núcleo silábico. Avram somete a diez sujetos rumanos a un test de percepción de setenta secuencias de dos vocales producidas con un sintetizador y les pide que presten atención al carácter silábico o asilábico de los elementos vocálicos. Las secuencias están compuestas por dos vocales de igual intensidad y duración cada una. Las respuestas obtenidas son de cuatro tipos: 1) vocal, 2) vocal + vocal, 3) *glide* + vocal, 4) vocal + *glide*. El análisis de los resultados le permite concluir que la respuesta depende de la estructura formántica de las vocales: cuanto más alta sea una vocal más fácilmente será percibida como semivocal y cuanto más baja sea, más tenderá a ser percibida como silábica (cf. Avram 1975: 71).
        Esta tendencia a que el elemento silábico sea el de mayor perceptibilidad se comprueba tanto en alternancias sincrónicas como en algunos cambios diacrónicos. Por ejemplo en nepalí

---

[5]   Es lo mismo que Jespersen (1897-99 [1904]: § 198) llama *Sonoritätsprinzip* y Weeda (1983) *diphthong production universal.*

varias secuencias de vocales propias del estilo lento de habla se convierten en diptongos en el estilo coloquial y en todos los casos la vocal más alta, que es la de menor perceptibilidad, se convierte en *glide*: *die* → *die̯*, *pia* → *pi̯a*, *ao* → *ao̯*, *dⁿoa* → *dⁿo̯a* (cf. Ladefoged & Maddieson 1996: 323-324). El mismo principo ha regido algunos procesos históricos del castellano: *reína* > *rei̯na*, *treínta* > *trei̯nta*, *vaína* > *vai̯na*, *veínte* > *vei̯nte*, *júez* > *juez* (RAE 1973: 50-51). Igualmente se encuentra como vulgarismo en *maíz* > *máiz*, *baúl* > *bául*, *maestro* > *máestro*; *adonde* > *aónde* > *ao̯nde* > *ande* (Menéndez Pidal 1940⁶: § 6.2; RAE 1973: 51). Y por otro lado, se documenta la alternancia entre *cardíaco* ~ *cardiaco*, *elegíaco* ~ *elegiaco*, *egipcíaco* ~ *egipciaco*, *período* ~ *periodo* (RAE 1973: 50). En todos estos casos la vocal más abierta prevalece, ya sea convirtiéndose en núcleo del diptongo que se forma, ya sea como único superviviente, como en *ande*.

Sin embargo, la existencia de diptongos como [i̯ə, u̯ə] en lenguas como el alemán, el inglés o determinados dialectos románicos parecería contradecir el *principio de perceptibilidad* (14). En estos casos [ə] posee más perceptibilidad intrínseca que [i, u] y, sin embargo, no es el núcleo silábico. Sievers (1901⁵: § 418) llama a estos diptongos falsos (= *unecht*) y Duraffour (1932: 35) los denomina "anormales". Para Menzerath (1941: 40, 101) este tipo de diptongos no sería problemático. Este autor comprueba que toda vocal tónica se articula con una mayor abertura de los órganos que su correspondiente vocal átona. De aquí deduce que en el caso de diptongos como [i̯ə] el núcleo sería más abierto que el *glide*. Esto no es necesariamente cierto, ya que en un diptongo tónico tanto el núcelo como el *glide*, como el resto de segmentos de la sílaba, son tónicos. Ya sabemos que la perceptibilidad viene dada por la sonoridad intrínseca y también por la intensidad espiratoria (= *Druckstärke*). Como Schubiger (1977² [1989]: 116) señala, el sonido [ə] en los casos como los señalados arriba se produce con menor intensidad espiratoria con lo que logra menor perceptibilidad y el diptongo es, por lo tanto, correctamente decreciente (Menéndez Pidal 1950³: § 22.1 apunta también que el *glide* en estos diptongos pierde perceptibilidad, con lo que no se infringiría el principio establecido).

De todos modos estos diptongos no parecen ser totalmente estables y se conocen evoluciones que confirman el *principio de perceptibilidad*. Por ejemplo en el alemán de Suiza y Alsacia *gu̯ət* 'gut', *mu̯ət* 'Mut' se convierten en *gu̯et*, *mu̯et* (cf. Passy 1891: § 475), por medio de un proceso que desplaza la silabicidad hacia el elemento que naturalmente es más perceptible (cf. Sánchez Miret 1996 *en prensa*)⁶. A lo largo de este trabajo tendremos oportunidad de precisar en qué condiciones suele producirse el cambio de silabicidad (p. ej. *i̯ə* > *i̯e*) y podremos comprobar que este fenómeno ha desempeñado un papel importante en las lenguas románicas (cf. § 5.1).

1.2.11. GLIDE

Por su parte, el otro elemento que forma el diptongo, el *glide*, puede oscilar fonéticamente entre un carácter más vocálico o más consonántico. Aquí hablamos de *glide* tanto si el elemento asilábico precede como si sigue al núcleo. Es posible, sin embargo, diferenciar fonéticamente entre el *glide* que va delante del núcleo y el que va detrás. A favor de esta diferenciación hablan las mediciones de Salza & Marotta & Ricca (1987) y Salza (1988) para el italiano y Borzone de Manrique (1979: 201, tabla I) para el castellano, que demuestran que el *glide* es más breve cuando va delante del núcleo que cuando va detrás. Según los datos de Salza (1988: 108), tanto en el caso de [au̯] (= 242 mscs.) como en [u̯a] (= 216 mscs.) el núcleo tiene una duración

---

6   La misma tendencia al cambio de silabicidad se observa en el siguiente comentario de Luick: "Der unterschied des atemdruckes beim silbengipfel und bei dem unmittelbar darauf folgenden laut ist also gering, jedenfalls nicht gross genug um den unterschied in der natürlichen schallstärke z. b. des *i* und *u* aufzuwiegen. Das ist die ursache, warum die meisten von uns unwillkürlich die verschiedenen unechten diphthonge der altgermanischen sprachen als steigende lesen, obwol niemand daran zweifelt, dass sie fallend waren" (Luick 1891: 338).

similar (148 y 145 mscs. respectivamente), pero en el diptongo decreciente el *glide* dura 94 mscs. frente a las 71 mscs. del diptongo creciente (la diferencia de duración entre diptongos crecientes y decrecientes es observada también por Navarro Tomás 1916: 407).

Igualmente el experimento de Avram (1975) mencionado arriba demuestra que hay una diferencia fonética entre *glide* prenuclear y postnuclear. Tomando las secuencias simétricas que muestra (15) se observa una diferencia en el comportamiento de las vocales altas.

(15) A   B

     [ie]   [ei]

     [io]   [oi]

     [ue]   [eu]

     [uo]   [ou]

De un total de 40 respuestas para cada columna, tenemos 13 respuestas *glide* + vocal para las secuencias de la columna A y 27 respuestas vocal + *glide* para las de la columna B. En opinión de Avram la diferencia de número entre ambos casos demuestra que hay una diferencia fonética entre *glide* pre- y postconsonántico. Dado que en el experimento de Avram las dos vocales de cada secuencia se habían sintetizado con la misma intensidad y duración, buena parte de las respuestas en estos casos son vocal + vocal (en concreto 26 para la columna A y 12 para la columna B). Lo significativo de los casos en que los sujetos experimentados se inclinan por algún tipo de diptongo es que las vocales [i, u] (sintetizadas con intensidad y duración idénticas a las de la otra vocal de su secuencia) son percibidas más frecuentemente como *glide* cuando se hallan en la segunda posición y esto muestra que el *glide* de un diptongo descendente es más vocálico que el de un diptongo ascendente (cf. Avram 1975: 74-75).

Por otra parte, las evoluciones fonéticas que sufre el *glide* también parecen diferenciarse según la posición que ocupe. Es bastante frecuente que el *glide* prenuclear se refuerze y llegue a consonantizarse:

(16) HĔRBA > cast. *hierba* > *yerba* [ɟ]

       huevo > vulgar *güevo*, *huérfano* > vulgar *güérfano* (cf. Alcina & Blecua 1975: 289)

       it. *uomo* > *vomo* (Reinheimer Rîpeanu 1976: 156)

       En algunos dialectos polacos tenemos *bzaly, psasek* para lo que en la lengua literaria es *bialy, piasek*. El mismo proceso es más raro en los diptongos descendentes (cf. Hála 1961 [1966]: 110)

Algo similar ha sucedido en francés, donde el *glide* prenuclear tiene un marcado carácter consonántico, que contrasta con otras lenguas románicas, donde esto no es así (Passy 1891: § 466; Grammont 1946: 46; Navarro Tomás 1932⁴ [1990]: § 49). Según Straka (1990: 1), el *glide* de los diptongos crecientes se habría consonantizado alrededor de los siglos XIV-XV y esto ha hecho que en la descripción tradicional del francés se hable de secuencia de consonante + vocal en casos como *pied* (cf. Reinheimer-Rîpeanu 1976: 156).

Frente a los procesos de reforzamiento del *glide* prenuclear, el *glide* postnuclear tiende a desaparecer y a veces se funde con la vocal Pulgram (1979: 159-160, n.4.): lat.cl. AE [aẹ] > lat.vulg. *e*; lat. AU > diversos romances *o*; *veinte* > cast. (en estilo *allegro*) *vente*.

Aunque las evoluciones mencionadas sean las más habituales, hay ejemplos también de los casos contrarios. Por ejemplo hay pérdida del *glide* prenuclear en francés vulgar en pronunciaciones como [bɛ̃] *bien*, [ʀɛ̃] *rien*, [epi] *et puis* (Menzerath 1941: 66). Y por otra parte, encontramos procesos de consonantización de *glides* postvocálicos:

(17)   aṷ, eṷ > griego moderno *af, ef, ev* (αυτός > [af'tos], cf. Allen 1987[3]: 48)
       uị, aị, eị, yṷ, oṷ > faroés moderno *uʒ, aʒ, eʒ, ygv, ogv* (cf. Rischel 1968: 103, 112)
       eị, oṷ > *eg, og* > Engadina *ek, ok*: SITE > *seit* > *sekt*, IRE > *eir* > *ekr*, FLORE > *flokr*, BOVE > *bouf* > *bokf*, MURU > *meir* > *mekr* (Gartner 1888: 474-476; Meyer-Lübke 1890: §§ 297-298). Son los llamados "diptongos endurecidos" (= *verhärtete Diphthonge, dittonghi induriti*).

Para reflejar estas diferencias entre *glide* prenuclear y postnuclear se usan frecuentemente los términos "semiconsonante" y "semivocal". Según Navarro Tomás (1932[4] [1990]: § 13), las semiconsonantes se caracterizarían por una estrechez menor que la de las fricativas y por un movimiento del cierre a la abertura, mientras que las semivocales tendrían el movimiento inverso. En este trabajo nos ocupamos fundamentalmente del nacimiento de los diptongos y en este sentido preferiremos hablar siempre de *glide* y representarlo a la manera tradicional (cf. Sievers 1901[5]: § 410), que es también la manera del AFI: [ị, ṵ], aunque somos conscientes de que la evolución posterior obligaría a utilizar otros símbolos que reflejaran más de cerca la realidad fonética actual.

1.2.12. PROBLEMAS DE ANÁLISIS DEL GLIDE

En el plano fonológico el análisis del *glide* da lugar a dos tipos de problemas. Por una parte, se discute con qué fonema en concreto debería asociarse un *glide* dado. Por otro lado, ha dado pie a distintas concepciones de los diptongos.

Una vez que se ha decidido acerca de la mono- o bifonemicidad del diptongo, y en caso de que la decisión haya caído de parte de la bifonemicidad, la fonología estructuralista se pregunta por la clasificación de los elementos del diptongo. Uno de ellos, el núcleo, coincide generalmente con algún fonema vocálico definido independientemente. El problema se plantea con el *glide*, o elemento asilábico del diptongo, para el que en cada caso se discute la posibilidad de ser un fonema independiente o bien un alófono de un sonido vocálico o consonántico. Por ejemplo se ha discutido si [ị, ṵ] de los diptongos del castellano como [aị] *aire*, [aṵ] *causa*, [ịe] *cielo*, [ṵe] *bueno* son fonemas independientes o bien alófonos de /i, u/ o de algún fonema consonántico. Para Alarcos (1965[4]: §§ 97-100) se trataría de alófonos de /i, u/, mientras que para Martínez Celdrán (1989: 99-100) son alófonos de /j, w/.

Por otro lado, en función del análisis concreto de cada *glide* se diferencian clases distintas de diptongos o de secuencias "similares" a diptongos. En concreto es frecuente interpretar las secuencias de *glide* + vocal (GV) como secuencias de consonante + vocal (CV). Por ejemplo Canepari (1985[4]: 23) analiza los diptongos crecientes como secuencias de "contoide" + "vocoide" (según él son vocoides los sonidos que se producen sin ninguna obstrucción ni fricación, y son contoides los demás sonidos). Desde este punto de vista, los diptongos crecientes equivaldrían a secuencias como [kɛ, kɔ].

En cada lengua se realiza un análisis particular en el que los lingüistas no están siempre de acuerdo. Por ejemplo, en inglés se considera generalmente que /j, w/ son fonemas consonánticos y que, por lo tanto, en casos como *Indian* [ɪndjən] o *you* [ju] no tenemos un diptongo, sino una secuencia CV, porque en los casos en los que estas secuencias se encuentran en posición inicial de palabra los alomorfos de los artículos son los propios de la posición preconsonántica: *the* [ðə] + /j/ vs. *the* [ðɪ] + vocal y *a* + /j/ vs. *an* + vocal (Mioni 1973: 164-165). Sin embargo, Ladefoged (1982[2]: 77-78) analiza [ịu] como diptongo porque históricamente es una vocal y porque se inserta en el sistema como el resto de vocales. Según Ladefoged, si [i̯u] se analizara como CV habría que admitir que los grupos consonánticos Cj aparecen sólo ante /u/.

Pero el análisis de la secuencia [ju] como CV parece encontrar confirmación en la investigación de Fox (1983) sobre la percepción de los diptongos del inglés americano. Fox llega a la conclusión de que [ju] no se percibe como un diptongo, sino como una secuencia de *glide* + vocal. Esto se deduciría del hecho de que los diptongos [ai̯, ɔi̯, au̯] se localizan, dentro del espacio perceptual, en posiciones que no coinciden con las vocales simples correspondientes, mientras que [ju] aparece casi en la misma posición que [u].

Frente al análisis del inglés, en eslovaco los diptongos descendentes se analizan como VC, mientras que los diptongos ascendentes se analizan como VV (cf. Trubetzkoy 1939: 170, n.2).

Por otro lado, especialmente los autores americanos consideran que en los diptongos descendentes el *glide* es un alófono de los fonemas consonánticos /j, w/ (la transcripción habitual es /ay, aw/), con lo cual los diptongos descendentes serían secuencias VC (Mioni 1973: 175; Schubiger 1977[2] [1989]: 51).

Algunos autores, p. ej. Van Coetsem (1979), distinguen tres tipos posibles de diptongo: V̌G, GV̌, V̌V (también VV̌), donde V̌ representa el núcleo, V es el *glide* con marcados rasgos vocálicos y G el *glide* con menos rasgos vocálicos. La diferencia entre V̌V y V̌G se reflejaría en la evolución del segundo elemento de los diptongos del protogermánico. En casos como CV̌V.C, V evoluciona como una vocal y por ejemplo sufre el *Umlaut*. Sin embargo en casos como CV̌G.V, G se comporta más como una consonante, ya que no sufre el *Umlaut* (cf. Van Coetsem 1979: 549).

Otro ejemplo puede ser el neerlandés, donde se distinguen dos tipos de diptongos: los llamados "genuinos" y los "pseudodiptongos". En los primeros se desarrolla un sonido de transición cuando van seguidos por otra vocal, de manera que [ɛi, œy, ɔu] se convierten en [ɛiʲ, œyʲ, œyᵆ, ɔuʷ], p. ej. en *rijen* 'fila' [rɛiʲən], *buien* 'aguaceros' [bœyʲən], *bouwen* 'construir' [bɔuʷən] (Mioni 1973: 379). Frente a esto, los pseudodiptongos reaccionan de forma diferente cuando se encuentran ante vocal: generalmente el segundo elemento del diptongo se convierte en una semiconsonante y se silabea con la vocal siguiente; en ocasiones se mantiene ligeramente la semivocal originaria: [iu̯, yu̯, eu̯, ai̯, oi̯, ui̯] se convierten en [iw, yw, ew, aj, oj, uj], p. ej. en *ooien* 'ovejas' [ojən], *aaien* 'acariciar' [ajən], *uwer* 'del suyo (femenino)' [ywər] (Mioni 1973: 380). Este distinto comportamiento lleva a Mioni a analizar los pseudodiptongos com secuencias de V + semiconsonante, mientras que los auténticos serían secuencias de vocales.

Las diferencias fonéticas entre *glide* prenuclear y postnuclear, así como los diferentes análisis fonológicos existentes dan lugar a variedad de transcripciones. Por una parte hay que decidir si algo es o no un diptongo. Este conflicto se plantea por ejemplo en inglés americano con las vocales de *bead, bayed, bode, good, booed* que suelen transcribirse como [biːd, beːd, boːd, gʊd, buːd] o [bijd, bejd, bowd, gʊəd, buwd] (IPA 1989: 79). Por otra parte, en los casos en los que está claro que hay un diptongo se plantea el problema de la transcripción del *glide*. Por ejemplo los diptongos ingleses de *buy, bough, boy* se transcribem como [aɪ, aʊ, ɔɪ] o bien como [aj, aw, ɔj] (IPA 1989: 79). Por otro lado, entre los romanistas, aunque no es exclusiva suya, está muy extendida la diferenciación entre *glide* prenuclear (semiconsonante) [j, w] y *glide* postnuclear (semivocal) [i̯, u̯] (Pulgram 1979: 157). Ya hemos dicho que aquí evitaremos en lo posible esta transcripción, ya que lo que nos interesa es marcar la posición del *glide* y del núcleo, más que detallar la realización fonética de cada caso (la misma decisión metodológica se toma en Reinheimer-Rîpeanu 1976: 155 n.2).

Por otra parte, frecuentemente se afirma que sólo las vocales más altas pueden constituir el *glide* de un diptongo (p. ej. Marotta 1987: 862). Esto, en realidad, es más bien fruto de los usos de transcripción. Solomon & Sara (1984) demuestran que los diptongos del inglés americano que tradicionalmente se transcriben como [ai̯, oi̯, au̯] tienen en realidad un *glide* más bajo que las vocales extremas y pueden transcribirse como [ae̯, oe̯, ao̯]. Las transcripciones del *glide* suelen reflejar un punto extremo, al que la realización fonética sólo llega en determinadas ocasiones. Por ejemplo los diptongos /ɛi̯, ɤy, ɔu̯/ del neerlandés son fonéticamente [æɪ̯, æe̯], [œy, œɣ, œø, œi̯, œɪ̯], [ɒu̯, ɒu̯, ɒo̯] (cf. Mioni 1973: 378-379).

1.2.13. RASGOS FUNDAMENTALES DEL DIPTONGO

De todo lo dicho hasta ahora pueden extraerse las siguientes conclusiones:

a) La noción de diptongo se define desde un conjunto bastante amplio de rasgos fonéticos, fonológicos y morfonológicos. Lo que es diptongo en una lengua puede no serlo en otra.

b) El diptongo tiene una naturaleza bifronte: en algunos aspectos es una unidad y en otros una secuencia.

c) El diptongo se integra dentro de una escala gradual de unidad-dualidad en cuyos extremos se encuentran el monoptongo y el hiato.

d) Un rasgo fundamental del diptongo es el monosilabismo.

e) El diptongo se compone de núcleo y *glide*.

f) La organización interna del diptongo (núcleo + *glide*, *glide* + núcleo) depende del principio de perceptibilidad.

g) El análisis fonológico de los diptongos es particular de cada lengua y debe responder a la pregunta del mono- o bifonematismo y a la clasificación de los distintos tipos de diptongos. En el análisis fonológico hay que tener en cuenta no sólo los criterios internos propios de las fonologías estructuralistas, sino también cualquier tipo de evidencia externa.

1.3. Tipos de diptongo

La organización interna del diptongo en núcleo y *glide* da lugar a una clasificación en dos tipos de diptongos según la posición relativa que adopten los dos elementos. Desde este punto de vista hay diptongos con el *glide* antes del núcleo y otros con el *glide* detrás del núcleo. Puesto que el núcleo es la parte más perceptible, se denomina "crecientes" (perceptibilidad creciente) a los primeros y "decrecientes" (perceptibilidad decreciente) a los segundos (cf. p. ej. Schubiger 1977[2] [1989]: 51).

Junto a la clasificación mencionada hay otras muchas basadas en distintos factores, pero para los intereses de este trabajo bastará añadir la que se basa en el movimiento de los diptongos en el espacio vocálico. Con arreglo a este segundo factor tendremos diptongos "periferizantes" y "centralizantes".

1.3.1. CRECIENTE-DECRECIENTE

Como ya se ha dicho, en los diptongos crecientes (también llamados "ascendentes") el *glide* va delante del núcleo, p. ej. cast. *viento* /i̯e/, *pueblo* /u̯e/, *cuadro* /u̯a/. Por su parte, en los diptongos decrecientes (igualmente llamados "descendentes") el *glide* va detrás del núcleo, p. ej. cast. *aire* /ai̯/, *peine* /ei̯/ (para un inventario de los diptongos en las lenguas románicas basado en este criterio cf. Reinheimer-Rîpeanu 1976).

Los términos "ascendente" y "descendente" se entienden en ocasiones en un sentido distinto. Algunos autores los relacionan con la dirección que los órganos articulatorios (mandíbula y lengua) toman durante el paso entre los dos elementos del diptongo (cf. p. ej. Wiesinger 1982-83a). En tal caso /ei̯/ sería un diptongo ascendente, ya que los órganos se mueven de abajo hacia arriba. Pero aquí usaremos estos términos en el sentido ya mencionado de posición de núcleo y *glide*.

En relación con estos términos hay que resaltar un uso muy extendido y, sin embargo, poco afortunado. Por ejemplo Menéndez Pidal escribe: "*ié* es naturalmente un diptongo creciente, o sea acentuado en su segundo elemento" (Menéndez Pidal 1940[6]: 54 n.2). La noción de perceptibilidad, que sirve para distinguir entre núcleo y *glide*, va ligada a la de acento y esto ha hecho que tradicionalmente se hablara de acento en lugar de silabicidad. Así se decía que en el diptongo creciente el acento estaría al final y en el diptongo decreciente el acento estaría al principio (cf. p. ej. Menzerath 1941: 95). Romeo (1968) llega incluso a llamar al diptongo creciente "oxítono" y al decreciente "paroxítono". Catford (1977: 216) también habla de curva acentual dentro de los diptongos cuando se refiere a la diferenciación entre diptongos crecientes y decrecientes. Sin embargo, esto no es una cuestión de acento, sino, como hemos dicho, de organización interna del diptongo. La misma organización se encuentra también en los diptongos átonos, donde no tiene sentido hablar de acento. Por otra parte, no hay que olvidar que la unidad mínima que puede llevar acento debe tener el tamaño de la sílaba (Lehiste 1970: 147) y, por lo tanto, no se puede explicar la organización de los segmentos que forman la sílaba en función de un rasgo que les es común a todos y que, precisamente por ello, recibe el nombre de rasgo suprasegmental.

La diferenciación entre diptongos crecientes y decrecientes no pertenecía a la gramática clásica, en la que se llama diptongo sólo a las secuencias VV̯; los diptongos ascendentes se incluían dentro de las secuencias CV. Probablemente la generalización del término "diptongo" a las secuencias V̯V se produjo dentro de la lingüística románica, ya que las lenguas románicas sufrieron un proceso de D cuyo resultado actual es con frecuencia un diptongo creciente (cf. Marotta 1987: 851)[7]. También habrá influido probablemente la escritura de estas lenguas, puesto que ambos elementos del diptongo se escriben con símbolos vocálicos.

Como ya decíamos al inicio de este capítulo, hay lingüistas para los que la diferencia entre estos dos tipos de diptongos sería tal que ni siquiera podría decirse que los dos sean verdaderamente diptongos:

> A nostro avviso, esiste una differenza profonda, fonetica e fonologica, tra dittonghi ascendenti e dittonghi discendenti, una differenza tale da mettere in dubbio la legittimità stessa dell'impiego di uno stesso termine 'dittongo' per due fenomeni sostanzialmente e formalmente distinti. (Marotta 1987: 866)

---

[7] Havet (1874, 1877) se atribuye el mérito de haber sido el primero en emplear estos términos en la lingüística románica (véase sin embargo Tobler 1878). En el estudio de Marotta se ofrece una historia de esta distinción dentro de la lingüística italiana.

Vamos a ver cuáles son los argumentos sobre los que Marotta basa esta afirmación, que consideramos extremada. Esta autora observa que en los diptongos crecientes el *glide* dura mucho menos que en los diptongos decrecientes. Esto hace que generalmente los diptongos crecientes sean más breves que los diptongos decrecientes. Ya nos hemos referido a este aspecto al hablar de las diferencias fonéticas entre *glide* prenuclear y postnuclear (cf. § 1.2.11). Según Marotta, este hecho es la causa de que en italiano un diptongo decreciente pueda confundirse con un hiato. De hecho, en las mediciones de Salza & Marotta & Ricca (1987) sólo hay diferencias claras de duración entre el diptongo creciente y el hiato, pero no entre el diptongo decreciente y el hiato. Ciertamente estas diferencias de duración existen y tendremos ocasión de comprobar que son muy importantes en la historia de la evolución de los diptongos, pero no fundamentan, a nuestro juicio, una división tajante entre ambos tipos de diptongo, aunque sí justifican la frecuencia de procesos del tipo diptongo decreciente > diptongo creciente que se documentan en las lenguas (cf. § 5.1, Sánchez Miret 1996 *en prensa*).

En segundo lugar, para Marotta el *glide* del diptongo creciente pertenece al inicio de la sílaba (= *onset*), mientras que el *glide* del diptongo decreciente pertenece a la rima, con lo que habría una mayor solidaridad entre ambos elementos en el diptongo decreciente, ya que los dos pertenecerían a la rima. Este análisis de la sílaba, que procede de Pike & Pike (1947, citado en Hyman 1975 [1981]: 225), se basa en la evidencia de que hay procesos fonológicos que afectan a la rima como unidad, mientras que no parece haber fenómenos en que el inicio y el núcleo actúen como unidad (cf. Vogel 1982: 31 n.24). Sin embargo, no es este el único análisis posible de la sílaba. Hay procesos como la metátesis de cantidad en jónico-ático, en que el *glide* prenuclear forma una unidad con el núcleo. En estos dialectos griegos, como es habitual en las lenguas indoeuropeas, una vocal larga se abrevia ante otra vocal, pero además de eso la alarga y forma con ella una sola sílaba: *basilēos* > jónico-ático *basileōs* (cf. Hock 1986b: 443). Igualmente en los casos de sinicesis del latín vulgar (= formación de yod) en palabras como FILĬŎLUM, ARANĔŎLA, LINTĔŎLUM, PUTĔŎLI, MULĬĔREM, PARĬĔTEM (nominativo PARĬĒS) el acento pasa de la primera a la segunda vocal (í.e > ié) y métricamente se cuenta como una vocal larga (p. ej. *insuper et Salomon, eadem muliēre creatus*, cf. Lindsay 1894 [1897]: 189). En los resultados romances encontramos derivados propios de vocales largas en PARIETE, ABIETE, ARIETE, como muestran los resultados romances: it. *parete, abete*, cast. *pared, abeto*, fr. *paroi*, rum. *arete*. Lindsay (1894 [1897]: 189) piensa que sería influencia del nominativo con ĬĒ de estos sustantivos de la tercera declinación. Sin embargo hay ejemplos del mismo tratamiento para las formas de nominativo con vocal breve de la segunda declinación en los dialectos italianos meridionales: FILĬŎLU > FILĬŌLU > napolitano *figliulo* (donde la [u] se debe el influjo metafónico), PHASĔŎLU > salentino *pasulu*, PUTĔŎLI > napolitano ant. *Pezzulo*, CAVĔŎLA > CAVĔŌLA > napolitano *cai*[o]*la* (*Lausberg*: § 149, *Rohlfs*: § 126). Esta última palabra presenta resultados propios de [o] también en otras lenguas: fr.ant. *jaiole*, cast. *gayola* (cf. REW). Todos estos fenómenos dan cuenta de la solidaridad que puede existir también entre el núcleo y los sonidos que lo preceden.

En tercer lugar, Marotta señala que ambos diptongos son distintos prosódicamente. En las lenguas que miden moras la secuencia V̯V es igual a CV, mientras que VV̯ equivale a VV (cf. también Donegan 1978 [1985]: 190). Por otro lado, en la rima los diptongos decrecientes forman una unidad y sólo riman entre sí (*paid* [pe̯id] : *raid* [re̯id]), mientras que los diptongos crecientes pueden rimar con palabras que contengan la vocal correspondiente al núcleo del diptongo (inglés *feud* [fi̯ud] : *mood* [mud], cf. Donegan (1978 [1985]: 190). En castellano, según Bello (1835 [1933]: 206-211), rigen las mismas normas en el caso de la rima consonante, aunque se encuentran algunas consonancias como *veinte* : *-ente* (p. ej. en Lope de

Vega). Tenemos, por tanto, rimas consonantes como *nobleza* : *empieza, atento* : *sentimiento*. Sin embargo en la rima asonante se tratan ambos tipos de forma igual ya que se exige sólo la igualdad del núcleo. Casos de asonancia serían:

(18)   *amaron* : *piano* : *claustro* : *sabio* : *cesáreo* : *diáfano*
        aire : *cambies* : *amareis* (futuro de subjuntivo)
        fiel : *ve* : *grey* : *fue* : *agraciéis*
        causa : *pasada*
        homicidios : *delitos*
        yo : *canción* : *voy*
        finezas : *acuerdas* : *fiestas*

En último lugar, según Marotta (1987: 868), en el diptongo decreciente los efectos coarticulatorios se dirigen hacia el núcleo, pero en ΥV van hacia la consonante precedente. Esta hipótesis, como reconoce Marotta, necesita todavía de una comprobación experimental. De cualquier manera, esto quizá tenga que ver más con las preferencias de los procesos de coarticulación que con la distinción entre tipos de diptongos.

Estas diferencias entre ambos tipos, que hemos matizado, no llevan necesariamente a la conclusión pretendida por Marotta. Junto a los aspectos fonéticos y fonológicos aducidos hay que considerar también otros factores como los morfonológicos, históricos u ortográficos. Precisamente estos criterios fundamentan la tendencia general de los romanistas a considerar como diptongos las entidades contenidas en voces como cast. *bien, cuento,* it. *pietra, buono*. Estos diptongos provienen de antiguos monoptongos /ε, ɔ/, dan lugar a alternancias morfonológicas como cast. *cuento ~ contar,* it. *buono ~ bontà* y se representan con signos gráficos propios de vocales.

1.3.2.   CENTRALIZANTE-PERIFERIZANTE
Queda el otro criterio propuesto para clasificar los diptongos. La dirección del movimiento del diptongo dentro del espacio vocálico permite distinguir entre diptongos centralizantes (= *centering*, cf. Francis 1958: 106-110; *ingliding*, cf. Labov 1994: 163) y periferizantes (= *upgliding*, cf. Labov 1994: 163; *outgliding*, cf. Donegan & Stampe 1983: 348). El término "centralizante" proviene de Palmer (1920), quien lo aplica a los diptongos del inglés británico en *fair* [fɛə̯], *for* [fɔə̯], *here* [hiə̯], *poor* [puə̯] (cf. Menzerath 1941: 65). En estos diptongos centralizantes el movimiento va desde fuera hacia dentro en el espacio vocálico:

(19)   **diptongos centralizantes**

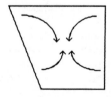

Además de los casos ingleses mencionados, estos diptongos se encuentran también en bastantes dialectos alemanes, especialmente en los meridionales (pueden verse los sistemas fonológicos en Wiesinger 1982-83b: 1050-1065). Algunos ejemplos son: renano [biə̯, hiə̯]

(*Bier, hier*), alemánico [liₐb, briₐf], bávaro [liₐb, briₐf] (*lieb, Brief*), renano [muₐ, ruₐ]
(*Mauer, Rur*), alemánico [guₐt], bávaro [guₐt] (*gut*) (Menzerath 1941: 63). Por su parte, en la
Romania los encontramos por ejemplo en francoprovenzal (Duraffour 1932: 35) o en los
dialectos italianos meridionales (Rohlfs: §§ 101, 123) (para más detalles cf. § 5.1, Sánchez
Miret 1995 *en prensa*).

Por otro lado, los diptongos periferizantes siguen una trayectoria inversa:

(20)   **diptongos periferizantes**

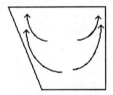

Por ejemplo, los diptongos /ei̯, ai̯/ del castellano (*peine, aire*) son de este tipo.

Basándose también en la dirección dentro del espacio vocálico es posible diferenciar
entre diptongos que se cierran (*closing* = la dirección de sus transiciones es hacia arriba en el
espacio vocálico) y diptongos que se abren (*opening* = transiciones hacia abajo); diptongos que
van hacia adelante (= *fronting*) o hacia atrás (= *backing*), cf. Catford (1977). Otros autores
que atienden a la representación del diptongo dentro del espacio vocálico distinguen entre
diptongos ascendentes y descendentes y desde este punto de vista /ei̯/ sería un diptongo
ascendente. Como se observa, con estas interpretaciones el valor de los términos "ascendente"
y "descendente" es el el contrario al que generalmente se usa.

Estas son sólo algunas de las posibles clasificaciones de los diptongos. Como ya
hemos dicho, para nuestros propósitos nos basta la distinción entre diptongos crecientes y
decrecientes y entre periferizantes y centralizantes. Estos términos nos permitirán explicar en el
siguiente capítulo las posibilidades de los diferentes procesos de D (cf. § 2.4.1).

1.4.   Universales

Con frecuencia no se ha incluido a los diptongos dentro de las investigaciones acerca
de los universales de los sistemas vocálicos y muchos de los problemas teóricos que plantean
no han sido todavía resueltos (cf. Lass 1984). Por lo que se refiere a su extensión en las
lenguas del mundo, no todas las lenguas tienen diptongos, incluso, según Menzerath (1941:
62), es mayor el número de lenguas que carecen de ellos que el de las que los poseen y en un
recuento hecho sobre los datos de Maddieson (1984), Lindau & Norlin & Svantesson (1990:
10) encuentran que sólo un tercio de las lenguas tiene diptongos.

Weeda (1983) estudia veintiséis lenguas exclusivamente desde el punto de vista de los
diptongos. Este análisis se traduce en tres principios universales. El primero de ellos predice
que el núcleo del diptongo será preferentemente la vocal más abierta, es decir, la más
perceptible. Esto coincide con nuestro principio de perceptibilidad (14), cf. § 1.2.10). Como ya
hemos visto, esta tendencia es la responsable de cambios como cast. *maíz* > vulgar *máiz*,
alemán *guₐt* 'gut' > alemán dialectal *gu̯et*.

Otro principio se refiere a la percepción. A este respecto serán preferibles los diptongos cuyos componentes estén máximamente diferenciados. En la formulación de Weeda:

Perceptual constraint: Diphthongs should utilize the articulatory extremes of the vowel space based on maximum perceptual differentiation of endpoints. (Weeda 1983: 149)

Esto hace que el diptongo se distinga de un monoptongo al contribuir a reforzar la dualidad; por otra parte, también colabora a la diferenciación entre diptongos. Otra formulación de este mismo principio es la que ofrece Lindblom:

diphthongs like [aj] and [aw] are favored over [ej] and [ow], which are in turn used more often than [uj] and [iw]. We can restate this and say that diphthongs are favored according to the degree of sonority of their nuclei. Alternatively, visualizing the diphthongs as trajectories in acoustic space, we see that their frequency of occurrence is positively correlated with the extent of the diphthong trajectory in the *revised* F_1-dominated space. (Lindblom 1986: 36)

Sin embargo, Maddieson (1984: 134) no cree que la frecuencia de este tipo de diptongos pueda explicarse como un intento de maximizar la distancia entre los dos elementos ya que diptongos con una trayectoria mucho más breve, como /ei̯, ou̯/ son también muy frecuentes.

El tercer principio universal de Weeda (1983) predice una correlación entre el número de vocales y el número de diptongos dentro de una lengua, según la cual habría más diptongos en los sistemas con más vocales. Sin embargo, este principio no se vio refrendado por los datos analizados.

En último lugar, podemos preguntarnos si estos estudios indican algún tipo de preferencia en las lenguas del mundo por los diptongos descendentes frente a los diptongos ascendentes. Weeda no se pronuncia al respecto. Pero parecería significativo el hecho de que, de entre los diptongos óptimos según el *Perceptual constraint*, es decir /ai̯, au̯, i̯a, u̯a/, son los descendentes los más abundantes en su inventario, cf. Weeda (1983: 154). Y también, según Lindau & Norlin & Svantesson (1990: 10), /ai̯, au̯/ son los diptongos más frecuentes en las lenguas del mundo.

En el corpus de Weeda son mayoría las lenguas en las que el número de diptongos descendentes supera al de diptongos ascendentes. Al final de su trabajo se dan los datos de las veintiséis lenguas estudiadas. Weeda no usa en todos los casos símbolos claros para señalar los *glides*, por lo tanto se ha deducido que el núcleo era en cada caso, como es esperable, la parte más abierta o perceptible. Esto parece funcionar bastante bien, aunque Weeda ha encontrado datos en sus fuentes que indican que en maorí el diptongo /ia/ puede ser tanto creciente como decreciente. En concreto observamos que cinco de estas lenguas no tienen ningún diptongo. De las demás lenguas (excluimos el nuer y el macedonio por ambigüedad de los datos), trece tienen más diptongos decrecientes que crecientes, cuatro tienen mayor número de diptongos crecientes que decrecientes y dos presentan el mismo número de ambos tipos.

En las lenguas románicas, por motivos históricos, esta tendencia no es tan manifiesta (cf. Marotta 1987: 864). Según los datos de Reinheimer-Rîpeanu (1976), son mayoría los diptongos crecientes en francés (22 y 5 respectivamente), italiano (8 y 7) y castellano (8 y 5), mientras que sucede lo contrario en rumano (9 y 14). Por otra parte, en portugués sólo hay descendentes (13). Habría que atender también a la frecuencia de cada tipo dentro de las lenguas. En el caso del castellano son bastante más frecuentes los diptongos crecientes que los decrecientes (cf. Fernández Ramírez 1951 [1986]: § 20).

1.5. Conclusiones

Como decíamos en la introducción a este capítulo, era nuestra intención poner las bases para comprender mejor el fenómeno de la D por medio del estudio del diptongo, que es el resultado de tal proceso. Puesto que las ideas acerca del diptongo han condicionado las diversas teorías sobre la D, este estudio habría de ofrecernos elementos para juzgar las hipótesis planteadas.

Hemos visto que la noción de "diptongo" plantea problemas tanto desde el punto de vista fonético como desde el fonológico. Para resolver tales problemas creemos que no debe perderse de vista que el diptongo se sitúa en un punto intermedio en la escala que va desde el monoptongo al hiato (cf. fig. (13)). En este sentido, algunos diptongos se sitúan más cerca de un extremo o de otro.

Por otro lado, hemos insistido en que la organización interna del diptongo se rige por el principio de perceptibilidad (14). Este principio explica los cambios de silabicidad como el de los dialectos alemanes *gu̯ǝt* > *gu̯et*, o el que se supone para la evolución de /e/ en francés: *eː* > *e̯i* > *o̯i* > *oe̯* > *o̯e* > *u̯e* > *u̯a*, p. ej. FĬDE > *foi*. En ambos casos se pasa por una situación en la que el *glide* posee tanta o más sonoridad intrínseca que el núcleo, con lo cual es posible la reorganización.

Por último, hemos tratado las diferencias entre los diptongos crecientes y decrecientes y entre los diptongos centralizantes y periferizantes. Ambas clasificaciones se refieren a aspectos fundamentales del diptongo. La primera se centra en su organización interna, señalando cuál es la posición relativa de los dos componentes. La segunda se basa en la dirección del diptongo dentro del espacio vocálico.

Creemos que uno de los principales aspectos que ha dificultado un análisis coherente de la D de /ɛ, ɔ/ en las lenguas románicas ha sido el hecho de que el resultado de tal D sea un diptongo creciente. En su momento veremos que esto no ha sido siempre así y que tal circunstancia ha sido pasada frecuentemente por alto (cf. § 5.1, Sánchez Miret 1996 *en prensa*). De cualquier manera, este aspecto ha provocado la sensación (cf. por ejemplo Schürr 1970a: 2-3) de que la D de /ɛ, ɔ/ era un fenómeno distinto a otras Ds de otras lenguas y que, consiguientemente, debía ser explicado de manera distinta. Por eso, hemos intentado matizar las diferencias entre diptongos crecientes y decrecientes. A pesar de las diferencias que se ha intentado establecer entre ambos tipos, hemos visto que pueden sufrir el mismo tipo de evoluciones (cf. (16) y (17)) y que puede darse la misma solidaridad estructural entre el núcleo y un *glide* postnuclear o uno prenuclear. Y no conviene olvidar tampoco que la noción de "diptongo" se define también por criterios morfonológicos y en este sentido los diptongos crecientes de las lenguas románicas están perfectamente establecidos (p. ej. cast. *volar ~ vuelo*).

En vista de esto, pensamos que no hay que buscar explicaciones distintas para el origen de los diptongos crecientes y decrecientes, más bien es necesario ahondar en las relaciones que pueden establecerse entre ellos. Sabemos que es muy frecuente el trasvase entre ambos tipos en la dirección descendente > ascendente (no hemos encontrado auténticos cambios en el sentido contario, cf. Sánchez Miret 1996 *en prensa*). Y hemos visto que el principio de perceptibilidad explica tales cambios. La tendencia observada a que el *glide* prenuclear tenga una duración menor que el postnuclear (cf. § 1.2.11) puede explicar la ausencia de cambios en el sentido creciente > decreciente, dado que esa circunstancia hace más difícil que el *glide* prenuclear pueda adquirir mayor perceptibilidad. A partir de estos presupuestos pensamos que es posible afrontar el problema de la D de /ɛ, ɔ/ en las lenguas románicas de manera más satisfactoria.

2

Diptongación

2.0. Introducción

En el capítulo anterior estudiábamos algunos aspectos de la noción de diptongo con vistas a sus implicaciones en las teorías sobre la D románica. Con mucho mayor motivo es necesario en un trabajo como este dedicar un espacio a las ideas generales sobre la D. Nuestro objetivo es hallar una serie de principios generales comunes a diversos procesos de D, así como el conjunto de jerarquías que los rigen, con el fin de aplicar estos hallazgos a una nueva reconstrucción de la D de Ĕ, Ŏ en las lenguas románicas.

En el estado actual de la lingüística histórica el estudio de cualquier fenómeno de las lenguas románicas no puede dejar de lado los hechos de otros ámbitos lingüísticos. En el caso concreto que nos ocupa se hace necesario tomar en consideración procesos similares ocurridos fuera del ámbito romance, para intentar llegar a la caracterización de la D como un "tipo de proceso fonológico" en el sentido de Dressler (1985):

'phonological process types' to be established by deductively and inductively oriented research in phonological universals and typology must be strictly distinguished from 'phonological processes' (to be modelled by PRs) corresponding to them in individual languages (Dressler 1985: 41)

Es decir, para entender mejor los hechos románicos, convendrá especificar primero los rasgos que definen *el* proceso de D, algunas de cuyas manifestaciones concretas son precisamente las Ds que se documentan en las lenguas románicas.

La Fonología Natural (Stampe 1973; Donegan 1978; Donegan & Stampe 1979; Dressler 1979b, 1982, 1984), siguiendo una distinción que ya es tradicional (Jespersen 1922: 261-264; Martinet 1964[2] [1974]: 132), clasifica los procesos fonológicos en dos tipos, de acuerdo con las funciones de la fonología. Estas funciones son las de hacer las lenguas perceptibles y pronunciables (Stampe 1973 [1979]: 9; Dressler 1984: 32). En este sentido los procesos fonológicos pueden ser procesos de "reforzamiento" (*Verdeutlichungsprozesse, foregrounding processes, fortitions*), que sirven a la percepción, y procesos de "debilitamiento" (*Entdeutlichungsprozesse, backgrounding processes, lenitions*), que ayudan a la pronunciabilidad. Los procesos de reforzamiento se dan en posiciones de prominencia prosódica y de mayor duración y en estilos formales, expresivos o lentos (Donegan & Stampe 1979: 142).

Es evidente que la D es un proceso de reforzamiento (Dressler 1984: 30). En este capítulo comprobaremos que tiene lugar en contextos fuertes, como son la sílaba tónica, y todos aquellos en que las vocales son más largas, así como en los estilos lentos y enfáticos.

A lo largo del capítulo pretendemos estudiar los rasgos específicos del proceso de D de las vocales orales (se ha dejado para futuros trabajos la problemática específica de las vocales nasales). Para ello hemos estudiado procesos de D de diversas lenguas (por falta de material disponible hemos debido limitarnos a lenguas germánicas y románicas), tomando como punto de partida los datos de Donegan (1978), reanalizados en todos los casos en que esto ha sido posible y ampliados fundamentalmente en lo referido a los dialectos alemanes, las variedades del francés y los dialectos italianos y portugueses. El capítulo se estructura en cuatro apartados que intentan dar respuesta a las preguntas siguientes: ¿qué sucede en una D?, ¿qué vocales diptongan?, ¿en qué contextos lo hacen? y ¿cuál es el resultado de la D?

2.1. Definición de "diptongación"

Intentaremos una aproximación al concepto de "diptongación" a través del análisis de una descripción del proceso (Duraffour 1932: 29) y de la discusión de la diferencia entre D "espontánea" y D "condicionada". Una buena descripción de lo que sucede en una D se encuentra en el estudio de Duraffour sobre los cambios fonéticos en el francoprovenzal:

> une voyelle unique, qui n'est pas nécessairement ouverte, par le double effet d'un déplacement du point d'articulation et d'une variation survenant tôt ou tard, croissante ou décroissante, de l'effort articulatoire, se segmente, se scinde en deux éléments qui, tout en maintenant le plus souvent leur cohésion primitive, sont susceptibles de réagir l'un sur l'autre en se "différenciant" progressivement (Duraffour 1932: 29)

Aquí están recogidos los rasgos más importantes de este proceso. A continuación vamos a analizarlos uno a uno:

2.1.1. UNE VOYELLE UNIQUE

La D afecta a un monoptongo. Hay que tener en cuenta esto, ya que la D no es el único proceso capaz de dar lugar a la aparición de diptongos en una lengua. Puede llegarse a la formación de un diptongo a través de la unión de una vocal con una consonante que se vocaliza, como en MULTU > port. *muito*. Otro camino que lleva a la formación de un diptongo es la unión de dos vocales contiguas, que previamente estaban en hiato (sinicesis). Este proceso se ve favorecido en estilos rápidos: *pe.ón* > allegro *peõn* > vulgar. *piõn*. La tendencia contraria a la sinicesis, es decir, el mantenimiento del hiato, puede producir diptongos, si tiene lugar por medio de la inserción de un sonido vocálico [i̯, u̯], como en *ma.estru* > leonés *ma.iestru*. Se da también la posibilidad de que dos vocales separadas por algún otro sonido lleguen a estar unidas, con lo que igualmente se acaba en la formación de un diptongo. El fenómeno puede iniciarse como una metátesis o como pérdida de un sonido intervocálico: AREA > port. *eira*, TĔPIDU > *tibio*, *mira* > andaluz *miá* (Zamora Vicente 1967²: 318).

En todos estos casos no conviene hablar de D, sino de "formación" de un diptongo. Para distinguir entre "diptongación" y "formación" de diptongo, Fouché (1927: 14) propone los términos "vrai diphtongaison" frente a "diphtongaison *apparente*" y Romeo (1968: 33) "D paradigmática" (la auténtica D) y "D sintagmática" (la formación de diptongo).

En definitiva, como señala Duraffour, lo que caracteriza a la D es la fragmentación de una única vocal, mientras que lo propio de los otros casos es el llegar a estar unidos en un diptongo dos sonidos que previamente estaba separados o el transformarse de dos sonidos preexistentes que no reunían las condiciones propias de un diptongo.

2.1.2. UNE VOYELLE UNIQUE [...] SE SEGMENTE

La D consiste en la segmentación de una vocal. Frente a casos como MULTU > *muito*, etc., en la D el material fonético de una única vocal se descompone en dos partes diferenciadas. Esto es lo que se pone de manifiesto cuando utilizamos representaciones como *e* > *ei*. Sin embargo, esto no es más que el resultado final de un proceso que pasa por múltiples etapas. Como señala Passy (1891: § 232), los elementos de un diptongo pueden variar muchísimo con tal de que conserven sus caracteres generales: el movimiento de transición y la dirección de este movimiento. Como ya se ha señalado en el capítulo anterior, la frontera entre monoptongo y diptongo no es nítida y, consecuentemente, en la evolución desde uno hasta otro se pasa por multitud de estados que cada vez se alejan más de la unidad mientras se acercan progresivamente a la dualidad.

Como en cualquier proceso fonológico, la evolución pasa por una primera fase de variación alofónica, que los hablantes no perciben:

> Während der Phonetiker bei rezenten Prozessen die allophonischen Zwischenstufen durchaus perzipieren kann [i̯ -> i̯i -> ei -> e̯i -> ä̯i -> a̯i], registrieren die Sprecher meistens nur die bereits deutlich differenzierten Lauttypen, hier ī [i, i̯i] : EI [ei, e̯i, ä̯i] : AI [a̯i], die deswegen auch als Phoneme fungieren können. (Wiesinger 1982-83a: 1076)

La D ocurre predominantemente, como veremos, en aquellas lenguas que basan su organización rítmica en un acento fuerte. Estas lenguas presentan una gran dispersión alofónica de las vocales y esto quiere decir que la D puede ser imperceptible para el hablante, incluso después de haber alcanzado un grado de diferenciación notable con respecto al punto de partida. Por eso hay que distinguir entre la "segmentación fonética" y la "segmentación fonológica".

La "segmentación fonológica" (= D fonológica, cf. Andersen 1972) consiste en la reinterpretación de lo que hasta ese momento era para el hablante un solo segmento como una secuencia de segmentos. En algunos casos esto significa también la reinterpretación como dos fonemas, pero esto no es necesario. Y hay que tener en cuenta que antes de que el hablante perciba la existencia de dos segmentos el monoptongo del que partíamos puede haberse transformado mucho.

Es importante resaltar la existencia de esta fase de D fonética imperceptible para el hablante, ya que en este momento pueden tener lugar desarrollos tan importantes como la generalización incondicionada del diptongo (= éxito del proceso de D) o la regresión del diptongo (= fracaso de la D).

2.1.3. DÉPLACEMENT DU POINT D'ARTICULATION

Una vez que ha señalado el principio y el final del proceso (*e* > *ei*), Duraffour diferencia en este y en el punto siguiente la manera en que se desarrolla articulatoriamente el proceso. La D consiste, por un lado, en un cambio de la articulación de la vocal de partida. En el caso de *e* > *ei* podríamos representar el progresivo cierre de la parte final de la vocal de la siguiente forma: *e* > *eę* > *ei̯* > *ei*. Hay que señalar, sin embargo, que esta representación y todas las que se darán en este trabajo sólo reflejan unos cuantos puntos discretos de un proceso fundamentalmente continuo.

2.1.4. UNE VARIATION SURVENANT TÔT OU TARD, CROISSANTE OU DÉCROISSANTE, DE L'EFFORT ARTICULATOIRE

El otro aspecto articulatorio que Duraffour señala en su definición se refiere a la organización de la perceptibilidad dentro del diptongo. Como ya se ha visto en el capítulo anterior, en el diptongo una parte se convierte en núcleo y la otra en *glide*. Como muy bien señala Duraffour ("tôt ou tard"), esta organización no está dada desde el principio y depende de cuál de los dos segmentos nacientes sea más perceptible. En el caso de *e* > *ei*, tan pronto como el segundo elemento se cierra se vuelve menos perceptible y se convierte en el *glide*: *e* > *eę* > *ei̯*.

2.1.5. DEUX ÉLÉMENTS [...] SUSCEPTIBLES DE RÉAGIR L'UN SUR L'AUTRE EN SE "DIFFÉRENCIANT" PROGRESSIVEMENT

Por último, Duraffour subraya el proceso que favorece la pervivencia del diptongo y que incluso se considera la esencia misma de la D: la diferenciación o disimilación de los dos elementos. En este sentido Sievers (1901⁵: § 752) propone la D como modelo de disimilación[5].

Según Stampe (1972) la D consistiría en la polarización de los rasgos fonológicos de las vocales. Estos rasgos son, en su modelo fonológico, el color (palatalidad o labialidad) y la perceptibilidad. El primer paso de la D consistiría en la redistribución de ambos elementos. En la vocal convivirían estos rasgos incompatibles de perceptibilidad y color. Bajo las condiciones adecuadas estos rasgos pasarían de ser simultáneos a formar una secuencia dentro de la vocal en el orden *perceptibilidad + color* (Stampe 1972: 581). A continuación se producirían una serie de procesos disimilatorios que llevarían a que una parte fuera máximamente perceptible y la otra máximamente labializada o palatalizada. Donegan (1978 [1985]: 36) explica p. ej. la D de *oː* > *ʌu̯* en *cockney* como un proceso de optimización de los rasgos. En este caso [o] reúne dos rasgos, labialidad y perceptibilidad; pero no posee ninguno de los dos en grado óptimo; este compromiso entre ambos rasgos puede resolverse a favor de uno de ellos (*oː* > *u*; *oː* > *ʌ*); o bien, sobre todo si la vocal es larga, pueden polarizarse.

Pero además de la diferenciación de los dos elementos, en la evolución del diptongo es posible también la asimilación entre las dos partes del diptongo. Cuando la disimilación ha llevado a los dos elementos del diptongo a puntos extremos del espacio vocálico, es imposible ir más allá y puede iniciarse el proceso contario. Observemos la evolución de Ē en francés representada en (1). En esta figura aparecen tres fases en la evolución de /eː/: *ei̯* > *oi̯* > *oę*; en cada una se ha representado por medio de una flecha dentro del espacio vocálico el movimiento aproximado del diptongo en cuestión, por ejemplo, en el caso de [ei̯] el diptongo parte de una posición media anterior y se desplaza hacia un punto más alto en el espacio (en esta figura y otras similares el trazado de la flecha es independiente de cuál sea el elemento silábico del diptongo). Como puede observarse, en las dos primeras fases tiene lugar una progresiva disimilación de los elementos que se refleja en el aumento de la distancia del inicio y el fin del diptongo en el espacio vocálico. Sin embargo, cuando se llega a [oi̯] es posible dejar actuar la tendencia contraria y llegar a [oę], de donde surgirán las fases sucesivas hasta el moderno [u̯a]:

(1)   evolución de /e/ en francés

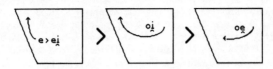

2.1.6. DIPTONGACIÓN ESPONTÁNEA-DIPTONGACIÓN CONDICIONADA

Hasta aquí hemos dado la descripción de lo que le ocurre a una vocal que diptonga. Para acabar de perfilar qué es una D, afrontaremos ahora la diferencia entre Ds "condicionadas" y "espontáneas". La distinción entre cambios espontáneos y condicionados es clásica en la lingüística histórica (cf. p. ej. Sievers 1901[5]: §§ 743-744; Passy 1891: § 298; Grammont 1933 [1971]: 183). En los primeros no se observaría ninguna dependencia del contexto, mientras que en los segundos estaría claro que, para que el cambio tenga lugar, es necesaria la presencia en el contexto de un determinado sonido. Veamos algunos ejemplos que se han clasificado frecuentemente como Ds condicionadas (2-7) y espontáneas (8-9); con estos ejemplos pretendemos mostrar que no siempre es fácil separar unos cambios de otros y que, en ocasiones, ni siquiera es posible afirmar con certeza si nos encontramos ante una verdadera D (en el sentido de "segmentación") o ante otro tipo de cambio:

(2)   el fenómeno del nórdico antiguo conocido por los germanistas con el nombre de *Brechung* y que consiste en una D ante (-a, -u): protonórdico *bergan > bjarga 'poner a salvo', germánico *hërtōn > hjarta 'corazón', germánico *geldan > gjalda 'pagar', germánico *herþo > hjǫrð 'rebaño', protonórdico *heruʀ > hjǫrr 'espada' (cf. Noreen 1923[4]: §§ 87-89); un fenómeno similar en inglés antiguo, conocido como *back mutation* produce la D de las vocales anteriores /æ, e, i/ ante vocales velares: *limu* 'miembro' → plural *limu, liomu, witan* 'saber' junto a *wiotan* (Quirk & Wrenn 1957[2]: 156)

(3)   diptongación en rumano de /e, o/ ante (-a, -e, -ǎ): SĒRA > rum. *searǎ*, CRĪSTA > *creastǎ*, NĬGRA > *neagrǎ*, LĒGE > rum.ant. *leage*, FĬLICE > rum.ant. *fearece*, PARETE > rum.ant. *pǎreate*, PŎRTA > *poartǎ*, RŎTA > *roatǎ*, FLŌRE > *floare*, SŌLE > *soare* (Iordan 1920: 45-48; 114; 189; 253-254)[1]

(4)   diptongación provocada por una consonante labial o velar que precede a la vocal; este es un fenómeno muy corriente y se encuentra en bastantes dialectos romances: en rumano tenemos FAME > *foame* y en Oltenia *foașǎ, foațǎ, foalǎ* (frente a rum. *fașǎ, fațǎ, falǎ*) (Fouché 1927: 24); en ligur: PATRE > **paire > pu̯e* (se supone en primer lugar la monoptongación *ai̯ > ε* y luego el influjo de la consonante sobre [ε]), MATRE > *mu̯e*, VALEO > *vu̯eru* (cf. *Rohlfs* § 15); en el dialecto de Namur (Sur de Bélgica): *faim* [fɛ̃] > *fuin* [fu̯ɛ̃], *main* [mɛ̃] > *muin* [mu̯ɛ̃], *pain* [pɛ̃] > *puin* [pu̯ɛ̃] (Germain & Pierret 1990: 598); en los dialectos portugueses al sur del Duero (datos del ALPI): BŬCCA > *bu̯okɐ* (241), CALCE > *ku̯oi̯sə* (245), *ku̯øi̯si* (273, 274), *ku̯œi̯sə* (276), CORIU > *ku̯oi̯ru* (264), BOVE > *bu̯oi̯* (242, 264), *bu̯œi̯* (249, 279), CAPITIA > *kaβu̯øi̯sɐ* (253, 266)

---

1   Más adelante analizaremos este fenómeno con algo más de detalle (cf. § 5.4.8).

(5)   el fenómeno del inglés antiguo llamado *breaking* (traducción del alemán *Brechung*) y consistente en una D de las vocales anteriores ante <h, l, r> (= [x, ł, r] según Quirk & Wrenn 1957[2]: 146) y [u̯]: (æ > ea) *eall* 'todo', *healdan* 'sostener', *healf* 'mitad' (los casos precedentes sólo en sajón occidental; el resto en todos los dialectos), *bearn* 'niño', *heard* 'duro', *wearm* 'caliente', *eahta* 'ocho', *seah* 'él vio', *neaht* 'noche', (e > eo) *hweowol* 'rueda', *feoh* 'ganado', *eoh* 'caballo', *eorþe* 'tierra', *weorþan* 'llegar a ser', *sweord* 'espada', *eolh* 'alce', (i > io) *niowul* 'postrarse', *tiohhian* 'considerar' (Campbell 1959 [1977]: 55-58). Las grafías <ea, eo> representan [eᶐ, eᶐ], según Quirk & Wrenn (1957[2]: 14).

(6)   diptongación por influencia de la consonante siguiente /r/ o /l/ en provenzal y francés. En provenzal: VILLA > *vielo, viala*, PILA > *pielo*, FILU > Vinadio (Italia, provincia de Cuneo) *fiᶐl*, Pral (provincia de Turín) *fiᶐl*, APRILE > Vinadio *abriᶐl*, MULU > Vinadio *myᶐl*, PILU > Vinadio *peᶐl*, Barcelonette (ALF 889) *peᶐl* (Ronjat: 125-126, 130, 134). En francés: *AXILES > fr.ant. *essils* > *essiels* > *essieux* 'ejes', BELLUS > *bels* > *beals* > fr. *beaux*, CASTELLOS > *châteaux* (Bourciez 1937[8]: 68; Fouché 1927: 24; Pope 1934 [1952]: §§ 388, 664) y ante [r] en VIRGINE > *vierge*, CEREU > *cierge* (= *ir* > *iᶐr* > *jer*, cf. Pope 1934 [1952]: § 500). Igualmente en el *patois* del Artois (norte de Francia) *elle, belle* se pronuncian a veces [eᶐl, beᶐl] (Passy 1891: § 515; Pope 1934 [1952]: § 391)

(7)   en el francés de Quebec (cf. Dumas 1974, Santerre & Millo 1978, Walker 1984) tenemos D ante /z/, r, ʒ/ *friiz* 'frise', *pẽːtsγʏr* 'peinture', *oː fuu̯r* 'au four', *mei̯r* 'mère', *kʏrjœʏz* 'curieuse', *ʃoʏz* 'chose', *ʃai̯z* 'chaises', *lɛi̯ʒ* 'linge' (Dumas 1974: 28-29)

(8)   diptongación de las vocales /iː, uː, eː, oː/ del inglés moderno (Passy 1891: § 305; Donegan 1978 [1985]: 144; Labov 1994: 160-162): *tea* [tu̯i], *shoe* [ʃʊu̯], *late* [lei̯t], *home* [həu̯m]

(9)   diptongación de las vocales /e, o/ en SL en francés: TĒLA > *toile*, FĬDE > *foi*, *PARĒTE > *paroi*, DOLŌRE > *douleur*, HŌRA > *heure*, NEPŌTE > *neveu*

En la *Brechung* del nórdico y la *back mutation* del inglés (2), en la D del rumano (3) y en la D en contacto con consonantes labiales o velares (4) está claro que "algo" sale de otro sonido y va a unirse a la vocal tónica. En (2) y (3) se trata de un proceso de asimilación a distancia entre vocales fruto de los fenómenos de coarticulación (cf. §§ 5.4.5, 5.4.6; Sánchez Miret 1998). Los casos de D tras consonante labial o velar (4) pueden explicarse como un fallo en la sincronización de los gestos articulatorios implicados en la secuencia de consonante + vocal, de forma que la oclusión acaba antes de que los órganos articulatorios abandonen su posición labial o velar y adopten la necesaria para la vocal siguiente, con lo que se crea un sonido nuevo [u̯, ᶐ], que es la continuación de la labialidad o de la velaridad respectivamente. Esta misma explicación se da para la epéntesis consonántica en casos como *demsei* > lat. *dempsi* (aquí se abandona la nasalidad, pero permanece la labialidad que da lugar a [p]), cf. Hock (1986a: 118). Por lo tanto, en estos cambios (2-4) estamos ante fenómenos de contacto entre sonidos.

    El *breaking* del inglés antiguo (5), la D ante /l, r/ del provenzal y del francés (6) y la D del francés de Quebec (7) tienen un contexto bastante similar. En concreto, la D en estos casos tiene lugar fundamentalmente ante consonantes líquidas o ante fricativas sonoras. Sin embargo, estos fenómenos se han interpretado de manera diferente. El *breaking* del inglés antiguo (5) se interpreta generalmente como el desgajamiento desde las consonantes de un un sonido velar [ɑ, o], con lo cual "the vowels involved were in no sense 'broken' into a diphthong but rather had something added to them" (Quirk & Wrenn 1957[2]: 145, cf. también Strang 1970: 385-386). El fenómeno del francés (6) es una asimilación para Fouché (1927: 24). Mientras que en el caso del francés de Quebec (7) está claro que se trata de un fenómeno de alargamiento de la vocal provocado por la consonante siguiente, seguido de un proceso alofónico de D (Dumas 1974: 18, 25). Estas interpretaciones diferentes vienen avaladas por el hecho de que en (5) y (6) el proceso afecta sólo a las vocales anteriores, mientras que en la D de Quebec se ven envueltas todas las vocales en el cambio. Este hecho parece significar que en (5) y (6) estamos ante un problema de articulación de la secuencia de vocal anterior + consonantes de articulación posterior (en concreto para el inglés antiguo se suponen los sonidos [x, ɫ, r]). Por su parte, en el francés de Quebec, lo que tenemos es una manifestación más del frecuente proceso de alargamiento de la vocal ante consonantes sonoras (Hock 1986a: 139), que luego se traduce en un auténtico proceso de D.

Por último los cambio del inglés (8) y del francés (9) parecen independientes de la presencia de otros sonidos en el contexto y por eso se los considera cambios espontáneos.

Los fenómenos (2-4) no entran dentro de la descripción de Duraffour, en el sentido de que no son propiamente segmentaciones de una única vocal, sino más bien adiciones de elementos propios de dos sonidos distintos. Los fenómenos (5-6) parecen estar más cerca de estos cambios que acabamos de mencionar que de los cambios espontáneos (8-9). El caso de la D del francés de Quebec (7) es sin duda una D, pero limitada a unos determinados contextos.

En conclusión, dentro de las Ds tradicionalmente llamadas "condicionadas" hay algunos cambios que parecen Ds y que no lo son en realidad, aunque esto no siempre está claro, ya que cabría interpretar el *breaking* del inglés antiguo (5) o la D del francés y el provenzal (6) también como fenómenos de alargamiento y posterior D de las vocales ante determinadas consonantes, ya que parece ser una tendencia universal que las vocales sean más largas ante líquidas que ante otras consonantes (cf. Fónagy 1992: 142-143, 153 n.5). Otras de estas llamadas Ds condicionadas son auténticas Ds limitadas a determinados contextos, como es la D del francés de Quebec (7).

La distinción entre cambios condicionados y espontáneos se ha incorporado a la Fonología Natural bajo las etiquetas de procesos "independientes del contexto" o "paradigmáticos" (= *context-free, paradigmatic*) y procesos "sensibles al contexto" o "sintagmáticos" (*context-sensitive, sintagmatic*), cf. Stampe (1973 [1979]: 23-24). Los primeros equivaldrían a los cambios espontáneos y los segundos a los condicionados. La distinción de Stampe es matizada por Dressler (1985: 43), quien señala que algunos procesos que empiezan siendo sensibles al contexto frecuentemente acaban siendo independientes del él. Además los procesos espontáneos o independientes del contexto tienen en realidad un contexto prosódico. De hecho, esto último ya había sido aceptado por Donegan & Stampe (1979):

Some fortition processes [las forticiones serían procesos independientes del contexto] may apply regardless of context, but they are particularly favored in 'strong' positions, applying especially to vowels in syllable peaks and consonants in syllable onsets, and to segments in positions of prosodic prominence and duration. Similarly, they apply in situations and styles where perceptibility is highly valued: attentive, formal, expressive, and lento speech. (Donegan & Stampe 1979: 142)

Por otra parte, esto era algo observado desde siempre. Por ejemplo, Passy (1891: §
298) afirma que los cambios espontáneos tienen lugar "soit dans toutes les positions, soit dans
certaines conditions d'intonation, d'accent et de quantité". Volveremos más adelante a la
cuestión del contexto prosódico para los procesos espontáneos y, en concreto, para la D. De
momento nos interesa poner de relieve la puntualización de Dressler con respecto a la
posibilidad de que un cambio condicionado acabe por no serlo y, en definitiva, el hecho de que
un cambio no es igual a lo largo de toda su existencia.

2.1.7.   GENERALIZACIÓN DE UN CAMBIO. JERARQUÍAS
Todo los cambios fonológicos, incluso los que parecen haber afectado a todos los casos
posibles y sin condicionamientos aparentes, son procesos que pasan por diversas fases de
condicionamiento y de efectividad (cf. Grammont 1933 [1971]: 162; Dressler 1979a: 97). Para
explicar la evolución y generalización de los cambios se han propuesto diversos mecanismos.
En concreto, para explicar la modificación de un cambio, Labov (1972 [1977]: 229) propone la
transformación de una regla variable por medio de la modificación del orden y la forma de los
condicionamientos que forman la regla. De alguna manera, el cambio en los condicionamientos
ya había sido observado por los antiguos lingüistas al estudiar la extensión geográfica de un
cambio:

> tout changement phonétique se propage en dehors d'un certain point de départ; il
> élargit son domaine, mais, en outre, il s'écarte souvent des conditions auxquelles il
> était soumis à l'origine. (Meyer-Lübke 1890: § 5)

Por lo que se refiere a la generalización de un cambio, Labov entiende el proceso como
una transformación de una regla variable en regla categórica, por medio de la extensión de sus
contextos de aplicación. Como otros lingüistas han precisado, esta generalización no se hace de
manera aleatoria, sino en el orden determinado por las diferentes jerarquías inherentes del
proceso en cuestión (Donegan 1978 [1985]: 28; Donegan & Stampe 1979: 139; Dressler 1984:
34-35; Dressler 1985: 299-300), dentro de clases naturales de sonidos (Dressler 1982: 99) o
con arreglo a una jerarquía de fuerza de los sonidos (Murray 1987: 118). Por ejemplo: la D
empieza en SL y se generaliza luego a la ST (cf. § 2.3.3). A lo largo del trabajo expresaremos
este tipo de generalizaciones por medio de jerarquías como (10):

(10)   **jerarquía de estructura silábica**

sílaba libre   sílaba trabada

Las diferentes jerarquías de un proceso tipo se combinan y se aplican en distinto grado
en cada proceso concreto y esto da lugar a diferentes cambios históricos (Donegan 1978
[1985]: 31). Otro factor que condiciona las diferencias entre el mismo proceso en diferentes
lenguas es el hecho de que las jerarquías no son siempre iguales para todas las lenguas. Esto
tiene una explicación. Por un lado, podemos pensar que las jerarquías no son necesariamente
unilineales (a-b-c-d), sino que pueden ramificarse (Dressler 1979b: 266). Por ejemplo, más

adelante discutiremos cómo repercute en la D la posición del acento dentro de la palabra. Del análisis de diferentes casos se deducen dos jerarquías:

(11)   **jerarquías de posición del acento**

+		-
paroxítonas	oxítonas	proparoxítonas

+		-
oxítonas	paroxítonas	proparoxítonas

Ante esto podemos formular una única jerarquía que reúna las dos posibilidades, como la que se encuentra en (12):

(12)   **jerarquía (ramificada) de posición del acento**

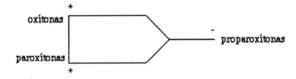

En los dos apartados que siguen vamos a estudiar las jerarquías que afectan al proceso de D.

2.2. Vocales que diptongan

La D se explica como el resultado de la imposibilidad de mantener una vocal igual a lo largo de toda su duración. A esta situación se llega cuando se concentra sobre una vocal el grado necesario de intensidad y duración (cf. p. ej. Passy 1891: § 456; Ronjat 1924: 356; Straka 1959: 294-295). Por esto la D es un cambio que afecta a las vocales tónicas, que universalmente son más largas que las átonas (Lehiste 1970: 36; Marotta 1985: 4; Fónagy 1992: 145).

Para Fouché (1927: 31) el papel del acento en la D es el de alargar la vocal, requisito necesario para la D. Para Schmitt (1931: 81), además del alargamiento, el acento se encarga de proporcionar la intensidad suficiente para que se pongan de manifiesto las diferencias entre una y otra parte de la vocal (= *Druckgegensätze*). Ambos aspectos, duración e intensidad suelen ir juntos en la manifestación del acento en las lenguas con un acento fuerte (= *stark zentralisierender Akzent*) y es precisamente en este tipo de lenguas, como señala Schmitt (1931: 81-82), donde tienden a producirse las Ds. En definitiva, las diversas manifestaciones que forman el acento, fundamentalmente la intensidad y la duración, desempeñan un papel

favorecedor de la D. Por lo tanto la primera y más importante jerarquía de contextos de la D es
la jerarquía de acento (13):

(13)   **jerarquía de acento**

+	-
tónicas	átonas

Esto quiere decir que la D empieza por las vocales tónicas. Probablemente la aparición
de diptongos en vocales átonas no deba considerarse un proceso fonológico, sino la extensión
morfonológica del diptongo, como en castellano: *pie → piececillo, mueble → mueblaje, hueso
→ huesito, huevo → huevería, bueno → buenísimo, pueblo → pueblito* (Malkiel 1980/81: 60-
61). En el francés de Quebec, aunque con poca frecuencia, es posible encontrar casos de D de
vocales átonas: *il est bien fâché* [faṷ'ʃe], *je comprends* [kɔ̃ṷ'prɑ̃], *calice* [kɑṵlɪs]; sin embargo,
tales casos son probablemente manifestaciones de la frecuente retracción del acento o de la
aparición del acento de insistencia del francés, de modo que la relación entre acento y D se
mantendría (Walker 1984: 70).

El papel fundamental del acento en la D se comprueba al observar que frecuentemente
en las lenguas del mundo algunas palabras han tenido una doble evolución, con D y sin D, de
acuerdo con su doble posibilidad de ser tónicas o átonas:

(14)   los tratadistas de los siglos XVI-XVIII de la pronunciación del inglés documentan
        alternancias fuertes y débiles en formas como *by* [bɪ̆, bəi̯], *could* [kʌṵld, ku:ld,
        kʊd, kʌd], *down* [dʌṵn, dŭn], *my* [məi̯, mɪ̆] (Dobson 1968[2]: 451-455)
        en francés encontramos formas doble similares: MĒ > *moi, me*, TĒ > *toi, te*, SĒ >
        soi, se, QUĪD > *quoi, que*

Una vez que ha quedado establecido que diptongan las vocales tónicas, no puede dejar
de observarse que, sin embargo, en las lenguas frecuentemente no diptongan todas las vocales
tónicas. Habrá que estudiar, por lo tanto, qué factores contribuyen a que una vocal tónica
adquiera un exceso de duración e intensidad suficientes para diptongar. A continuación
estudiaremos cómo influyen en la D la abertura, el color y la tensión propios de cada vocal.

Es sabido que las vocales bajas son intrínsecamente más largas que las altas (Navarro
Tomás 1916: 403; Lehiste 1970: 18-19; Fónagy 1992: 143, 153 n.6) y esta diferencia
intrínseca, como dice Donegan (1978 [1985]: 94), puede afectar a la aplicación de todos
aquellos procesos que, como la D, sean sensibles a la duración. Esto permite postular la

(15)   **jerarquía de duración intrínseca de la vocal**

+	-
bajas	altas

La D de las lenguas románicas, como apunta Straka (1959: 294) parece ajustarse en
parte a esta jerarquía ya que /ɛ:, ɔ:/ diptongan en casi toda la Romania, mientras que /e:, o:/,
que intrínsecamente son menos largas que /ɛ:, ɔ:/, diptongan en una zona más restringida. Por
su parte /i:, u:/, que son todavía más breves, han diptongado sólo en una parte del
retorromance, en dalmático y más recientemente en los dialectos italianos surorientales (cf.

Lausberg §§ 166, 184-185). Sin embargo /a:/, a pesar de ser la vocal intrínsecamente más larga, ha diptongado en pocas lenguas (quizá en francés, cf. Wartburg 1967² [1971]: 91; *Lausberg*: § 174; cf. §§ 5.2.8, 5.5.2; en el francés de Quebec diptonga *a:* > *aṵ*: *pâle* [pαṵl], *se rase* [rαṵz], *rarement* [rαṵrmã], cf. Dumas 1974: 29).

También se acomodaría bien a esta jerarquía de abertura la D en el francés de Quebec. Esta D afecta a las vocales largas, bien sean las llamadas largas por naturaleza (/e, ø, o, α, ã, ɔ̃, ɛ̃/) o las que se alargan por influencia de una consonante /v, z, ʒ, r/ (Dumas 1974: 18-29, Walker 1984: 99). Los resultados de la D son, según los dos autores mencionados:

(16) **diptongación en el francés de Quebec**

iː > ḭ	yː > ɣɥ	uː > ʊṵ		
eː > eḭ, eḭ	øː > øɥ, œɥ	oː > oṵ, ɔṵ	ɛ̃ > ɛ̃ḭ	œ̃ > œ̃ɥ, ã̃ɥ ɔ̃ > ɔ̃ṵ
ɛː > ɛḭ, aḭ	œː > œɥ, aɥ	ɔː > ɔṵ, αṵ		ã > ãṵ
		αː > αṵ		

friḭz 'frise', *pḛːtsɣɣr* 'peinture', *o: fuṵr* 'au four', *meḭr* 'mère', *kyrjœɥz* 'curieuse', *ʃoṵz* 'chose', *ʃaḭz* 'chaises', *flaɥ* 'fleurs', *yn min daṵ* 'une mine d'or', *pαṵl* 'pâle', *lḛḭʒ* 'linge', *vjã̃ṵd* 'viande', *lɔ̃ṵŋ* 'longue' (Dumas 1974: 28-29)

Según los datos de Santerre & Millo (1978: 178), en Montreal las vocales más abiertas /ɛ, œ, α/, de acuerdo con la jerarquía de duración intrínseca de la vocal (15), son las que mayor porcentaje de D muestran. También los procesos de D del islandés antiguo se ajustan a este modelo ya que diptongan las vocales medias y bajas (Benediktsson 1959: 298; Donegan 1978 [1985]: 157):

(17) **diptongación en islandés antiguo**

eː > eḭ (> *ḭe*) <é>	*oː > oṵ* <ó>
æː > aḭ <æ>	*aː > aṵ*

Si observamos más de cerca los casos mencionados del francés de Quebec (16) y del islandés (17) y los comparamos por ejemplo con la D del castellano, que afecta a /e, ɔ/, pero no a /a/, podremos comprobar que la vocal baja en castellano es una vocal central, mientras que en Quebec y en islandés se trata de vocales con un timbre palatal o velar /æ, α/. Lo mismo sucede con otras lenguas con D de vocales bajas:

(18) *æː > eḭ > aḛ* o bien *æː > eǫ > iǫ* en varios dialectos alemanes (cf. Wiesinger 1970, 1: 366, 378; 364, 374)

æː > æę en faroés (cf. Rischel 1968: 98)

æː > æǫ > iǫ > jǝ en dialectos ingleses del norte de los EE.UU. (cf. Labov 1994: 189, 252-253)

æː > iǫ en frisón occidental (cf. Markey 1981: 193-194)

ɒː > æɒ, æǫ en el dialecto sueco de Malmö (cf. Donegan 1978 [1985]: 134)

El hecho mencionado indica que, además de la abertura, hay que buscar otros rasgos de las vocales implicados en el proceso. En este caso concreto la D de /æ, α/ frente a la falta de D de /a/ podría explicarse por la diferencia entre vocales cromáticas (palatales y velares) y vocales acromáticas (centrales)[2]. Según Donegan (1978 [1985]: 92-93) las primeras son intrínsecamente más largas porque las órdenes motrices para los movimientos propios del color requerirían más tiempo. En este sentido podría formularse la jerarquía

(19)   **jerarquía de color**

croḿaticas   acromáticas

Sin embargo, frente a la predicción de (15), hay lenguas en las que las vocales que diptongan no son las más abiertas, sino, por el contrario, las más cerradas:

(20)   la D del alemán conocida como *die neuhochdeutsche Diphthongierung* (empezó a finales del siglo XII en bávaro y se fue extendiendo a varios dialectos en un proceso que duró al menos hasta el siglo XVI, cf. Wright 1907: § 124) cuyos resultados son *iː > i̯ḭ > a̯i̯, uː > u̯ṵ > a̯u̯, yː (<iu>) > o̯i̯, e̯i̯ː miːn > mein, ziːt > Zeit, giːge > Geige, huːs > Haus, sluːch > Schlauch, byːtel > Beutel, myːse > Mäuse, lyːte > Leute* (Hirt 1931: 38; Wiesinger 1970, 1: 72-73; Lindgren 1980[2]: 582)

(21)   la D de /iː, uː/ del inglés medio (forma parte de la cadena de cambios conocida como *Great Vowel Shift*, cf. p. ej. Kurath 1964: 25, Strang 1970: 174): *iː > i̯ḭ > ə̯i̯ > a̯i̯ (ice, line, mite, lie), uː > u̯ṵ > ʌ̯u̯ > a̯u̯ (house, out, now)*; para la documentación de las fases intermedias cf. Dobson (1968[2]: 661-662, 685)

Esto no invalida la jerarquía de duración intrínseca de las vocales (15), sino que demuestra que no es la única. Acabamos de ver la importancia del color y, como dice Donegan (1978 [1985]: 76), las vocales altas tienen más color que las bajas, con lo cual (15) y (19) se oponen en determinada medida. Estos conflictos entre jerarquías son constantes y son lo esperable, como ya dijimos en la discusión sobre Ds condicionadas e incondicionadas. Cada jerarquía se refiere a uno de los diversos factores que han demostrado tener un papel en la D, pero nada nos hace suponer que todos actúen en todas las lenguas con la misma relevancia.

Otro rasgo frecuentemente implicado en los procesos fonológicos que afectan a las vocales es el de tensión. La distinción entre vocales "tensas" y "laxas" se ha relacionado con diversos aspectos fonéticos. Para Fischer-Jørgensen (1985: 84-85) las vocales laxas tienen una articulación más relajada y esto significa un aplanamiento de la lengua, lo cual a su vez implica una cavidad faríngea menor, menor abertura de la mandíbula y una actividad menos pronunciada de los labios; además la tensión va casi siempre ligada a la duración y en este sentido las vocales tensas son generalmente más largas que sus correspondientes laxas. Por otro lado, en el espacio vocálico las vocales tensas se sitúan en la periferia y las laxas ocupan una posición algo más centralizada, cf. Lindau (1978: 557). En general puede decirse que las vocales tensas son /i, e, ɑ, o, u/, mientras que las laxas son /ɪ, ɛ, a, ɔ, ʊ/ (cf. Fischer-Jørgensen 1985: 87). Por lo que se refiere a la D, puesto que las vocales tensas son generalmente más largas que sus correspondientes vocales laxas, podría postularse una jerarquía como la siguiente

---

[2]   "Diphthongization does not affect nonchromatic vowels" (Stampe 1972: 581).

(22)   **jerarquía de tensión**

De acuerdo con esta jerarquía estarían procesos como la D posterior al *Great Vowel Shift* de la mayoría de dialectos del inglés moderno que afectó a las vocales tensas /i, u, e, o/, dejando intactas las correspondientes laxas /ɪ, ʊ, ɛ, ʌ, æ, ɒ ~ ɑ/ (para el sistema cf. Kurath 1964: 23), cf. (8):

(23)   **diptongación de /iː, uː, eː, oː/ en inglés moderno**

   iː > ɪ̯i̯   uː > ʊ̯u̯

   eː > e̯i̯   oː > o̯u̯

Sin embargo, en contra de (22) estaría la D centralizante de vocales laxas del islandés moderno (Einarsson 1945; Donegan 1978 [1985]: 135):

(24)   **diptongación en islandés moderno**

   ɪː > ɪɛ̯   ʏː > ʏœ̯

   ɛː > ɛæ̯, ɪɛ̯   œː > œɒ̯, ʏœ̯   ɔː > ɔa̯, uɔ̯

En realidad, no parece que la jerarquía de tensión (22) pueda postularse sin problemas. Más adelante veremos (cf. § 2.4.2) que la oposición entre vocales tensas y laxas o periféricas y centrales, más que en la tendencia a diptongar, parece tener repercusión en el tipo de D que afecta a cada clase.

En conclusión, la D afecta a las vocales cuya articulación homogénea se ve dificultada por su mayor duración e intensidad. Esto se traduce en una serie de jerarquías (de acento (13), de duración intrínseca de la vocal (15), de color (19), de tensión (22), esta última es dudosa). Estas jerarquías son inherentes al proceso de D, pero hemos visto que hay conflictos entre ellas y que no se aplican todas en la misma medida en cada lengua. Este es uno de los motivos de que en cada caso concreto el proceso de D afecte a unas vocales o a otras. Otro motivo consiste en que cada lengua escoge para su sistema vocálico una correlación particular de los rasgos de duración, altura vocálica, carácter periférico y tensión y el resultado de tales correlaciones tiene una repercusión importante en la evolución (cf. Hock 1986a: 145). Además de esto, una D puede ser sólo un cambio dentro de un conjunto de cambios con una motivación interna particular y esto puede dar cuenta también de su aspecto concreto (cf. Labov 1994: 249).

2.3. Contextos de la diptongación

En este apartado estudiaremos cómo influyen en la D otros factores que intervienen en general en la duración de los sonidos (Lehiste 1970: 53; Marotta 1985: 3-6; Fónagy 1992). En concreto nos referiremos a la organización rítmica de la lengua, el acento de grupo, la estructura silábica, el contexto segmental, el tipo de palabra y los estilos de habla.

2.3.1. RITMO

El primer factor que analizaremos es la organización rítmica de la lengua. Como ya hemos dicho, la D es un tipo de cambio primordialmente ligado a factores suprasegmentales como el acento y la duración. Estos y otros parámetros, conocidos tradicionalmente como prosódicos, configuran el ritmo de cada lengua. Desde muy pronto se observó que la D afecta predominantemente a lenguas con un acento fuerte:

> Spontane Diphthongierung beruht auf einer Verstärkung des Druckes in der Akzentsilbe und zeigt sich daher vorwiegend in Sprachen bzw. Sprachperioden, in denen ein stark zentralisierender Akzent herrscht oder sich herausbildet. (Schmitt 1931: 136)

Estas lenguas con *stark zentralisierendem Akzent* son las que actualmente se conocen como "lenguas de ritmo acentual" (= *stress-timed*) por oposición a las "lenguas de ritmo silábico" (= *syllable-timed*) (cf. Dauer 1987, Bertinetto 1988b). También se habla de lenguas con un ritmo basado en la mora (= *mora-timed*), como el japonés, pero esta noción no ha tenido mucho éxito (cf. Bertinetto 1988b: 69).

En los primeros estudios se planteó la diferencia entre lenguas de ritmo acentual y las de ritmo silábico como una dicotomía neta. Sin embargo el estudio detallado de lenguas concretas y el intento de precisar más los parámetros fonéticos y fonológicos que sirven para distinguir un tipo de otro ha llevado a la idea de que nos encontramos más bien ante una escala. En opinión de Bertinetto (1988b: 77) podría tratarse de una escala basada en la capacidad para comprimir la duración de las secuencias fónicas. En un polo estarían las lenguas de ritmo acentual, que permiten que los sonidos se compriman en determinadas circunstancias. En el otro polo se hallarían las lenguas de ritmo silábico, con un modelo de sincronización más rígido. Podemos enumerar a continuación algunos de los procesos que caracterizan a las lenguas de ritmo acentual frente a las de ritmo silábico y que son responsables de su particular versatilidad rítmica: 1) Reducción de vocales átonas, frente a la articulación completa en las lenguas de ritmo silábico. 2) Alargamiento de vocales tónicas. Estas vocales presentan una mayor dispersión alofónica que en las lenguas de ritmo silábico. Todos los rasgos prosódicos se utilizan de manera mucho intensa en las sílabas tónicas que en las átonas. 3) Alargamiento de las vocales tónicas en palabras breves, mientras que en palabras largas se abrevian. 4) Estructura silábica compleja y límites silábicos inciertos, frente a una estructura más simple y fronteras más claras en las lenguas con ritmo silábico.

Los procesos mencionados contribuyen a hacer más marcada la diferencia entre partes fuertes y débiles, que es la base de cualquier ritmo. Como señala Walker (1984: 70-71), el reforzamiento de las vocales tónicas por medio de la D es una contribución a la alternancia entre partes fuertes y partes débiles. De hecho, en el francés de Quebec se está produciendo un doble proceso de reforzamiento (frecuentemente con D) de determinadas vocales, en concreto las que ya son fuertes por estar bajo el acento, en posiciones de alargamiento (ante las consonantes /v, z, ʒ, r/) o por ser intrínsecamente largas (las vocales /e, ø, o, ɑ, ã, ɔ̃, ɛ̃/), frente al debilitamiento a través de la relajación de las vocales más débiles (vocales fuera del contexto de alargamiento, pretónicas), cf. Walker (1984: 45-71, 99-100).

Dentro de la Fonología Natural se ha propuesto subsumir bajo el parámetro del ritmo de cada lengua toda una serie de procesos fonológicos como son la D de vocales tónicas, la monoptongación de diptongos átonos, la reducción de vocales postónicas, etc. (Auer 1990: 19; Dressler & Moosmüller 1991: 137-138). Incluso se ha propuesto que es posible ir más allá. Según Donegan & Stampe (1983), la organización rítmica no sólo agrupa procesos fonológicos, sino que aglutina parámetros de todos los niveles del lenguaje, como se muestra en el siguiente cuadro:

(25)   **organización rítmica (Donegan & Stampe 1983)**

ritmo acentual	ritmo silábico
- 'Primero el operante' (operante: lo que está dado) = acento final de frase	- Orden sintáctico: 'primero el operador' (operador: lo que se afirma) = acento inicial de frase
- Proclisis y prefijación	- Enclisis y sufijación
- Hiato en los límites de palabra	- *Liaison*
- Las sílabas átonas no tienen valor rítmico, por eso no aparecen geminadas	- La asimilación de consonantes no lleva a la pérdida y se crean geminadas
- Formas silábicas complejas	- Mayor rigidez del tipo de sílaba
- Reducción de vocales átonas	- Armonización vocálica
- Las sílabas átonas no cuentan	- Las sílabas átonas cuentan en la medida acentual
- Diptongación de vocales tónicas	- Estabilidad de las vocales tónicas
- Ejemplos: lenguas mon-khmer, lenguas germánicas, portugués, francés antiguo	- Ejemplos: lenguas munda, lenguas urálicas, protoindoeuropeo

Todo esto tiene su traducción en la fonología diacrónica. Por ejemplo, Wallace (1975) defiende que buena parte de los cambios que experimentaron las lenguas germánicas en los primeros momentos de su evolución forman un conjunto orgánico regido por el cambio fundamental del sistema acentual. El primer protogermánico sería una lengua con ritmo silábico y evolucionaría hacia el ritmo acentual. En la misma línea se expresa Donegan (1978 [1985]: 210-211), que se refiere tanto al germánico como al romance:

> The extensive vowel quality changes which have occurred in most Germanic languages and in some varieties of Romance (especially in French) appear to be associated with a loss of contrastive vowel length and the replacement of an iso-moric timing system allowing (near-) double time for long vowels (as in Japanese and, presumably, in Classical Latin) by an iso-accentual timing system —one which aims at equal time between accents or stresses. (Donegan 1978 [1985] : 210-211)

Donegan observa que estos cambios contrastan fuertemente con la estabilidad que manifiestan lenguas como el japonés (que cuenta moras), o el finés o las lenguas dravídicas (con distinción de cantidad).

De aquí podemos deducir que el origen de los procesos masivos de D dentro de una lengua estará en relación con transformaciones de orden superior en su organización rítmica y vendrá probablemente acompañado de otras manifestaciones en otras partes de la sílaba y de la palabra (p. ej. reducción de vocales átonas). Esto se puede expresar en la siguiente

(26)   **jerarquía de ritmo**

+   -

ritmo acentual   ritmo silábico

Según esta jerarquía, en las lenguas con ritmo acentual habrá más Ds y los procesos de D empezarán cuando una lengua se transforme en la dirección de ese tipo de ritmo. Un caso de tal transformación parecen ser los dialectos surorientales de Italia (fundamentalmente abruzés y pullés), cf. Loporcaro (1987: 74 n.6). En estos dialectos se ha producido un notable debilitamiento de las vocales átonas y un proceso de alargamiento y D de las vocales tónicas en SL. En la mayoría de casos los diptongos son todavía una variante alofónica. Los resultados de esta D en el dialecto de Altamura (Apulia) son (cf. Loporcaro 1987: 29, 31, 34, 45, 47, 52, 55):

(27)   **diptongación en Altamura**

    i: > i̯i   u: > ʊu̯

    e: > ai̯   o: > au̯

    ɛ: > ei̯   ɔ: > ou̯

        a: > ɛ: > ɛi̯

GALLĪNA > *jad:ɪ̯in*, VĬDET > *vai̯t*, NĬVE > *nai̯v*, VĔNIT > *vei̯n*, PĔDE > *pei̯t*, CANE > *kei̯n*, SALE > *sei̯l*, RŎTA > *rou̯t*, BŎNA > *bou̯n*, NŬCE > *nau̯ʃ*, SŌLE > *sau̯l*, LŪNA > *lʊu̯n*, LŪCE > *lʊu̯ʃ*

Igualmente las transformaciones que se dan actualmente en los estilos rápidos del portugués de Brasil son una manifestación de acomodación al modelo del ritmo acentual (cf. Major 1981; 1985): 1) D de vocales tónicas: *alô > aloə̯*; *frita > friə̯tɐ* (Major 1985: 265); 2) cierre de vocales átonas: *e, o > i, u*; 3) monoptongación de los diptongos átonos; 4) paso de hiato a diptongo en sílaba átona: *piedade > pi̯edadʒi* (Major 1985: 270); 5) paso de diptongo decreciente a diptongo creciente en sílaba átona: *fi̯umãmus* 'filmamos' > *fi̯umãmus*; *abi̯u* 'hábil' > *abi̯u* (Major 1981: 349; 1985: 273); 6) reducción de las vocales postónicas en los proparoxítonos, junto a una menor reducción de las átonas pretónicas.

2.3.2.   ACENTO DE FRASE

El segundo factor o contexto de la D que analizaremos es el acento de frase. En cada grupo rítmico un acento sobresale por encima de los demás, de tal manera que en la sílaba donde tal acento recae se intensifican todos los rasgos característicos de la tonicidad (duración, intensidad y tono): por ejemplo en it. [il veⁿ·to di tramonta:na] la sílaba [veⁿ·] es semilarga, mientras que la sílaba [ta:] es larga, por ser la que lleva el acento de grupo rítmico, cf. Canepari (1985⁴: 96-97). Por lo tanto, esperamos que la D empiece afectando a sílabas bajo el acento de grupo. Esto se expresa en la siguiente

(28)   **jerarquía de acento de frase**

+	-
acento principal	acento secundario

La validez de esta jerarquía se demuestra en casos como los señalados por *Rohlfs* (§ 12):

(29)   piamontés *stait* 'stato' frente a *u sun stat lai* 'sono stato là'
         piamontés *koire* 'cuocere' frente a *a kor d'öli* 'per cuocere olio'
         piamontés *aiva* 'acqua' frente a *èva sènta* 'acqua santa'
         siciliano *bònu míedicu* frente a *mèdicu búonu*
         siciliano *amicu di cúori* frente a *còri d'úoru*

En estos ejemplos de los dialectos italianos se observa la presencia de la D cuando la palabra se encuentra aislada o en la parte fuerte de la frase: en ambos casos se concentra sobre ella el máximo de atención y de intensidad. Sin embargo, la misma palabra no tiene D cuando no se encuentra en esos contextos. Como señala Rohlfs, se trata de una manifestación propia de los fenómenos en curso, que todavía no han dado lugar a la reestructuración fonológica. Fenómenos de este tipo se documentan en todas las Ds en curso (vid. p. ej. en el dialecto de Altamura, Loporcaro 1987: 162, 179, 181; o en istrorrumano, Kovaćec 1984: 555). Lo mismo sucede también en la D del francés de Montreal. Aquí Santerre & Millo (1978: 176, tabla 1) distinguen tres contextos acentuales con repercusión en el grado de D: 1) en final de grupo sintáctico o final de palabra seguido de pausa (p. ej. *une grosse tête*) la D se da en un 44% de los casos, 2) la posición final de palabra dentro de un grupo sintáctico (p. ej. *une tête folle*) es ya menos favorable a la D, que se encuentra en un 11%, 3) mientras que el interior de una palabra (p. ej. *entêté*) es un contexto mucho menos propicio y hay D sólo en el 2% de casos.

2.3.3.   ESTRUCTURA SILÁBICA

Pasamos ahora a analizar un contexto que ha dejado muchas huellas en los fenómenos romances. Existe una tendencia universal a que las vocales en SL sean más largas que las vocales en ST (cf. Maddieson 1985: 213; para el castellano cf. Navarro Tomás 1916: 398), de donde se deduce la siguiente jerarquía para el proceso de D:

(30)   **jerarquía de estructura silábica**

             +   -
         _____

         sílaba libre   sílaba trabada

Esto quiere decir que la D de una vocal tónica se ve favorecida si se encuentra en SL y ya había sido propuesto por Ronjat (1924), quien observa, a partir de los datos romances, una diferencia entre casos como FES.TA, POR.TA y otros como PE.TRA, NO.VU. En los primeros el castellano diptonga (*fiesta, puerta*), pero no el francés o el italiano (*fête, festa, porte, porta*). En los segundos diptongan tanto el castellano como el francés y el italiano (*piedra, pierre, pietra, nuevo, fr.ant. nuef, nuovo*). Y señala que no hay ninguna lengua con D en casos como FES.TA y POR.TA sin D también en PE.TRA, NO.VU. Estos hechos indican que la D empieza en palabras como estas últimas y sólo en un segundo momento se extiende a las del tipo FES.TA, POR.TA.
         Este contexto, como se verá (cf. § 5.2.11), es importante para las lenguas románicas, pero no es el único digno de atención. Como venimos repitiendo, en una D intervienen diversos factores y la estructura silábica es uno de tantos.

2.3.4.   CONTEXTO SEGMENTAL

Este es el cuarto factor que señalábamos al principio de este apartado. Son bastante conocidos hechos como la influencia de las consonantes sobre la duración de las vocales en lenguas como el inglés, donde las vocales son más largas ante consonantes sonoras que ante sordas (Lehiste

1970: 19). Esta tendencia parece tener carácter universal (cf. Fónagy 1992: 142-143, 153 n.5), por lo cual podemos trazar la siguiente jerarquía:

(31)   **jerarquía de contexto segmental**

+	-
sonoras	sordas

Además de la sonoridad o sordez de las consonantes, se ha comprobado que también influyen en la duración de la vocal precedente otros factores como el grado de constricción bucal. Navarro Tomás (1916: 389-391, 400) extrae de sus datos la siguiente jerarquía para el castellano (el orden dentro de cada columna es aleatorio):

(32)

+					-
ɾ	ð	θ	l	n	tʃ
β	ʂ	ʎ	m	p
ɣ	x	ɲ	t
f					k

Por su parte, se ha propuesto para el inglés una jerarquía semejante (cf. Lehiste 1970: 24):

(33)

+			-	
fricativas sonoras	oclusivas sonoras	nasales	fricativas sordas	oclusivas sordas

La posición de las nasales en estas jerarquías es un problema. Navarro Tomás (1916: 400) ya encuentra extraño que nasales y laterales no alarguen la vocal. Y Lehiste (1970: 27) señala que el comportamiento de las nasales es contradictorio de unas lenguas a otras. Como ya apuntábamos en la introducción de este capítulo, la evolución de las vocales ante nasales debe estudiarse por separado. En general no trataremos en este trabajo de la D de vocales nasales y en lo que sigue eliminaremos estos sonidos de las jerarquías de contexto segmental.

Al igual que en castellano e inglés, se ha observado también en francés que una serie de consonantes llamadas "allongeantes" contribuyen al aumento de la duración de la vocal tónica. En concreto se trata de /r, v, z, ʒ, j/ (cf. Martinet & Walter 1973: 34).

De estos y otros estudios se extrae la siguiente jerarquía que reúne tanto el criterio de la sonoridad como el de tipo de articulación (cf. Fónagy 1992: 142-143, 153 n.5):

(34)   **jerarquía de contexto segmental (revisada)**

+			-	
líquidas	fricativas sonoras	oclusivas sonoras	fricativas sordas	oclusivas sordas

La adecuación de estas jerarquías se comprueba en procesos como la D del francés de Quebec (o: fʊʏ̯ 'au four', mɛi̯ɾ 'mère', cf. (7), (16)). La D ante /l, r/ se documenta en bastantes casos, además de los citados. Puede encontrarse en romañolo (Schürr 1936: 309) y en otros dialectos italianos septentrionales (*Rohlfs* § 10). P. ej. en Cesena (romañolo): *eǫrba*, *meǫl* 'miele' vs. *sät* 'sette' y *veirt* 'verde', *teila* vs. *fresk*. En el catalán de algunos puntos del Bajo Aragón, la Canyada de Biar (Alt Vinalopó) o Ports (comarca de Morella) /ɛ/ es bastante abierta y esto ha dado lugar a una D ɛ > ǫɛ, ǫɛ > ǫa especialmente ante [r, ł] implosivas. Por medio de disimilación se llegaría a los diptongos: *jɛ, jɛ̧, ja*: *viard* (*verd*), *pial* (*pèl*) (Recasens 1991: 82; 153).

2.3.5. POSICIÓN DEL ACENTO

El quinto factor que nos hemos propuesto estudiar se refiere a la posición de la sílaba tónica dentro de la palabra. Se ha comprobado que la vocal tónica no dura lo mismo en una palabra proparoxítona que en una paroxítona o en una oxítona. Aunque la importancia de estos fenómenos temporales varía en función de las lenguas (en concreto es mayor en las lenguas de ritmo acentual que en las de ritmo silábico, cf. Marotta 1985: 72), parece bastante general que en las palabras proparoxítonas la duración de la vocal tónica es menor. Esto se traduce, por el momento, en la siguiente jerarquía todavía incompleta:

(35)   **jerarquía de posición del acento (incompleta)**

+ _____ -

     paroxítonas   proparoxítonas

Esta jerarquía puede observarse en la D reciente de algunos dialectos surorientales de Italia (Loporcaro 1987: 29-34, 44-47, 51-52, 55-56):

(36)

DĪCO	*dŗik*	DĪCUNT	*dɪʃənə*
PĬPER	*paip*	LĬTTERA	*lɛttərə*
PĔDE	*pejt*	*LĔCTORA	*lettərə*
CANE	*kejn*	MANICU	*manəkə*
NŎVA	*nouf*	ŎSSU + ORA	*øssərə*
NŬCE	*nauʃ*	GENŬCULU + ORA	*ʃənɔkkiərə*
LŪCE	*louʃ*	AERŪGINE	*ryddzənə*

Algo menos clara es la relación entre paroxítonos y oxítonos. En algunas lenguas como el italiano se documenta un abreviamiento de la vocal tónica en sílaba final (cf. Bertinetto 1981: 75; Canepari 1985[4]: 95; Marotta 1985: 4, 129). Este hecho parece la causa de evoluciones particulares de tales vocales tanto en italiano como en algunos de sus dialectos (*Rohlfs* § 9):

(37)   no hay diptongo en *ciò*, *però* (< ECCE HŎC, PER HŎC), a pesar de encontrarse en SL romance (cf. Meyer-Lübke 1927: § 50)
       Agnone (Abruzos) *vətʃoino* 'vicino' vs. *məní* 'venire' muestra también D en el paroxítono, pero no en el oxítono
       en el dialecto de Martina Franca (Apulia) la A en SL palataliza en los paroxítonos como *mɛnə* 'mano', pero se conserva en los oxítonos como *chiamá*

Lo contrario sucedería en castellano, donde, según Navarro Tomás (1916: 397) las vocales tónicas son más largas en las palabras oxítonas que en las paroxítonas. Por lo que se refiere a la D, los datos del norte de Portugal hablan tanto en favor de un predominio de la D en oxítonos como en paroxítonos. Según los datos de Fagan (1979), en Santa Leocádia (norte de Portugal), las cuatro vocales medias diptongan en la sílaba final, pero sólo [e, o] en los paroxítonos: Santa Leocádia: /o/ *avô* [ɐbóɐ̯] 'abuelo', /ɔ/ *mó* [mɔɐ̯] 'muela', /e/ *vê* [veɐ̯] 'uve', /ɛ/ *café* [kɐfeɐ̯] (Fagan 1979: 200); pero en los paroxítonos sólo /o/ *boca* [bóɐ̯kɐ], /e/ *dedo* [déɐ̯du] (Fagan 1979: 201). Sin embargo en Matosinhos y Lavra (localidades próximas a la anterior) la D es más frecuente en los paroxítonos. Por otro lado, no hay D en los proparoxítonos en ninguna de estas localidades (Fagan 1979: 201 n.15). Los datos mencionados dan pie para completar la jerarquía (35) y establecer la siguiente

(38)   **jerarquía de posición del acento (completa)**

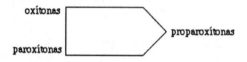

En esta jerarquía hemos suprimido los signos (+) y (-), pero esto no quiere decir que todas las direcciones sean posibles. Parecen existir las siguientes posibilidades: oxítonas > paroxítonas > proparoxítonas (es el caso del castellano); paroxítonas > oxítonas > proparoxítonas (parece ser el caso de Matosinhos y Lavra); paroxítonas > proparoxítonas > oxítonas (es la situación del italiano). No esperamos que se dé en ningún momento una situación en la que, existiendo en una lengua palabras de los tres tipos, un fenómeno de D empiece por las palabras proparoxítonas.

Relacionado con la posición del acento está otro factor como el número de sílabas de la palabra. Navarro Tomás (1916: 399) observa una tendencia en castellano a que las vocales de los monosílabos tónicos duren más que las vocales tónicas de los bisílabos. La importancia de este factor parece bastante relevante en las lenguas germánicas y algo menos en las románicas, pero siempre se manifiesta en el mismo sentido, es decir, las vocales tónicas duran más cuanto menor sea el número de sílabas de la palabra (cf. Marotta 1985: 21-26).

Esta tendencia podría explicar determinados casos de D de monosílabos con ST en lenguas, como el francés, en las que sólo se esperaría la D en SL: FĔL > fr. *fiel*, MĔL > *miel*, RĔM > *rien*, CŎR > fr. *cœur*, AB HOC > fr.ant. *avuec*, fr.mod. *avec*, TRĒS > *trois*. Es cierto que para algunos de estos casos tenemos ejemplos con vocal final paragógica en otras lenguas, que, de haberse dado en francés habría creado una SL: FĔL(E) > rum. *fiere*, sar. *fele*, it. *fiele*, MĔL(E) > rum. *miere*, sar. *mele*, it. *miele*, CŎR(E) > sar. *koro*, it. *cuore*. Esta es la hipótesis habitual (cf. *Lausberg* § 189). Sin embargo, no puede negarse que el monosilabismo podría haber tenido una parte en el proceso. Esto es lo que piensa Fouché (1925: 36). Además en la mayoría de las palabras citadas la D se habría visto favorecida también por la presencia de una consonante líquida, que como se observa en la jerarquía (34) favorecería también el alargamiento. Por otro lado, la paragoge no es característica de lenguas con acento fuerte, como ha sido el francés, sino más bien propia de lenguas que concentran su atención tanto en la sílaba tónica como en la sílaba átona (cf. Richter 1911: 124).

2.3.6. ESTILOS

Dentro de la Fonología Natural se defiende que los procesos de reforzamiento, como es el caso de la D, se aplican preferentemente en estilos formales y lentos en los que se tiende a la hiperarticulación, mientras que los procesos de debilitamiento se aplican en estilos informales o rápidos, donde predomina la hipoarticulación (cf. Dressler 1985: 86). Este último es el caso de la monoptongación, cf. Stampe (1973 [1979]: 23-24). De lo dicho se desprende la siguiente jerarquía de la D:

(39)   **jerarquía de estilos**

+	-
hiperarticulado	hipoarticulado
lento	allegro

Este tipo de variación condicionada por el estilo es la que Gile Vaudelin pretendía reflejar a través de un sistema gráfico inventado por él mismo:

> Das Wort *droite* schreibt er meistens mit *ę: la mě dręt* oder *a la dręt; dü kǫtę drę dü tǎpl.* In feierlicheren Wendungen gebraucht er aber *drwęt: ę̄t así a la drwę dǝ dyö, ön kǒsyǎs drwęt* (Fónagy 1956: 235)

De hecho, según Fónagy (1992: 146) el énfasis y la emoción se expresarían universalmente por medio del alargamiento de vocales y consonantes. Y en la pronunciación de las vocales castellanas no suele advertirse ninguna tendencia a la D salvo precisamente "en el lenguaje lento, en la pronunciación fuerte del habla a distancia, y sobre todo en los pregones callejeros" (Navarro Tomás 1932[4] [1990]: § 43).

En conclusión, los diversos factores que condicionan la duración de las vocales (tonicidad léxica y sintáctica, ritmo de la lengua, grado de abertura, color, tensión, estructura silábica, contexto consonántico, posición del acento y estilos) han mostrado tener una repercusión en los procesos de D. Con arreglo a esto hemos trazado las correspondientes jerarquías, que junto con las jerarquías que se refieren al tipo de vocal afectada (cf. § 2.2) delimitan el marco de posibilidades de realización del fenómeno.

2.4. Resultado de la diptongación

Después de haber estudiado en qué consiste una D, a qué vocales afecta y en qué contextos suele ocurrir, vamos a analizar ahora los posibles resultados del proceso. Hemos estudiado diferentes Ds antiguas y modernas en las lenguas germánicas y románicas y a partir de esos datos nos proponemos exponer una serie de principios (en el sentido de Labov 1994: 13)[3] que pueden explicarlas. Estos principios son los siguientes

---

[3]   "A principle is a generalization that is unrestricted in its application in time or space" (Labov 1994: 13).

(40)   **principios de la diptongación**
(40.1) La D puede ser periferizante o centralizante (cf. § 2.4.1).
(40.2) Las vocales laxas suelen sufrir D centralizante y las tensas periferizante (cf. § 2.4.2).
(40.3) Las Ds son predominantemente descendentes (cf. § 2.4.3).
(40.4) Un diptongo decreciente puede convertirse en creciente. La evolución inversa es poco probable (cf. § 2.4.4).
(40.5) En la D se produce una disimilación de los rasgos característicos de la vocal y esto permite una cierta predicción acerca de los posibles resultados (cf. § 2.4.5).

2.4.1. DIPTONGACIÓN PERIFERIZANTE-CENTRALIZANTE
El primero de estos principios determina que todos los procesos posibles de D son clasificables en dos grandes tipos (cf. Labov 1994: 252). Estos tipos de D son un reflejo de los dos tipos de diptongo a los que ya nos hemos referido en el capítulo precedente (cf. § 1.3.2). Tal bipartición se fundamentaba, como se recordará, en el movimiento de los diptongos en el espacio vocálico. En principio, cualquier vocal puede escoger entre dos direcciones para iniciar su movimiento de D: hablamos de D periferizante (= *outgliding*) cuando el diptongo resultante va hacia fuera del espacio vocálico y de D centralizante (= *ingliding*) cuando el diptongo que se forma va hacia el centro:

(41)   **las dos direcciones de la diptongación**

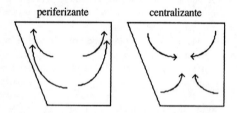

periferizante   centralizante

        Como demuestran los siguientes ejemplos, ambos tipos de D pueden aplicarse a la misma vocal:

(42)   [i:] manifiesta D periferizante *i:* > *ɨ̯* en inglés (Labov 1994: 160-162), faroés moderno (Rischel 1968: 97), francés regional (Walter 1982: de los treinta y dos hablantes cuyo idiolecto muestra alguna D, trece tienen este caso); *i:* > *ɨ̯* > *ei̯* > *ai̯* en alto alemán moderno (20), en la D del inglés medio (= parte del *Great Vowel Shift*) (21); *i:* > *ɨ̯* > *ei̯* > *ai̯* > *aɛ̯* > *æɛ̯* en algunos dialectos alemanes (Wiesinger 1970, 1: 93-97)

(43)   frente a los casos anteriores [i:] diptonga de manera centralizante *i:* > *iə̯* en frisón (Markey 1973: 308), en francés regional (Walter 1982: 135-136, 152-154; un hablante de La Loupe, región Maine-Orléans, tiene *i:* > *iə̯* y otro de Saint-Plantaire, región central, tiene *ɪ* > *iə̯*)

(44)   las vocales medias cerradas del alemán [eː, oː, øː] tienen D periferizante *eː, oː, øː* >
ei̯, ou̯, øy̯ en el cantón de Schwyz: *sneː* > *ʒnei̯* 'Schnee', *broːt* > *broːu̯d* 'Brot',
bløːde > *bløːy̯d* 'blöd' (Wiesinger 1970, 1: 208-209), en el retorromance de
Filisur: MENSE > *mai̯s*, NIVE > *nai̯f*, SERA > *sai̯rɐ* (Grisch 1939: 27-28)

(45)   frente a los casos anteriores encontramos D centralizante *eː, oː, øː* > *eə̯, oə̯, øə̯* >
iə̯, uə̯, yə̯ en el cantón de Friburgo: *beːde* > *bi̯ə̯d* 'beide', *loːs* > *lu̯ːə̯z* 'los', *løːten*
> *ly̯ːə̯ttə* 'lötten' (Wiesinger 1970, 1: 208-209) y en el retorromance del Sursés
(parte sur de Surmeir) y la Alta Engadina: ACĒTU > *iʒiə̯*, BOLETU > *buli̯ə̯* (Grisch
1939: 101)

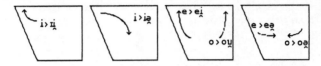

Por otra parte, los dos tipos de D pueden afectar a la misma lengua en dos períodos
distintos de su historia (véase el caso del islandés antiguo (17) frente al islandés moderno (24)).
Y también pueden convivir en una misma época, como es el caso de la D en faroés moderno
(cf. Rischel 1968: 97-99, Campbell 1991: 452):

(46)   **diptongación del faroés moderno**
/iː/ > ɪi̯, /uː/ > ʊu̯ (periferizantes, por oposición a las demás)
/eː/ > eə̯
/øː/ > øə̯
/oː/ > oə̯ (<o>: <koma> 'ven' [koəma])
/ɔː/ (< /aː/, /ɔː/) > ɔə̯ (<á>: <bátur> 'barco' [bɔə̯tər])
/æː/ (< /ǎ/, /eː/, /æː/) > ɛə̯ (<a>: <dagur> 'día' [deə̯wər]; <æ>: <klæða> 'vestir'
[klɛa])

Igualmente sucede en los dialectos del portugués moderno. Los datos del ALPI, así
como los de Silva (1961), Lima (1963) y Fagan (1979), ofrecen tanto D periferizante como
centralizante para las vocales medias. Geográficamente los diptongos centralizantes predominan
al norte del Duero, donde conviven con los periferizantes, mientras que estos últimos son
claramente mayoritarios al sur[4]. Veamos algunos ejemplos sacados del ALPI:

(47)   diptongación en Portugal
ε > i̯e, ei̯
e > i̯e, iə̯, oi̯
o > u̯ɔ, u̯a, oə̯, uɐ̯, uə̯, ou̯, oɔ̯
CASTĚLLU > *kaʃti̯eɫu, kaʃtei̯ɫ*, CULTĚLLU > *kuti̯eɫu, kutei̯ɫ*, VĚSPA > *bi̯esprɐ,
aβi̯esprɐ, bi̯eʃprɐ*, CAPĬTIA > *kaβi̯esɐ*, CĬPPUS > *si̯epɐ, siə̯pɐ, sɔi̯pɐ*, DĬGĬTU >
di̯eðu, diə̯ðu, døi̯ðə, doi̯d, dəi̯ðo, *AVIŎLU > *aβu̯ɔː, aβoɐ̯, aβuɐ̯, avou̯, avoɔ̯*,
BŬCCA > *bu̯okɐ, bu̯akɐ, bu̯ɐkɐ, bu̯ə̯kɐ, bou̯kɐ, bouɐ̯*, DŬLCE > *du̯osə, du̯ɐsə, du̯ɐsə*

Más adelante esbozamos una explicación de la D en el norte de Portugal (cf. § 5.2.8).

Por otro lado, hay lenguas cuyas vocales tienen todas D centralizante, como en el proceso conocido como *breaking* del frisón occidental (esta D da lugar luego a alternancias entre diptongos decrecientes y crecientes: *i̯ə ~ jɪ* (< *eː*), *ɪ̯ə ~ je* (< *aː*), *u̯ə ~ u̯o*, *u̯a* (< *oː*), *o̯ə ~ u̯a* (< *uː*) (Markey 1981: 193-194):

(48) **diptongación del frisón occidental**

    iː > i̯ə   uː > u̯ə

    eː > i̯ə   oː > u̯ə

    aː > ɪ̯ə

skiːre > ski̯ər, uːr > u̯ər, muːre > mo̯ʊre, skeːp > ski̯əp, greːne > gri̯ən, beːn > bi̯ən, steːn > sti̯ən, heːra > hɪ̯ərə, foːt > fu̯ət, moːna > mu̯anə, hoːna > (h)u̯anə, maːr > mɪ̯ər, baːm > bɪ̯əm

Ha habido varios intentos de explicar qué principios determinan que una vocal diptongue de una u otra forma, pero ninguno ha conseguido totalmente el objetivo. Parece haber sido Schmitt (1931), a través de la reelaboración de las ideas de Fouché (1927), el primero en intentar explicar esta distinción entre Ds periferizantes y centralizantes (o "de cierre" = *schließend* y "de abertura" = *öffnend*, como él y otros muchos autores las llaman). En su opinión, las dos direcciones, tal y como se manifiestan en bastantes dialectos alemanes, serían el reflejo directo de dos tipos diferentes de "entonación" (= *Intonation*). Para Schmitt "entonación" significa la suma de los aspectos de intensidad, tono y duración de la sílaba (cf. Schmitt 1931: 29). En las lenguas con acento fuerte, que son las que tienen más Ds, habría dos posibles entonaciones y a cada una le correspondería un tipo de D (Schmitt 1931: 91-92): a la entonación descendente se debería la D periferizante, mientras que la entonación circunfleja (ondulante, ascendente-descendente) sería la causa de la D centralizante. Hay que precisar, sin embargo, que el propio Schmitt no está muy seguro de su hipótesis:

> Ich wiederhole, daß nur sorgfältige Einzeluntersuchungen erweisen könnten, was an der Theorie ist. Daß aber irgendwie ein wahrer Kern in dem Gedanken steckt, glaube ich deswegen, weil ich keine andere Erklärung sehe für dies so auffällige Nebeneinander beider Diphthongierungsrichtungen entweder in der gleichen Mundart oder in nahe verwandten Gruppen. (Schmitt 1931: 94)

Esta explicación, que ya era clásica en tiempos de Schmitt (cf. p. ej. Sievers 1901[5]: § 769), perdura todavía, por ejemplo en Wiesinger (1982-83a) y también encontró cabida dentro de la lingüística románica (cf. Goidànich 1907).

Esta supuesta entonación circunfleja no es otra cosa, aunque Schmitt no quiera reconocerlo, que lo que otros autores llaman *Zweigipfligkeit*, y que consiste en un supuesto acento de dos cimas (= *zweigipflig, biverticato*). Sin embargo, tal acento no parece tener ninguna existencia real (cf. Lehiste 1970: 146) y todo apunta a que se trata simplemente de un término que pretende describir la situación de una vocal que está diptongada.

Un intento distinto ha consistido en investigar si cada clase de D afectaba exclusiva o predominantemente a algún tipo concreto de vocal. Por ejemplo, Straka (1959: 295) señala que las vocales cerradas cerrarían su parte final, es decir, tendrían D periferizante, mientras que las vocales abiertas tenderían a abrirla, lo cual equivale a una D centralizante. Para las vocales abiertas tendríamos *ɛː, ɔː > ɛ̯ɛ, ɔ̯ɔ > e̯ɛ, o̯ɔ > i̯e, u̯o*. Para las vocales cerradas: *iː > i̯i > e̯i̯ > a̯i̯*.

Como el mismo Straka reconoce, en este modelo no puede integrarse la D de las vocales bajas, que evidentemente no pueden abrirse más.

2.4.2. VOCALES TENSAS-LAXAS

Un criterio mejor que el de la altura vocálica, que proponía Straka, es la diferenciación entre vocales tensas y laxas. En este sentido las vocales bajas como [æ, ɑ] son tensas y tendrían el mismo tipo de D que [i, u, e, o]. Esto es lo que sucede, por ejemplo, en la D del francés de Quebec, donde [ɑ] se convierte en [ɑu̯].

El primero en considerar la repercusión en la D de la diferencia entre vocales tensas y laxas fue Schmitt. Como hemos dicho antes, Schmitt (1931) atribuía la diferente dirección de la D a dos tipos de "entonación". Pero esta explicación la aplica sólo, y con reservas, a la D de vocales tensas en los dialectos alemanes. Cuando afronta el problema de las lenguas románicas, se da cuenta de que las vocales con D centralizante son vocales laxas. Por eso afirma que las vocales tensas podrían experimentar tanto la D periferizante (esto sería lo más frecuente) como la centralizante, mientras que las vocales laxas sólo tendrían D centralizante (cf. Schmitt 1931: 122-123). Una opinión similar mantienen Donegan (1978 [1985]: 213-216) y Donegan & Stampe (1983: 348). En realidad las vocales laxas pueden mostrar también D periferizante, como sucede, por ejemplo, en un hablante de Champagne-Mouton (Poitou), donde encontramos ɛɹ > ɛi̯ en casos como *fête, maître, même* (cf. Walter 1982: 148-150). Sin embargo, es cierto que puede mantenerse como tendencia la generalización expresada en el principio (40.2): *Las vocales laxas suelen sufrir D centralizante y las tensas periferizante.* Esto se comprueba en multitud de fenómenos, como son la D periferizante de vocales tensas en el alemán medio (20) y en el inglés medio (21) o inglés moderno (23), frente a la D centralizante de vocales laxas en islandés moderno (24). Una situación pareja se encuentra en el conjunto de Ds del francés regional. Si consideramos el caso de [ɛ], observamos los siguientes comportamientos:

(49)   en un hablante de Littry en Normandía, dicha vocal tiene D periferizante en SL, donde puede ser tensa, al igual que [eː]: *eː > ei̯, ɛː > ɛi̯.* Pero en ST, donde con toda probabilidad es laxa, tiene D centralizante: *ɛ > ɛə.* La misma diferencia entre SL y ST se observa en un hablante de Saint-Plantaire (región central) (Walter 1982: 135, 152-154)

(50)   un hablante de La Loupe en la región de Maine-Orléans y otro de Saint-Aubin-de-Baubigné en el Poitou muestran un contraste entre la evolución de [eː] en SL, que tiene D periferizante (*eː > ei̯*) y la de [ɛː] también en SL, que tiene D centralizante (*ɛː > ɛə*) (Walter 1982: 135-136, 147)

(51)   los hablantes de Chaudoux-Verdigny en la región central, Valgrisenche en el Valle de Aosta y Villers-le-Lac en el Franco Condado muestran D centralizante de [ɛː] en ST (*ɛːɹ > ɛə*); junto a esta D hay D periferizante de [eː] (*eːɾ > ei̯*) en las dos primeras localidades y D también centralizante de [eː] en Villers-le-Lac (*eːɾ > eə*) (Walter 1982: 156-157; 163; 197)

¿Por qué las vocales laxas prefieren la D centralizante? Según Schmitt (1931: 122), en la D de una vocal laxa el aumento del acento provocaría un aumento de la tensión articulatoria en el primer elemento de la vocal; esto evidentemente no sucedería en una vocal que ya fuera tensa. En una segunda fase el elemento más tenso tendería a cerrarse y el elemento que se mantiene laxo tendería a abrirse (cf. Schmitt 1931: 122).

Por su parte, Loporcaro (1987: 176) observa una correlación entre Ds periferizantes y SL, por una parte, y entre Ds centralizantes y ST, por otra, y supone que en cada tipo de sílaba el gesto articulatorio sería diferente (hacia la periferia en el primer caso y hacia el centro en el segundo). Esta tendencia no es exclusiva de los dialectos italianos surorientales como el de Altamura, sino también en lenguas como el inglés americano (cf. Kurath 1964: 17).

La correlación entre ST y D centralizante y entre SL y D periferizante viene a ser lo mismo que expresa el principio (40.2), ya que, como señala Maddieson (1985: 218 n.6), existe una correlación universal entre vocales centralizadas o más bajas (= laxas) y ST. Y ese movimiento, al que Loporcaro hace referencia, de las vocales en ST o laxas hacia el centro es, como sostiene Lindau (1978: 557), uno de los rasgos que las diferencia de las vocales tensas. Por lo tanto, es esperable que la mayoría de las Ds de este tipo de vocales sean en esa misma dirección.

Además de la diferenciación entre tensas y laxas hay otros factores, como el sistema fonológico, la base de articulación o el marco prosódico, que pueden influir en la dirección de la D así como en todos los demás aspectos que componen la forma concreta que la D adopta en cada lengua. Como ya hemos dicho (cf. § 2.2), el sistema fonológico y la integración en un conjunto de cambios pueden condicionar a qué vocales afecta el proceso de D. Estos factores también afectan a la dirección del proceso. En primer lugar, el sistema fonológico en el que actúa la D es crucial para sus posibilidades de evolución. Como señala Labov (1994: 252 n.5), la D centralizante actual de muchos dialectos ingleses debe su dirección al hecho de que ya existen en la lengua diptongos del otro tipo. Esta D centralizante se encuentra en la mayor parte de los estados meridionales y centrales de Estados Unidos, donde afecta a las vocales laxas /ɪ, ɛ, ʌ, ʊ/ (cf. Kurath 1964: 83, 86, 93, 95); también se produce en el caso de /æ/ dentro de la cadena de cambios conocida como *Northern Cities Shift* (cf. Labov 1994: 99-100, 178-180, 189) y se encuentra también en Carolina del Sur en las vocales largas /iː, eː, uː, oː/, que no diptongaron en su momento (Kurath 1964: 98, 101, 114, 117):

(52)   **diptongaciones centralizantes del inglés americano**

Estados meridionales	Northern Cities Shift	Carolina del Sur
ɪː > ɪ̝ə (*bid, rib, give*)	æː > ɪ̝ə (*hat, pack, hand,*	iː > i̝ə (*grease, eat*)
ɛː > ɛ̝ə (*egg, leg*)	*chance, man*)	eː > e̝ə
ʌː > ʌ̝ə		uː > ʉ̝ə (*noon, tooth*)
ʊː > ʊ̝ə		oː > o̝ə (*hope, boatt*)

Otro de los factores mencionados es la base de articulación, que consiste en la suma de movimientos típicos y posiciones de los órganos articulatorios de cada lengua. La base de articulación, como factor determinante en la congruencia del sistema fonológico (= *phonological system adecuacy, system congruity, system-dependent naturalness, Systemangemessenheit*) determina aspectos tales como el lugar de articulación de los alófonos específicos de las lenguas, las propiedades específicas de cada lengua de los rasgos distintivos y el uso que hacen de ellos y las excepciones aparentes a las jerarquías universales de los procesos (Dressler 1985: 348-349, 351). Y esto determina naturalmente la forma de los procesos. Se dice, por ejemplo, que el inglés tiene una articulación relajada que favorece las Ds (cf. Dubois et al. 1973 [1983]: s.v. articulatoria (base); Schubiger 1977² [1989]: 58).

Mencionábamos también el marco prosódico de la lengua como posible responsable de la dirección de la D. Los procesos de modificación rítmica pueden dar cuenta de las transformaciones sufridas por los diptongos existentes, así como de la preferencia por un determinado tipo de dipongo. Un caso de transformación de diptongos preexistentes en la dirección de un nuevo modelo preferido parece ser el de los llamados *gestürzte Diphthonge* de una zona del dialecto alemán de Hessen (= *Zentralhessisch*) y del bávaro septentrional (= *Nordoberdeutsch*), donde los diptongos del alto alemán medio [i̯ə, y̯ə, u̯ə] se convierten en [ei̯, oi̯, ou̯]:

(53)   en Hessen: *brief* > *brei̯v* 'Brief', *buobe* > *bou̯b* 'Bub', *wüelen* > *vei̯lə* 'wühlen'
         (Wiesinger 1970, 2: 39); en bávaro septentrional: *viehte* > *fei̯xtn̩* 'Fichte', *buobe*
         > *pou̯* 'Bub', *rüefen* > *rei̯fm̩* 'rufen' (Wiesinger 1970, 2: 28)

El motivo de estos procesos estaría, según Straßner (1980[2]: 481) en un cambio general del sistema prosódico del alemán alto alemán moderno. Como Wiesinger (1970, 2: 18-19, 36-37) afirma, la evolución de los diptongos [i̯ə, y̯ə, u̯ə] pasó por una fase intermedia de monoptongación [iː, uː, yː], antes de que se llegara a la D periferizante [ei̯, oi̯, ou̯].

En definitiva, las Ds pueden ser periferizantes o centralizantes (40.1) y ambas pueden afectar a las mismas vocales y esto es así incluso en una misma lengua y en un mismo período histórico. Aunque reconociendo que hay excepciones, puede mantenerse la validez de la tendencia de las vocales laxas a diptongar hacia el centro y de las tensas hacia la periferia (40.2).

2.4.3. DIPTONGACIÓN DESCENDENTE

Pasemos ahora a discutir el siguiente principio que formulábamos al inicio de este parágrafo: *Las Ds son predominantemente descendentes*. Es un hecho que la mayoría de Ds son decrecientes en sus primeras fases. Esto es así en la D del francés de Quebec (16), en la del francés regional (49-51) —donde de noventa y cinco casos de D en los datos de Walter (1982), noventa son decrecientes—, en los dialectos sudorientales de Italia (27), en la mutación vocálica del inglés (21), en la D en inglés de las vocales largas /iː, uː, eː, oː/ después de la mutación vocálica (8, 23), en las Ds del inglés americano (52), en la D de /iː, uː, yː/ en el paso del alto alemán medio al alto alemán moderno (20), en el islandés antiguo y moderno (17, 24), en el faroés moderno (46) y en el frisón occidental (48). A estos datos podemos añadir los que nos ofrece el *Stanford Phonology Archive* (= SPhA, cf. Crothers & Lorentz & Sherman & Vihman 1979) acerca de algunos casos en los que los fonemas vocálicos de distintas lenguas presentan alófonos diptongados (los números entre paréntesis en (54) se refieren al número de lenguas en que aparece cada diptongación)[5]. De los 49 casos de D alofónica recogidos en el SPhA, 39 son Ds descendentes:

---

5   No se incluyen en (54) una serie de ejemplos en los que el SPhA no hace explícita la
     silabicidad y esta no es deducible: amuesha *e* > *ɹe*; mandarín *ɹ* > *oɹ*. Igualmente se han
     excluido algunos casos en los que el SPhA propone una silabicidad implausible: chukchi
     e > *ae̯*, *a* > *ae̯*, *u* > *ou̯*, *ə* > *ɡə̯*, *ɪ* > *ɡɪ̯*; nez percé *ɪ* > *ɡɪ̯*, *i* > *ɡi̯*; awiya *iː* > *iɡ̯*; salish de Puget Sound
     i > *e* > *eɡ̯*.

(54)   **diptongaciones en el SPhA**

descendentes			ascendentes
a > aj	e > ej (4)	i > ij (4)	ɔ > wɛ
æ > æ̨	e > e̞	i > i̞ (2)	ę > ee̞ (2)
ɛ > ɛj	o > oj	i > ej (2)	o̞ > o̞o̞
ɛ > ej	o > ou	i > ɪ̞ (2)	o̞ > wo̞
ɛ > ɛʌ	o > ow (2)	i > e̞	o̞ > jo̞
ɛ > ɛə (2)	o > əw	i > ɾi	e > je
ɔ > ɔʌ	o > o̞w	u > uw	o > wo
ɔ > ɔə	ɤ > ɤẘ[6]	u > u̞ (2)	ʊ > wɪ
o̞ > o̞ə̨	ɪ > ɪj	u > ʊu	ɯ > ẘə
o̞ > o̞ə̨ (2)	ʝ > ɥ	u > ʊ̞	i > ẘɨ
o̞ > o̞j	ʊ > ʊw	u > ow	
ø > ø̨	ʊ > uj	y > y̨	
e > ei	ɯ > ɯẘ	ɐ > ɐj	

La idea de que la D es casi siempre descendente es defendida, entre otros (cf. § 1.0), por Fouché (1927: 20), que propone la siguiente explicación: la D sería un proceso en el que, debido a la mayor duración de la vocal, la tensión con que esta se articula llega a descender más allá de su límite normal, de manera que la vocal acaba con un timbre totalmente distinto al inicial. La idea fundamental, que Fouché toma de Grammont (cf. Fouché 1927: 4), es que las vocales se articulan siempre con una tensión descendente (cf. Grammont 1933 [1971]: 230). Este relajamiento de la parte final produciría un elemento menos perceptible que la propia vocal, que tendería a ser el *glide* del nuevo diptongo.

Esta idea de una "tensión decreciente" no parece haber encontrado eco en los estudios modernos de fonética. De cualquier manera, parece intuitivamente plausible que la articulación de una vocal se empiece de manera cuidada y luego se descuide hacia el final, cuando los órganos ya están tomando la posición necesaria para el sonido siguiente (esta es una de las causas del predominio de los procesos de anticipación sobre los de inercia).

Por otra parte, la preponderancia de diptongos descendentes, al menos en las primeras fases del proceso, se explicaría también por un hecho que hemos visto en el capítulo anterior (cf. §§ 1.2.11, 1.3.1). Decíamos allí que, por lo general, un diptongo decreciente dura más que uno creciente. En este sentido es esperable que, ya que el proceso de D afecta a las vocales en los contextos en que estas duran más, la primera manifestación del cambio sea un diptongo descendente, que luego puede organizar su silabicación en la manera más adecuada en función de otros contextos y del principio de perceptibilidad (cf. (14) § 1.2.10).

2.4.4. EVOLUCIÓN DECRECIENTE > CRECIENTE
Junto a estos argumentos que explican la prevalencia de las D decrecientes, hay que tener en cuenta además que muchos de los diptongos crecientes que se encuentran en las lenguas pueden provenir de otros originariamente decrecientes. Cambios de este tipo ya habían sido observados por ejemplo por Passy (1891: § 475; 1909: 355) en el dialecto alemán de Suiza y Alsacia, donde [guɐt] 'gut', [muɐt] 'Mut' se convierten en [gyet, myet] y se encuentran en muchas otras lenguas. De hecho, entre los diptongos centralizantes el proceso decreciente > creciente es

---
6   El símbolo ẘ representa un sonido aproximante posterior no redondeado.

frecuentísimo, mientras que no sucede lo mismo con el proceso contrario (cf. Sánchez Miret 1997). Hechos de este tipo fundamentan otro de los principios señalados al principio (40.4): *Un diptongo decreciente, sobre todo si es centralizante, puede convertirse en creciente. La evolución inversa es poco probable.* Veamos algunas evoluciones más que demuestran la validez de estos criterios: en (55) un diptongo centralizante empieza siendo decreciente y acaba siendo creciente; en (56) un diptongo periferizante decreciente se vuelve centralizante y se convierte también en creciente; (57) un diptongo que permance periferizante con un *glide* alto sigue siendo decreciente:

(55)   æː > æə̯ > eə̯ > iə̯ > i̯ə (esta evolución se encuentra en algunas ciudades del norte de los Estados Unidos = *Northern Cities Shift*, cf. Labov 1994: 189, 252-253)

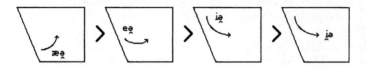

(56)   eː > ei̯ > ɛi̯ > ʌi̯ > ɔi̯ > oi̯ > oə̯ > u̯e (estas son las fases que Donegan 1978 [1985]: 213 propone para la evolución de [eː] en francés):

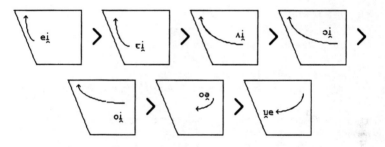

(57)   iː > i̯i̯ > ei̯ > ai̯ (inglés)

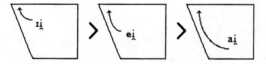

El motivo de que diptongos como [ai̯] sigan siendo descendentes, mientras que otros como [oə̯] y [iə̯] pasen a ser crecientes está en el principio de perceptibilidad que hemos estudiado en el capítulo anterior (cf. (14) § 1.2). Según este principio, el diptongo [ai̯] es perfectamente estable porque su núcleo es mucho más perceptible que el *glide*. Lo contrario sucede con los diptongos como [oə̯, iə̯], en los que el *glide*, por ser intrínsecamente más perceptible, tiende a convertirse en núcleo. Un cambio en el sentido inverso *i̯ə > iə̯* iría en contra de este principio natural de perceptibilidad.

2.4.5. DIPTONGACIÓN-DISIMILACIÓN

En la D se produce una disimilación de los rasgos característicos de la vocal y esto permite una cierta predicción acerca de los posibles resultados. Ha habido algunos intentos de predecir qué diptongo derivará de una vocal dada. Mencionaremos en primer lugar la idea de Meillet (1900/03), según el cual el rasgo más importante de la vocal se manifestaría siempre en la segunda parte del diptongo. Con esto, por ejemplo, se derivaría de forma automática el diferente resultado que experimentan en romance las medias abiertas frente a las medias cerradas:

> Le contraste des deux développements [la evolución de las medias cerradas frente a las medias abiertas en algunas lenguas romances como el francés] est à noter: la partie caractéristique de la voyelle est mise en évidence à la fin, et par suite *i, u* terminent la nouvelle diphtongue, s'il s'agit de voyelles fermées, et la commencent, s'il s'agit de voyelles ouvertes. (Meillet 1900/03: 33)

Según esto, en la vocal media alta lo más importante sería su carácter cerrado (frente a la media baja) y este rasgo se vería encarnado por los sonidos [i̯, u̯] en los diptongos [ei̯, ou̯]. Al contrario, en la vocal media baja el rasgo predominante sería la abertura, con lo que la parte más abierta del diptongo iría al final en [i̯e, u̯ɔ]. Sin embargo, esta hipótesis no se adapta a la D de las vocales más abiertas:

(58) aː > au̯ en el francés de Quebec (cf. Dumas 1974: 29)

     æː > ai̯ en islandés antiguo (cf. Benediktsson 1959: 298)

     æː > æə̯ en algunos dialectos ingleses (cf. Labov 1994: 189, 252-253)

     æː > æɐ̯ en faroés (cf. Rischel 1968: 98)

     æː > i̯ə en frisón (Markey 1981: 193-194)

     ɒː > æɒ, æɔ̯ en el dialecto sueco de Malmö (cf. Donegan 1978 [1985]: 134)

Como puede observarse en estos ejemplos las vocales abiertas no siempre evolucionan manteniendo la parte más abierta al final del diptongo.

La idea de Meillet tuvo un relativo éxito y se encuentra repetida en Ronjat (1924: 373) o Nandriş (1963: 209). Más tarde fue reelaborada por Andersen (1972), que la desarrolla dentro del marco de la teoría de la marcación de Jakobson. Según Andersen, la D es la polarización de un rasgo de la vocal, de tal manera que en un extremo del diptongo aparecerá el valor [+ rasgo] y en el otro el valor [- rasgo]. La distribución de los valores, como decía Meillet, no sería casual, sino que estaría regida, en términos de Andersen, por el llamado principio de "variación intrasegmental". Según este principio en una D los valores ± del rasgo en cuestión se organizan en la duración del segmento en el orden no marcado-marcado. Por ejemplo en algunos dialectos rusos las vocales tensas *e, o* diptongan en *ie, uo*. Esta D puede entenderse como la polarización de uno de los rasgos definitorios de las vocales de partida: [- denso, - difuso]. Según Andersen el rasgo que se polariza en este caso es [± difuso]. En los diptongos resultantes el orden es [+ difuso] [- difuso]. Este orden está de acuerdo con el principio de variación intrasegmental, ya que las vocales de partida tenían el rasgo [- denso] y para una vocal no densa el rasgo [- difuso] es un rasgo marcado.

Andersen afirma que en los casos en que la misma vocal aparece con Ds de diverso tipo cada una se ha producido con arreglo a un rasgo distinto:

There is evidence from a number of languages that diffuseness and non-diffuseness diphthongization are closely related phenomena. In the history of Slovenian, for example, these two types of diphthongization are found as developmental alternatives: in some dialects, tense mid vowels have changed to [ˈie̯] and [ˈuo̯], in others to [ˈei̯] and [ˈou̯] (Andersen 1972: 26)

Lo que Andersen llama *non-diffuseness diphthongization* es el caso que acabamos de ver, en el que la vocal polariza el rasgo [± difuso]. La *diffuseness diphthongization* es un proceso de polarización del rasgo [± denso]. En la ambigüedad de estos casos subyace el problema clásico de los rasgos jakobsonianos para clasificar las vocales en tres grados de altura, que provoca el desdoblamiento de rasgos en [± denso] y [± difuso] (cf. Martínez Celdrán 1984: 194-196; Anderson 1985 [1990]: 144).

En realidad, tanto Meillet como Andersen proporcionan un principio que ni es capaz de predecir la forma que adoptará la D de una determinada vocal, ni ofrece la riqueza necesaria para, al menos, describir cómodamente las distintas posibilidades de evolución de los diptongos. Como argumenta Lipski (1979: 557), Andersen se limita a ofrecer una determinación *ex post facto* de lo que ha sucedido en cada D. De los ejemplos que usa parecería deducirse que cualquier rasgo puede ser especificado como no marcado en la primera parte y marcado en la segunda.

En lugar de esto, Lipski (1979) observa una equivalencia entre diptongos y vocales simples: cuando las vocales diptongan suelen producir un determinado tipo de diptongos, cuando los diptongos se reducen suelen dar lugar a un determinado tipo de vocales. Puede comprobarse la existencia de esta equivalencia si se comparan fenómenos de D y monoptongación, como en el siguiente cuadro:

(59)   **monoptongaciones** ⇔ **diptongaciones**[7]

monoptongaciones	diptongaciones paralelas a las monoptongaciones
au̯ > o, ɔ	o > ou̯ > au̯ (zonas del suabio = *Schwäbisch*, cf. Wiesinger 1970, 1: 214); ɔ>au̯ (francés de Quebec, cf. (16))
ou̯, ɔu̯ > o, u	o > ou̯ (inglés, cf. (8, 23)); ɔ: > ɔu̯ (francés de Quebec, cf. (16))
əu̯ > o	o > ou̯ > əu̯ (inglés, cf. (8, 23))
uu̯ > u	u: > ʊu̯ (francés de Quebec, cf. (16))
eu̯, ɛu̯ > ø, œ	ø > œø (sueco de Malmö, cf. Donegan 1978 [1985]: 134); ø: > øy (dialectos alemanes, cf. Wiesinger 1970, 1: 209); œ: > œy (Quebec, cf. (16))
iu̯ > u	u > yu̯ (en la evolución del escandinavo occidental antiguo al faroés, cf. Rischel 1968: 99)
øu̯, œu̯ > ø, y	y > øy (sueco de Malmö. cf. Donegan 1978 [1985]: 134)
yu̯ > y	y>ju̯ (préstamos al inglés, cf. Andersen 1972: 23)
ai̯ > æ, ɛ, e	ɛ > ɛi̯ > ai̯ (francés de Quebec, cf. (16)); æ: > ai̯ (islandés antiguo, cf. (17))
ei̯, ɛi̯ > e	e > ei̯ (inglés, cf. (23))
ii̯ > i	i > ɨi̯ (inglés, cf. (23))

---

7   Lipski menciona algunos casos de monoptongación cuyo resultado es una vocal central: iu̯ > i, ʉ; ui̯ > i; au̯ > əu̯ > ə; ɔi̯, oi̯, ui̯ > ə. No hemos encontrado casos paralelos de D (recuérdese que las vocales centrales no tienden a diptongar, cf. (19) § 2.2).

Lipski resume de la siguiente manera la relación entre los dos procesos de monoptongación y D:

> In general it appears that during reduction of a *Vw* type diphthong, the end result is a rounded vowel whose frontness value approximately matches that of the first mora of the diphthong and whose height value is at a point between the height values of the two moras of the diphthong. Conversely, spontaneous evolution of a simple vowel to a diphthong ending in /w/ follows the reverse process, implying the bicausality alluded to earlier. The situation is strikingly similar for diphthons ending in /j/. (Lipski 1979: 555)

Esta relación de "bicausalidad" (diptongo ↔ monoptongo) permite precedir en parte las primeras fases de la D de una vocal, cuando el diptongo todavía no ha explotado todas sus posibilidades de disimilación y mantiene todavía los rasgos propios del monoptongo.

Por su parte, Stampe (1972) y Donegan (1978) presentan un marco en que se pueden explicar todas las operaciones de asimilación y disimilación involucradas en la evolución de los diptongos. La D sería una polarización de los rasgos propios del monoptongo que diptonga. Los rasgos que pueden polarizarse son la perceptibilidad (= *sonority*, equivale al grado de abertura) y el color (= palatalidad y labialidad). Esto ya había sido apuntado por Menéndez Pidal:

> el realce articulatorio las descompone, dirigiendo la expresividad de la vocal, de una parte hacia el punto de articulación, y de otra, hacia la abertura o claridad del sonido, es decir, hacia su mayor perceptibilidad. (Menéndez Pidal 1950[3]: § 24.4)

De manera global las polarizaciones o disimilaciones pueden ser de dos tipos. Cuando lo que se disimila es la perceptibilidad, el movimiento de separación entre las dos partes es vertical: una parte se vuelve más cerrada y la otra más abierta. Cuando la disimilación se concentra en el color, el movimiento es horizontal: una parte se palataliza y la otra se labializa (= velariza). En numerosas ocasiones ambas direcciones actúan a la vez. Según Donegan (1978), los procesos de disimilación se rigen por unas jerarquías universales que gobiernan también la evolución de los monoptongos. Tales procesos se combinan y dan lugar a las distintas evoluciones documentadas en las lenguas. Algunas de estas evoluciones serían:

(60)   en francés tenemos *o:* > *ø* que habría pasado por las siguientes fases (cf. Donegan 1978 [1985]: 171, 213): *o:* > *oṷ* (D periferizante) > *ʌṷ* (polarización de color: ambos elementos del diptongo son labiales y en una primera fase el primero de ellos se centraliza, lo cual supone una pérdida de color) > *eṷ* (el primer elemento continúa su disimilación y pasa a ser palatal) > *øṷ* (asimilación labial del primer elemento al segundo) > *øɥ* (asimilación palatal del segundo elemento al primero) > *ø* (monoptongación).

(61)   en inglés tenemos *i:* > *aị*, que habría sufrido los siguientes procesos (cf. Donengan 1978 [1985]: 188): *i:* > *ịị* (D periferizante) > *εị* (polarización de perceptibilidad: el primer elemento del diptongo se abre) > *ʌị* o *ɔị* (polarización de color: el primer elemento se centraliza) > *aị* (la última fase de la polarización de color es la velarización del primer elemento; como señala Dobson (1968[2]: 662) citando a Jones, la pronunciación actual del diptongo varía entre el [aị] de la mayoría y otras variantes como [æ̣ị, ɑị, əị, ʌ̣ị]).

(62) en los dialectos del inglés americano del Atlántico Central tenemos la D a: > e̜ por ejemplo en *bad*: a: > æ̜a̜ (D centralizante) > e̜ (polarización de abertura: el núcleo del diptongo se cierra) (Donegan 1978 [1985]: 189)

Como afirma Donegan (1978 [1985]: 254-255) y como hemos tenido ocasión de comprobar con los datos que se han aportado en este apartado, una misma vocal puede sufrir desarrollos muy distintos en las lenguas, lo cual dificulta cualquier intento de predicción de la evolución. Esto no significa, sin embargo, que la evolución sea caótica. En concreto, por lo que respecta a la D, hemos visto que los procesos implicados se someten a una serie de principios y jerarquías que resumimos en (63). Estos principios y jerarquías explican la mayoría de procesos conocidos y nos permitirán fundamentar un nuevo intento de reconstrucción de la D de Ĕ, Ŏ en las lenguas románicas.

(63) **principios y jerarquías de la diptongación**

(63.1) La D puede ser periferizante o centralizante. La dirección de la D puede estar condicionada por el tipo de vocal, por el sistema fonológico de la lengua, su base de articulación o su organización rítmica.

(63.2) Parece bastante firme la tendencia de las vocales laxas a sufrir D centralizante, frente a una preferencia de las tensas por la periferizante. Esto se fundamenta en la posición que vocales tensas y laxas ocupan en el espacio vocálico.

(63.3) Las Ds son predominantemente descendentes. Así lo indica la mayoría de cambios estudiados. Pero los diptongos pueden transformarse inmediatamente, organizando su estructura de núcleo y *glide* de acuerdo con el principio de perceptibilidad.

(63.4) Un diptongo decreciente puede convertirse en creciente. La evolución inversa es poco probable.

(63.5) En la D se produce una disimilación de los rasgos característicos de la vocal y esto permite una cierta predicción acerca de los posibles resultados. Esta predictibilidad se expresa en el principio de equivalencia de Lipski (1979).

(63.6) Los procesos de D se rigen por las siguientes jerarquías:

+ diptongación	- diptongación
lenguas de ritmo acentual	lenguas de ritmo silábico
vocales tónicas	vocales átonas
bajas	altas
cromáticas	acromáticas
tensas (?)	(?) laxas
bajo el acento principal	bajo el acento secundario
en sílaba libre	en sílaba trabada
ante consonantes líquidas y obstruyentes	ante consonantes oclusivas
ante consonantes sonoras	ante consonantes sordas
palabras oxítonas y paroxítonas	palabras proparoxítonas
monosílabos	polisílabos
estilo hiperarticulado	estilo hipoarticulado
estilo lento	estilo allegro

Parte II

La diptongación romance

3
Introducción a los datos

Es este capítulo nos proponemos dar una rápida visión general de los datos de la D de /ɛ, ɔ/ en las lenguas románicas que sirva como primera aproximación a los problemas de los que nos ocuparemos en el resto del trabajo. Cuando expongamos nuestra reconstrucción analizaremos con detalle la situación de las lenguas románicas y ese será el momento de tratar de manera más exhaustiva los fenómenos particulares de cada una de ellas. A continuación vamos a dar una descripción que puede considerarse tradicional, con la que no estamos necesariamente de acuerdo. Las vocales Ĕ, Ŏ no diptongaron en sardo y en una parte de Sicilia. Por otro lado, la D se produjo sólo en determinados contextos en catalán (ante palatal), en provenzal (ante palatal y velar) y en los dialectos suditalianos (ante -i, -u). En algunas lenguas la D tuvo lugar preferentemente en SL. Este es el caso del italiano y el francés. Frente a ellas, otras lenguas conocieron la D en SL y ST: castellano, rumano, valón, friulano y dalmático (con la salvedad de que en rumano sólo diptongó Ĕ). Además de la D en SL, el francés y otras lenguas del ámbito galorrománico (francoprovenzal, retorromance y los dialectos norteitalianos, exceptuando el véneto) conocieron también la D ante palatal. Se suele afirmar igualmente que el retorromance y los dialectos italianos septentrionales tuvieron D ante (-i) o ante (-i, -u).

En (1) damos la evolución de Ĕ ejemplificada por cuatro palabras que permiten ver las distintas posibilidades que se manifiestan en las lenguas románicas.

(1)   **evolución de** Ĕ

	PĔTRA	HĔRBA	CAELU	FĔRRU	
logudorés	*pedra*	*erba*	*kelu*	*ferru*	lenguas sin D
portugués	*pedra*	*erva*	*céu*	*ferro*	
provenzal	*peira*	*erba*	*cel*	*fer*	
catalán	*pedra*	*herba*	*cel*	*ferro*	
francés	*pierre*	*herbe*	*ciel*	*fer*	lenguas con D en SL
italiano	*pietra*	*erba*	*cielo*	*ferro*	
castellano	*piedra*	*hierba*	*cielo*	*hierro*	lenguas con D en ST
rumano	*piatră*	*iarbă*	*cer*	*fier*	
dalmático	*pitra*		*t͡ʃil*	*fi̯ar*	
suditaliano	*petra*	*erva*	*cielu*	*fierru*	lenguas con D ante (-i, -u)

En (1) y en los cuadros siguientes prescindimos de las diferencias de grado de abertura de las vocales medias en las lenguas que las conocen y atendemos sólo a la diferenciación entre casos con D y casos sin D. Los ejemplos del suditaliano son todos calabreses.

En PĔTRA y HĔRBA no hay contexto metafónico y, por lo tanto, no tienen D en las lenguas en las que tal contexto es relevante. Frente a ellas, CAELU y FĔRRU tienen contexto metafónico (en (1) y en los demás cuadros las formas cuya D se atribuye a la MET aparecen <u>subrayadas</u>). Por otro lado, PĔTRA y CAELU son ejemplos de SL, mientras que HĔRBA y FĔRRU lo son de ST, con lo cual permiten observar el distinto comportamiento de las vocales en las lenguas que diferencian la evolución de las vocales en esos contextos.

En it. *cielo* [tʃɛlo] y en el rum. *cer* [tʃer] el *glide* de [i̯ɛ] ha quedado absorbido en la palatal precedente. Para la forma [i̯a] del diptongo en rum. *piatră*, *iarbă*, cf. §§ 5.3.4, 5.4.8. Los resultados dalm. *pitra*, *tʃil* son fruto de una monoptongación del primitivo diptongo (cf. § 5.3.3).

En (2) ejemplificamos la evolución de Ŏ, igualmente con cuatro palabras en las que también se distingue el contexto no metafónico (RŎTA, PŎRTA) del metafónico (FŎCU, GRŎSSU) y, por otro lado, la SL (RŎTA, FŎCU) de la ST (PŎRTA, GRŎSSU).

(2)   **evolución de** Ŏ

	RŎTA	PŎRTA	FŎCU	GRŎSSU	
logudorés	*roda*	*porta*	*fogu*		lenguas sin D
portugués	*roda*	*porta*	*fogo*	*grosso*	
provenzal	*roda*	*porta*	*fuec*	*gros*	
catalán	*roda*	*porta*	*foc*	*gros*	
rumano	*roată*	*poartă*	*foc*	*gros*	
francés	ant. *ruede*	*porte*	*feu*	*gros*	lenguas con D en SL
italiano	*ruota*	*porta*	*fuoco*	*grosso*	
castellano	*rueda*	*puerta*	*fuego*	*grueso*	lenguas con D en ST
dalmático			*fuk*	*gru̯as*	
suditaliano	*rota*	*porta*	<u>*fuocu*</u>	<u>*gruossu*</u>	lenguas con D ante (-*i*, -*u*)

La D que se observa en el prov. *fuec* suele considerarse como un fenómeno condicionado (cf. § 5.5.4). Acerca de la D de /o/ ante (-*a*, -*e*, -*ă*) en rum. *roată*, *poartă*, cf. § 5.4.8. En el fr.ant. *ruede* puede verse la fase antigua del diptongo y en *feu* [fø] el resultado moderno. El dalm. *fuk*, al igual que sucedía en los casos de Ĕ, es producto de una monoptongación del diptongo originario (dicha evolución se produce en SL, mientras que en ST se mantiene el diptongo; para una explicación, cf. § 5.3.3).

En (3) y (4) damos la evolución de Ĕ, Ŏ en contextos palatales. Este contexto no es relevante para todas las lenguas. Situamos en primer lugar aquellas en las que dichos contextos han provocado la D. En segundo lugar van el portugués y el castellano, donde nos encontramos con inflexión en unos casos y con formación de diptongo en otros (para la delimitación y el significado de cada tipo, cf. §§ 5.3.2, 5.5.1). En último lugar aparecen las lenguas no afectadas por los contextos palatales.

(3)   **evolución de Ĕ ante palatales**

	CERĔSEA	PĔCTINE	MĔDIU	PĔCTU	
provenzal	*cirieia*	*pienti*	*mieg*	*pieit*	lenguas con D ante palatal
catalán		*pinta*	*mig*	*pit*	
francés	*cerise*	*pigne*	*mi*[1]	ant. *piz*	
portugués	*cereja*	*pente*	*meio*	*peito*	lenguas con inflexión
castellano	*cereza*	*peine*	*meyo*	*pecho*	
logudorés		*pettene*	*meiu*	*pettus*	lenguas no afectadas por
rumano		*pieptene*	*miez*	*piept*	el contexto palatal
italiano	*ciliegia*	*pettine*	*mezzo*	*petto*	
suditaliano			*miendzu*	*piettu*	
dalmático		*piakno*		*piat*	

Obsérvese que en castellano no tenemos D en estos casos, mientras que el catalán y el provenzal sólo la tienen precisamente en este tipo de contextos. Esta paradoja ha sido objeto de preocupación de muchos romanistas y ha dado lugar a un buen número de hipótesis por lo general poco satisfactorias. En § 5.5 intentaremos una explicación que sea coherente con el resto de hechos de las lenguas románicas.

(4)   **evolución de Ŏ ante palatales**

	NŎCTE	CŎXA	CŎRIU	CŎCTU	
provenzal	*nuech*	*cueissa*	*cuer*	*cueit*	lenguas con D ante palatal
catalán	*nit*	*cuixa*	*cuiro*	*cuit*	
francés	*nuit*	*cuisse*	*cuir*	*cuit*	
portugués	*noite*	*coxa*	*couro*		lenguas con inflexión
castellano	*noche*		*cuero*	*cocho*	
logudorés	*notte*	*kossa*	*kordzu*	*kottu*	lenguas no afectadas por
rumano	*noapte*	*coapsă*		*copt*	el contexto palatal
italiano	*notte*	*coscia*	*cuoio*	*cotto*	
suditaliano	*notte*	*coscia*	*cuoriu*	*cuottu*	
dalmático	*nuat*				

Acerca de la evolución de casos como cast. *cuero*, cf. § 5.3.2. Como puede observarse, la evolución en las lenguas no afectadas por el contexto palatal es la misma en {1-2} y en {3-4}, es decir, el sardo no diptonga en ningún caso, el rumano sólo diptonga Ĕ, el italiano sólo la hace cuando la vocal queda en SL (*ciliegia, cuoio* vs. *petto, notte*), el suditaliano diptonga exclusivamente ante (-*i*, -*u*) y el dalmático en todos los casos.

En el presente trabajo nos ocupamos de manera más directa de la D de /ɛ, ɔ/, sin embargo, haremos frecuente referencia a la D de otras vocales, por eso damos en (5) los resultados de Ĭ, Ŭ. En sardo estas vocales no se confundieron con Ē, Ō, sino con Ī, Ū. El rumano sigue la misma evolución que el sardo pero sólo en las vocales posteriores. En el resto

---

[1]   P. ej. en *à mi-chemin, mi-clos*.

de lenguas hubo confusión Ĭ = Ē, Ŭ = Ō. Estos ejemplos de /e, o/ pueden compararse con la evolución de /ɛ, ɔ/ reflejada en {1-4}. Las vocales /e, o/ diptongan en menos lenguas que /ɛ, ɔ/ y además lo hacen en menos contextos. Por lo general, la D se encuentra sólo en SL, como reflejan los ejemplos del francés y el dalmático. En su momento mencionaremos algunos casos de D en ST.

(5)   **evolución de Ĭ, Ŭ**

	SĬTE	VĬR(I)DE	GŬLA	BŬCCA	
francés	soif	vert	gueule	bouche	lenguas con D en SL
dalmático	sait		gaula	buka	
logudorés	siðis	birde	gula	bukka	lenguas sin D
portugués	sede	verde		boca	
provenzal	set	vert	gola	boca	
catalán	set	verd	gola	boca	
rumano	sete	verde	gurǎ	bucǎ	
castellano	sed	verde	gola	boca	
italiano	sete	verde	gola	bocca	

Por su parte, Ī y Ū en SL diptongaron de manera general en dalmático y se encuentran algunos casos de D en otras lenguas (cf. §§ 5.2.8, 5.3.3). Acerca de la posible D de A en francés, cf. § 5.5.2.

En definitiva, nos interesa resaltar que /ɛ, ɔ/ fueron las vocales con una D más extendida dentro de las lenguas románicas y que el proceso parece haber estado condicionado por distintos factores, como son la SL, la presencia de un sonido palatal o la influencia metafónica de (-i, -u). En el siguiente capítulo analizaremos los diversos intentos de explicación de estos diferentes contextos de la D de /ɛ, ɔ/.

4
Teorías
sobre la diptongación
de /ɛ, ɔ/

4.0. Introducción

El problema de la D de /ɛ, ɔ/ ha suscitado la atención constante y reiterada de los romanistas al menos hasta los años setenta. Los últimos libros dedicados a este asunto han sido Schürr (1970a)[1] y Spore (1972). A partir de este momento quizá el trabajo de Van Coetsem & Buccini (1990) haya sido el único intento importante de afrontar el problema con una perspectiva panrománica. A lo largo de la historia de nuestra disciplina la cuestión de la D de /ɛ, ɔ/ ha sido considerada desde múltiples puntos de vista y en su estudio se han implicado tanto otros problemas de la lingüística romance, por ejemplo, la evolución general del vocalismo románico (pérdida de la cantidad latina) o la relación cronológica con la D de /e, o/, como cuestiones de fonética histórica, por ejemplo, las posibilidades de evolución fonética de un diptongo. Algunos de estos asuntos irán surgiendo al exponer las opiniones de los distintos autores.

En nuestra exposición agruparemos las opiniones en torno a cuatro núcleos. Por una parte, están aquellos autores que ven en la duración de las vocales la causa de la D. Generalmente se habla de "teoría del alargamiento" y así la nombraremos también aquí. Por otro lado, se encuentran los que atribuyen la D de /ɛ, ɔ/ a la influencia de otros sonidos, en concreto las vocales (-i, -u) y los sonidos palatales. Nos referiremos a esta idea como "teoría metafónica". La teoría del alargamiento y la teoría metafónica se preguntan por el motivo fonético de la D. Con la llegada del estructuralismo pierden importancia las explicaciones fonéticas. Las "teorías estructuralistas" reflejan las ideas de un tercer grupo de autores que se preocupan más por la integración de la D de /ɛ, ɔ/ dentro del conjunto de cambios del vocalismo romance. Cuando estos autores se preguntan por el mecanismo fonético de la D acuden tanto a la teoría del alargamiento como a la teoría metafónica. Por último, los trabajos de algunos autores no caben en ninguno de los tres grupos mencionados y los trataremos aparte.

---

[1] Esta obra es en realidad una segunda edición de Schürr (1956), pero la idea fundamental había aparecido ya en Schürr (1936).

Antes de pasar a exponer con detalle las distintas teorías, trazaremos brevemente una panorámica de su desarrollo. Tras la primera exposición sistemática de los datos, que encontramos en la gramática de Diez, muy pronto aparecieron las dos ideas fundamentales del alargamiento y de la D metafónica. Schuchardt fue el autor de ambas. En Schuchardt (1866-68) se establece la hipótesis del alargamiento, que luego fue abandonada por este autor en favor de la hipótesis metafónica (cf. Schuchardt 1872; 1885: 7-8).

Los últimos años del siglo XIX y los primeros del XX conocen el desarrollo y la primacía de la teoría del alargamiento, que fue incorporada a síntesis tan importantes e influyentes como el *Grundriss der romanischen Philologie* (Gröber, ed. 1888) o la gramática de Meyer-Lübke (1890; más adelante matizaremos la posición de este autor).

En las primeras fases de la lingüística románica los estudios sobre el francés gozaron de una gran importancia y esto fue la causa de una tendencia a extrapolar las ideas elaboradas sobre esta lengua al resto de lenguas románicas:

c'est le français qui nous servira de point de départ, comme étant la langue qui a subi les plus nombreuses et les plus importantes transformations. C'est à ces tranformations qu'il nous sera le plus facile de rattacher celles des autres langues. (Meyer-Lübke 1890: § 635)

Y esto tuvo una repercusión negativa dentro de la teoría del alargamiento (el mismo efecto es puesto de relieve por Malkiel 1984b: 108-109 a propósito de un asunto diferente). Como el francés diptonga en SL, empezó a decirse que la D románica de /ɛ, ɔ/ era una D en SL. En la medida en que las otras lenguas no coincidían con los datos franceses se las clasificaba como desviaciones del paradigma de D. Y esto dio lugar a intentos de acomodar casos como la D en ST del castellano, rumano o valón al modelo francés: por ejemplo Fouché (1926, 1927) o Bourciez (1930³) y más recientemente Terry (1980).

En los años veinte la hipótesis del alargamiento sufrió la crítica de Juret (1922), quien, sin embargo, planteaba una hipótesis alternativa mucho menos interesante. Algunos de los aspectos criticados por Juret fueron reelaborados con aportaciones sustanciales de Camilli (1923) y Ronjat (1924), que, lamentablemente no encontraron cabida en obras tan importantes como el manual de Bourciez (1930³), donde predomina el galocentrismo al que antes hacíamos alusión.

En los años treinta se produjo, por un lado, la primera introducción tímida de los planteamientos estructuralistas en el problema de la D de /ɛ, ɔ/ (cf. Weerenbeck 1930) y, por otro, la reelaboración de la teoría metafónica por parte de Schürr (1936). Con esto la teoría del alargamiento quedó relegada a un segundo plano y no acabaron de discutirse sus aspectos más débiles.

En relación con la teoría del alargamiento, se discutió en los primeros años acerca de la existencia en ciertas vocales de un tipo de acento especial (*zweigipflig* = de dos cimas) que supuestamente favorecería la D (cf. Ascoli 1892/94: 293 n.1; Voretzsch 1900; Goidànich 1907; Schmitt 1931). Frente a autores como los mencionados, otros como Passy (1909: 344) señalan que no hay ningún argumento que sustente la existencia de un acento de ese tipo en latín y que, además, no sería necesario que lo hubiera para que se llegara a la D.

La teoría del alargamiento no consideró un problema la evolución de /ɛ, ɔ/ en provenzal y en los dialectos suditalianos (hemos visto que en estas lenguas la D de estas vocales tiene lugar sólo en determinados contextos, cf. § 3). Casi desde el principio se consideró que en estos casos se estaba ante otro tipo de fenómeno sin ninguna conexión con la D por alargamiento (cf. Meyer-Lübke 1890: §§ 152-163, 186-199, 641). Sólo Schuchardt (1872) había sugerido una posibilidad distinta, que sería desarrollada a partir de los años treinta de la mano de Schürr (1936, 1938). La teoría metafónica desarrollada por este autor pretende extender a toda la Romania la relación entre MET (y contexto palatal) y D de /ɛ, ɔ/.

A pesar de las críticas de Castellani (1962, 1970a; centradas en el toscano) y Alonso (1962; con referencia al castellano y al portugués), la teoría de Schürr fue ganando adeptos y es la que se refleja en el importante manual de Lausberg (1956[1], 1963[2]). Purczinsky (1969/70: 501) ya formuló una crítica fundamental al aspecto fonético de la hipótesis y Sánchez Miret (1998) profundiza en la misma dirección.

Las hipótesis estructuralistas han ocupado una buena parte de la investigación del siglo XX (Weerenbeck 1930, Lausberg 1947, Haudricourt & Juilland 1949, Lüdtke 1956, Weinrich 1958, Romeo 1968, Purczinsky 1969/70). Cada autor ha localizado de manera diferente los puntos de desequilibrio del sistema, que habrían puesto en marcha los distintos procesos de reestructuración, entre ellos la D.

De entre los autores que no pueden ser encuadrados dentro de ninguno de los planteamientos anteriores destacan Wartburg (1967[2]) y Spore (1972). El primero intenta relacionar los fenómenos de D con la influencia del superestrato germánico en determinadas áreas de la Romania. Spore supone una fase de "semidiptongación" generalizada a todas las lenguas románicas, seguida de distintos procesos de monoptongación y D plena que darían lugar a la distribución de los diptongos que conocemos.

A partir de los años setenta el problema de la D parece haber caído en el olvido, al menos desde el punto de vista panrománico (con la excepción de Van Coetsem & Buccini 1990, que intentan revitalizar la hipótesis metafónica). Aparecen algunos tratamientos reseñables en manuales como Lloyd (1987 [1993]: 193-217, 300-305). Pero no ha vuelto a discutirse el problema en su conjunto.

Antes de dar paso al repaso de los trabajos que se han ocupado de nuestro tema, queremos hacer notar que se observará en la exposición una notable primacía de los autores más antiguos. El motivo es que la práctica totalidad de las ideas relevantes para una teoría de la D de /ɛ, ɔ/ fueron ya puestas en circulación en los años más brillantes de nuestra disciplina. En los años siguientes predominó, junto a una sensación de confusión con respecto a la idea central del alargamiento (Purczinsky 1969/70: 519), una aceptación generalmente acrítica de la teoría de Schürr, unida a un cierto desinterés por la visión panrománica.

4.1. Teoría del alargamiento

La idea básica de esta teoría consiste en relacionar causalmente la duración de las vocales con su D: cuanto más larga sea una vocal más posibilidades hay de que se convierta en un diptongo. Esta idea se encuentra ya en los primeros estudios ("Ĕ und ŏ konnten nur, nachdem sie gedehnt waren, zu Diphthongen werden" Schuchardt 1866-68, 2: 328).

De hecho, ningún autor niega que las Ds espontáneas estén relacionadas de alguna forma con la duración de las vocales. El problema fundamental de la teoría, como veremos, no está en su idea originaria, sino en el desarrollo que se hizo de ella. En realidad no llegó a articularse una teoría que fuera válida para las diferentes lenguas románicas y, en su lugar, se fue caminando, especialmente en los manuales, hacia una excesiva simplificación de la idea, con lo cual se llegó a una situación en la que "a hidden confusion about the central hypothesis is evident." (Purczinsky 1969/70: 519).

4.1.1. LOS PRIMEROS AUTORES

A Friedrich Diez, autor de la primera gramática de las lenguas románicas, se le planteaba la necesidad de nombrar los fenómenos que describía. Para referirse a cambios como ε > ie Diez escogió el término "diptongación". Esta elección, que hoy puede parecer evidente, no lo era tanto en su momento. Diez podría haber escogido alguno de los términos habituales en la filología germánica (*Steigerung, Brechung*). Sin embargo prefirió llamar D a este tipo de cambios, tomando el nombre de los gramáticos provenzales. Con esta elección, Diez pretendía evitar la explicación implícita que había ya en los términos alemanes (cf. Diez 1868³ [1874]: 140, nota)[2].

En la presentación de Diez la D de /ε, ɔ/ en SL ya aparecía como el fenómeno más extendido entre las lenguas románicas y se señalaba la peculiaridad del castellano y el rumano, que diptongan también en ST (cf. Diez 1868³ [1874]: 140, 142, 149, 151). Esta relación entre D y SL, establecida desde el primer momento por Diez, se ha convertido, desafortunadamente, en el eje central de la teoría del alargamiento.

Por su parte, Schuchardt (1866-68 II: 328-329) establece que las vocales /ε, ɔ/ diptongaron después de alargarse bajo el acento por medio de un proceso de segmentación y disimilación: εː > ε̯ε > e̯ε > i̯e, ɔː > ɔ̯ɔ > o̯ɔ > u̯ɔ. En su breve tratamiento este autor no mencionó la diferenciación entre SL y ST, que iba a convertirse pronto en un asunto fundamental.

4.1.2. LA DIPTONGACIÓN EN SÍLABA LIBRE

Ten Brink (1879: 9-10) fue el primero en observar que en la evolución del vocalismo francés la diferenciación entre SL y ST había desempeñado un papel fundamental. En concreto, las vocales en SL se habrían alargado, mientras que en ST se abreviarían. Esta situación se conoció durante un tiempo como "ley de Ten Brink"; posteriormente ha recibido los nombres de "nivelación de codas silábicas" (= *Silbenkammnormierung*, cf. Lüdtke 1956: 131) o "diferenciación vocálica" (= *Vokaldifferenzierung*, cf. Wartburg 1967² [1971]: 88; Weinrich 1958: 175-176). Además de en francés, se conoce en francoprovenzal, retorromance, norteitaliano, dalmático y toscano; recientemente se ha manifestado también en parte de los dialectos suditalianos (cf. *Lausberg* § 163; *Rohlfs* § 10).

La existencia de esta diferenciación vocálica, que afectó a la evolución de la D en las lenguas mencionadas, se ha extrapolado frecuentemente a las demás lenguas, con lo que se ha producido una reducción injustificada de las posibilidades de la teoría del alargamiento, que ha sido acompañada por complicaciones igualmente inmotivadas en otros puntos de la hipótesis.

Por un lado, se ha llegado a una fórmula inadecuada para definir la teoría del alargamiento, según la cual las vocales /ε, ɔ/ diptongarían en romance en SL. Esta es la idea que entró en los manuales, como por ejemplo:

> Vers la fin de l'Empire, les voyelles accentuées redevinrent souvent longues, ce qui veut dire qu'elles furent prononcées d'une façon à la fois intense et prolongée. Cette nouvelle quantité [...] s'est fait sentir en principe pour les voyelles *libres*,

---

[2] A propósito de *Brechung*: "Terminus von J. GRIMM, der in der traditionellen Terminologie der Vergleichenden Sprachwissenschaft eine Reihe unterschiedlicher assimilatorischer Vokalveränderungen bezeichnet, so etwa im Gotischen die Senkung von *i, u* zu *e, o* vor folgenden *r* und *h* (Angleichung an die tiefe Zungenstellung der Konsonanten), im Altisländ. die Diphthongierung von *e, i* zu *ia, io* vor *a* bzw. *u* in der Folgesilbe, im Altengl. die Diphthongierung von *e, i* zu *eo, io* (vor *u* in der Folgesilbe) und von *a* zu *ea* (vor *r, l, h* + *Konsonant* bzw. vor einfachem *h*), im Ahd. die assimilatorische Senkung hoher Vokale vor nicht-hohen Vokalen in der Folgesilbe [...]. Heute versteht man unter B[rechung]. i[m].a[llgemeinen]. lediglich die Diphthongierungen." (Bußmann 1990²: s.v. *Brechung*).

mais non pour les *entravées*. [...] la seule diphtongaison véritable est celle qui provient du dédoublement ou segmentation d'une voyelle accentuée et libre (Bourciez 1930³: § 151)

Por otra parte, la existencia de D en ST en determinadas lenguas, como el castellano o el rumano, es un problema para esta versión reduccionista de la hipótesis. La solución que se ha intentado dar a este problema no ha hecho sino crear otro mayor, ya que se ha supuesto que allí donde ha habido D habría habido SL, por ejemplo: "Wo, wie im Spanischen, auch gedeckte Silben diphthongieren, liegt oder lag zum mindesten die Silbengrenze nicht im Konsonanten" (Richter 1911: 115). Así autores como Bourciez (1930³: § 151), Straka (1953: 275) o Elcock (1960: 47) piensan que para llegar en rumano a *piept* o en castellano a *puerta* se habría pasado por una fase con la silabación PĔ.CTUS, PŎ.RTA. Por su parte, Fouché (1927: 37) supone que en casos como los citados la silabación habría sido PŎᴿ.RTA. Para otros autores, como Malmberg (1962: 168) y más recientemente Terry (1980), la D en ST en castellano sería fruto de una tendencia de esta lengua a la SL (manifestada en procesos como la simplificación de las geminadas y el debilitamiento de las consonantes implosivas).

Sin embargo, dejando aparte el hecho de que silabaciones como las que suponen algunos de estos autores no están de acuerdo con las preferencias de estructura silábica de las lenguas románicas (cf. Murray 1987, 1989), nadie ha demostrado que la SL sea el único contexto en que el alargamiento y la consiguiente D son posibles.

4.1.3. CRÍTICAS Y MEJORAS DE LA HIPÓTESIS

Juret (1922) intentó una crítica frontal a la hipótesis del alargamiento, aunque viciada también por la suposición de que sólo puede haber D espontánea en SL. Dado este planteamiento, la D en ST de algunas lenguas es para Juret una prueba de que el fenómeno no tendría nada que ver con la duración. Por otro lado, Juret señala que en sueco antiguo se habrían producido Ds parecidas a las del romance y que los diptongos resultantes tienen una duración equivalente a la de una vocal breve. En su opinión, esto significaría igualmente que la duración no sería un factor determinante en el proceso.

Weerenbeck (1930: 171) argumenta, en respuesta a Juret, que no hay que confundir la génesis de un diptongo con su resultado. Es evidente que un diptongo puede volverse más breve (por ejemplo AE > e debió de pasar por una fase de abreviamiento del diptongo). Así pues la existencia de diptongos breves no es argumento *per se*, ya que estos diptongos pueden ser el fruto del abreviamiento de otros. La existencia de diptongos breves no invalida la hipótesis del alargamiento, sino que obliga al estudio específico de estos diptongos en las lenguas que los poseen.

Por otra parte, Weerenbeck (1930) intentó reformular la teoría. Para él la D en ST no se opone necesariamente al alargamiento. En primer lugar, apunta que no hay motivo para que las vocales trabadas de todas las lenguas y dialectos se comporten exactamente igual. En segundo lugar, cree que la D en ST no debilita la hipótesis del alargamiento, sino que la vuelve más probable, ya que si en una circunstancia poco favorable, como sería la ST, parece que el alargamiento ha podido producirse, es evidente que más fácilmente se habrá desarrollado en SL (cf. Weerenbeck 1930: 172).

A nuestro juicio, las aportaciones más importantes a la teoría del alargamiento fueron las de Camilli (1923) y Ronjat (1924). El primero reconoce que el alargamiento de la vocal es necesario para la D, pero también hace notar que no todas las lenguas parecen necesitar de la misma duración para diptongar: por ejemplo, el toscano no suele presentar D en los proparoxítonos, donde la vocal tónica es más breve, mientras que otras lenguas sí la tienen. Además señala que la duración no depende sólo de la forma de la sílaba, sino que entran en juego más factores, como puede ser el acento de frase:

lo sviluppo del dittongo (dove si è sviluppato) ha i suoi inizi proprio nella parola
che portava l'ictus della cadenza intensivo-melodica. Ciò è provato dai ben
conosciuti esempi del tipo *bonu miédecu e medecu bbuónu.* (Camilli 1923: 477)

Por el mismo camino se mueve Ronjat (1924). Como este autor señala, la hipótesis del
alargamiento dice que la vocal diptonga cuando es larga, pero esto no implica que el grado
necesario de duración se alcance sólo en SL:

On admet généralement que la diphtongaison est due à *la longueur* de la voy.
intéresée; il vaudrait mieux dire, je crois: la diphtongaison suppose *une certaine
longueur*; il y a toujours quelque difficulté, dans la parole comme dans le chant, à
filer un son bien égal pendant une durée notable (Ronjat 1924: 356)

Por otro lado, junto a la duración, Ronjat considera que el acento desempeña también
un papel fundamental en los procesos de D y, por su puesto, también en la D romance:

Une *certaine intensité*, qui varie avec les langues et avec les époques [...], peut
entraîner un vacillement du son, surtout s'il est tenu pendant une *certaine durée.*
(Ronjat 1924: 366)

Estas matizaciones a la teoría del alargamiento no encontraron mucho eco y se siguió
manteniendo la idea de la D en SL (ya hemos mencionado su presencia en Bourciez 1930[3]: §
151, Straka 1953: 275 o Elcock 1960: 47). Siguiendo la línea apuntada por Camilli y Ronjat,
hemos investigado en §§ 2.2-2.3 los diversos factores que pueden favorecer la D de las
vocales.

4.1.4. LA CUESTIÓN DEL ACENTO
Como complemento a la idea del alargamiento en SL, algunos autores supusieron que las
vocales alargadas tendrían un tipo de acento especial que favorecería su D. Por ejemplo,
Suchier (1888: 573) piensa que /ɛ, ɔ/ en francés, una vez alargadas en SL según la hipótesis de
Ten Brink, adquirirían un tipo de acento circunflejo (= *zweigipfliger Akzent*): ôò, êè. Dicho
acento provocaría el cierre de la primera parte, con lo que se llegaría a *iẹ, uọ* y posteriormente
se produciría un cambio de silabicidad (*iẹ, uọ > ịe, ụo*). Esta vinculación entre alargamiento y
acento circunflejo llegaría a ser durante un tiempo la versión clásica de la teoría (cf. Voretzsch
1900: 57; Richter 1911: 115).
Algunos autores, como Ascoli, atribuyeron este tipo de acentuación a Ĕ, Ŏ latinas:

Quando nella nostra scuola diciamo, che una produzione di codesti esiti [se refiere a
ie, uo] sia anteriore all'individuazione delle diverse favelle neolatine [...],
intendiamo che un proferimento 'tremulo' o 'bifido', o come altro s'imaginerà di
chiamarlo, fosse proprio delle vocali che sono in prosodia classica *é* ed *ó*, pronto
sin da età latina a risolversi in quei dittonghi (Ascoli 1892/94: 293 n.1)

En una reelaboración de esta idea, Goidànich (1907) propuso que el latín habría
heredado del indoeuropeo un complejo sistema de acentos, que en última instancia sería el
responsable tanto de la D de las diferentes vocales como del resultado al que cada una llegaría.
En concreto, las vocales /ɛ, ɔ/ tendrían un acento *biverticato ascendente* (*biverticato =*

zweigipflig), mientras que el de /e, o/ sería *biverticato discendente*. Estas diferencias serían la causa de que /ɛ, ɔ/ dieran lugar a diptongos ascendentes, mientras que /e, o/ se convertían en diptongos descendentes.

La existencia de entonación ascendente (= aguda) y ascendente-descendente (= circunfleja) parece demostrada para el griego antiguo, el lituano, el letón y el serbocroata. Algunos autores han intentado reconstruir un sistema de este tipo para el indoeuropeo, sin embargo, no parece que haya suficientes motivos para hacerlo (cf. Kuryłowicz 1968: §§ 6-11).

Relacionada con este asunto está la vieja discusión acerca de si el latín tenía un acento de intensidad o tonal. A este respecto, se ha ido imponiendo la opinión de que fenómenos como la síncopa, que el latín ya conocía desde muy pronto (*ŪNŎDĔCIM > UNDECIM, OBIŬRĬGO > OBIŪRGO, CĂLĬDUS > CALDUS), o el debilitamiento de vocales átonas (ĂBĬGO frente al griego ἀπάγω) indican que el latín tenía un acento predominantemente dinámico (cf. Lindsay 1894 [1897]: 173-176; Allen 1978²: 83-86; Vineis 1993: 298-299). Y la evolución de las lenguas románicas apunta también en la misma dirección.

Teniendo esto en cuenta, no es posible suponer que las vocales latinas conocieran las distinciones supuestas por Goidànich o Suchier, ya que las lenguas con acento de intensidad no presentan ese tipo de acentos:

> I am not familiar with any experimental studies dealing with these kinds of stress differences [level stress, crescendo stress, diminuendo stress, crescendo-diminuendo stress]. Electromyographic studies of the respiratory mechanism and studies of subglottal pressure have brought to light no evidence of differences of this kind. It appears extremely unlikely that intensity can provide a reliable correlate of distinctions like those between crescendo and diminuendo stress; such increases and decreases would have to be distinguished from segmentally conditioned changes in intensity within a syllable nucleus [...] and from fluctuations in intensity due to interaction between fundamental frequency and formant frequency. (Lehiste 1970: 146)

Por otro lado, como ya decía Passy (1909), no es necesario suponer ningún tipo de acento especial para /ɛ, ɔ/, ya que una vocal puede diptongar simplemente por el hecho de ser larga:

> Je ne vois pas, dureste, la nécessité d'admettre l'"intonacion circonflexe" pour expliquer le comencement de la diftongaizon. En tout état de cauze, une voyèle longue tent facilement à ne pas rester homojène pendant toute sa durée; de là à la diftongaizon propement dite, il n'y a qu'un pas. (Passy 1909: 344; respetamos la ortografía peculiar con la que está escrito el artículo de Passy)

Y como apunta Schmitt (1931: 54-56), lo que se pretende nombrar con el término *Zweigipfligkeit* es más bien la impresión que producen algunas vocales de poseer dos partes diferenciadas (en términos de Schmitt, *Zweiartigkeit des Lautkomplexes*). Esto, en definitiva, no sería más que un nombre para una vocal que está diptongando.

4.1.5. CONCLUSIÓN

A partir de los años treinta no se vuelve a afrontar globalmente la D de /ɛ, ɔ/ desde la teoría del alargamiento. Creemos que los motivos son de tres tipos. Por un lado, probablemente se consideraba que la hipótesis, aunque mal formulada, estaba bien establecida. La idea de que las vocales pueden diptongar cuando se hallan en circunstancias que favorecen un aumento en su duración parecía obvia a la mayoría, hasta el punto de que no haría falta explicar nada más[3]. Por otro lado, la llegada del estructuralismo desplazó el punto de interés hacia aspectos no fonéticos. Dentro de los estructuralistas hay partidarios tanto de la teoría del alargamiento (como Purczinsky 1969/70), como de la teoría metafónica (p. ej. Lausberg 1947), pero este no es un aspecto sustancial de sus hipótesis y apenas se dedican a discutirlo. En tercer lugar, aunque quizá no sea el factor menos importante, la pérdida de prestigio de la filología románica frente al estudio de la filología de cada una de las lenguas dificultó una visión panrománica.

    Antes de acabar este parágrafo hay que señalar que hasta ahora nos hemos ocupado de una serie de autores que se mueven dentro de la teoría del alargamiento, pero no hemos especificado a qué lenguas románicas pretenden aplicar sus ideas. De hecho, ha sido un plantemiento general dentro de esta teoría la necesidad de distinguir entre una D espontánea de /ɛ, ɔ/, presente en lenguas como el francés, el castellano, el italiano, el dalmático o el rumano, frente a otra D condicionada, que se hallaría en el provenzal, el catalán, buena parte de los dialectos suditalianos y también en algunas evoluciones del francés. Meyer-Lübke, al afrontar en su Gramática una exposición lo más completa posible de los hechos romances, sanciona la diferencia entre estas dos Ds y pone de relieve la diversidad de resultados de /ɛ, ɔ/ en las lenguas románicas, antes que intentar buscar una explicación común (cf. Meyer-Lübke 1890: §§ 152-163, 186-199, 641). Esta separación de dos procesos (D espontánea y D condicionada de /ɛ, ɔ/) ha sido practicada por la mayoría de los defensores de la teoría del alargamiento:

> Quant à la diphtongaison conditionnée des è et ò, qui peut avoir lieu non seulement
> dans les langues qui connaissent la diphtongaison spontanée (en fr.), mais aussi
> dans celles dont les voyelles ne se sont pas diphtonguées spontanément (en prov.
> ou dans les dialectes de l'Italie du Sud), elle ne peut pas être mise en rapport avec la

---

[3]   Algunos autores se han interesado por el aspecto fonético del proceso mismo de D de /ɛ, ɔ/.
       Por ejemplo, Meyer-Lübke (1890) atribuye la aparición de ĭ, ŭ al aumento de tensión dentro
       de /ɛː, ɔː/:

> La dépense croissante de force qui est nécessaire lorsque ẹ̄ remplace ẹ̆, profite
> d'abord à l'établissement de la voyelle. La tension plus forte des muscles
> entraîne un rétrécissement du canal buccal, à la suite duquel se développe un
> bruit fricatif, de nature palatale, qui passe peu à peu à ĭ, en sorte que nous
> obtenons la série ẹ̄, ĭẹ̆, plus tard avec assimilation ĭẹ. Ie est donc [...] la
> conséquence d'une plus grande intensité, qui s'explique à son tour par
> l'allongement. De même ọ̆ parvient á ŭò en passant par ọ̄. (Meyer-Lübke 1890:
> § 639)

       Por su parte, Learned (1929) supone que las nuevas vocales /ɛː, ɔː/, nacidas del
alargamiento en SL, resultarían extrañas dentro del vocalismo latino. Esto provocaría que los
hablantes no fueran capaces de alcanzar inmediatamente la posición necesaria para su
correcta articulación, de manera que la transición desde la consonante precedente hasta la
vocal se haría audible, dando lugar a la formación de los diptongos [ɛ̯ɛ, ɔ̯ɔ].
       Menéndez Pidal (1950[3]: § 24.4), en una concepción que se acerca más a la que hemos
expuesto en § 2.1, supone que el proceso es fruto de una exageración articulatoria, que
llevaría a la separación de los dos elementos que caracterizan a una vocal abierta: por un lado
iría el timbre y por otro el grado de abertura. En esta polarización el glide ŭ o ĭ conservaría el
timbre inicial de la vocal y el núcleo e, o, a (en los primeros momentos del castellano se
encuentra una vacilación en este punto) representaría el grado de abertura.
       Como ya hemos visto en § 2.1, la D es un proceso de segmentación por diferenciación,
cuyo mecanismo es igual para todas las vocales (lo que varía es la dirección del proceso, cf. §
2.4.1).

diphtongaison spontanée; elle n'exige pas un allongement préalable des voyelles et son mécanisme est tout différent (Straka 1953: 275).

La teoría metafónica, que expondremos a continuación, representa un punto de vista radicalmente distinto ante esta división entre D espontánea y condicionada. Por su parte, la reconstrucción que ofreceremos en § 5 retoma la teoría del alargamiento en el punto en el que quedó tras las aportaciones de Camilli y Ronjat, a la vez que pretende, tal y como quiere la teoría metafónica, englobar bajo una misma explicación la D de /ɛ, ɔ/ en todas las lenguas románicas.

4.2. Teoría metafónica

La teoría del alargamiento no pretende explicar aquellos casos en los que la D de /ɛ, ɔ/ parece estar condicionada por (-i, -u), como sucede en los dialectos suditalianos, o por un sonido palatal, como es el caso principalmente del provenzal. La teoría del alargamiento tampoco había conseguido dar una respuesta satisfactoria a la diferencia que se observa entre la D de /ɛ, ɔ/, cuyo resultado es un diptongo creciente, y la D de /e, o/, que se convierten en diptongos decrecientes. Además la versión más extendida de dicha teoría tenía problemas para explicar la D en ST de algunas lenguas.

La teoría metafónica intenta resolver estos problemas. Su idea central consiste en considerar que la D de /ɛ, ɔ/ empezaría siendo un fenómeno condicionado por factores no relacionados con la duración de las vocales. Entre ellos los más importantes son la acción metafónica de las vocales (-i, -u) y el efecto de las consonantes palatales[4]. La situación originaria sufriría distintas transformaciones independientes en cada lengua, pero en ningún caso podría atribuirse la D de /ɛ, ɔ/ al alargamiento. Frente a esto, la D de /e, o/ sería una auténtica D espontánea relacionada con la duración. Al considerar que estamos ante dos fenómenos radicalmente distintos, quedaría explicada, según estos autores, la diferente dirección de la D de /ɛ, ɔ/ frente a la de /e, o/ (= creciente vs. decreciente). Por otro lado, ya que la D de /ɛ, ɔ/ no sería una D por alargamiento, desaparecería el problema planteado por las lenguas con D en ST.

Sin embargo, como veremos en su momento, esta hipótesis crea otros problemas nuevos y de más difícil resolución. Por una parte, el proceso fonético que supone dista mucho de estar claro (cf. §§ 5.4.3-5.4.8; Sánchez Miret 1998). Por otra parte, la formulación más extendida de la hipótesis (cf. Schürr 1936, 1970a) exige una serie bastante notable de evoluciones preliterarias, que no son imposibles, pero sí dudosas (cf. Alonso 1962 [1972]: 60).

Como veremos, esta teoría ha tenido sus principales valedores entre especialistas en dialectos italianos, como son Schürr, Lausberg y Rohlfs. Esto es así porque en estos dialectos, especialmente en los meridionales, la evolución de las vocales tónicas ha estado fuertemente

---

4   La relación que existe entre ambos contextos no ha sido explicada por todos los autores de la misma forma, ni siquiera todos los autores que piensan en una D condicionada de /ɛ, ɔ/ han puesto en relación ambos factores. Sin embargo, la versión de la hipótesis desarrollada por Schürr considera que en ambos contextos nos hallamos ante el mismo tipo de fenómeno. Schürr (1936: 279-280) considera que la acción de yod y wau es la misma que la de (-i, -u) y que esta consistiría en una anticipación del cierre al inicio de la articulación de la vocal tónica.

condicionada por las vocales finales. Por lo tanto, no es extraño que estos autores se hayan preguntado por la posibilidad de extender esta situación al resto de lenguas con D. Además, no será ajeno a esto, el hecho de que dichos autores procedan de países de habla alemana, ya que en las lenguas germánicas los procesos metafónicos han desempeñado un papel importantísimo en la evolución del vocalismo. De hecho, Foerster (1879: 486) se extraña de que Diez, que provenía de la germanística, no hubiera observado en algunos hechos romances la presencia del mismo fenómeno que en dicha disciplina se denomina *Umlaut*.

4.2.1. SCHUCHARDT

La hipótesis nace con Schuchardt (1872, 1885). Como ha puesto de relieve Purczinsky (1969/70), llama la atención el hecho de que fuera un mismo autor el que propuso las dos ideas que se han disputado la primacía en el problema de la D de /ɛ, ɔ/, aunque como el mismo Purczinsky reconoce, frecuentemente no se ha tenido en cuenta al Schuchardt de la teoría del alargamiento.

Schuchardt (1872) compara los diptongos romances con los del albanés y señala numerosas coincidencias. Al hilo de esta comparación pone en relación la D con un factor que no radica en la propia vocal diptongada:

> Ist aber der diphtong weniger oder gar nicht durch die quantität des ursprünglichen vokals gebunden, so ist es durch die qualität des vokals der folgenden silbe. (Schuchardt 1872: 285)

Schuchardt se basa en la observación de varios fenómenos. Por un lado, en rumano encuentra *e* (-ắ) > *ea* y *o* (-e, -ắ) > *oa*. Por otro, en algunos dialectos suditalianos ɛ (-*i*, -*u*) > *ie* y ɔ (-*i*, -*u*) > *uo*. La relativa coincidencia de ambos cambios lleva a Schuchardt a proponer que la causa de la D en ambos casos sería la vocal final. En rumano las vocales que provocan la D serían (-*e*, -ắ) y en los dialectos italianos (-*i*, -*u*)[5]:

> Ich habe vor langen Jahren den Gedanken geäussert dass im Italienischen (und im Romanischen überhaupt) *ie, uo* = vulgärlat. ẹ̄, ọ̄ ursprünglich, wie noch jetzt in manchen Dialekten, an ein folgendes *i* oder *u* gebunden war: *vieni, buonu, buoni*. (Schuchardt 1885: 7-8)

Una vez que las vocales finales se confunden, el fenómeno adquiriría una finalidad gramatical (Schuchardt 1872: 286 n.2), es decir, se morfologizaría:

> Sobald als mit der eben berührten trübung sämmtlicher auslautender vokale die *ursache* der diphtongirung schwand, ergab sich für dieselbe ein zweck, nämlich formen zu scheiden, die sonst zusammengefallen sein würden (Schuchardt 1872: 286 n.2)

Y a partir de aquí sería posible que este fenómeno se extendiera más allá de sus límites fonéticos originarios. Schuchardt (1872: 287-288) propone una extensión en la dirección:

---

5 En su momento estudiaremos la D de /e, o/ en rumano ante (-*a*, -*e*, -ắ) e intentaremos demostrar que realmente es un fenómeno condicionado por las vocales finales, sin embargo, ya adelantamos aquí que no pensamos que la D ante (-*i*, -*u*) deba interpretarse en la manera que propone la teoría metafónica (cf. § 5.4).

buono → *buona*, *piedi* → *piede*. Schuchardt (1885: 7-8) propone incluso una generalización fuera de los paradigmas ("eine rein lautliche Analogie") a formas como *pietra*, *ruota*.

Con esto Schuchardt establece prácticamente la mayoría de los puntos fundamentales de la teoría metafónica de la D románica. En primer lugar, la causa fonética de la D está en las vocales (-*i*, -*u*). En segundo lugar, una vez iniciado el cambio, este da lugar a alternancias que se morfologizan. Y por último, los diptongos pueden extenderse a otros contextos.

4.2.2. DESPUÉS DE SCHUCHARDT. ASCOLI. LA DIALECTOLOGÍA ITALIANA

La teoría de Schuchardt (1872) no pareció encontrar mucho eco, quizá por haber aparecido en un artículo no destinado directamente a los romanistas, ya que se trata de una recensión amplia de las investigaciones de Miklosich sobre el albanés, y porque el propio Schuchardt sólo repitió sucintamente su idea en su famoso *Über die Lautgesetze: Gegen die Junggrammatiker* (1885: 7-8) y en una recensión a un artículo de Havet (Schuchardt 1878).

Foerster (1879) fue el primero en tratar sistemáticamente de la MET en las lenguas románicas, con lo cual se planteaba una oportunidad inmejorable para valorar la opinión lanzada por Schuchardt. De hecho, en el esquema inicial de su artículo promete hablar de la relación entre MET y D. Sin embargo, hasta donde alcanza nuestro conocimiento, la parte donde debía tratar de este asunto no llegó a aparecer.

Schuchardt (1872) menciona el retorromance (sobreselvano), entre las lenguas que parecían sostener su hipótesis. En esta lengua se observan casos como OSSU > *iess* vs. OSSA > *ossa*, COPERTU > *cuviert* vs. COPERTA > *cuverta* en los que el diptongo parece estar relacionado con la presencia de (-*u*). Sin embargo, Schuchardt no se pronuncia rotundamente acerca de estos datos y espera a la opinión de Ascoli, que estaba trabajando en el asunto. Esta opinión apareció al año siguiente. Ascoli (1873), aunque sin mencionar el trabajo de Schuchardt, rechaza la posibilidad de ver en la presencia de (-*i*, -*u*) la causa de la D. Según Ascoli, ya Stengel (1868) negaba que la vocal final fuera la causa de la D. Ambos estarían de acuerdo en que nos encontraríamos ante la D espontánea de /ɛ, ɔ/ común a buena parte de la Romania y que la presencia de determinadas vocales finales, todo lo más, favorecería la conservación del diptongo:

> L'*ie* soprasilvano è poi un continuatore che è comune anche all'*e* in posizione, comunanza che ha il suo esatto parallelo nelle continuazioni dell'*o*, senza cha mai v'abbiano, pel dittongo, di simili *conditiones sine quibus non*. Bisogna finalmente tener conto anche degli esemplari perduti, o che per varie cause si sottraggono alla osservazione; ned altro certamente si potrà conchiudere, se non che l'*i* favorisca la *conservazione* dell'antico dittongo. (Ascoli 1873: 15 n.2; énfasis en el original)

La dialectología italiana recibía, por lo tanto, ya desde el inicio la sugerencia de no ver una relación causal entre MET y D. Sin embargo, tal sugerencia no fue seguida y muy pronto se adoptó la visión contraria. Por ejemplo, en la parte que redacta Meyer-Lübke sobre los dialectos italianos para la primera edición del *Grundriss* (cf. D'Ovidio & Meyer[-Lübke] 1888: 548-560) se recoge la idea de que en determinados dialectos la D se ve condicionada por (-*i*, -*u*). Y esta se convierte rápidamente en la opinión general:

> C'est un fait bien établi aussi que l'influence de -*i*, de -*u* en fin de mot fait passer les voyelles accentuées ę à *ie*, ǫ à *uo* en divers parlers, ainsi *íe*, *úo* en napolitain et en calabrais; *íe* ou *ié*, *úo* ou *uó* en certains dialectes de la Pouille et des Abruzzes, à Avolo en Sicile; *ié*, *ué* en rétique occidental. (Juret 1922: 142)

Como ya hemos dicho, también los defensores de la teoría del alargamiento estaban de acuerdo en que en determinadas lenguas la D de /ɛ, ɔ/ era un cambio condicionado. Así resulta que reinaba el mayor consenso sobre la explicación de la D en provenzal o en los dialectos suditalianos y el problema que se debatía era si la D, por ejemplo, de BŎNU > it. *buono* era un cambio espontáneo o condicionado.

4.2.3. JURET

El siguiente intento de establecer la MET como explicación de la D de /ɛ, ɔ/ en todas las lenguas se encuentra en Juret (1922). Como ya se ha mencionado, en este trabajo Juret hizo una fuerte crítica a la hipótesis del alargamiento y propuso en su lugar una nueva versión de la idea metafónica. La innovación que trae este trabajo —que no fue seguida por otros autores posteriores— radica en suponer que todas las vocales finales, que según Juret se estaban cerrando, provocarían la D. Es decir, la D metafónica no sería fruto exclusivo de (-*i*, -*u*), sino de todas las vocales.

La idea de Juret es que la vocal tónica imita la evolución de la vocal átona final (Juret 1922: 147-148). Esta vocal se estaría debilitando y eso provocaría el cierre de la primera parte de la vocal. Sin embargo, esta supuesta anticipación a las vocales tónicas de la evolución de las vocales átonas es algo que no se entiende en absoluto. Sabemos que puede anticiparse el movimiento de un articulador propio de la vocal átona, pero no está nada claro qué tipo de proceso sería el de anticipación de una *evolución*.

Por otra parte, Juret afronta un problema que luego será tratado con todo detalle por Schürr. Se trata de la extensión o reacomodación de los diptongos a las diferentes condiciones que rigen en cada lengua. En concreto, Juret (1922: 149) defiende que en las lenguas que tienen D sólo en SL el influjo de la vocal final no habría podido traspasar los grupos consonánticos o bien que en estos casos la vocal final habría desaparecido muy pronto.

Sin embargo, la hipótesis falla en lo fundamental, ya que no tiene ninguna base la supuesta tendencia al cierre de todas las vocales finales en toda la Romania. Como argumenta Ronjat (1924), las vocales finales tienden a debilitarse, pero los grados son distintos en las diferentes lenguas románicas. Además Ronjat observa que la relación entre debilitamiento de vocales finales y D no sería tan directa como pretende Juret, ya que en lenguas como el italiano las vocales finales no presentan dicha tendencia al cierre, pero sí hay D.

4.2.4. SCHÜRR

Friedrich Schürr ha sido, sin duda alguna, el mayor defensor de la teoría metafónica. Schuchardt, cuyo breve pasaje de (1885) Schürr cita, al menos, en dos ocasiones (cf. Schürr 1936: 287; 1970a: 36), sólo había esbozado las ideas fundamentales, que serían luego desarrolladas, e incluso podría decirse que exageradas, por Schürr en una serie de trabajos que van desde 1936 hasta 1975.

Este autor aporta dos novedades a la teoría. En primer lugar, piensa que hay dos tipos de D radicalmente distintos: una D condicionada, de la que provienen los diptongos crecientes, y una D espontánea, que da lugar a los diptongos decrecientes:

> Cette distinction entre les deux sortes de diphtongaison est seule susceptible d'expliquer l'opposition entre les diphtongues croissantes *ié, uó* issues de *ę́, ǫ́* par métaphonie d'une part et les décroissantes *ae, ei, ou* nées de *á, ę́, ǫ́* par allongement de l'autre (Schürr 1970a: 3)

En segundo lugar, pretende demostrar que la supuesta D metafónica de /ɛ, ɔ/ ha afectado a todas las lenguas románicas que tienen los diptongos /ie, uo, ue/. Como consecuencia de esto, Schürr investiga las posibles vías de extensión, reducción, readaptación, etc., de los diptongos /ie, uo/ que, en su origen, serían exclusivamente metafónicos.

Por lo que se refiere al primer asunto, Schürr señala que la diferente configuración de los diptongos procedentes de /ɛ, ɔ/ (crecientes), frente a los que derivan de /e, o/ (decrecientes), es un problema que necesita explicación. La hipótesis tradicional suponía una D descendente originaria de /ɛ, ɔ/ y un posterior cambio de silabicidad, es decir: ɛː > e̯ɔ > e̯ɔ̯ > i̯ɔ̯ > i̯e. Schürr (1970a: 10-11) está de acuerdo en la posibilidad de una evolución ɛː > e̯ɔ, pero piensa que un diptongo de ese tipo no podría evolucionar a i̯e y cree que las alternancias presentes en dialectos italianos y franceses entre i̯ɔ̯ y i̯e son fruto de un cambio i̯e > i̯ɔ̯. Además, argumenta que, en caso de producirse un cambio de silabicidad en un diptongo del tipo i̯ɔ̯, el resultado no sería i̯e, como es por ejemplo en toscano, sino i̯ɔ. Sin embargo, la evolución i̯ɔ̯ > i̯e, está atestiguada en bastantes lenguas y el resultado [i̯ɛ] se entiende perfectamente en aquellos casos en que el diptongo alterne con casos sin D, donde se conservaría la vocal media abierta /ɛ/ (cf. § 5.1; Sánchez Miret 1997). Por otra parte, Schürr cree que la influencia de (-i, -u) o una consonante palatal podría explicar la forma creciente de los diptongos. Sin embargo, como discutiremos largamente en § 5.4, este punto nuclear de su hipótesis es insostenible.

Pero el mayor esfuerzo de Schürr se centra en la argumentación de cómo se llegaría a la situación actual de las diferentes lenguas, a partir de la supuesta D metafónica que habría afectado a toda la Romania (con la única excepción de una buena parte de la zona de vocalismo siciliano, cf. Schürr 1970a: § 11). Vamos a ir lengua por lengua y sólo comentaremos brevemente algunas de las múltiples objeciones que pueden ponerse a su reconstrucción (los asuntos más importantes será debatidos cuando analicemos cada una de las lenguas en nuestra reconstrucción, cf. § 5).

En provenzal y catalán se conservaría una situación próxima todavía a los orígenes. Según Schürr (1970a: § 57), la D habría empezado siendo metafónica y luego se habría extendido a los contextos palatales (consonante palatal y yod).

En sardo, que tiene alternancias entre vocales medias abiertas y cerradas condicionadas por la MET, los diptongos habrían desaparecido totalmente en una monoptongación preliteraria (cf. Schürr 1970a: § 15):

> Laddove le fasi intermedie i̯é, u̯ó non sono più rintracciabili, come ad es. in sardo, si dovrà contare con una fase dittongata preletteraria, monottongata, giacchè la metafonia è di sua natura un atto di anticipazione, cioè di prostesi capace di assimilarsi immediatamente solo le ę in i, le ǫ in u e non le ę́, ǫ́ un po' più lunghe di natura. (Schürr 1972: 319)

Esta monoptongación habría tenido lugar, además de en sardo, en algunos dialectos del centro de Italia[6], en gallego-portugués y en castellano (Schürr 1970a: §§ 14, 73, 82).

El portugués habría monoptongado los diptongos originados por la MET, pero quedarían testimonios de la situación originaria en los dialectos del norte de Portugal, donde los diptongos se habrían generalizado más allá del contexto metafónico (cf. Schürr 1970a: § 73). Sin embargo, esta D de los dialectos portugueses parece ser un fenómeno reciente. Así lo cree Alonso (1962 [1972]: 64), fundándose en la debilidad o "furtividad" del *glide* y en el hecho de

---

6   En Sánchez Miret (1998) intentamos demostrar que la suposición de una fase antigua con D seguida de monoptongación en los dialectos del centro de Italia es una complicación innecesaria. El resultado se explica perfectamente como un cierre de /ɛ, ɔ/ ante (-i, -u). El mismo razonamiento es válido para las demás zonas (donde el condicionamiento puede ser también una consonante palatal).

que afecta a vocales medias abiertas y cerradas. Además da origen a diptongos tanto crecientes como decrecientes: CASTĔLLU > *kaſțịețu*, *kaſțeị̣l*, CĬPPUS > *sị̣ep̱ɐ*, *sị̣ɔp̱ɐ*, *sɔ̣ịp̱ɐ*, BŬCCA > *bụokɐ*, *bụakɐ*, *bụɐ̱kɐ*, *bụ̱ɐ̱kɐ*, *bouɐ̱kɐ* (datos del ALPI; cf. § 5.2.8).

Por otro lado, el leonés, para el que generalmente se acepta la presencia de D ante palatal (cf. sin embargo Pensado 1989; cf. § 5.5.1) y que conoce también fenómenos de MET, sería para Schürr un ejemplo de conservación de la situación originaria de la D: "tout le Nord-ouest de la Péninsule, la Galice, le léonais et les Asturies, se présentent comme une vaste zone de retraite des conditions originaires de la métaphonie suditalienne" (Schürr 1970a: 108).

Por su parte, en castellano habría habido D metafónica ante palatal en época preliteraria. Este diptongo evolucionaría hasta un monoptongo como en las otras zonas mencionadas. Los diptongos actuales del castellano no serían originarios, sino adquiridos al mozárabe. Schürr supone que en mozárabe habría habido D metafónica, como en el resto de lenguas, que habría sido seguida por una generalización del diptongo a todos los demás contextos. El castellano habría iniciado su avance hacia el Sur de la Península en la siguiente situación: por un lado, tendría /e, o/ procedentes de la monoptongación del antiguo diptongo condicionado y por otro lado, tendría /ɛ, ɔ/ etimológicas en los casos sin contexto condicionante. En su expansión se encontraría con el mozárabe (con diptongos generalizados) y sustituiría las vocales /ɛ, ɔ/ que quedaban por los diptongos mozárabes (cf. Schürr 1970a: § 82).

Hasta aquí hemos visto el intento de Schürr de incluir en su hipótesis la situación de lenguas como el sardo o el portugués, donde hay general acuerdo en que no hubo D. La aparición de vocales cerradas ante (-*i*, -*u*), que Schürr quiere interpretar como fruto de la monoptongación de hipotéticos diptongos, tiene una explicación natural como cierre metafónico. También hemos visto cómo Schürr intenta resolver la situación del castellano, lengua que, de manera totalmente opuesta a su hipótesis, presenta monoptongos donde la teoría predice la aparición de la D y tiene diptongos donde la teoría esperaría que no los hubiera. Para una crítica de esta parte de la teoría, cf. Alonso (1962).

Un problema de orden distinto lo plantean las lenguas que tienen D sólo en SL. El modelo de este tipo de lenguas es el francés. En opinión de Schürr, en francés se habría impuesto un acento fuerte de influencia germánica que provocaría el alargamiento de la vocal en SL. Gracias a dicho alargamiento las vocales /ɛ, ɔ/ fuera de los contextos metafónicos se convertirían en vocales tensas. La tensión provocaría la elevación de la lengua y precisamente por eso estas vocales /ɛ, ɔ/ tensas se identificarían con los diptongos metafónicos, lo cual conduciría a la generalización de los diptongos a la SL (cf. Schürr 1970a: § 59).

Pero en algunos dialectos franceses, en concreto en valón, la D afecta también a /ɛ, ɔ/ en ST. Schürr supone, correctamente, que ante determinadas consonantes, sobre todo ante las líquidas, estas vocales se habrían alargado. Nuevamente este alargamiento provocaría que la vocal se sustituyera por el diptongo metafónico (cf. Schürr 1970a: § 62).

En una situación muy distinta se encuentra el rumano, que plantea dos problemas. Por un lado, tenemos la presencia del diptongo /ie/ tanto en SL como en ST. Por otra parte parece que no hay D metafónica de Ŏ, que se habría confundido con Ō. Sin embargo, Schürr cree que la confusión de las vocales velares sería un espejismo. Para ello se basa en la inscripción PUOSUIT documentada por Mihăescu y en la presencia de algunos casos de D de *o* en varios dialectos modernos que, según Schürr, reflejarían los restos de la antigua D (cf. Schürr 1949 [1971]: 269; 1970a: §§ 45-50).

Como en todas las demás lenguas, también en rumano la D sería originariamente metafónica. La generalización en esta ocasión tendría lugar mediante la interacción de la D con el proceso de epéntesis antihiática. En rumano, dalmático e istriota es frecuente este tipo de epéntesis que, según Schürr, se vería incluso reforzada por la aparición de los diptongos. Schürr supone que, una vez que los dos fenómenos llegaran a convivir, sería posible que el resultado de la D metafónica se reinterpretara como un proceso de epéntesis. Esto sucedería en casos como HAEDU > *ied*, OCULU > *uochiu*, donde el diptongo está en posición inicial de palabra. A partir de esta reinterpretación el cambio podría extenderse a palabras sin contexto metafónico, como LEPORE > *iepure*, donde el diptongo vuelve a estar en posición inicial. El siguiente paso sería la generalización de los diptongos fuera de los contextos metafónicos y fuera también de las situaciones en que podía reinterpretarse como una epéntesis antihiática (cf. Schürr 1970a: § 47).

En contra de la hipótesis de Schürr está el hecho de que la aparición de una yod antihiática en algunas palabras que empiezan por *e-* no parece ser de la época anterior a la escisión del rumano, ya que en arumano generalmente no tenemos ese sonido y no hay motivos para pensar que ha sido este dialecto el que ha cambiado una situación supuestamente común (cf. Sala 1976: 208).

En último lugar nos referiremos a la postura de Schürr con respecto al toscano. Como dice Castellani (1970b [1980]: 171), la hipótesis de Schürr "urta —oggi più che mai— contro lo scoglio delle condizioni toscane", lo cual queda probado por las tres explicaciones diferentes que Schürr intenta (cf. Tekavčić 1976: 153-154).

En un primer momento, Schürr (1936: 286) creía que los diptongos se habrían introducido en Toscana a partir de los dialectos meridionales. Más tarde defendió que serían, junto con la diferenciación entre SL y ST, una importación de los dialectos septentrionales —en estos dialectos los diptongos habrían nacido por MET y se habrían generalizado a la SL— (cf. Schürr 1970a: §§ 19-24).

Pero en Schürr (1972) hay un nuevo cambio de opinión. En este momento Schürr cree que el toscano habría conocido la D metafónica a través de un desarrollo autóctono y que sólo después se habría limitado su resultado a la SL. A favor de su hipótesis estarían dos zonas marginales (una en Garfagnana y otra en Sansepolcro y Arezzo), donde Schürr cree detectar restos de diptongos crecientes para [ɛ, ɔ] en contexto metafónico[7].

La mayor parte de las críticas a la reconstrucción de Schürr se han centrado en la interpretación de lenguas concretas y han venido de parte de especialistas en las respectivas lenguas. Por ejemplo Alonso (1962) para el castellano y el portugués, Castellani para el italiano o Rosetti (1950, 1975) para el rumano. En su momento veremos que ni siquiera los puntos de partida de Schürr están libres de sospecha (cf. § 5.1, 5.4.3-5.4.8, Sánchez Miret 1998, 1997).

A continuación nos ocuparemos de las aportaciones de varios autores a la teoría metafónica. Todas ellas intentan sistematizar los mecanismos que habrían hecho posible que una D originariamente metafónica se hubiera transformado de maneras tan diversas en las distintas lenguas.

---

[7] Tales restos habían sido aducidos ya en Schürr (1962: 487-488). Se trataría de la existencia en una parte de Garfagnana de una alternancia entre singulares con [ɛ] (la *-o* de estos dialectos no es un contexto metafónico) y plurales con [e] (la *-i* sería la causa de la MET), p. ej. *mart*[ɛ]*llo* ~ *mart*[e]*lli* (de nuevo Schürr cree ver en el cierre de la vocal ante (*-i*) el resto de una antigua D). Igualmente en algunos puntos de Garfagnana tendríamos el diptongo [i̯e] (ɛ > i̯ɛ > i̯e) o el monoptongo [o] (ɔ > u̯ɔ > u̯o > o) sólo en SL y ante (*-i, -u*) (nótese que se trataría de *-u* antigua, ya que actualmente tenemos *-o*): p. ej. SĔRU > *siero*, HĔRI > *ieri*, NŎVU > *n*[o]*vo* vs. RŎTA > *r*[ɔ]*da*. Por su parte, en la zona de Arezzo y Sansepolcro los diptongos aparecen sólo ante (*-i*) y (*-o* < Ŭ) (puede verse una minuciosa descripción de la situación antigua de esta zona en Castellani 1970c).

Schürr cree que estas dos zonas serían áreas marginales con respecto a la Toscana y reflejarían la situación que antiguamente habría conocido también el resto de la región, es decir, la presencia de D metafónica.

La interpretación de estos hechos, en la que no nos detendremos, fue uno de los puntos de confrontación entre Schürr y Castellani. Puede verse la postura de este último en Castellani (1962 [1980]: 142-144; 1970b [1980]: 163-167; 1980: 172-175).

4.2.5. LAUSBERG

La hipótesis de Schürr encontró cobijo en el importante manual de Lausberg, con lo cual se le garantizaba una importante difusión. El interés de Lausberg se centra en hallar la vía por la que la D originariamente metafónica fue paulatinamente transformado su aspecto. En concordancia con la opinión de Schürr, la armonización a distancia por (-*i*, -*u*) sería la más antigua de la Romania (*Lausberg* § 192). Las lenguas que debilitan o modifican pronto el timbre de las vocales finales sólo conservarían esta armonización cuando (-*i*, -*u*) estuviera en hiato con la vocal tónica: por ejemplo MĔI > fr.ant. *miei, DĔU > *Dieu* (*Lausberg* § 192); otro contexto donde se mantendría el carácter de armonización sería -CU (p. ej. FOCU, LOCU, IOCU, COCU), donde la vocal final se habría conservado más tiempo como *u* debido a la influencia de la consonante velar (*Lausberg* §§ 200, 248). Una vez que las vocales átonas desaparecieran en mayor o menor medida, la "condición armonizadora" se volvería opaca y podría reinterpretarse.

En algunas lenguas la armonización a distancia provocada por (-*i*, -*u*) se habría reinterpretado como una armonización en contacto. Esto sucedería precisamente en los hiatos, donde (-*i*, -*u*) estaba en contacto con la vocal tónica. Esta armonización en contacto supondría el puente hacia la influencia de una yod o una consonante palatal siguientes: "Esta condición armonizadora es en románico occidental una ampliación y especialización de la antigua armonización a distancia de la -ī final de dicción" (*Lausberg* § 205).

Y los hiatos constituirían también un camino hacia la D en SL, ya que ante -I, -U la vocal que diptonga habría estado originariamente en SL, que era una posición en la que las vocales se alargaban, con lo cual se reinterpretaría el diptongo supuestamente condicionado como un diptongo provocado por el alargamiento de la vocal y así podría extenderse a todas las sílabas libres (cf. *Lausberg* §§ 137, 200-201).

Las ideas de Lausberg pueden representarse en el siguiente esquema:

(1)   **recondicionamiento (Lausberg)**

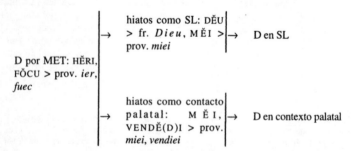

4.2.6. VAN COETSEM & BUCCINI

La hipótesis de la D metafónica ha encontrado una reelaboración reciente en el trabajo de van Coetsem & Buccini (1990). Estos autores proponen que la D romance empezaría siendo metafónica. Esta fase originaria se ha conservado en los dialectos italianos centromeridionales y ha dejado algunos restos en francés. El cambio iría experimentando sucesivos *recondicionamientos* que darían lugar a la forma que la D tiene en las distintas lenguas. La evolución de la regla de D, es decir, la evolución de sus condicionamientos sería la siguiente:

(2)   **recondicionamiento (van Coetsem & Buccini 1990)**
condicionamiento metafónico → condicionamiento por /i, u/ en contacto con la
vocal tónica → condicionamiento consonántico (consonantes palatales) →
condicionamiento de la estructura silábica → descondicionamiento (generalización
a todas las posiciones)

Como se acaba de decir la primera fase corresponde a los dialectos italianos
centromeridionales. La segunda se encontraría en provenzal, francés y dialectos norteitalianos.
El tercer momento se daría en francés y dialectos norteitalianos. Por último la fase de
descondicionamiento sería la del castellano.
    Es notable que falte precisamente el toscano (entre otras lenguas). Los autores
recuerdan las dos posturas existentes (Castellani vs. Schürr) y no se inclinan decididamente por
ninguna de las dos.
    La posibilidad de recondicionamiento de un cambio ya había sido tenida en cuenta,
como reconocen los autores, por figuras como Schuchardt o Schürr. La aportación de Van
Coetsem & Buccini (1990) consiste en una fundamentación más moderna de los procesos de
recondicionamiento. Para poder considerar que las sucesivas fases lo son de un mismo y único
cambio los autores ponen en juego la noción de *metacondición*. En su opinión, la MET se
produce cuando la sílaba tónica domina y la sílaba átona experimenta procesos de debilitamiento
(parecen entender la MET como un tipo de cambio compensatorio). Sin embargo, la MET es
una asimilación, y, por lo tanto, no puede pensarse que se vea favorecida por la pérdida de las
vocales átonas, que son el contexto condicionante (cf. Richter 1911: 133-134; Schürr 1972:
312).

4.2.7. CONCLUSIÓN
En §§ 5.2.1-5.2.2 discutiremos con detalle los aspectos teóricos que plantean estas distintas
hipótesis acerca de la generalización o recondicionamiento de los cambios fonológicos. El
principal problema de estas hipótesis radica en la falta de fundamentación externa a la propia
hipótesis para los recondicionamientos que suponen. En nuestra reconstrucción estableceremos
cuáles son los mecanismos generales de extensión de los cambios fonológicos y cuál ha sido su
actuación en el caso concreto de la D romance.
    A pesar de los problemas de la teoría metafónica (aquí hemos visto algunos y en §
5.4.3 trataremos con detalle el supuesto mecanismo fonético que debería sustentar todo el
proceso), hay que reconocerle cuando menos el mérito de haber intentado dar una explicación
común para todos los fenómenos de D de /ε, ɔ/ en la Romania.

4.3. Teorías estructuralistas

Con la llegada del estructuralismo pierden importancia las explicaciones fonéticas y
pasan a primer plano las relaciones entre distintos cambios bajo los conceptos generales de
modificación y conservación del sistema vocálico:

Im übrigen hat es wenig Sinn, über eine vergangene Sprachstufe *objektiv-
physikalische* Aussagen machen zu wollen. Unsere Quellen lassen nämlich direkte

Schlüsse nur in Bezug auf strukturelle Tatsachen zu; erst von diesen kann man dann indirekt weiter auf objektiv-physikalische Gegebenheiten schließen. (Lüdtke 1956: 123)

Por eso, dentro de las diferentes teorías de este tipo que analizaremos se encuentran algunas que parten de una D metafónica, junto a otras que creen en una D por alargamiento, sin que en ningún caso ese sea el aspecto central de la hipótesis.

En la exposición que sigue nos detendremos sólo en los aspectos fundamentales de la reconstrucción propuesta por cada uno de los autores. Los intereses de estos autores son radicalmente distintos de los que van a guiar nuestra propia reconstrucción, que se centrará fundamentalmente en la explicación del proceso fonético-fonológico de D de /ɛ, ɔ/. En las hipótesis estructuralistas se parte de la idea de que los cambios se producen para mantener el equilibrio del sistema o para preservar las distinciones existentes y ha sido frecuente poner en relación la D de /ɛ, ɔ/ con el proceso de pérdida de la cantidad latina. Sin embargo, los cambios fonológicos no se producen por motivos derivados de la estructura del sistema, sino por causas fonéticas, como afirma Donegan precisamente a propósito de la D romance:

Clearly, it is not just the presence or preservation of a length distinction which motivates diphthongization, but the phonetic durations of the diphthongizing vowels themselves. This recalls a basic claim of the theoretical framework in use here [...; se refiere a la Fonología Natural, que es también el marco de nuestro trabajo]: that phonological substitutions, and the historical changes that result from them, are *phonetically* (not phonologically) motivated. (Donegan 1978 : 220-221)

A continuación expondremos en orden cronológico los trabajos más importantes realizados en el marco del estructuralismo.

4.3.1. WEERENBECK

Weerenbeck (1930) fue el primero en poner en juego uno de los argumentos favoritos de las teorías estructuralistas: la necesidad de mantener las distinciones dentro del sistema. Según Weerenbeck, había una tendencia a cerrar las vocales alargadas en SL que acercaría peligrosamente [ɛː, ɔː] a [eː, oː]. Para evitar esta confusión los hablantes harían un esfuerzo por recuperar el sonido inicial, con lo que se pondría en funcionamiento la disimilación de la vocal en dos partes: ɛː > ee > ɛe > ęe, ɔː > oo > oɔ > ǫo. El mismo mecanismo explicaría la evolución posterior de eː > ii > ei, oː > uu > ou.

La necesidad de mantener distinciones, que ciertamente existe en toda lengua, no puede ser, sin embargo, el motivo de un cambio. El motivo del cambio es fonético. Esta crítica es aplicable a todo el resto de teorías estructuralistas que veremos a continuación.

4.3.2. HAUDRICOURT & JUILLAND

Una de las primeras obras de fonología histórica romance decididamente encuadradas dentro del pensamiento estructuralista fue Haudricourt & Juilland (1949). El estructuralismo intenta establecer una serie de criterios para explicar los cambios aparentemente incondicionados (generalmente conocidos como mutaciones: p. ej. las mutaciones consonánticas del germánico o la lenición de las lenguas románicas). Uno de los más importantes es la tendencia al equilibrio de los sistemas: "Un changement particulier peut et doit avoir des répercussions sur l'ensemble du système, de même que celui-ci peut déclencher, afin de rétablir son équilibre, un changement particulier." (Haudricourt & Juilland 1949: 2). Otro principio fundamental, al que ya recurría Weerenbeck, es la tendencia al mantenimiento de las oposiciones distintivas (Haudricourt & Juilland 1949: 5). Así resultaría que un grupo importante de cambios serían los condicionados por factores inherentes a la estructura (Haudricourt & Juilland 1949: 8). Por un lado, los que afectan al equilibrio del sistema y ponen en marcha una reacción, que será otro cambio que venga a arreglar el desequilibrio. Por otro lado, los que pueden destruir la distinción entre fonemas independientes y ponen en marcha una reacción que intenta evitar la confusión o restablecer las distinciones, por ejemplo la D de /ɛ, ɔ, e, o/ en francés sería una reacción a la tendencia a confundirlas.

Por otro lado, algunos estructuralistas, como Martinet, tienen en cuenta también algunos factores externos como la ley del mínimo esfuerzo, las tendencias fisiológicas, la inercia o la asimetría de los órganos (Martinet 1964² [1974]: 28-30, 134-139; Haudricourt & Juilland 1949: 11). Según el último factor, las vocales anteriores dispondrían de una mayor espacio para realizarse por comparación con las vocales posteriores. Este hecho sería responsable de la tendencia a evitar que aumente el número de fonemas posteriores (la monoptongación de AU es mas tardía que la de AE, incluso hay lenguas que no la conocen, cf. Haudricourt & Juilland 1949: 23). Igualmente daría lugar a la tendencia a eliminar fonemas posteriores (p. ej. Ū > y) (Haudricourt & Juilland 1949: 12).

A continuación vamos a repasar cómo aplican Haudricourt & Juilland (1949) estos principios a la evolución del vocalismo romance (atendemos sólo a la D). En (3) pueden verse representadas las primeras fases. La evolución se iniciaría con (3.I) la monoptongación de AE. El resultado de dicha monoptongación (3.II) formaría una pareja con la antigua Ĕ. Y esto permitiría (3.III) la abertura de Ĭ para formar pareja con Ē (Haudricourt & Juilland 1949: 24):

(3)

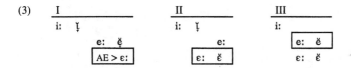

En (4) puede verse la evolución que conduciría a la D de /ɛ/ en rumano. A partir de la situación (4.I) (= (3.III) a la que hemos añadido el vocalismo posterior, que se mantendría todavía inalterado) se perdería la cantidad y el resultado (4.II) sería un sistema asimétrico. Para recuperar la simetría (4.III) se produciría la D de /ɛ/ (Haudricourt & Juilland 1949: 24-25):

(4)

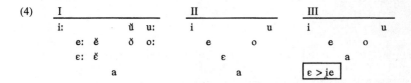

Por otro lado, no todas las lenguas con el sistema de siete vocales (el llamado sistema del latín vulgar) conocieron la monoptongación de AU, pero esto no impidió que se produjera (5.I) el cambio Ŭ > ŏ. En este punto se perdería la cantidad (5.II) y se llegaría al sistema simétrico de siete vocales (Haudricourt & Juilland 1949: 26):

(5)

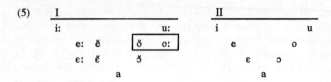

El castellano diptonga /ɛ, ɔ/ y adquiriría con ello un sistema de tres grados de altura (6.II) (Haudricourt & Juilland 1949: 27):

(6)

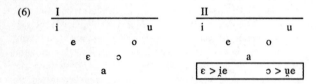

Por otro lado, en francés (y en otras lenguas) se habría establecido la distinción entre SL y ST. Esto habría dado lugar a que (7.I) en SL las vocales se alargaran. En un segundo momento (7.II) las vocales medias diptongarían para evitar una posible confusión (de hecho algunos dialectos galorrománicos conocieron ciertos casos de confusión entre las vocales medias) (cf. Haudricourt & Juilland 1949: 45):

(7)

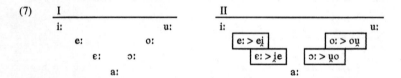

Como se ha visto en (3), toda la transformación del vocalismo romance (pérdida de la cantidad y D) se iniciaría según estos autores debido a la monoptongación de AE. Como critica Spence (1965: 302-303), un cambio tan pequeño difícilmente daría lugar a una transformación tan profunda del vocalismo latino. Además, no es necesario ni que el resultado de la monoptongación sea una vocal larga /ɛ:/, ni que no pueda acomodarse al sistema ya existente /eː ~ ɛ̆/ como cualquiera de sus dos miembros. De hecho hay casos de AE > eː, como PRAEDA > it. *preda*, fr. *proie*, cast.ant. *prea*, SAEPTU > cast. *seto*.

4.3.3. LAUSBERG

Lausberg (1947) funde los principios estructuralistas con algunos aspectos de la hipótesis metafónica. En las zonas con un sistema vocálico de cuatro grados de altura la MET crearía variantes cerradas de las vocales (cf. Lausberg 1947: 304), en el caso concreto de /ɛ, ɔ/ esto daría lugar a [ɛ̣, ɔ̣], que podrían confundirse con [eː, oː] (procedentes de Ē, Ō no metafonizadas). Esta situación se representa en (8.I) (en negrita las variantes producidas por la MET y en el recuadro las variantes que corren el peligro de confundirse). Esta posibilidad de confusión no sería grave mientras siguieran vivas las diferencias de cantidad, pero cuando estas se perdieron, como se representa en (8.II), se crearía una situación conflictiva que vendría a resolverse con la D de [ɛ̣, ɔ̣] (8.III). Este recurso a la D se fundamentaría, según Lausberg, en el hecho de que todavía se mantendría una cierta conciencia de la MET en el momento del conflicto. Con la ayuda de esta MET todavía más o menos viva se llegaría a una exageración o hipercaracterización del cierre de la primera parte de [ę̆, ǫ̆], con lo que estaría dada la D (Lausberg 1947: 304-305):

(8)

	I		II		III	
	ę:	ǫ:	ę	ǫ	i	u
	e:	o:	e	o	e	o
	ę̆	ǫ̆	ę̆	ǫ̆	ę > i̯e	ǫ > u̯o
	ĕ	ŏ	ɛ	ɔ	ɛ	ɔ

Posteriormente las vocales finales se verían afectadas por procesos de reducción o confusión, con lo que se perdería el sentimiento de la MET y con ello empezaría la fase de generalización o reducción de los diptongos, según los casos.

4.3.4. LÜDTKE

Lüdtke (1956) combina varias de las ideas de los autores precedentes. Por un lado, como apuntaban Haudricourt & Juilland (1949), el sistema vocálico latino empezaría a cambiar a partir del momento en que la monoptongación de AE creara supuestamente un nuevo fonema /ɛ:/. Por otro lado, tal y como hemos visto que suponía Lausberg, un proceso panromance de MET crearía variantes cerradas en las vocales medias. Por último, junto a los factores mencionados actuaría también una tendencia a abrir las vocales breves. A continuación vamos a ver cómo articula Lüdtke la interacción de estos tres factores.

Toda la evolución partiría de un vocalismo latino con distinción de cantidad (9.I). En algunas zonas de la Romania se desarrollaría un sistema de cuatro grados de altura. Este proceso empezaría con la monoptongación de AE (9.II), que introduciría un nuevo fonema:

(9)

I					II				
i: ĭ			ŭ u:		i: ĭ			ŭ u:	
	e: ĕ	ŏ o:				e: ĕ	ŏ o:		
	a					AE > ɛ:			
						a			

Posteriormente la MET crearía variantes cerradas y abiertas en las vocales medias (10.I) (marcamos en negrita las variantes cerradas). Las vocales breves tenderían a abrirse y eso provocaría el acercamiento entre algunas vocales (las encerradas en cuadros) (10.II):

(10)

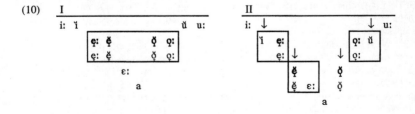

La nueva situación reflejada en (10.II) provocaría que /ĭ, ŭ, ε:/ se acomodaran a las alternancias creadas por la MET (11.I) (en cuadrados dobles las nuevas variantes). Una vez llegados a esta situación, se corría el riesgo de formar un sistema de seis grados de abertura (cf. Lüdtke 1956: 90). Pero este sistema no llegaría a darse nunca en realidad, ya que, además de los factores de modificación del sistema que ya hemos visto visto, actuaría también una tendencia al cierre de las vocales largas. Esto haría que Ē, Ō en posición metafónica se confundieran con Ī, Ū y también con Ĭ, Ŭ en posición metafónica, que habrían sido desde el principio [i, u] (11.II):

(11)

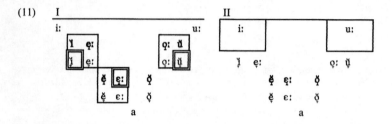

El sistema de (11.II) podría haber conducido a la implantación de un sistema de cinco grados de altura. Tal posibilidad no sería aceptada por las lenguas románicas, de forma que una parte de la Romania adoptaría la solución de convertir /ĕ, ε:, ǫ/ (que son las variantes en posición metafónica) en un diptongo (cf. Lüdtke 1956: 92, 94):

(12)   i: u:

            ĭ   ę: ǫ: ŭ
               ĕ   ε: ǫ
                       a

            ĕ, ę: > i̯e   ǫ > u̯o

4.3.5. WEINRICH
En Weinrich (1958) de nuevo se ofrece como explicación de la D la necesidad de evitar la confusión entre determinadas evoluciones de las vocales medias. Según este autor, las vocales que se confundirían serían las antiguas /e:, o:/ (procedentes de Ĭ, Ē, Ŭ, Ō en SL) con las nuevas /ε:, ɔ:/ (procedentes de Ĕ, Ŏ en SL).

El latín, como es sabido, tenía distinciones de cantidad en las vocales y en las consonantes. Esta lengua parece rechazar una sílaba formada por una vocal larga más una consonante larga (en el concepto de consonante larga se incluyen los grupos consonánticos heterosilábicos, es decir, el latín no favorece las sílabas formadas por una vocal larga trabada). La baja frecuencia de este tipo de estructura silábica queda reflejada en un cómputo hecho por Kiss (1971: 14), donde este tipo de sílabas representa sólo el 7'6%. Este rasgo no es exclusivo del latín. Por ejemplo, encontramos la misma tendencia en todas las lenguas europeas modernas a excepción del finés y el húngaro.

Weinrich parte de este rechazo del latín a las sílabas doblemente largas. La primera manifestación de dicho fenómeno se encontraría en las alternancias vocálicas V̆C̄ ~ V̄C̆ que nacen como fruto de los procesos de geminación expresiva: CŪPA ~ CŬPPA, SŪCUS ~ SŬCCUS, BĀCA ~ BĂCCA (cf. *Lausberg* §§ 163, 494). Weinrich piensa que habría un proceso general de eliminación de las sílabas del tipo V̄C̄ y construye sobre esta tendencia una teoría de la pérdida de la cantidad y sobre la aparición de la D.

Por un lado, las transformaciones en la estructura silábica de las palabras conducirían al "colapso de la cantidad latina". Los procesos de reducción de las posibilidades de la sílaba serían:

(13) V̆C̄ (GŬTTA) = se mantiene
      V̄C̆ (SŌLUS) = se mantiene
      V̄C̄ (STĒLLA) = se abrevia la vocal o la consonante
      V̆C̆ (RŎTA) = se alarga la vocal o la consonante

La doble posibilidad de evolución de los casos de V̄C̄ se encontraría en casos como STĒLLA > fr. *étoile* frente a cast. *estrella*. En francés habría habido abreviamiento de la consonante, con lo cual la vocal pudo diptongar, mientras que en castellano la consonante se habría mantenido larga y la vocal supuestamente se abreviaría. En el caso de V̆C̆ tenemos alargamiento de la vocal y posterior D en ejemplos como RŎTA > cast. *rueda*. Estos procesos conducen a una situación en la que sólo quedarían dos tipos de estructuras silábicas: V̄C̄ junto a V̆C̄. En este momento la cantidad de vocales y consonantes sería interpredecible. Según Weinrich, la cantidad de las consonantes se mantendría fonológica, mientras que la de las vocales se desfonologizaría.

Sin embargo, el rechazo a las sílabas V̄C̄, en que se basa su explicación de la pérdida de la cantidad, no parece que fuera tan efectivo, como nos muestran casos como los siguientes: GRĪLLUS > it. *grillo*, cast. *grillo*, *SŪCCUS > it. *succo*, *BRŪTTUS > it. *brutto* (cf. Väänänen 1967 [1982]: § 112). En todos estos casos tenemos los resultados propios de vocales y consonantes largas.

Como ya hemos mencionado, la D de /ɛ:, ɔ:/ sería un recurso para evitar su confusión con /e:, o:/. Sin embargo, Weinrich no cree que el alargamiento haya provocado fonéticamente la D, sino que acepta la preexistencia de los diptongos de origen metafónico, cuya verdadera implantación tendría lugar precisamente cuando sirven para salvaguardar las distinciones entre las vocales medias:

Diese steigenden Diphthonge *ié* und *uó* sind Laute, die als Kennzeichen für verschiedene phonologische Aufgaben verwendet werden. Ursprünglich beim Umlaut entstanden und nur bei diesem phonetisch erklärbar, werden diese Diphthonge —wohl als der Umlaut in weiten Gebieten der Romania abgebaut wurde— mit den im System undeutlichen Lauten ę und ǫ identifiziert. […] Wesentlich ist jedoch, daß man methodisch zwischen den phonologischen und den phonetischen Bedingungen der Diphthongierung unterscheidet —was nicht immer geschieht. Die Diphthonge *ié* und *uó* treten bei phonetischer Identität in zwei voneinander völlig unabhängigen phonologischen Funktionen auf: als Umlautdiphthonge und als Varianten von ę und ǫ in freier Stellung (d. h. vor Kurzkonsonanz). Primär ist die Verwendung als Umlautdiphthong. Dann aber werden im Zusammenhang mit dem Kollaps der Vokalquantitäten lange Varianten zu den Vokalen ę̈ und ǫ̈ gebraucht, die nicht mit den vorhandenen Langvokalen ę, und ǫ identisch sein sollen, und so finden die in anderer Funktion vorhandenen Diphthonge eine neue Verwendung (Weinrich 1958: 41-42)

4.3.6. ROMEO

Los autores precedentes han fundamentado sus hipótesis en criterios como la tendencia a evitar confusiones y al equilibrio del sistema; el detonante del conjunto de transformaciones sufridas por el sistema vocálico es para algunos autores la monoptongación de AE, mientras que para otros sería la creación por parte de la MET de variantes vocálicas cerradas y abiertas. Romeo (1968) acude también en parte a algunos de los criterios de sus predecesores. Por un lado, defiende la existencia de una tendencia al paralelismo evolutivo entre la parte anterior y la parte posterior del sistema vocálico (Romeo 1968: 71), es decir, la tendencia al equilibrio de los sistemas. Por otro lado, recupera el criterio de Martinet, según el cual el menor espacio articulatorio de la zona posterior favorecería que los cambios se inicien en esa zona. En consonancia con dicho criterio opina que la presencia del diptongo AU en el sistema vocálico, tienda o no a monoptongar, sería un factor de presión en contra de la estabilidad del sistema de cuatro grados de altura (Romeo 1968: 67). Este autor piensa que en los sistemas vocálicos de cuatro grados de altura el peligro de confusiones entre vocales sería mucho mayor que en los sistemas de tres grados, lo cual aumentaría la posibilidad de cambios en el sistema y justificaría las distintas evoluciones de las lenguas romances (Romeo 1968: 61-62).

Así pues Romeo piensa que los sistemas de cuatro grados, teóricamente inestables por naturaleza, se volverían todavía más inestables por la presencia de AU, lo cual los inclinaría a resolver esta tensión por medio de un mecanismo que pusiera de relieve la abertura de /ɔ/ y evitara su confusión con /o/:

> Since the distinctive feature (quality), differentiating the close /o/ from the open /ǫ/, could best be heightened by increased opening, the *u*-glide, taken from the highest level of the back series, was utilized as an initial element to accentutate the open nature of the low-mid by contrast, resulting in the diphthong /uǫ/. (Romeo 1968: 71)

El resultado al que se había llegado en la zona posterior del vocalismo sería adoptado en un segundo momento también en la serie anterior, debido a la tendencia al paralelismo evolutivo entre ambas partes del sistema.

Según Romeo, todas las lenguas con un sistema vocálico de cuatro grados habrían tenido D de /ɛ, ɔ/, mientras que no la conocería ninguna de las lenguas con un sistema de tres grados. También el rumano habría tenido D de ŏ (cf. Romeo 1968: 89, 97)[8]. Igualmente el provenzal habría diptongado y posteriormente habría sufrido un amplio proceso de remonoptongación: "When the principles of linguistic economy are taken into consideration, the indications are that the process must have been that of diphthongization followed by remonophthongization." (Romeo 1968: 92-93).

El argumento de Romeo basado en la inestabilidad de los sistemas de cuatro grados no parece sostenerse desde el momento en que tales sistemas existen y además algunas lenguas, como el italiano, mantienen ese tipo de sistema y tienen también D.

4.3.7. PURCZINSKY

Purczinsky (1969/70) quiere encontrar una explicación estructural no sólo para el origen de la D, sino también para todas sus fases sucesivas, es decir, para los procesos de disimilación y para el desplazamiento de la silabicidad.

---

[8]   Tratamos con más detalle la reconstrucción que Romeo hace del vocalismo rumano en §
     5.3.5.

Los criterios de este autor son algo diferentes a los que hemos visto hasta ahora (cf. Purczinsky 1969/70: 495). En primer lugar, el cambio ha de iniciarse debido a un condicionamiento fonético. Para que el cambio se extienda no debe producir confusiones en el sistema. Por último, para que el cambio tenga éxito debe simplificar en algún punto el sistema.

El condicionamiento fonético que pone en marcha todo el proceso es el alargamiento de las vocales, que en algunas lenguas tiene lugar sólo en SL y en otras en cualquier caso. Este condicionamiento ya había sido puesto de relieve por Schuchardt, como justamente resalta Purczinsky.

Este alargamiento se manifestaría en la aparición de un *glide* palatal [i̯] en las vocales anteriores, un *glide* velar [u̯] en las vocales posteriores y uno central en el caso de *a* [a̯] (14.I). Este cambio no introduciría ninguna complicación en el sistema, ya que contaba con el apoyo de la preexistencia de diptongos descendentes: AE, AU. Por otro lado, el cambio habría cumplido el requisito de ser una simplificación, puesto que a partir de este momento todas las sílabas tónicas serían cerradas, ya que considera que el *glide* cerraría la sílaba.

Como ya se ha dicho, Purczinsky quiere fundamentar estructuralmente también el resto de la evolución y lo hace de la forma siguiente. Para favorecer la estabilidad de los diptongos ɛi̯, ɔu̯, se daría paso a un proceso de disimilación (14.II), que consistía en sustituir el *glide* de estos diptongos por el otro tipo de *glide* existente en el sistema, es decir [a̯], con el resultado de ɛa̯, ɔa̯. Esto contribuiría a la diferenciación de las dos partes del diptongo. Pero en este punto se crearía el peligro de una excesiva proximidad con aa̯, lo cual ayudaría a que el proceso de disimilación dentro de estos diptongos siguiera actuando (14.III): ɛa̯ > ia̯, ɔa̯ > ua̯.

(14)

I		II		II	
i̯i̯	u̯u̯	i̯i̯	u̯u̯	i̯i̯	u̯u̯
ei̯	ou̯	ei̯	ou̯	ei̯	ou̯
ɛi̯	ɔu̯	ɛi̯ > ɛa̯	ɔu̯ > ɔa̯	ɛa̯ > ia̯	ɔa̯ > ua̯
ai̯	aa̯ au̯	ai̯	aa̯ au̯	ai̯	aa̯ au̯

La última fase en la evolución de estos dos diptongos la constituye el cambio de silabicidad. El modelo dentro del sistema para este cambio se encontraría en los casos latinos de formación de yod y wau. Así se produciría: ia̯ > i̯a > i̯e, ua̯ > u̯a > u̯o. Este cambio significaría también, para Purczinsky, una simplificción en el sistema, ya que serviría para la eliminación de algunos *glides* finales y para el reforzamiento de otros tipos silábicos.

No deja de ser curioso que Purczinsky proponga como fuerzas motoras del cambio simplificaciones del sistema que son contradictorias. En un primer momento la disminución de tipos silábicos posibles obtenida gracias a la generalización de los diptongos decrecientes es considerada como una simplificación del sistema y en ello se basaría su éxito. Sin embargo, el posterior desplazamiento de la silabicidad en ia̯ > i̯a > i̯e, ua̯ > u̯a > u̯o, que supone una nueva diversificación de tipos silábicos, es también considerado de manera paradójica una simplificación.

4.3.8. CONCLUSIÓN

Hemos intentado mostrar los aspectos esenciales de un grupo de trabajos estructuralistas en los que se plantea la cuestión de la D de /ɛ, ɔ/. Estos estudios integran el problema de la D dentro de la cuestión de la pérdida de la cantidad del sistema vocálico latino[9]. Generalmente se

---

[9] Acerca de la pérdida de la cantidad puede verse Klausenburger (1975) y Janson (1979). Ambos autores apuntan que la pérdida de la cantidad en favor de las distinciones de timbre es un pseudoproblema, ya que no se trataría de una sustitución brusca de un sistema por otro,

considera que la D venía a ser una manera de resolver los conflictos surgidos tras dicha pérdida. Sin embargo, ningún autor se ocupa de investigar por qué habría de adoptarse precisamente esta situación, "Car il ne faut pas oublier qu'il n'y a rien de fatal, rien de nécessaire, dans le passage de /ɛ/ en précisément la diphtongue *ie*" (Sampson 1985a: 82).

Varios autores suponen que la D sería una manera de evitar la confusión entre las vocales medias, dando por hecho que tal peligro de confusión existía. Sin embargo, como afirma Togeby:

> La distinction entre *e* ouvert et *e* fermé, entre *o* ouvert et *o* fermé est parfaitement possible, elle existe dans de nombreuses langues, en italien, provençal, catalan, portugais. Et dans la plupart des cas, la diphtongaison ne fait pas disparaître les voyelles *e* et *o* ouverts qui continuent d'exister en syllabe fermée, par exemple en italien. (Togeby 1959/60: 406)

Por otro lado, es frecuente el recurso a la tendencia a evitar confusiones como detonante de los cambios, sin valorar suficientemente que hay casos de confusión entre las vocales medias (p. ej. en francoprovenzal, cf. Fankhauser 1911: 62, 86) o, más evidente todavía, entre Ĭ = Ē, Ŭ = Ō en un buen número de lenguas románicas.

Por último, queremos señalar la debilidad de otro de los argumentos esgrimidos en este tipo de hipótesis. En concreto nos referimos a la tendencia a la simetría dentro de los sistemas vocálicos. Es cierto que frecuentemente se dan en las lenguas evoluciones paralelas en la parte anterior y posterior del sistema, sin embargo, esto no es necesariamente siempre así y no puede servir para justificar reconstrucciones (pensamos en la suposición de la D de Ō en rumano) cuando no hay datos a favor:

> Symmetry undoubtedly pleases the aesthetic sense of the linguist but it is not clear what its value is for the native speaker for whom the sole function of the sound inventory is its capacity to carry signals, not to serve as an object of beauty. (Ohala 1989: 192)

En definitiva, los estudios estructuralistas mencionados en este apartado no nos aportan respuestas para las cuestiones que más nos interesan en este trabajo: no se ocupan de la diferente intensidad de los procesos de D dentro de las lenguas románicas y no se interesan tampoco por las explicaciones fonéticas del fenómeno.

4.4. Otras teorías

Por último, nos ocuparemos ahora de los trabajos de algunos autores, que no pueden ser incluidos dentro de ninguna de las grandes líneas trazadas en los parágrafos precedentes.

---

sino del progresivo paso a primer plano de un factor (el timbre) que ya estaría presente en la lengua. Este proceso se iniciaría probablemente en las vocales átonas, donde las distinciones de cantidad se perderían antes gracias al aumento progresivo del acento de intensidad.

4.4.1. BURGER

En primer lugar, nos referiremos a Burger (1935). Este autor defiende que la evolución ɛ > i̯ɛ, ɔ > u̯ɔ no sería en realidad una D, sino la estabilización de un sonido de transición entre la vocal y la consonante precedente. Burger cree que, al igual que sucede en eslavo, el romance habría conocido una fase con palatalización de las consonantes ante vocal palatal y también de velarización ante vocal velar (Burger 1935: 136, 140). Estas asimilaciones no habrían cristalizado en dos series nuevas de consonantes, sino en la modificación de /ɛ, ɔ/, ya que es precisamente en estas vocales donde el sonido de transición entre consonante y vocal sería más perceptible.

Burger (1935: 138) aduce en apoyo de su tesis casos como AMICITATE > fr.ant. *amistié*, CAPUT > fr.ant. *chief*: "Sans doute, il s'agit d'un fait particulier à un seul groupe de parlers; mais il est difficile de croire que la diphtongaison de *chief* soit due à une autre cause que celle de *ciel*". En estos casos franceses nos encontramos ciertamente ante el desgajamiento de una yod entre la consonante palatalizada y la vocal, pero este es el único tipo de situación semejante que se encuentra en las lenguas románicas y no hay ningún motivo para suponer que algo parecido sucediera en otras lenguas.

Para explicar la existencia de la D (= palatalización) de /ɛ, ɔ/, pero su ausencia en /e, o/, Burger debe suponer que las consonantes supuestamente palatalizadas y velarizadas tenderían a desgajar yod y wau especialmente ante vocales bajas, debido al mayor alejamiento entre las articulaciones de la consonante y la vocal. Sin embargo, todo esto contrasta con el hecho de que las consonantes son más fácilmente palatalizables ante consonantes altas: la jerarquía de palatalización es (+) i—e—ɛ—a (-), cf. Bhat (1974 [1978]: 60-61).

La inadecuación de la hipótesis de Burger a los hechos romances queda patente cuando intenta contrastarla con la situación de las diferentes lenguas y se ve obligado a admitir que la duración habría desempeñado algún papel en la evolución del italiano o del francés (cf. Burger 1935: 142).

4.4.2. WARTBURG

En su estudio acerca de la fragmentación de la Romania, Wartburg (1967²) expone su hipótesis de que la influencia del superestrato constituido por los pueblos germánicos habría sido la responsable de una de las características más sobresalientes de la evolución de una parte de la Romania constituida por el francés, francoprovenzal, retorromance y norteitaliano: la diferenciación en la evolución de vocales en SL y ST:

> Existe el hecho de que los germanos distinguían con gran fuerza e inequívocamente las vocales largas de las breves. Todas las vocales tenían en su lengua dos variedades: una larga y otra breve. El lenguaje de los invasores francos, por tanto, poseía precisamente la peculiaridad que se hacía sensible en aquel momento en la Galia del Norte. Así, pues, puede deducirse que el alargamiento especialmente intenso de las vocales en sílaba libre hay que atribuirlo al influjo franco. (Wartburg 1967² [1971]: 100)

Wartburg (1967² [1971]: 88-100, 130, 137-138, 149, 175-176) estudia la relación entre el fenómeno y los asentamientos germanos: francés (francos), francoprovenzal (burgundos), norteitaliano (longobardos) y retorromance (alamanes y bávaros).

Su intención es la de destacar los rasgos que han provocado la diferenciación de las lenguas románicas y al hilo de su argumentación alude esporádicamente a la D. En su opinión, la D de tipo francés, es decir, la que se da en las zonas con diferenciación entre SL y ST, tendría causas distintas de la castellana (Wartburg 1967² [1971]: 89 n.3bis)[10]. En el caso de las lenguas influidas por el superestrato germánico la D de /ɛ, ɔ/ es fruto de las tendencias articulatorias de los invasores (Wartburg 1967² [1971]: 135).

El único fenómeno referente a la D de /ɛ, ɔ/ que, sin embargo, sí le parece común a toda la Romania occidental es la D ante palatal. Incluso el castellano la habría conocido:

> El castellano (*lecho, noche, poyo*) es sólo aparentemente una excepción. [...] La diptongación castellana total comenzó mucho más tarde, y ę, ǫ ante palatales se habían cerrado más intensamente bajo su influjo, y se sustrajeron, por tanto, a la diptongación castellana específica. La falta de diptongación en el castellano tuvo el mismo fundamento que la diptongación en la misma posición en los demás dialectos castellanos. Ambos fenómenos son idénticos en el punto original de partida, aun cuando se contrapongan en sus resultados. (Wartburg 1967² [1971]: 92)

Como Wartburg apunta, el dálmata también conoció la diferenciación vocálica y, sin embargo, está claro que allí no se debió a la influencia de los germanos. Sin embargo, no cree que esto sea un contraejemplo a su hipótesis, ya que la evolución del dálmata habría estado muy condicionada por el serbocroata y la situación debería interpretarse en función de dicho superestrato (Wartburg 1967² [1971]: 187).

Con referencia a las ideas de Wartburg, no tenemos nada que oponer a la posibilidad de que el superestrato germánico haya sido en parte responsable de la configuración del tipo rítmico de un grupo de lenguas románicas. Esto no quiere decir, sin embargo, que los fenómenos de D tengan causas distintas. En nuestra reconstrucción mostraremos que los fenómenos de D de las lenguas románicas no son un conjunto de cambios inconexos y desorganizados. Al contrario, veremos que toda la evolución se organiza dentro de un mismo esquema y en función de los mismos principios.

4.4.3. DÁMASO ALONSO

Alonso (1962) hace una crítica de las hipótesis de Wartburg y Schürr que ya hemos estudiado. Desde su punto de vista es relevante que el resultado de /ɛ, ɔ/ sea común a tantas lenguas románicas. Esta igualdad de resultado haría pensar en un cambio común. En su opinión, el problema que plantean los distintos condicionamientos del fenómeno podría resolverse si se acepta que los cambios pueden independizarse de su contexto: "un hecho fonético que se produce con dependencia de una condición, si ocurre con suficiente frecuencia, tiende a independizarse de la condición que le dio origen." (Alonso 1962 [1972]: 68). Esta es la idea que ha guiado a muchos autores a la hora de plantear las vías de generalización de un cambio. En § 5.2.6 plantearemos un modelo de extensión más acorde con la propia naturaleza del cambio.

Sin embargo, Dámaso Alonso no considera estrictamente necesario partir de una única causa. En su opinión, todas las causas aducidas por las distintas teorías (MET, D ante yod, D favorecida por determinadas consonantes, sustrato, superestrato, D espontánea) podrían favorecer el proceso. La acción de causas tan distintas podría llevar a un cambio poco regular, pero la tendencia a la generalización del cambio sería, en última instancia, la causante de la regularidad que se observa en las lenguas de cultura (Alonso 1962 [1972]: 70).

---

[10] La afirmación de Wartburg aparece en una nota añadida como respuesta a la crítica que Alonso (1962) había formulado a su hipótesis de superestrato.

No creemos que todas las causas aducidas puedan dar lugar a la D y así intentaremos demostrarlo en su momento. Por otra parte, frente a una opinión tan ecléctica como la de Dámaso Alonso, opondremos una explicación basada en un único principio explicativo (la duración de las vocales) y apoyada por una adecuada teoría de la generalización de los cambios dentro de las lenguas.

4.4.4. SPORE

Por último, nos ocuparemos del trabajo de Spore (1972). Este autor recoge la idea de Dory de que un monoptongo francés no tiene que ser necesariamente la conservación de un monoptongo latino[11]. Tradicionalmente se cree que en francés diptongan las vocales sólo cuando están en SL. Dory viene a decir que en el caso de /ɛ, ɔ/ la realidad es en cierta medida la contraria. En un primer momento habría habido una tendencia general a la D de /ɛ, ɔ/ en todas las posiciones. Luego se habrían debilitado y perdido las vocales finales (excepto -A). Este proceso habría provocado un aumento de intensidad en la sílaba tónica que habría favorecido el mantenimiento o el desarrollo pleno de los diptongos. Pero, a su vez, la pérdida de las vocales finales crearía numerosos casos de sílabas tónicas con dos consonantes en la coda. En este tipo de sílabas la vocal se habría abreviado y el estado naciente de D no se habría desarrollado totalmente.

En definitiva, la idea que aporta Dory es que en francés /ɛ, ɔ/ podrían convertirse en un diptongo pleno siempre y cuando no estuvieran en una sílaba trabada por dos consonantes. Esta hipótesis se basa fundamentalmente en la D inesperada en los monoptongos: MĔL > *miel*, CŎR > *cuer* (cf. Spore 1972: 57-58). Según Dory, la evolución en los monoptongos sería: CŎR > **coɔr* > *cuer*, mientras que en los polisílabos tendríamos FŎRTE > **foɔr.te* > **foɔrt.ə* > **fort.ə* > *fɔrt*.

El trabajo de Spore consiste en aplicar la idea de Dory al resto de lenguas románicas y en elaborar una cronología de los fenómenos (cf. Spore 1972: 117-118)[12]. Para ello Spore acuña el término de "semidiptongo", con el que designa la fase que se crea en el primer momento de la D y que luego podría evolucionar hacia un diptongo completo o bien monoptongar:

> un son vocalique complexe, dont les deux constituants, ne se distinguant que par le degré d'aperture, présentent deux sons voisins (Spore 1972: 41)

Una fase de este tipo es ciertamente esperable en cualquier proceso de D y puede decirse que, de manera más o menos explícita, todos los autores la usan. Spore se sirve de ella para suponer un estado de indecisión durante un período muy largo, durante el cual la D entraría en contacto con otros cambios que la favorecerían o la eliminarían. Todos los semidiptongos que no encontraran un factor estimulante en la historia se remonoptongarían al finalizar la época de cambios que estudia.

---

[11] Según Spore, esta idea no sería exclusiva de Dory, sino que habría sido ya considerada por Salverda de Grave (1918; 1928). En general la posibilidad de que un monoptongo actual, allí donde en latín había /ɛ, ɔ/, sea el producto de la monoptongación de un antiguo diptongo había sido ya tenida en cuenta por muchos otros autores. Por ejemplo, ya hemos visto cómo Schürr hace un uso abusivo de ella.

[12] Al final de su trabajo Spore intenta convertir la cronología relativa que elabora para el francés en una cronología absoluta. Su intento mereció el siguiente comentario:

> On regarde, presque, le passage des semidiphtongues essoufflées, ou d'autres éléments innovateurs, par tel col alpin bien défini à un moment précis de l'histoire, à peu près avec l'indication de l'heure. (Schmitt Jensen 1974: 156)

Según Spore, la causa de la D (o mejor dicho semidiptongación) generalizada en SL y ST es la necesidad de evitar la confusión entre /ɛ, ɔ/ y /e, o/ (Spore 1972: 298-299). Y el fenómeno se daría en toda la Romania occidental. En el resto de zonas el fenómeno o bien sería importado, o bien se trataría de un cambio de otro tipo.

Al igual que muchos otros autores, Spore considera que la D de los dialectos suditalianos es metafónica e independiente de la D espontánea (Spore 1972: 200). Por otro lado, según su cronología la semidiptongación tendría lugar después de la separación del sardo, dalmático, rumano e italiano. Por lo tanto, la D que aparece en las tres últimas no sería originaria sino importación de la zona occidental (Spore 1972: 215-219, 251-254, 259).

Por lo que se refiere a la Romania occidental, el portugués habría participado en la semidiptongación, de la cual quedarían restos en los dialectos septentrionales, pero acabaría por adoptar una remonoptongación general. El castellano, por su parte, habría desarrollado plenamente la semidiptongación en SL y ST. El francés, como ya se ha dicho, habría remonoptongado sólo en los contextos menos favorables a la evolución completa del diptongo.

Todo el trabajo de Spore parte de la idea de que la D empezaría siendo un fenómeno muy general y que luego se restringiría en algunas lenguas. Nosotros partiremos de la idea contraria. Los cambios fonológicos se inician en los contextos más favorables (en el caso de la D, allí donde la vocal puede ser más larga) y pueden extenderse a los contextos menos favorables siguiendo unas jerarquías que pueden establecerse previamente.

4.5. Conclusión

Hemos intentado presentar en este capítulo un panorama de las opiniones más importantes acerca de la D de /ɛ, ɔ/ en las lenguas románicas. Las dos hipótesis más importantes que intentan dar cuenta de la mayor parte de los hechos romances son la del alargamiento y la metafónica. Por supuesto hay autores que han intentado explicar sólo los hechos de una lengua concreta. En el siguiente capítulo mencionaremos algunos de estos intentos. A nuestro juicio, ninguna de las dos teorías ha logrado dar una explicación satisfactoria a todos los hechos. El problema fundamental de la teoría metafónica radica en el tipo de explicación fonética que propone. En § 5.4 mostraremos que la MET por (-i, -u) no puede explicar la D de /ɛ, ɔ/. Por el otro lado, la teoría del alargamiento sí propone un mecanismo fonético adecuado para entender la D: una vocal larga se segmenta y sus componentes se diferencian. Sin embargo, la mayoría de los autores ha relacionado de manera directa la D con el alargamiento en SL que se postula para algunas lenguas. Pero la SL no es el único contexto que permite el alargamiento de las vocales. Por otro lado, la duración de los segmentos es un factor directamente relacionado con el tipo de estructura rítmica de cada lengua y está condicionada por múltiples factores. Una teoría de la D por alargamiento de las vocales tónicas debe tener en cuenta todos esos factores. Por último, la teoría tradicional del alargamiento ha renunciado a incluir en su ámbito de explicación los casos de D ante (-i, -u) y ante palatal, considerando que se trataría de fenómenos de otro tipo. Con una revisión de esta teoría, como la que proponemos en § 5, es posible incluir esas evoluciones dentro de la hipótesis.

Antes de pasar a la exposición de nuestra reconstrucción, queremos esbozar brevemente las posturas que se han mantenido en torno a dos cuestiones que trataremos al inicio del siguiente capítulo. Se trata de la discusión acerca de la forma originaria de los diptongos procedentes de /ɛ, ɔ/ y la diferencia entre la D de /ɛ, ɔ/ y la de /e, o/.

Con respecto a la primera cuestión se han defendido cuatro posturas. Por un lado, una serie de autores han mantenido que los diptongos procedentes de /ɛ, ɔ/ serían en un primer momento descendentes. El primero en proponer esta hipótesis fue Havet (1877). Suchier (1873: 289-293 ya lo postula para *uo*; Havet lo hace para *ie*. Añadirlo en la bibliografía y en los sitios pertinentes.Frente a él, Foerster (1881) y Horning (1887) se resistieron a creer en esta posibilidad, aunque admitían que no podían dar una prueba definitiva de lo contrario. El más decidido enemigo de la postura de Havet fue Menéndez Pidal (1950³: § 22), quien afirmaba que un diptongo del tipo [i̯ẹ] sería imposible. También Schürr ha defendido tenazmente que los diptongos serían crecientes. Otros autores han supuesto que el diptongo sería originalmente variable (Salverda de Grave 1928). Por último, Van Coetsem & Buccini (1990) piensan que no habría forma de decidirse por ninguna de las posibilidades previas. A lo largo de la historia del problema los autores se han inclinado por alguna de estas soluciones, pero no se ha estudiado el problema en profundidad. En § 5.1 comprobaremos que sí hay argumentos para decidirnos en favor de la hipótesis de Havet.

La diferencia entre el resultado de la D de /ɛ, ɔ/ y el de /e, o/ ha preocupado a la mayoría de autores que han estudiado la D romance: "m'appariva [...] come un vero inesplicabile enigma quella strana opposizione che è in campo romanzo tra i dittonghi dell'ĕ e dell'ē." (Goidànich 1907: 182). La D de /ɛ, ɔ/ tiene como resultado en gran parte de la Romania diptongos ascendentes. Justamente lo contrario sucede con /e, o/. Dichas vocales diptongan en una zona más pequeña y producen diptongos decrecientes.

Foerster (1881) y Horning (1887) fueron los primeros en preguntarse esta cuestión. Y ambos reconocen que no tienen la explicación de la diferencia y piensan que hay que admitirla tal cual.

Meillet (1900/03) creía que estaba dentro de la propia naturaleza de cada vocal el diptongar de una manera o de otra:

> Le contraste des deux développements est à noter: la partie caractéristique de la voyelle est mise en évidence à la fin, et par suite *i, u* terminent la nouvelle diphtongue, s'il s'agit de voyelles fermées, et le commencent, s'il s'agit de voyelles ouvertes. (Meillet 1900/03: 33)

Esta idea, aceptada por Ronjat (1924: 373) y que sería retomada bajo una forma más moderna en Andersen (1972) (cf. § 2.4.5), fue criticada por Fouché (1926: 213; 1927: 19; 1933: 249). El argumento más importante de Fouché es que hay casos en que la misma vocal diptonga de las dos maneras. Ya sabemos que esto es ciertamente así, aunque es posible trazar algunas tendencias que relacionarían cada dirección de la D con determinadas vocales (cf. § 2.4). Además Fouché no cree que la teoría del alargamiento deba resolver el problema de las dos direcciones:

> A cela, nous répondrons qu'il ne faut demander à l'hypothèse de l'allongement que ce qu'elle peut et doit expliquer: une durée vocalique assez grande pour que l'affaiblissement de la portion terminale puisse se produire, et pour que les deux segments de la voyelle puissent prendre chacun un timbre distinct de l'autre. Quant à la question du timbre lui-même, elle n'est pas de son ressort. (Fouché 1927: 33)

Sin embargo, el mismo Fouché propone su solución a este problema que él llama "la question du timbre". Fouché (1926) supone que lo importante en el vocalismo latino, una vez que la cantidad perdió su papel preponderante, no serían los grados de abertura sino la tensión. En romance primitivo las vocales medias procedentes de Ĕ, Ē, Ĭ, Ŏ, Ō, Ŭ serían todas cerradas.

La diferencia entre unas y otras sería la tensión. Las vocales procedentes de las antiguas largas serían tensas y las que venían de las antiguas breves serían laxas. La suposición de que todas las vocales medias serían cerradas no tiene más justificación que la manera que tiene Fouché de entender la D (como un proceso de abertura de la parte final de la vocal) y va en contra de toda evidencia.

Una vez hecha esta suposición, Fouché postula una tendencia a la abertura de las vocales laxas. Esto explicaría, por un lado, la confusión de Ĭ, Ŭ con Ē, Ō y por otro, la D de las antiguas Ĕ, Ŏ. Estas vocales, en contexto de alargamiento, serían para Fouché [ee, oo] (laxas). La tendencia a la abertura de las vocales laxas provocaría la evolución *ee* > *eɛ* > *ie*.

Según Fouché, la D de /e, o/ (tensas) sería posterior y se produciría en una época en la que ya no se daría la tendencia a abrir la parte final de una vocal larga, sino que predominaría la tendencia contraria al cierre. Esto explicaría la D de *eː, oː* > *ei̯, ou̯*. ¿De dónde provendría esa supuesta tendencia al cierre? Fouché (1933) sólo sugiere que podría deberse al sustrato. La crítica de Weerenbeck está totalmente justificada:

> Il me semble que c'est une *petitio principii* de parler d'une tendance de la langue à l'ouverture au VIᵉ siècle et d'une tendance à la fermeture au VIIIᵉ. (Weerenbeck 1930: 168 n.2)

Otros autores, como Goidànich (1907), suponían que la diferente dirección se debería a las condiciones de acento de las vocales y creía poder demostrar que /ɛ, ɔ/ tenían un acento ascendente, frente a /e, o/, que lo tendrían descendente. Ya hemos dicho que no hay ningún motivo para reconstruir ese tipo de acento en las vocales latinas (cf. § 4.1.4).

Por su parte, la hipótesis metafónica intenta resolver el problema defendiendo que en cada caso se trataría de dos procesos radicalmente distintos. En opinión de Schürr, la D espontánea de una vocal da lugar necesariamente a diptongos decrecientes. Puesto que él cree que no sería posible un proceso *decreciente* > *creciente* para explicar los resultados *i̯e, u̯o* de las lenguas románicas, cree que está justificado pensar que tales diptongos habrían nacido de un proceso de asimilación a distancia.

En nuestra reconstrucción intentaremos resolver este problema, cuya solución ya se avanzaba en §§ 2.4.1-2.4.2.

5
Reconstrucción

5.0. Introducción

La teoría de Friedrich Schürr es la única con pretensiones de explicar de forma unitaria la D de /ɛ, ɔ/ en las lenguas románicas y que, a la vez, haya gozado de un notable éxito. En el campo de la teoría del alargamiento, si dejamos de lado el intento de Spore (1972), no se ha planteado una explicación que sea aplicable también a lenguas como el provenzal o los dialectos suditalianos, donde a primera vista habría que contar sólo con una D condicionada.

Las diversas elaboraciones de la teoría del alargamiento presentan sustancialmente dos puntos débiles. Por un lado, se ha partido con frecuencia de posiciones excesivamente dogmáticas acerca de lo que es o no es un diptongo ("un diptongo con el acento en la vocal más cerrada es poco menos que "un imposible fonológico"", Menéndez Pidal 1940[6]: 54 n.2). Tales posturas han condicionado negativamente la reconstrucción. Por otro lado, se ha impuesto la idea tácita de que el único contexto en el que la vocal podría alcanzar la situación óptima para la D espontánea sería la SL.

Es nuestra intención replantear todo el problema de la D de /ɛ, ɔ/ en las lenguas románicas dentro del marco de una nueva teoría del alargamiento. Para ello hemos estudiado en la parte teórica de este trabajo la noción y los tipos de diptongos, así como los mecanismos y jerarquías del proceso de D. A partir de los resultados de dicho estudio pretendemos acercarnos ahora con una nueva perspectiva a los hechos romances.

En primer lugar estudiaremos los diferentes resultados que el proceso de D de /ɛ, ɔ/ ha producido en las lenguas románicas y plantearemos una hipótesis para el proceso fonético. En segundo lugar estudiaremos los contextos a través de los que el proceso se ha desarrollado en las lenguas.

Una vez que hayamos estudiado cómo debió de ser el proceso fonético de fragmentación de /ɛ, ɔ/ y después de poner de relieve cuáles fueron las líneas comunes de evolución (= las jerarquías universales de la D en su aplicación particular a las lenguas románicas), analizaremos con algo más de detalle la evolución en cada una de las lenguas y trataremos de resolver una serie de arduos problemas de la romanística (D ante palatal en provenzal y francés frente a cierre ante palatal en castellano; D metafónica frente a cierre de /ɛ, ɔ/ en los dialectos suditalianos), que habían impedido ver lo que hay de común en todas las lenguas románicas con D.

En nuestro estudio intentaremos dar cabida dentro de un marco general a la multiplicidad de matices que caracterizan la evolución de la D en cada una de las lenguas. Sin embargo, siempre podrán aparecer palabras concretas cuya D o falta de D no se ajuste a las explicaciones de cada lengua. Nos ocuparemos de los casos problemáticos más relevantes, pero la falta de D en tal o cual palabra, o el caso contrario, la D donde no se esperaría, no pueden ser tratadas de manera exhaustiva en un trabajo que pretende obtener generalizaciones aplicables a un conjunto tan vasto de lenguas[1]. Además, buena parte de la situación originaria queda oscurecida por la entrada de los diptongos /ie, uo/ en el juego de la morfología de las distintas lenguas. Este asunto será tratado con algo de detalle en los casos más relevantes. En definitiva, nuestro propósito es trazar las líneas generales por las que debió de discurrir el proceso de D en la evolución desde el latín a las lenguas románicas, así como mostrar que todos los procesos de D espontánea de estas lenguas pueden ser explicados con arreglo a los mismos principios.

5.1. Resultados de /ɛ, ɔ/

Con frecuencia ha llamado la atención de los romanistas el hecho de que el resultado de la D de /ɛ, ɔ/ sean diptongos crecientes del tipo /i̯e, u̯e/, mientras que la D de las vocales /e, o/ da lugar a diptongos decrecientes /e̯i̯, o̯u̯/. Este era el motivo fundamental que inclinaba a Schürr a diferenciar dos tipos de D en las lenguas románicas y a atribuir los diptongos crecientes a una D condicionada. Sin embargo, no debe excluirse la posibilidad de que /i̯e, u̯e/ no sean el resultado originario del proceso, sino el fruto de un cambio de silabicidad desde diptongos del tipo VY̯ a diptongos del tipo Y̯V (cf. Donegan 1978: 101).

Por otro lado, no se ha tenido suficientemente en cuenta que los resultados de /ɛ, ɔ/ no son siempre diptongos crecientes. De hecho, son numerosas las zonas en las que nos encontramos con diptongos decrecientes del tipo /i̯ə, u̯ə/. Estos diptongos aparecen en Sicilia, Calabria, partes de Apulia y de los Abruzos, en retorromance[2], francoprovenzal y leonés

---

[1] En Malkiel (1982/83) puede verse, a propósito de la aparición tardía de la forma cast. *tieso*, que casi sustituye totalmente a *teso* < TENSU, la articulación de una explicación basada en factores tan evanescentes como los valores fonosimbólicos de los diptongos dentro de un grupo de adjetivos caracterizados por un modelo fonotáctico concreto (paroxítonos, con un diptongo en la sílaba tónica). Independientemente del crédito que pueda darse a esta explicación, esto da idea de la complejidad que alcanza la distribución de los diptongos en las lenguas románicas. Complejidad que se vuelve mucho más exasperante si se comparan datos de un buen número de variedades dialectales romances.

[2] Ascoli (1873: 16-17 e índices) distingue en retorromance tres tipos de diptongos: [i̯ɛ, u̯ɛ] procedentes de /ɛ, ɔ/ a los que llama "orgánicos" (HĒRI > *ier*, CŎXA > *cueissa*, CŎRNU > *chiern*), los "tardíos" [e̯i̯, o̯u̯] procedentes de /e, o/ y los diptongos "impropios" [ea, ia, oa] que se encuentran en casos como TĔRMEN > *tiarm*, SĔRPE > *siarp*, TĔRRA > *tiarra*, MĔSSE > *meass*.

Schorta (1938: 10-11) compara las transcripciones de los diptongos procedentes de /ɛ, ɔ/ en material del Valle de Müstair (en la parte más oriental del cantón de los Grisones) hechas por varios autores y comprueba que hay una gran variedad, por ejemplo:

	Luzi	Melcher	Planta	Scheuermeier	Schorta
CĔNTU	čĕent	čient	čiĕnt	čḭ̓ent	čyḛ́nt
HIBĔRNU	imvíarn	umvyḛ́rn	umvíarn	—	imvyḛ́rn
HŎRTU	íḛrt	yḛ́rt	íert, iḛ́rt	ŝrt	ñyḛ́rt

Estas transcripciones dan idea, por un lado, de la coexistencia de formas crecientes y decrecientes que, como iremos viendo, no es exclusiva del retorromance y ha desempeñado

occidental (cf. Sánchez Miret 1997). Igualmente se encuentran en la Toscana oriental y en Umbria (cf. *Rohlfs* §§ 84, 106; Reinhard 1955-56; Castellani 1960 [1980]: 336-337). En el AIS hemos encontrado ejemplos como los siguientes:

(1)

AIS 554: Cortona		AIS 555: Civitella-Benazzone		AIS 564: Panicale	
*NŎRA	nuɐra	CŎR	kuɐre, kɔre	PĔTRU	piɐtro
CAECU	ʃiɐko	SAEPE	siɐpe	PĔDE	piɐde
*CERĔSII	siriɐʒi	CATTIA	katsaruɐla	SAEPE	siɐpe
TĔPĬDU	tiɐpeto	HŎMINES	uɐmani	CŎQUĔRE	kuɐtʃe

Creemos que no se ha otorgado a estos diptongos descendentes toda la importancia que merecen dentro del problema de la D romance. En parte esto ha sido fruto de una mala comprensión de su naturaleza fonética. Por ejemplo, Menéndez Pidal (1940[6]: 54 n.2) afirma, apoyándose en Grammont, que tales diptongos serían prácticamente imposibles. Esto lo lleva a rechazar la posibilidad, apuntada en primer lugar para el francés por Havet (1877), de que el resultado de la D de /ɛ, ɔ/ fueran diptongos del tipo [iɐ, uɐ]. Menéndez Pidal tiene razón cuando señala que en estos diptongos el núcleo es la parte menos perceptible (él dice que el "acento" va sobre la vocal más cerrada, en un uso terminológico que hemos rechazado, cf. § 1.3.1) y que esto va en contra de la tendencia natural. Como ya hemos tenido oportunidad de estudiar (cf. § 1.2.10), este tipo de diptongos puede acomodarse al modelo natural de organización del núcleo y el *glide* por dos vías diferentes. Por un lado, el diptongo puede permanecer descendente reforzando la intensidad de su núcleo y debilitando la del *glide*, con lo cual se lograría aumentar en el núcleo el rasgo fundamental que lo define frente al *glide*: la perceptibilidad. Esto es lo que sucede, según Jespersen (1897-99 [1904]: § 198), con el diptongo [uɐ] en algunas variedades del inglés, p. ej. en *sure* [ʃuɐ] > [ʃɔɐ]. Esta solución puede acabar en la monoptongación: p. ej. en el caso inglés mencionado [ʃɔ:]. Esta evolución (monoptongación iɐ > i, uɐ > u) se documenta en multitud de casos romances, por ejemplo en (2) Collesano (provincia de Palermo), donde conviven diptongos decrecientes, crecientes y monoptongos (Birken-Silverman 1989: 186), en (3) valón (Niederländer 1900: §§ 20, 23, 41, 44a; Jodogne 1939; Germain & Pierret 1990), donde tenemos el monoptongo en SL, mientras que se conserva el diptongo en ST, o en (4) el dialecto ligur de Bonifacio, en la isla de Córcega, donde también alternan diptongos descendentes con el resultado monoptongado (Bottiglioni 1928: § 12)[3]:

(2)

FĔRRU	fiɐʈʈu	VITĔLLI	viʈieɖɖi	VĔCLU	vičču
ŎCLU	uɐčču	PRĔTIU	pʈietts	PŎRCU	purku

---

un papel importante en la evolución de varias lenguas románicas. Por otro lado, es interesante señalar la indeterminación a la hora de transcribir el *glide* de los diptongos descendentes. En nuestro trabajo transcribiremos generalmente con [ə], aunque ocasionalmente usaremos también [ɐ], como variante más abierta y [ɵ], como variante posterior (más frecuente en el diptongo procedente de /ɔ/).

[3] Bottiglioni (1928: § 13) supone una fase [iɐ] en una fase antigua del ligur para explicar los resultados [i] de Bonifacio y [e:] del genovés. En el caso de Bonifacio estaríamos ante una evolución iɐ > i, como la que estamos comentando, mientras que en genovés se habría impuesto el cambio de silabicidad: iɐ > i̯e > e:.

(3)   FĔSTA   *fi̯es*   PĔDE   *pi:*
        CĔRVU   *si̯er*   PĔTRA   *pi:r*
        MŎRTE   *mu̯ar*   BŎVE   *bu:*
        CŎRPU   *ku̯ar*   NŎVU   *nu:*

(4)   HĔRI   *iṛi*   PĔDE   *pi̯e̯*
        SAEPE   *siva*   CAELU   *zi̯e̯*
        PĔIUS   *piʒu*   FĔLE   *afi̯e̯*

La otra posible solución a los diptongos descendentes es su transformación en crecientes (*i̯e̯ > i̯e, u̯e̯ > u̯e*). Este tipo de evolución se documenta frecuentemente (cf. Sánchez Miret 1997)[4]. Por ejemplo se encuentra en un proceso en curso bien documentado como es la evolución de /æh/ en algunos dialectos del inglés americano (en concreto en varias ciudades del norte de los Estados Unidos; la evolución de /æh/ se integra dentro de una cadena de cambios conocida como *Northern Cities Shift*, cf. Labov 1994: 177-201). El proceso total que experimenta esta vocal es *æ: > ɛ̯ə > e̯ə > i̯ə > i̯e*. A la última fase sólo se llega en algunas palabras, como es el caso de *that* [ðiə̯t], que puede ser confundido en experimentos de descodificación con *yet* [i̯et] (cf. Labov 1994: 188-189, 252-253)[5].

En ocasiones pueden convivir la tendencia a mantener los diptongos descendentes y la tendencia a cambiar la silabicidad. Esta parece ser la situación en leonés, donde en determinados contextos, como en los monosílabos (ĔST > *yíe* vs. ĔRAM > *yera*), en los estilos enfáticos o bajo el acento de frase, se habría impuesto la forma descendente posteriormente transformada en hiato, mientras que tanto en los polisílabos como en los contextos más débilmente acentuados tiende a aparecer el diptongo creciente (cf. Krüger 1923: 22; Catalán & Galmés 1954: 142). Más adelante veremos que una situación semejante se encuentra en otras lenguas y determinaremos cuál es el factor determinante de la alternancia entre formas crecientes y decrecientes.

Como decíamos, no se ha tenido suficientemente en cuenta que la existencia de diptongos del tipo /i̯e, u̯e/ y del tipo /i̯ə, u̯ə/ como resultado de la D de /ɛ, ɔ/ es un claro indicio del carácter esencial de esta D. Como ya sabemos, Schürr defendía que la D de /ɛ, ɔ/ se diferenciaba de la de /e, o/ porque daba lugar a diptongos crecientes. En coherencia con esta idea, Schürr tenía que afirmar que todos los casos en los que nos encontramos con los diptongos descendentes del tipo [i̯ə, u̯ə] provendrían de una evolución secundaria (Schürr 1933 [1971]: 100-101; 1936: 280-282; 1970a: 10-11). Junto con él, la mayoría de los que se han ocupado de la existencia de los diptongos [i̯ə, u̯ə], especialmente dentro de la dialectología italiana, han afirmado que serían el fruto de un cambio de silabicidad a partir de *i̯e, u̯e* (p. ej. Castellani 1960 [1980]: 338-339; Tekavčić 1972: § 92). Pensamos que este asunto no ha sido estudiado con profundidad y le hemos dedicado un análisis algo más detallado en otro lugar (cf. Sánchez Miret 1997).

---

4   Las dos posibles evoluciones de los diptongos centralizantes que acabamos de mencionar
     habían sido ya expuestas y ejemplificadas en la historia del inglés y de los dialectos alemanes
     por Luick (1891). Igualmente este autor contempla la posibilidad de que el diptongo se
     convierta en hiato (cf. más abajo la situación del leonés).
5   Jespersen (1897-99 [1904]: § 198) menciona una evolución similar en los dialectos del inglés
     con vocalización de /r/ (p. ej. en *year, here*): *i:r > i̯ə > i̯ə*. A propósito de *here* Jespersen
     menciona la siguiente anécdota: "Dieses [hjə·] wird jedoch von vielen als affektiert betrachtet,
     so von Bell, der (Ess. and Postscr. p. 24) sagt, daß man jeden Tag Pastoren in London sagen
     hören kann: „Ee that 'ath yahs to yhah, let in yhah," für: „He that hath ears to hear, let him
     hear"" (Jespersen 1897-99 [1904]: § 94).

En síntesis puede decirse que Schürr no da en ningún momento un verdadero argumento fonético que pueda sostener la posibilidad de un cambio de tal naturaleza. Sin embargo, la dirección contraria, es decir, *i̯ə, u̯ə > i̯e, u̯e*, sí tiene una clara motivación fonética. Como ya hemos argumentado en § 1.2.10, la organización del núcleo y el *glide* dentro del diptongo se rige por el principio de perceptibilidad. Esto quiere decir, que en un diptongo como [i̯ə], donde el *glide* puede ser más perceptible que el núcleo, existe la tendencia al cambio de silabicidad (y acabamos de ver que esto se produce en otras lenguas).

Por otra parte, Schürr, y también Castellani (1960 [1980]: 338-339), piensan que en el caso concreto del toscano los diptongos no pueden provenir de [i̯ə, u̯ə], porque entonces no podría explicarse por qué tienen actualmente como núcleo vocales abiertas [i̯ɛ, u̯ɔ]. Sin embargo, nada impide que [ə] y [ɵ] (posible variante del *glide* en el diptongo procedente de /ɔ/: [u̯ɵ]) puedan convertirse en [ɛ, ɔ], lo mismo que nada obliga a que se conviertan en [e, o]. En realidad, pensamos que la forma definitiva que adopte el núcleo depende de factores diversos como son el mantenimiento o no de la diferencia entre /ɛ, ɔ/ y /e, o/ dentro de la lengua en cuestión, la existencia de fenómenos metafónicos que puedan convertir [i̯ɛ, u̯ɔ] en [i̯e, u̯o] y, por supuesto, la propia evolución fonética del diptongo. Los diptongos castellanos son /i̯e, u̯e/, porque no se mantiene en esta lengua una distinción entre medias altas y bajas. Por su parte, pueden ser /i̯ɛ, u̯ɔ/ en toscano, precisamente por el mantenimiento de tal distinción. Sin embargo, como intentaremos demostrar en su momento, los diptongos de los dialectos suditalianos suelen poseer un núcleo /e, o/ debido a la acción de la MET.

Así pues, la existencia de los diptongos [i̯ə, u̯ə] en diferentes áreas de la Romania merece toda nuestra atención. En contra de lo que afirma Schürr, lo esencial de la D de /ɛ, ɔ/ no es que produzca diptongos crecientes, mientras que la D de /e, o/ da lugar a diptongos decrecientes. Lo esencial es que los diptongos que proceden de /ɛ, ɔ/ son centralizantes, mientras que los que proceden de /e, o/ son periferizantes (cf. §§ 1.3.2, 2.4.1).

Si partimos de esta diferenciación, los resultados de /ɛ, ɔ/ aparecen mucho más claros. Por un lado, la dirección de la D de estas vocales está de acuerdo con las tendencias universales que hemos trazado. Recuérdese que las vocales laxas como /ɛ, ɔ/ presentan mayoritariamente D centralizante: por ejemplo en inglés americano (<bid> bɪːd > bɪ̯əd, <egg> ɛːg > ɛ̯əg, Kurath 1964), o en islandés moderno (ɪː > ɪ̯e, ɛː > ɛ̯æ, Einarsson 1945), cf. (52) § 2.4.2, (24) § 2.2. Por otro lado, el hecho de que bastantes lenguas románicas presenten diptongos crecientes está perfectamente de acuerdo, como acabamos de ver, con los criterios naturales de evolución de los diptongos.

En definitiva, dada la coexistencia de resultados decrecientes y crecientes dentro de las lenguas románicas, dado que la evolución decreciente > creciente se explica de forma natural atendiendo a principios universales de la organización entre diptongo y *glide* y dado que contamos con paralelos de esta evolución en otras lenguas, proponemos reconstruir las fases fundamentales de la D de /ɛ, ɔ/ de la siguiente forma:

(5)   **fases de la D de /ɛ, ɔ/**

ɛː > ɛ̯ə > e̯ə > i̯ə > i̯e, i̯e

ɔː > ɔ̯ə > o̯ə > u̯ə > u̯ɔ, u̯o

La D centralizante daría lugar a los diptongos [ɛ̯ə, ɔ̯ə]. Fases como esta se documentan actualmente en los dialectos portugueses septentrionales, donde una D reciente parece estar afectando a todas las vocales medias (<peso> peːzu > pe̯əzu, <todo> toːdu > to̯ədu, cf. Lüdtke 1953). Más adelante nos ocuparemos con más detalle de este fenómeno (cf. § 5.2.8). Por el momento baste señalar que en el ALPI hemos encontrado formas que aparecen tanto con diptongo descendente como con diptongo ascendente:

(6) CĬPPUS   si̯ə̯pɐ   s̯i̯epɐ
     DĬGĬTU   di̯ə̯ðu   d̯i̯eðu
     *AVIŎLU   aβoɐ̯, aβu̯ɐ̯   aβu̯ɔ:
     BŬCCA   bu̯ɐ̯kɐ, bu̯ə̯kɐ bu̯okɐ, bu̯akɐ

Encontramos esta D centralizante también entre los dialectos franceses (<craie> krɛ: > krɛ̯ə̯, <prêt> prɛ: > prɛ̯ə̯, <haie> ɛ: > ɛ̯ə̯, Walter 1982: 135-136).

Las fases siguientes (ɛ̯ə̯ > e̯ə̯ > i̯ə̯, ɔ̯ə̯ > o̯ə̯ > u̯ə̯) son producto de la sucesiva disimilación entre núcleo y *glide*. Por último, la fase final de cambio de silabicidad (i̯ə̯ > i̯ɛ, i̯e, u̯ə̯ > u̯e, u̯e, u̯ɔ, u̯o) responde al principio de perceptibilidad.

Esta misma reconstrucción, que nosotros proponemos para toda la Romania, es la que se adopta para algunas zonas donde se conservan formas con diptongo creciente y decreciente. Por ejemplo, la expone Schroeder (1932) para el provenzal oriental. Este autor documenta las dos formas en casos como (Schroeder 1932: 160, 167, 174):

(7)   descendentes   ascendentes
     LĔCTU   li̯ə̯, li̯ə̯ts   li̯etʃ
     -ARIU/A   -i̯ə̯   -i̯era
     ŎCTO   vy̯ə̯tʃ   vu̯etʃ

Frente a la explicación de Ronjat (1930: 390), que cree que estos diptongos provenzales originariamente serían crecientes y se volverían decrecientes bajo la presión de la pronunciación como diptongos decrecientes de numerosos hiatos (p. ej. DŪAS > du.as > du̯ɐ̯s), Schroeder (1932: 227-232) señala que lo esperable es que un diptongo decreciente como [i̯ə̯] se convierta en creciente porque la parte más abierta atrae el acento (nosotros decimos que el *glide*, más perceptible en este caso, atrae la silabicidad).

Y lo mismo supone Duraffour para el caso paralelo del francoprovenzal -ARIU/A > -i̯ɐ̯/-i̯arə > -i/-i̯er. Además en francoprovenzal puede observarse la situación originaria con diptongos descendentes en puntos como Vaux, mientras que en otros como Viriat se ha llegado generalmente al diptongo creciente (Duraffour 1932: 37-38):

(8)   Vaux   Viriat
     PĔDE   pi̯ə̯   pi̯e
     PĔTRA   pi̯ə̯ra   pi̯era
     TĔPIDU   ti̯ə̯do   ti̯edu
     BŎVE   bu̯ə̯   bu̯ɛ

En conclusión, creemos que es posible reconstruir que la D de /ɛ, ɔ/ en las lenguas romances fue una D centralizante que empezaría por la aparición de un *glide* del tipo [ə̯, e̯]. A lo largo del proceso el núcleo del diptongo se fue cerrando hasta llegar a convertirse en [i̯ə̯, u̯ə̯]. Esta fase se conserva en bastantes puntos de la Romania. Sin embargo, dada la tendencia de los diptongos de este tipo a cambiar su silabicidad, nos encontramos con que buena parte de las lenguas han generalizado la variante creciente.

A dicha generalización se habrá llegado tras una fase con alternancia entre diptongos decrecientes y crecientes regida por el contexto. Se debe a Duraffour (1932) el haber llamado la atención sobre estos fenómenos, no sólo en los dialectos francoprovenzales que estudia, sino también en dalmático y en retorromance[6]. Según este autor, un diptongo descendente se convertiría en creciente "toutes les fois que cette diphtongue est suivie d'une syllabe à forte intensité. La préparation subconsciente de cet effort articulatoire renforce l'élément faible uni à une voyelle" (Duraffour 1932: 52). Precisando un poco más, el cambio de silabicidad tendría lugar bien cuando el diptongo no estuviera bajo el acento de frase, bien cuando le siguiera una sílaba átona (esto da lugar a las alternancias entre masculino y femenino del tipo -ARIU/A, que hemos visto antes), o bien cuando la sílaba en que se encuentra el diptongo se hallara "devant une finale consonantique articulatoirement lourde" (Duraffour 1932: 58). Estos tres contextos están relacionados con la duración, como ya hemos visto (cf. § 2.3): bajo el acento de frase las vocales duran más; igualmente la duración de la vocal tónica depende del número de sílabas que tenga la palabra; del mismo modo, las vocales duran más en SL que en ST. Por eso pensamos que en el cambio decreciente > creciente ha influido también la duración. Dado que los diptongos decrecientes son más largos que los crecientes (cf. § 1.3.1), un diptongo decreciente centralizante verá reforzada su tendencia natural al cambio de silabicidad en aquellos contextos en que la duración que se le permite al diptongo tienda a reducirse, como sucede en los que se acaba de mencionar.

Por otro lado, en ocasiones el diptongo, en lugar de convertirse en creciente, se monoptongó en /i, u/. Esto sucede, por lo general, cuando el diptongo se halla en una posición que le permite evitar el cambio de silabicidad, es decir, en posiciones de mayor duración. Como veremos en su momento, esto ha tenido especial relevancia en la evolución del dalmático y del friulano (cf. §§ 5.3.3, 5.3.6).

En definitiva, importa destacar que la D de /ɛ, ɔ/ fue centralizante, lo cual está de acuerdo con la tendencia general de las vocales laxas hacia la centralización. La verdadera diferencia entre la D de estas vocales y la de /e, o/, tal y como se manifiesta en francés, francoprovenzal, retorromance, norteitaliano, friulano y dalmático, no consiste, como quería Schürr, en la oposición creciente/decreciente, sino en que la de estas últimas es una D periferizante, lo cual está también de acuerdo con la tendencia natural de las vocales tensas (cf. § 2.4.2).

5.2. La diptongación en la Romania

El objetivo fundamental de este trabajo es el estudio de la D de /ɛ, ɔ/. Sin embargo, no han sido estas las únicas vocales que han podido diptongar en las lenguas románicas, aunque sí son las medias bajas las que lo han hecho en un número mayor de lenguas. Es nuestra intención, no sólo afrontar el problema de la D de /ɛ, ɔ/ desde una perspectiva panrománica, sino también teniendo en cuenta la evolución del resto de vocales. Como demostraremos en este apartado, las lenguas románicas experimentaron durante el período de su formación un proceso de reforzamiento de las vocales tónicas que ocasionó frecuentemente su D. Este proceso ha alcanzado diferentes grados de intensidad en la Romania tanto en lo que se refiere a /ɛ, ɔ/ como al resto de vocales. Por eso, para poder analizar correctamente la situación de la D de /ɛ, ɔ/ en cada lengua es necesario tomar en consideración también el comportamiento de las

---

6   De hecho, dentro de la lingüística francesa se habla de "la loi Duraffour", cf. por ejemplo Svenson (1959: 7, 9), quien explica las formas dobles procedentes de /ɔ/ en el dialecto del Marais Vendéen (extremo noroccidental del departamento de Vendée) como el producto de dicha alternancia (ɔ > uǫ > u frente a ɔ > uǫ > ųe > ɛ): SŎROR > sur, sɛr, NŎVU > nu, NŎVE > nɛf.

demás vocales. Como veremos, la intensidad de la D de /ɛ, ɔ/ en cada lengua románica forma parte y es interpretable sólo desde el proceso general de evolución de un ritmo acentual, que afectó de forma diversa a las distintas zonas de la Romania.

5.2.1. ASPECTOS TEÓRICOS

Uno de los aspectos que más complica la adopción de una explicación de la D de /ɛ, ɔ/ que sea común a todas las lenguas que la conocen, es la diferencia de contextos que parecen haber condicionado la D en cada una de las lenguas (cf. § 3). Para resolver este problema es necesario, por un lado, comprender cómo un cambio fonológico puede diversificar su ámbito de aplicación. Para esto se necesita estudiar la manera en que los cambios de desarrollan. Por otro lado, es imprescindible interpretar adecuadamente los contextos en los que la D se produce.

Veremos que el estudio de los mecanismos de extensión de un cambio dentro de la fonología de una lengua, junto a una correcta interpretación de los contextos de la D, facilitan la comprensión de la, a primera vista, irreconciliable situación de las lenguas románicas.

¿Cómo se entiende dentro de la fonología histórica el desarrollo de los cambios? Nos interesa ahora sólo un aspecto de este desarrollo: el que se refiere al condicionamiento del cambio. Si encontramos la evolución $ɛ > i̯ǫ > i̯ɛ, i̯e$ en la fase más antigua de varias lenguas románicas, pero con una distribución actual bastante diferenciada de unas a otras, podríamos pensar que se trata de evoluciones particulares que cada lengua ha llevado a cabo por su cuenta. Sin embargo, si la coincidencia de resultados es llamativa, como sucede en el caso de las lenguas románicas, podemos pensar que se trata de un mismo proceso inicial materializado de formas diversas. Para que esta segunda posibilidad pueda convencernos, es necesario que podamos explicar cómo se ha llegado a esta diversificación.

A continuación estudiaremos las opiniones de aquellos que han defendido que la D de /ɛ, ɔ/ era un proceso originalmente unitario con posteriores modificaciones en cada lengua. Todos los que han pensado en una reconstrucción de este tipo han tenido que articular mecanismos de transformación del cambio originario. Junto a estas opiniones, recogeremos también las de otros autores que, sin ocuparse del problema concreto de la D de /ɛ, ɔ/, plantean interpretaciones para problemas de un carácter semejante al nuestro. El núcleo de la reflexión consiste en la búsqueda de un mecanismo que pueda dar cuenta de la extensión de un cambio a nuevos contextos. Dada esta posibilidad, puede entenderse que un mismo cambio alcance extensiones diversas en lenguas distintas.

5.2.2. SCHUCHARDT Y SCHÜRR

Schuchardt (1885) proponía que un mecanismo de extensión de los cambios era lo que llama "eine rein lautliche Analogie". Se trataría de que un cambio que empieza en un contexto determinado, si alcanza un alto grado de frecuencia, podría extenderse a otros contextos. Frente a la extensión analógica del cambio, tal y como la concebían los neogramáticos, esta "analogía fonética" estaría a medio camino entre lo estrictamente fisiológico y lo puramente psicológico (por usar los términos de aquella época). Por ejemplo, el ensordecimiento de consonantes en posición final de palabra empezaría en aquellos casos en que la palabra se encontraba ante otra iniciada por una consonante sorda y sólo después, por medio de este tipo de "analogía fonética" se extendería a los casos en que la palabra siguiente empezaba por una consonante sonora. El otro ejemplo de Schuchardt se refiere precisamente al problema de la D de /ɛ, ɔ/ en las lenguas románicas. Schuchardt, que es, como sabemos, el autor de la idea, piensa que la D de estas vocales sería producida por (-i, -u). Así aparecerían en italiano las formas *vieni, buonu* (luego *buono*), *buoni*. En un segundo momento se produciría una analogía dentro de las formas morfológicamente relacionadas: *vieni → viene, buonu → buona* (esta sería una analogía de las admitidas por los neogramáticos). En un tercer momento y debido a la frecuencia del cambio, este se extendería por analogía fonética a otra formas como *pietra, ruota*, en las que ya no tendríamos ni el contexto fonológico originario, ni estarían tampoco vinculadas morfológicamente con formas diptongadas (Schuchardt 1885: 8).

Este tipo de explicación plantea algunos problemas teóricos. En primer lugar, cabe señalar que el primer ejemplo de Schuchardt (ensordecimiento de consonantes en posición final) es diferente del segundo (generalización de la D) en cuanto que en el caso del ensordecimiento se partiría de una fase con variación entre variantes ensordecidas y no ensordecidas de una misma palabra y el triunfo final del ensordecimiento sería la victoria de una de las variantes sobre la otra, mientras que en la extensión de la D estaríamos hablando de aplicación del proceso a nuevas palabras. Por otra parte, cabe dudar de la existencia de procesos como el que Schuchardt supone para la D romance, dado que una extensión de este tipo no cumpliría ninguna función: no significaría una simplificación de la morfología de la lengua (en contra de la analogía *tout court*), ni respondería tampoco a ninguna necesidad de comodidad o de realce de la articulación. Además, la supuesta analogía fonética difícilmente podría dar lugar a una sustitución tan regular como la que presentaría el italiano. Todo lo más puede originar procesos marginales, como el que Malkiel (1982/83) supone en *teso* → *tieso* (según este autor se trata de una acomodación de *teso* al modelo frecuente de adjetivos como *prieto, yerto, viejo, puerco, muerto, tuerto, suelto, puesto*). Por otro lado, Schuchardt no especifica bajo qué condiciones, más allá de la frecuencia, podría darse un fenómeno de "analogía fonética".

Más tarde Schürr hizo suya la idea de Schuchardt y se propuso resolver la limitación que acabamos de señalar intentando determinar en cada caso las vías por las que los diptongos se generalizarían. Por ejemplo, el toscano habría experimentado un alargamiento de sus vocales en SL y por eso los diptongos /i̯ɛ, u̯ɔ/ —que serían importados de los dialectos vecinos, según Schürr— se acomodarían sólo a la SL (Schürr 1936: 286-287). Por su parte, el francés, que habría conocido la D condicionada primitiva, experimentaría un "nuevo sentimiento de la cantidad silábica" bajo el influjo de las lenguas germánicas, lo cual habría conducido a la generalización de los diptongos a la SL (Schürr 1970a: § 60). El valón conoce una extensión de los diptongos a la sílabas trabadas, preponderantemente aquellas que lo están por /r/, l/ y esto se debería a que en tales contextos las vocales se alargarían y podrían ser reemplazadas por los diptongos (Schürr 1970a: § 62). Algo similar sucedería en francoprovenzal (Schürr 1970a: § 65). En rumano la D metafónica se habría reinterpretado, en los casos en que afectaba a vocales iniciales de palabra, como un fenómeno de epéntesis de yod y wau antihiáticos y así los diptongos se habrían extendido a casos de *e-, o-* en contexto no metafónico y luego a casos de /ɛ, ɔ/[7] en posición interior de palabra. Podríamos seguir con las diversas propuestas de Schürr para cada caso, pero no lograríamos evitar la impresión de que se trata en buena medida de explicaciones *ad hoc*. Falta un modelo claro que pueda explicar de forma coherente el conjunto de evoluciones.

Más que buscar explicaciones individuales para cada lengua, se hace necesario investigar si hay algunos factores fonéticos que permitan trazar las líneas generales por las que se desarrollaría la D de /ɛ, ɔ/ y qué mecanismos concretos de la evolución de los cambios fonológicos nos hacen comprender la diversificación final del proceso.

5.2.3. FONOLOGÍA GENERATIVA

Antes de seguir adelante con otros intentos de explicación de los fenómenos romances, mencionaremos brevemente que en las primeras formulaciones de la Fonología Generativa se propusieron una serie de términos descriptivos para los posibles cambios dentro de la gramática. Junto a las nociones de "adición", "pérdida" y "reordenamiento de regla" (cf. King

---

[7]   Schürr defiende que no hubo confusión de Ŏ, Ō en rumano.

1969: 39-58), se utilizaba la "simplificación de regla" (= generalización) para explicar los casos en que dos dialectos presentaban cambios similares pero de diferente extensión. Por ejemplo, se observa que en los primeros momentos del inglés antiguo tuvo lugar un proceso de ensordecimiento de consonantes finales que afectaba sólo a las consonantes fricativas. Esto se formula con la siguiente regla:

(9)

$$\begin{bmatrix} + \text{ obstruyente} \\ + \text{ continua} \end{bmatrix} \rightarrow [\text{- sonora}] \,/ \underline{\quad} \#$$

En fases más avanzadas del inglés se encontraba ya el ensordecimiento de las oclusivas y esto se expresa en la siguiente regla a la que se llegaría por medio de la supresión de uno de los rasgos de (9):

(10)

$$[+\text{obstruyente}] \rightarrow [\text{- sonora}] \,/ \underline{\quad} \#$$

La regla (9) que formula el cambio inicial es más compleja (= tiene más rasgos), porque debe especificar que el cambio se aplica sólo a las fricativas (dos rasgos), mientras que la regla del cambio final (10) sólo necesita un rasgo para señalar que se aplica a todas las obstruyentes (King 1969: 59). De la misma forma, cuando se trata de un cambio que en dos dialectos distintos afecta a los mismos sonidos, pero en diferentes contextos —como en el caso de la D de /ɛ, ɔ/—, la Fonología Generativa hacía uso del mismo mecanismo. Por ejemplo la palatalización $s > \int$ se produce en algunos dialectos alemanes sólo ante /g/, mientras que en otros se encuentra ante /b, d, g/. El paso de una regla (11) a otra (12) sería fruto de la simplificación del contexto de la regla (King 1969: 60):

(11)

$$\begin{bmatrix} + \text{ obstruyente} \\ + \text{ continua} \\ + \text{ coronal} \end{bmatrix} \rightarrow [\text{- anterior}] \,/ \underline{\quad} \begin{bmatrix} + \text{ obstruyente} \\ - \text{ anterior} \end{bmatrix}$$

(12)

$$\begin{bmatrix} + \text{ obstruyente} \\ + \text{ continua} \\ + \text{ coronal} \end{bmatrix} \rightarrow [\text{- anterior}] \,/ \underline{\quad} [+ \text{ obstruyente}]$$

Este tipo de formulación describe los datos, pero no explica en realidad por qué el cambio ha seguido esa dirección. En realidad, detrás de la simplificación de regla está la idea de la generalización de los cambios dentro de clases naturales, que ya había sido observada desde antiguo (Dressler 1982: 99; Murray 1987). Como argumenta Murray, la observación de cambios en marcha permite observar que la generalización de los cambios dentro de las clases naturales es gradual y esto se traduce en jerarquías de los segmentos dentro de las clases. Estas jerarquías pueden explicar la dirección de los cambios, aspecto este que, como hemos dicho, queda oscurecido en la Fonología Generativa.

Por otro lado, el término "simplificación" implica que la regla pierde especificaciones a medida que se extiende. Sin embargo, no siempre es posible formular de manera tan elegante la extensión de los cambios fonológicos. Esto quedará claro cuando estudiemos con detalle la evolución de la D de /ɛ, ɔ/, que es un cambio en el que intervienen factores diversos, aunque no carentes de una conexión interna. Es cierto que un cambio se inicia en unos contextos muy específicos, en concreto aquellos en los que se dan más circunstancias favorables para la transformación. Progresivamente el cambio puede extenderse a otros contextos en los que inicialmente tenía más dificultades para llevarse a cabo. Sin embargo, esto no se traduce necesariamente en reglas con formulación más sencilla. Y en cualquier caso, la consecución de una regla más simple para describir estos casos no demostraría nada más que la habilidad del que la formula[8].

5.2.4. MALKIEL

Después de este breve paréntesis, volvamos nuestra atención a otros autores que se han ocupado del problema concreto de la D romance. Como tendremos oportunidad de ver más adelante, los cambios fonológicos frecuentemente sufren el "impacto" de factores morfológicos. Esto es evidente en el caso de la D y lo estudiaremos en su momento. Algunos autores, entre los que destaca Malkiel, han intentado poner este aspecto en primer plano en los estudios de fonología histórica de las lenguas.

Malkiel (1984b) aplica este tipo de razonamientos a un aspecto muy problemático de la evolución de /ɛ, ɔ/ en las lenguas romances. Mientras que en lenguas como el francés o el provenzal nos encontramos con D en casos como LĔCTU > fr. *lit*, prov. *lieit*, CŎCTU > fr. *cuit*, prov. *cueit*, FŎLIA > prov. *fueilha*, donde se suele afirmar que la D fue provocada por la aparición de una yod, el castellano, por el contrario, presenta monoptongos en estos casos: LĔCTU > *lecho*, CŎCTU > (*biz*)*cocho*, FŎLIA > *hoja*.

Malkiel (1984b: 84-85) imagina la siguiente situación teórica. En una lengua se produce un cambio condicionado claramente por factores articulatorios o auditivos; es lo que puede llamarse "causa A". En otra lengua nos encontramos con una fase de variación, pongamos por caso, entre formas con /a/ y formas con /e/. Tal variación empieza a resolverse a favor de /e/. Sin embargo, si una palabra muy importante presenta /a/ ante /l/, puede suceder que otras palabras con /l/ se inclinen por la variante /a/. Esto último es lo que puede llamarse "causa B". La existencia teórica de estos dos tipos de causas explicaría, según Malkiel, los casos en los que dos lenguas presentan una contradicción como la que se ha observado entre el castellano y el francés (y provenzal). La situación en una lengua se explicaría por la causa A, mientras que la de la otra lengua se explicaría por la causa B.

Malkiel pretende explicar la contradicción entre el castellano y las lenguas con D ante palatal como un fenómeno de este tipo. En las lenguas con D ante palatal nos encontraríamos ante casos de evolución condicionada por motivos estrictamente fonéticos (= causa A). La situación del castellano se debería a un tipo de causa B. Para ello Malkiel tiene que buscar, en primer lugar, la causa de /e, o/ en lugar de /ɛ, ɔ/ fuera de la palatalidad y, en segundo lugar, una fuerza de orden superior que hubiera podido convertir al contexto palatal en conductor del cambio (Malkiel 1984b: 100). El origen del cambio se encontraría en casos como TĒGULA y RĒGULA (REW recoge RĔGŬLA, pero RĒGŬLA está atestiguado, cf. Malkiel 1984b: 109). En estas dos palabras tenemos una /e/ etimológica. Malkiel argumenta que estas dos palabras serían lo suficientemente importantes como para provocar una asociación entre -ŬLA, -ŬLU y vocal larga

---

8   "naturalness is a matter of phonetic motivation, not formal simplicity. Thus we find that the complex process statements of variationist literature (Labov 1972, Bailey 1974, etc.), are due, in fact, to the complexity of natural processes. Clearly, the view that phonetic change by 'generalization' [...] consists in the simplification of the feature specifications of processes is easily falsified." (Donegan & Stampe 1979: 141)

o cerrada en la raíz. Esta asociación sería la responsable del cambio SPĔCULU > *SPĒCULU, ŎCULU > *ŌCULU, de forma que estas palabras ya no podrían diptongar y se convertirían en *espejo* y *ojo*. En un momento sucesivo la palatalización de -C(U)LU, -C(U)LA > cast.ant. -ʒo, -ʒa daría lugar a una nueva asociación entre /e, o/ y palatalidad (Malkiel 1984b: 102). Con base en esta asociación se producirían evoluciones como LĔCTU > *lecho*, PĔCTU > *pecho*, donde se habría formado un contexto palatal que traería consigo la sustitución de /ɛ, ɔ/ por /e, o/. Además estos casos estarían apoyados también por alternancias del tipo ĀGO ~ ĀCTU, LĔGO ~ LĒCTU, TĔGO ~ TĒCTU (Malkiel 1984b: 105).

Este tipo de cambio, que Malkiel (1984b: 109) llama "sound change through phonological analogy —i.e. through spread via internal diffusion of a favorite contiguity of collocation of sounds" y que él mismo considera excepcional, no parece que tenga una existencia real. El caso del castellano, que sería un ejemplo de tal tipo de cambio, se explica mejor por otras vías. En concreto, como muestra el cierre paralelo de /e, o/ en /i, u/ (VINDĒMIA > *vendimia*, TRŬCTA > *trucha*), se trata verdaderamente de un cierre provocado por determinados contextos palatales (para una explicación articulatoria, cf. Pensado 1985). Más adelante explicaremos de otra manera la aparente contradicción del castellano con los resultados franceses (cf. § 5.5.1).

Igualmente Malkiel (1976) intenta explicar los casos de monoptongación *ie > i, ue > e* en castellano (p. ej. *aviespa > avispa, priesa > prisa, -iello > -illo, fruente > frente, culuebra > culebra, asmaduero > asmadero*) acudiendo a argumentos del mismo tipo. Sin embargo, la monoptongación *ie > i, ue > e* ha sido explicada satisfactoriamente como un cambio auténticamente fonológico (cf. Méndez Dosuna & Pensado 1986). Por otra parte, estos autores han argumentado, en la línea de la Fonología y la Morfología Natural (Dressler 1977, 1982, 1984, 1985), que no es posible la existencia de cambios de este tipo. La organización y la evolución de las lenguas se interpreta con arreglo a principios semióticos ("Language is a system of systems of verbal signs", Dressler 1982: 103). Desde este punto de vista la morfología es más relevante que la fonología (Dressler 1977: § 10; 1982: 125)[9]. Esto quiere decir que los hablantes son más conscientes de las alternancias morfológicas que de las puramente fonológicas, lo cual se traduce en que la dirección del cambio va siempre desde lo fonológico hacia lo morfológico, pero no a la inversa. Es decir, una alternancia fonológica tiende a adquirir valores morfológicos (= morfologización). Por el contrario, una alternancia morfológica no es capaz de dejar de lado su significado dentro de la gramática de una lengua para convertirse en un cambio fonológico que, por definición, es algo mucho menos consciente para el hablante (cf. Dressler 1977: § 10; Méndez Dosuna & Pensado 1986: 186).

5.2.5. VAN COETSEM & BUCCINI
En último lugar, vamos a ocuparnos de otro intento para explicar cómo pueden modificarse los cambios fonológicos. Van Coetsem & Buccini (1990) plantean la posibilidad de que un cambio sufra un "recondicionamiento" y ejemplifican su hipótesis con el *Umlaut* germánico y la evolución de la D de /ɛ, ɔ/ en romance. Ya hemos visto algunos de los problemas que tiene la aplicación concreta de sus ideas a la D romance (cf. § 4.2.6). Sin embargo, podemos recoger parte de sus planteamientos teóricos, que pueden ser válidos para entender la evolución de los cambios.

---

9   "Da für die kommunikative bzw. semiotische Grundfunktion der Sprache die optimale Signalisierung von Teilbedeutungen durch die entsprechenden Morpheme wichtiger ist als die Durchführung phonologischer Prozesse, die durch perzeptuelle Verdeutlichung von Lauten bzw. durch Erleichterung ihrer Artikulation nur sehr indirekt der Kommunikation dienen, erwarten wir ein Obsiegen der morphologischen Regelmäßigkeit." (Dressler 1977: 23-24). Cf. igualmente Dressler (1984: 36).

Estos autores plantean que, para poder atribuir a un mismo cambio realizaciones tan diversas como las que se manifiestan en la D de /ɛ, ɔ/, es necesario que el cambio tenga algún tipo de "metacondición" presente en todas las lenguas (Van Coetsem & Buccini 1990: 174). Este concepto de la "metacondición" es importante y merece ser retenido.

Junto a la idea de la metacondición, estos autores recuperan la noción de "regla variable" de la socilingüística. Con este tipo de reglas se pretendía subsanar la incapacidad del aparato formal de la Fonología Generativa para representar la variabilidad (cf. Labov 1973). Según Van Coetsem & Buccini (1990: 179), a partir de una situación de condicionamiento variable podría llegarse a un cambio de condicionamiento o "recondicionamiento".

Van Coetsem & Buccini (1990) establecen una serie de modificaciones teóricas que podrían sufrir los cambios fonológicos en su evolución. Dejamos ahora de lado los procesos de morfologización, de los que nos ocuparemos más adelante y nos concentramos en los casos de recondicionamiento puramente fonológico. Según estos autores, las condiciones que rigen un cambio pueden volverse ambiguas para el hablante/oyente, que puede entonces reinterpretarlas. Esto daría lugar a un recondicionamiento del cambio. Como los autores reconocen, este tipo de cambio es el que Andersen (1973) denomina abductivo. En este caso no se trata de la evolución desde un condicionamiento fonológico a uno morfológico (= morfologización), sino del paso de un condicionamiento fonológico a otro también fonológico. Este tipo de recondicionamiento es el que Van Coetsem & Buccini (1990: 182) proponen como explicación para el devenir de la D de /ɛ, ɔ/ en romance.

La D estaría condicionada inicialmente por (-i, -u). El debilitamiento y pérdida de estas vocales provocaría la ambigüedad necesaria para que los hablantes reinterpretaran la regla. Según Van Coetsem & Buccini (1990), la D romance, en función de las distintas zonas, pasaría de tener un condicionamiento vocálico a tener uno consonántico y luego todavía otro silábico. El condicionamiento vocálico estaría formado por las vocales finales (-i, -u) y lo encontraríamos fundamentalmente en los dialectos suditalianos y algunos restos en galorromance. El siguiente condicionamiento lo constituirían las consonantes palatales y se manifestaría en galorromance y en iberorromance (en este último sólo en las vocales medias altas). El último condicionamiento sería la estructura silábica y se encontraría en francés y los dialectos galoitálicos. En algunas zonas el cambio acabaría descondicionándose, con lo que se generalizaría a todas las posiciones, como sería el caso del castellano. El paso del condicionamiento vocálico, que actúa a distancia, al condicionamiento consonántico, que actúa en contacto, tendría lugar a través de los casos de (-i, -u) que estaban en contacto directo con la vocal tónica (p. ej. DĚU, MĚI). Esta posibilidad de recondicionamiento ya había sido propuesta por Lausberg (cf. § 4.2.5). Por su parte, la evolución hacia el condicionamiento de la estructura silábica ocurriría bajo el dominio del acento de intensidad fuerte, que es la metacondición (cf. Van Coetsem & Buccini 1990: 211). Igualmente, este tipo de recondicionamiento tiene antecedentes ya en Schürr.

Como los mismos autores reconocen, esta propuesta de reconstrucción se encuentra con el claro contraejemplo del toscano, donde las vocales finales no se confundieron (se conserva -i), donde las huellas de condicionamiento consonántico son mínimas (cf. *Rohlfs* §§ 49, 70) y donde la D se encuentra sólo en SL. Creemos que la propuesta de Van Coetsem & Buccini (1990) falla, al igual que las otras anteriores, porque no explica adecuadamente cómo se produciría el recondicionamiento, ni le pone límites de ningún tipo. La reinterpretación de un cambio cuyo contexto se ha vuelto ambiguo (= cambio abductivo), que está en la base de su razonamiento, no tiene por qué producir necesariamente el mismo resultado siempre y en todos los hablantes de un comunidad lingüística, puesto que la abducción es un tipo de inferencia muy peligrosa; en todo caso, una reinterpretación de este tipo podría explicar algún caso de cambio irregular (Dressler 1982: 97)[10]. En definitiva, a la noción de "recondicionamiento" se le

---

[10] En los silogismos se distinguen tres partes:

puede hacer la misma crítica que Dressler (1975: 147) hace a las reglas variables de Labov. En opinión de Dressler, a la idea de Labov le falta una teoría lingüística explícita. Por ejemplo, no existe una valoración de los contextos que condicionan las reglas. En efecto, en el trabajo de Van Coetsem & Buccini (1990) no se intenta establecer un vínculo entre los diversos contextos que pueda estar basado en principios generales identificables en otros fenómenos y otras lenguas.

Pese a todo, el concepto de "metacondición" merece ser tenido en cuenta. Intentaremos demostrar que la D de /ɛ, ɔ/ y, en general, todos los procesos antiguos de D de las lenguas románicas responden a una metacondición. Tal es, como acertadamente han puesto de relieve Van Coetsem & Buccini (1990), el acento. Veremos además que, a diferencia de la postura de estos autores, la metacondición no se presenta con igual intensidad en todas las lenguas románicas y que esto es la fuente principal de las diferencias que pueden observarse entre ellas.

5.2.6. FONOLOGÍA NATURAL

Dressler (1982) ha diseñado un modelo semiótico de fonología diacrónica que interpreta los cambios fonológicos como soluciones a problemas de diferente tipo. Por un lado, toda una serie de cambios intentan hacer más pronunciable la lengua. Estos son los cambios por debilitamiento (p. ej. -ado > -aðo > -aǫ). Otros intentan hacer la lengua más perceptible. Son los cambios por reforzamiento (p. ej. ɛ > ɛǫ > įɛ). Cada cambio o proceso fonológico tiene unas jerarquías de aplicación inherentes que se refieren tanto a los estilos como a los contextos segmentales y suprasegmentales. Estas jerarquías son universales porque representan restricciones intrínsecas en la capacidad auditiva y articulatoria (Donegan 1978 [1985]: 28; Donegan & Stampe 1979: 139; Dressler 1984: 34-35; Dressler 1985: 299-300).

La evolución de los cambios fonológicos, que es el problema que nos ocupa en este momento, se entiende mejor si tenemos en cuenta las jerarquías de los cambios y si retenemos

---

LEY:	Todos los hombres son mortales
CASO:	Sócrates es un hombre
RESULTADO:	Sócrates es mortal

El caso precedente ejemplifica el tipo de inferencia deductiva. En la abducción se observa un resultado, se relaciona tal resultado con una ley y se infiere que algo es un caso de dicha ley:

RESULTADO:	Sócrates ha muerto
LEY:	Todos los hombres mueren
CASO:	Sócrates era un hombre

Con este tipo de inferencia se puede llegar a conclusiones erróneas, aunque se parta de premisas correctas, ya que siempre es posible poner en relación un resultado con una ley equivocada (Andersen 1973: 774-775). Por ejemplo, esto es lo que sucede en los casos de ultracorrección:

RESULTADO:	bacalao
LEY:	he estado > he estao
CASO:	**bacalado > bacalao

El hablante observa la existencia de la palabra *bacalao* y pone su forma en relación con un proceso del que es consciente, como es la pérdida de la consonante intervocálica en casos como *he estado > he estao*. Al hacer esto infiere, equivocadamente, que la forma *bacalao* también ha sufrido el proceso de pérdida, con lo cual introduce una consonante en **bacalado* que nunca había existido (< BAKELJAUW).

algunas ideas válidas como la de "metacondición". Los cambios fonológicos empiezan en los contextos más favorables y pueden extenderse a otros siguiendo las jerarquías de contextos. Por ejemplo, la palatalización de obstruyentes tiene las siguientes jerarquías (Bhat 1974; Dressler 1982: 111):

(13)   **tipos de consonantes afectadas**

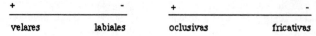

(14)   **tipos de contextos condicionantes de la palatalización**

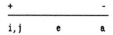

Como puede verse, en las jerarquías de un proceso incluimos tanto las que se refieren al tipo de unidades que pueden sufrir el cambio (13), como a los contextos en los que el cambio se produce (14). Estas jerarquías son unidireccionales. Esto quiere decir que el cambio se extenderá desde los puntos señalados positivamente (+) hacia los señalados negativamente (-). Es decir, en el caso concreto de la palatalización de obstruyentes, las jerarquías predicen que el proceso empezará afectando a consonantes velares y que sólo bajo las condiciones más favorables podrá extenderse hasta alcanzar también a las consonantes labiales (esto se comprueba fácilmente en las lenguas románicas, donde la palatalización de /k/ está muy extendida, frente a la más rara de las consonantes labiales, cf. *Lausberg* §§ 467-478). Igualmente, como se comprueba en polaco (cf. Dressler 1982: 111), la palatalización afecta antes a las oclusivas que a las fricativas. Por lo que se refiere al contexto condicionante, la palatalización es más general ante /i, j/ que ante el resto de contextos palatalizantes (por ejemplo, en romance la palatalización ante /a/ está delimitada al ámbito galorrománico, cf. *Lausberg* § 398, mientras que la palatalización ante /i, j/ es mucho más extensa).

Por último, nos queda comprender cómo un proceso fonológico puede dar lugar a diferentes resultados (extensión del cambio en función de los items afectados y de los contextos de realización). Queremos insistir en que nos estamos refiriendo a la fase en la que el cambio es todavía fonológico. Está claro que, cuando empieza el proceso de morfologización, cada lengua puede llevar a cabo una utilización diferente del nuevo recurso morfológico (aunque siempre dentro de las posibilidades teóricas de la evolución de las reglas morfonológicas, cf. Dressler 1985). Mientras el cambio es todavía fonológico puede alcanzar diferentes niveles en sus jerarquías. Por ejemplo, la palatalización puede encontrarse sólo ante /i, j/, o bien puede llegar hasta /e/, o incluso hasta /a/. Esto depende de cada lengua. Por otro lado, cada proceso tiene varias jerarquías, de cuya diferente combinación surgen también distinciones entre las lenguas. Por ejemplo, volviendo al caso de la palatalización, una lengua puede desarrollar al máximo el proceso en todo tipo de consonantes, pero sólo ante el mejor contexto /i, j/, o bien puede palatalizar sólo sus consonantes velares pero ante todos los contextos posibles, o puede palatalizar algunas consonantes (las más susceptibles al proceso) en todos los contextos junto a una palatalización más restringida para las consonantes menos sensibles al cambio. Cuantos más factores entran en juego, más posibilidades de combinación y, consecuentemente, mayor posibilidad de diversificación entre las lenguas. Pero lo importante es que estas jerarquías, por estar basadas en limitaciones de la capacidad articulatoria y auditiva de los seres humanos (= es difícil reprimir un adelantamiento de la articulación de una consonante posterior ante una vocal anterior), se aplican siempre en la misma dirección, es decir, los cambios empiezan por aquellos puntos en los que es más difícil evitarlos o, dicho positivamente, por aquellos contextos que más los favorecen. Esto puede observarse en los cambios en curso, lo cual nos permite reconstruir una situación similar para los cambios acabados.

5.2.7. EL CONTEXTO DE LA DIPTONGACIÓN DE /ɛ, ɔ/

Una vez que hemos visto cómo debe entenderse la evolución de los cambios fonéticos, vamos a estudiar cuál ha sido el desarrollo de la D en las lenguas románicas. Para ello iremos comprobando cómo se han plasmado en los hechos romances las jerarquías universales de la D que hemos determinado en la primera parte de nuestro trabajo (cf. § 2).

Comprobaremos que cada lengua ha alcanzado un punto distinto dentro de las diferentes jerarquías, lo cual da lugar a las divergencias que observamos entre ellas. Sin embargo, veremos también que todos los fenómenos están regidos por la misma "metacondición" y que los procesos se han aplicado siguiendo el orden que se establece en las jerarquías. Por lo tanto, a pesar de una primera impresión de caos en los fenómenos de D romance, esperamos llegar a una visión de conjunto que coloque a cada lengua románica en un punto de una escala de intensidad de la D.

Como hemos dicho, el marco general para interpretar los procesos de D de las lenguas románicas nos lo ofrecen la intensidad del acento, que es la metacondición del cambio, y las jerarquías universales de la D. Tanto las jerarquías como la metacondición apuntan a un único factor: la duración de las vocales. Ya sabemos que una vocal puede diptongar cuando las condiciones de duración le son favorables. En el estudio de los hechos romances tendremos la oportunidad de comprobar que la duración de las vocales ha sido el factor determinante tanto de la D en sí, como de algunos aspectos de la evolución posterior de los diptongos. En definitiva, veremos que todos los hechos de la D en las lenguas románicas, por muy heterogéneos que parezcan a simple vista, pueden explicarse recurriendo a la serie de principios que hemos establecido en la parte teórica de este trabajo (cf. §§ 1, 2).

5.2.8. RITMO DE LAS LENGUAS

Uno de los principios más importantes que determinan la duración de las vocales de una lengua es su estructura prosódica. Las lenguas románicas no se caracterizan por la presencia de un acento de intensidad tan intenso como el de las lenguas germánicas. De hecho las lenguas romances tienen sistemas métricos basados en la sílaba, mientras que las germánicas basan su métrica en el acento (Bertinetto 1981: 170). Sin embargo, han conocido en mayor o menor medida procesos de reforzamiento del acento.

Cuando una lengua adquiere un ritmo acentual sufre una serie de procesos que afectan fundamentalmente a las vocales. Por un lado, las vocales de las sílabas tónicas se refuerzan y, por otro, las vocales átonas se debilitan (Passy 1891: 122). El refuerzo de una vocal tónica suele traducirse con frecuencia en D, mientras que el debilitamiento puede acabar en la pérdida. El efecto final del cambio consiste en que en sílaba tónica son posibles muchas más distinciones, es decir, el sistema de vocales tónicas es mucho más numeroso que el de vocales átonas (Wallace 1975, Donegan & Stampe 1983).

Aunque sin la intensidad de las lenguas germánicas, las lenguas románicas también han conocido fenómenos de este tipo. Fundamentalmente, junto a los procesos de D, las lenguas románicas conocieron en mayor o menor medida procesos de debilitamiento de las vocales átonas, entre los que destaca la síncopa de vocales postónicas en los proparoxítonos.

Como ya puso de manifiesto Richter (1911: 119-120, 126-130; 1934: 7, 100), para comprender el desarrollo de las lenguas románicas debemos observar en su conjunto los cambios a que fueron sometidas y la evolución del ritmo ofrece una pauta:

In ihrem ganzen Umfang betrachtet erstreckt sich diese Umwälzung des sprachlichen Rhythmus auf Jahrtausende. Sie ist der maßgebende Faktor für die Veränderung der romanischen Sprachen und für die Unterschiede zwischen ihnen. (Richter 1934: 100)

En concreto, dentro del vocalismo debemos comparar los procesos de reforzamiento de las vocales tónicas con los correspondientes cambios de debilitamiento. Esta comparación ofrece un marco coherente en el que podemos integrar las Ds que estamos estudiando.

Las lenguas con una organización rítmica más fuertemente basada en el acento muestran un impacto mayor de los procesos de debilitamiento de las vocales átonas (ya observado por ejemplo por Lindsay 1894 [1897]: 195: "Die Synkope [...] erreicht die weiteste Verbreitung in der Sprache, die die stärkste expiratorische Betonung hat."). Y esperamos que, de manera paralela, tales lenguas presenten también una mayor incidencia de la D.

Uno de los más importantes fenómenos de debilitamiento de las vocales átonas en la evolución desde el latín a las lenguas románicas fue la síncopa de las vocales postónicas. Ya en latín empezó a manifestarse una transformación del acento reflejada en los primeros casos de síncopa: VALĬDUS, VALĬDE ~ VALDE, CALIDUS ~ CALDUS, SOLĬDUS ~ SOLDUS (Meyer-Lübke 1884: 209; *Lausberg* § 282). Esta tendencia hacia la síncopa daría comienzo ya en el latín preliterario y habría tenido que luchar en su inicio con fuerzas contrarias como el sistema de grupos consonánticos permitidos en la fonología de la lengua y las presiones del sistema morfonológico (Rix 1966: 163-164). En la marcha del proceso se dejan observar también factores estilísticos y sociolingüísticos (un reflejo de esto serían algunos dobletes: VALIDUS ~ VALDE, SUPERA ~ SUPRA, ALITER ~ ALTER; en el mismo sentido habla la afirmación de Augusto de que CALIDUS sonaba afectado frente a CALDUS; y más tarde las indicaciones del Appendix Probi contra formas como CALDUS, FRIGDUS, VERNACLUS) (Rix 1966: 164-165).

El proceso iniciado en latín avanza aún más dentro de las lenguas románicas. Ahora casos como RAPIDUS, que no tuvieron síncopa en latín a causa del grupo consonántico que se formaría (Rix 1966: 163), pueden sufrir la síncopa (RAPIDUS > it. *ratto*, logudorés *rattu*, fr.ant. *rade*, cast. *raudo*, pero PUTIDU > cast.ant. *pudio*).

Pero la síncopa no se ha desarrollado con igual intensidad en todas las lenguas románicas. Las lenguas con mayor mantenimiento de las postónicas internas son el sardo[11], el italiano, los dialectos suditalianos[12] y el rumano[13]. Las lenguas con más síncopa son el francés, francoprovenzal[14], provenzal, catalán, retorromance[15] y el dalmático[16]. El

---

11 Ejemplos del sardo logudorés: PULVERE > *pruere*, PULICE > *puliɣe*, FLUMINE > *flumine*, HOMINE > *omine* (Wagner 1941 [1984]: 66-67).
12 Ejemplos del dialecto siciliano de Ragusa: CIMICE > *tʃimitʃa*, ILICE, ELECE > *ilitʃi*, it. *elce*, PULICE > *pulitʃu*, it. *pulce*, PERSICU > *pjeɾssiku*, TOXICU > *tɣossiku*, it. *tosco, tosigo*, HOMINE > *ɣominu* (Piccitto 1941: 75-77).
13 Ejemplos del rumano: DIGITU > *deget*, MUCIDU > *muced*, NITIDU > *neted*, SORICE > *ʃoarece*, DOMINICA > *duminecă*, PEDICA > *piedecă*, SINGULU > *singur*, BASILICA > *beserecă*, LENDINE > *lindină*, PICULA > *păcură*, MASCULU > *mascur*, *VIRGŬLA > *vergură*, LĬNGŬLA > *lingură*, PULICE > *purece*, HOMINES > *oameni*, NEBULA > *negură*, LEPORE > *iepure* (Densusianu 1901-38 [1961], I: 67; II: 20, 23, 25; Nandriş 1963: 176-178).
14 Según Duraffour (1932), el francoprovenzal ha seguido incrementando la intensidad de su acento, de manera que la sílaba tónica es más intensa en francoprovenzal que en francés y esto se ha traducido en los siguientes fenómenos: 1) Las consonantes que siguen a una vocal tónica breve son más tensas y llegan incluso a parecer geminadas, p. ej. *soppa* 'sopa'. 2) Las vocales pretónicas se reducen y pueden llegar a desaparecer, p. ej. *tizăna > tzăna* (= *tisane*), *miðią > mðią* (= *manger*), *sutẽ > stẽ* (= *soutien*) (Duraffour 1932: 4). 3) Aparición de consonantes continuas como núcleos silábicos. *PISTURIRE > *priti > *pṛiti* (= *pétrir* 'amasar'),

castellano[17] y el portugués ocupan una posición intermedia (cf. *Lausberg* § 284). Esta situación se pone de manifiesto en los siguientes ejemplos:

(15)   **síncopa en las lenguas románicas** (la línea separa a la izquierda los casos con síncopa y a la derecha los casos sin síncopa)

HĔDĔRA	fr.ant.	*iere*	cast.	*hiedra*	it.	*edera*
	frprov.	*li:rɔ*	port.	*hera*	rum.	*iederă*
	prov.	*elra*				
	cat.	*eura*				
LĔPŎRE	fr.	*lièvre*	cast.	*liebre*	logudorés	*lepere*
	frprov.	*li:vra*	port.	*lebre*	rum.	*iepure*
	prov.	*lebre*				
	cat.	*llebre*				
	dalm.	*lipro*				
	engadino	*leivra*				
	friul.	*yeur*				
PĔCTĬNE	fr.ant.	*pigne*	cast.	*peine*	rum.	*pieptene*
	dalm.	*piakno*			logudorés	*pettene*
					it.	*pettine*
CAMĔRA	fr.	*chambre*	cast.	*cámara*	it.	*camera*
	frprov.	*ʃábrɐ*	port.	*câmara*		
	prov.	*cambra*				
	cat.	*cambra*				
	engadino	*kʲambra*				
	friul.	*kʲambre*				
ARBŎRE	fr.	*arbre*	cast.	*árbol*	logudorés	*arβore*
	frprov.	*a:brɔ*	port.	*árvore*	it.	*albero*
	prov.	*arbre*			rum.	*arbore*
	cat.	*arbre*				

El cuadro representa la situación general y para ello se han buscado ejemplos que den resultados en la mayor parte de las lenguas. Sin embargo, hemos suprimido los casos que oscurecerían el panorama. En concreto, LEPORE presenta síncopa en it. *lepre* y en buena parte

---

*VERTUCULARE > vrtolía 'volver de un lado y de otro'. 4) Cuando no hay síncopa la vocal átona queda determinada por las consonantes del contexto.

15   Valle de Müstair: LĔPŎRE > le:vrɐ, HEBDOMA > e:vnɐ, NITĬDA > netɐ, PULĬCE > pylč, *CARRĬCA > čarʒɐ, PERTĬCA > pɛrčɐ, CINĔRE > čendrɐ, CAMĔRA > čɔmbrɐ (Schorta 1938: 29, 93, 97, 98, 99, 106). Sotoselvano: MARCĬDU > marɟʃ, MUSCĬDU > mi:ʃ, PROPOSĬTU > propigʃt, SPATŬLA > ʃpatla, SEMĬTA > semda, *TREMŬLAT > trembla, CAMĔRA > kɔmbra, CINĔRE > tʃendra, PULVĔRE > pulvra (Luzi 1904: 795-796).

16   En dalmático encontramos: TEGULA > takla, SINGULU > sanglo, SORICE > surko, MERULA > miarla, VESPERU > viaspro, PULVERE > pulvro, COQUERE > kukro, PECORA > pira, VENERIS (DIE) > vindre, PECTINE > piakno, CRESCERE > krasko, PLANGERE > plungre, CIMICE > tʃinko, MACHINA > mukna, (Hadlich 1965: 72-75; Vihman 1968/69; Butler 1976: 226).

17   Algunos casos de conservación de la vocal en castellano y en asturiano son: PĔRTICA > ant. piértega (fr. perche), CACCABU > asturiano cácabo, CANNĂBU > cáñamo (fr. chanvre), ANĂTE > ánade, PĔLAGU > piélago, FĬCATU > hígado, ASPĂRAGU > espárrago (port. espárrego, espargo, fr. asperge), PĔRGŬLA > asturiano piérgula, PASSĔRE > pájaro (fr. passe), VĔSPĔRA > víspera (fr. vêpre), PŬRPŬRA > ant. pórpola (fr. pourpre), MERCŬRI > miércoles, *NĔSPĬLU > níspero (fr.ant. nesple) (Alonso 1962 [1972]: 83-84; Pensado 1984: 250-251, 257, 309; DCECH).

de los dialectos italianos meridionales[18]; sin embargo, el italiano no conoce generalmente la síncopa en los casos de consonante + vocal + /r/: PULVERE > *polvere*, CAMERA > *camera*, CINERE > *cinere* (Meyer-Lübke 1927: 71). Por otro lado, ARBORE aparece sin síncopa, pero con pérdida de la vocal final, en dalm. *yuarbul*, engadino *alber* y friul. *arbul*. Sin embargo, puede comprobarse la efectividad de la síncopa en estas lenguas en los ejemplos que damos en las notas.

Como hemos dicho, el castellano y el portugués ocupan una posición intermedia, pero en castellano la síncopa ha avanzado algo más que en portugués (cf. Meyer-Lübke 1884: 227, Huber 1933 [1986]: §§ 139-145; Williams 1962²: §§ 51-55; Alonso 1962 [1972]: 84-85; Lloyd 1987 [1993]: 324-325):

(16)

	cast.	port.
DĒBĬTA	*deuda*	*dívida*
*DŬBĬTA	*duda*	*dúvida*
CUBĬTU	*codo*	ant. *cóvedo*
-ATĬCU	*-azgo*	*-adego*
LĒGĬTĬMU	*lindo*	*lidimo*

Junto a la síncopa hay otros procesos de debilitamiento importantes. En algunas zonas la pérdida de la vocal final ha sido una alternativa a la síncopa. Por ejemplo, en los dialectos norteitalianos hay zonas con síncopa (Emilia-Romaña: FRAXĬNU > emiliano *frasne*, TŎXĬCU > romañolo *tɔʃk*) y otras en las que predomina la apócope (Lombardía: FRAXĬNU > *frasen*, TŎXĬCU > *tɔsek*) (cf. *Rohlfs* §§ 138, 148). Generalmente la -A se conserva y en tales casos encontramos síncopa, p. ej. en Mesolcina (Cantón de los Grisones; lingüísticamente ticinés) (Camastral 1958-59: 168-171):

(17)

ARBŎLE	*arbul*	CĬNĔRE	*ʃendra*
STŎMACHU	*ʃtomik*	CAMĔRA	*kambra*
CĪMĬCE	*ʃimes*	SEMĬTA	*Senda*
PERSĬCU	*perzik*	PĔCŎRA	*pegra*

El friulano ha preferido también la apócope a la síncopa: TRYPĂNON > *trapin*, TENĔRU > *tenar*, PASSĔRE > *passar*, PULVĔRE > *polvar*, TEPĬDU > *tivid*, RANCĬDU > *ranzid*, PECTĬNE > *pietin*, ORPHĂNU > *uarfin* (Ascoli 1873: 503; Meyer-Lübke 1884: 223). Del mismo modo hay frecuentes casos en retorromance (sotoselvano): HERBATICU > *arvadi*, DOMESTĬCU > *dumęaʃti*, TOXĬCU > *tisi*, PULĬCE > *pɔliʃ*, SALICE > *salaʃ*, PECTĬNE > *petʃan*, ORPHĂNU > *ɔrfan*, IUVĔNE > *ʒuvan*. (Luzi 1904: 796). Igualmente la apócope sería, según Rohlfs (1977³: § 479), "la *solution gasconne* par excellence" (p. ej. LAPĬDE > *labe*, TEPĬDU > *tebi*, SEMĬNE > *semi*, LĔPORE > *leben*). Aunque no dejan de darse casos de síncopa (SALĬCE > *saus*, ASĬNU > *aine*, PAUPĔRE > *praube*, cf. Rohlfs 1977³: § 478) y otros de desplazamiento del acento (MANTĬCA > *mantégo*, LACRĬMA > *legrémo*, TEPĬDA > *tebédo*, cf. Rohlfs 1977³: § 477). En provenzal y catalán aparecen también las tres posibles evoluciones de los proparoxítonos que se han señalado para el gascón (cf. Moll 1952: §§ 80-86; Anglade 1921: 125-132; Ronjat 1930: § 130).

---

18   Algunos datos del AIS: *líbbru* (845), *ḷebbru* (896), *lɛbbru* (824), *lɛpru* (794), *lɛpre* (749), *lɛprə* (713, 732, 666, 637), frente a casos sin síncopa como *ḷebbura* (772), *lepure* (761), *riǫpule* (771), *lɛpərə* (722), *lɛbbərə* (619).

En general todas las lenguas románicas experimentaron algún tipo de reducción de las posibilidades del vocalismo átono, pero esto ha sido especialmente intenso en las lenguas galorrománicas y sobre todo en francés (cf. *Lausberg* § 249; Bourciez & Bourciez 1967: §§ 9-19). En el otro extremo se encuentran el sardo, el italiano, el suditaliano y el rumano, que conservan bastantes distinciones en la vocal final. En una posición intermedia se encuentran el castellano y el portugués, aunque este último ha sufrido con posterioridad un debilitamiento notable de sus vocales finales, fenómeno que también se ha dado en los dialectos suditalianos (cf. *Lausberg* § 272; Carvalho 1962/63; *Rohlfs* §§ 144, 147). Con arreglo a esto, las lenguas románicas se organizan en la siguiente escala de procesos de debilitamiento (se excluyen los cambios recientes):

(18)   **debilitamiento de vocales átonas**

+ debilitamiento		- debilitamiento
dalmático	español	italiano
francés	portugués	suritaliano
francoprovenzal		rumano
provenzal		sardo
catalán		
retorromance		
norteitaliano		
friulano		

En definitiva, lo que los fenómenos de debilitamiento de las vocales átonas señalan es el grado que cada lengua románica alcanzó en su evolución hacia el ritmo acentual. Como ya hemos dicho, en esta evolución tienen lugar, al lado de los procesos de debilitamiento, otros de reforzamiento, que fundamentalmente se traducen en Ds. Por lo tanto, esperamos que la intensidad con que se han manifestado los procesos de debilitamiento de las vocales átonas en estas lenguas se correlacione en líneas generales con la extensión de los procesos de D en cada lengua. En el siguiente cuadro recogemos el número de vocales que diptongan en cada lengua (independientemente del contexto en que lo hagan):

(19)   **diptongaciones en las lenguas románicas**

	Ī	Ĭ	Ē	Ĕ	A	Ŏ	Ō	Ŭ	Ū
portugués					—				
sardo					—				
rumano				i̯e					
italiano				i̯e		u̯ɔ			
suditaliano				i̯e		u̯o			
castellano				i̯e		u̯o			
catalán				i(?)		u(?)			
provenzal				i̯e		u̯o			
norteitaliano		ei̯		i̯ɛ		u̯ɔ	ou̯		
retorromance		ei̯		i̯ɛ		u̯ɔ	ou̯		
friulano		ei̯		i̯ɛ		u̯ɛ	ou̯		
francoprovenzal		ei̯		i̯e		u̯ɔ	ou̯		
francés		u̯a		i̯e	ɛ (?)	œ	œ		
dalmático	ai̯	ai̯		i̯e		u̯ɔ		au̯	oi̯

La D de /i/, además de en dalmático, se encuentra en algunas zonas del retorromance, del francoprovenzal y en el istrorromance (Meyer-Lübke 1890: § 32). En el dominio retorromance se localiza en la parte oriental del sotoselvano (o grisón central) en el límite con la Alta Engadina (Gartner 1888: 475). En el dominio francoprovenzal se documenta sólo en algunas partes del Cantón Valais (Fankhauser 1911: 52-53, 58-59). La D de /u/ se produce en dalmático e istrorromance (Meyer-Lübke 1890: § 56). Más recientemente hay D de /i, u/ en parte de los dialectos suditalianos de la costa adriática (cf. (27) § 2.3.1).

Si comparamos (18) con (19), comprobaremos que los procesos de debilitamiento de vocales átonas y D han ido bastante paralelos en las lenguas románicas. Las lenguas que más debilitamiento han sufrido son también las que mayor número de vocales han diptongado. Este el el caso del dalmático, con D de seis vocales, y del francés, francoprovenzal, norteitaliano, retorromance y friulano, con D de cuatro vocales (quizá serían cinco, si hay que ver una D detrás de la palatalización *a* > *e*, que se encuentra en francés, parte del retorromance y parte del norteitaliano, cf. *Lausberg* § 175, *Rohlfs* § 19)[19]. Por otro lado, las lenguas con menor debilitamiento de sus vocales átonas, como han sido el sardo, el rumano, el italiano y el suditaliano, han tenido un impacto de la D mucho menor. En concreto no ha habido D en sardo, en rumano sólo ha diptongado /ɛ/ y en italiano y suditaliano /ɛ, ɔ/ con limitaciones que estudiaremos en su momento. Una posición intermedia ocupa el castellano, que ha tenido más debilitamiento que el italiano y ha diptongado /ɛ, ɔ/ de forma más intesa que esta última lengua. El provenzal y el catalán han experimentado un intenso debilitamiento del vocalismo átono, sin embargo, su D no parece haber tenido mucho éxito; incluso podría afirmarse que el catalán no la ha conocido (estudiaremos la cuestión con detalle más adelante, cf. § 5.5.11). Por su parte, el portugués no ha sufrido la D antigua de /ɛ, ɔ/, pero ha conocido más tardíamente una intensificación de su acento que ha traído consigo mayor debilitamiento de las vocales átonas y junto a procesos de D de las vocales tónicas.

---

[19] La evolución de /a/ en partes del romañolo ofrece como resultados [æ, e, eǫ, æǫ]. La presencia de fases como [eǫ, æǫ] habla en favor de una acción combinada de anteriorización y D de /a/. Además el fenómeno muestra una distribución contextual perfectamente acorde con la que suponemos para la D de /ɛ, ɔ/ en la Romania y que explicaremos en este capítulo. Ejemplos de Imola (Schürr 1919: 15-16, 48, 69, 85):

I		II		III	
PATRE	peǫdər	BARBA	beǫrbɐ	FACTU	faːt
STRATA	streǫ	SALTAT	seǫłtɐ	BRACCHIA	brazɐ
CAPRA	kreǫva	SKARPA	skeǫrpɐ	ACQUA	aːkuɐ

IV		V	
GRAVĪDA	greǫvdɐ	STAT	sta
MACHINA	meǫznɐ	DAT	da
*CARRICU	kaːrk		
SALICE	sals		

Como se observa en los ejemplos, tenemos D en los paroxítonos en SL (I) y en ST por /l, r/ (II), pero no en los que están trabados por una oclusiva sorda (III); en los proparoxítonos (IV) parece que la D encontró más dificultades para imponerse y no suele encontrarse en los oxítonos (V). Esto quiere decir que la D de /a/ sólo tuvo lugar en los contextos de mayor duración, es decir, allí donde la D es más factible.

La palatalización se encuentra también en buena parte de los dialectos suditalianos de la costa adriática. Por lo general la evolución hacia /ɛ/ se produce en SL en los paroxítonos y también en los oxítonos, pero generalmente no en los paroxítonos en ST ni en los proparoxítonos (para el dialecto de Altamura, Apulia, cf. Loporcaro 1987: 44-47).

Como acabamos de ver, la intensidad de los procesos de D está directamente relacionada con la fuerza de la evolución de cada lengua hacia el ritmo silábico, manifestada tanto en la propia D como en el proceso de debilitamiento de vocales átonas. Las lenguas con un menor desarrollo del acento fuerte han oscilado entre la falta de D (como el sardo o parte del siciliano) y una D débil (como la del italiano, rumano y suditaliano). Las lenguas con un mayor desarrollo del acento fuerte generalmente han reforzado sus vocales tónicas por medio de la D. Este último fenómeno se ha vuelto a manifestar más recientemente en algunas lenguas románicas.

En una fase más moderna se han producido transformaciones en la estructura rítmica en un grupo de dialectos italianos meridionales de la costa adriática (cf. Loporcaro 1987: 74 n.6, § 176), en el portugués europeo y en el portugués de Brasil (Major 1981, 1985, 1990). Todos los indicios apuntan hacia un nuevo desarrollo de un ritmo acentual acompañado por debilitamiento de vocales átonas y D de tónicas.

Por ejemplo, en el dialecto de Altamura (Apulia) nos encontramos con una fase de síncopa unida también a la pérdida de las vocales finales en determinados contextos fonotácticos (Loporcaro 1987: 66):

(20)   *Taranto* > *tard*, MURICE > *mụurdʒ*, CINERE > *tʃɛrn*, TENERU > *tɪrn*,
         GENERU > *ʃirn*, VOMERE > *ụombr*, *GLOMERU > *ɲːembr*, PULICE > *pụɔrdʒ*,
         TOXICU > *tesk*

Junto al debilitamiento de las átonas tenemos el esperado reforzamiento de las tónicas (Loporcaro 1987: 29, 31, 34, 45, 47, 52, 55):

(21)   FĪLU > *frịl*, PARIETE > *parạịt*, FĒCIT > *faịʃ*, CATĒNA > *katɛịn*, PĔDE > *peịt*,
         MĒLE > *meịl*, MANU > *meịn*, CŎR > *koụr*, NŎVE > *noụf*, SŌLA > *saụl*, HŌRA >
         ɔụr, FŪMU > *fuụm*

Por su parte, el portugués ha experimentado una reducción de su vocalismo átono por medio del cierre o la centralización de sus vocales e incluso se llega a la pérdida: *queremos* [kˈremuʃ] (Carvalho 1962/63: 17). Este refuerzo del acento se ha producido a partir del siglo XVI y se ha traducido en un nuevo impulso de los procesos de síncopa, pero sin encontrar ya un reflejo en la lengua escrita (Williams 1962[2]: § 54):

(22)   *árvore* > *arvre*, *áspero* > *aspro*, *diálogo* > *diaglo*, *dívida* > *divda*, *hóspede* >
         ospde, *pêssego* > *pêsgo*, *sábado* > *sabdo*

En los datos del ALPI pueden documentarse las diferentes posibilidades de reducción de las vocales postónicas en los proparoxítonos: centralización (*cântaro* > *kãⁿtəru* 219, *árvores* > *arβˤrəʃ* 245, *dívidas* > *diβəðɐʃ* 216, *divˤðɐʃ* 276), cierre (*árvores* > *arβuɾəs* 212) y pérdida (*cântaro* > *kãⁿtru* 212, *árvores* > *arβəs* 219, *arvˤʃ* 260).

Junto al debilitamiento de las átonas se encuentra la D de algunas vocales tónicas. Este proceso es mucho más intenso en los dialectos del norte de Portugal. Según Lüdtke (1954/55: 230), en los dialectos del norte de Portugal se documenta una diptongación *in statu nascendi*, en la que las vocales tónicas, especialmente [e, o] y en menor grado [ɛ, ɔ], evolucionan a [eə̯, oə̯] y, por medio de una ulterior diferenciación, a [iə̯, uə̯] y luego [i̯e, u̯e]. Procesos de este tipo ya fueron observados por Leite de Vasconcellos (1901 [1970]: §§ 44-46, 86, 158; 1928: 130, 132, 185-187, 276-277, 526), quien señala en repetidas ocasiones su carácter reciente, lo cual hace que no sean percibidos por los hablantes excepto en los casos de mayor intensidad[20]:

> O ditongo *íê*, que poderá escapar a algum ouvido menos atento, tôda a gente o perceberá claramente no canto e nos pregões. Quem, que estivesse no Pôrto, não se lembra de ter ouvido as vendedoras de castanhas cozidas dizerem muito claro *"quiêntes e grándes!"*—, quando apregoam na rua? (Leite de Vasconcellos 1928: 184)

Igualmente lo han documentado Silva (1961), Lima (1963) y Fagan (1979). Por nuestra parte, hemos podido recoger en el ALPI los siguientes datos[21]:

(23)	decreciente	creciente
CASTĚLLU		kaʃt̯i̯eɬu
CULTĚLLU		kut̯i̯eɬu
VĚSPA		bi̯esprɐ
DĚCE		di̯eʃ
APĬCŬLA		aβi̯eʎɐ
CAPĬTIA		kaβi̯esɐ
CĬPPUS	si̯ə̯pɐ	si̯epɐ
DĬGĬTU	di̯ə̯ðu	di̯eðu
*AVIŎLU	aβoɐ̯	aβu̯ɔ:
BŬCCA	bu̯ə̯kɐ	bu̯okɐ
DŬLCE	du̯ə̯sə	du̯osə
VERŬCULU	faru̯ə̯ʎu	fəru̯oʎu

Los estudios de Lima (1963) y Fagan (1979, 1985) se concentran sobre un área cercana a Oporto. En sus datos predominan los diptongos decrecientes centralizantes (Lima 1963: 147, 148, 153, 155; Fagan 1979: 200-201; 1985: 275, 278)[22]:

---

[20] Hay que notar que esta D del norte de Portugal ha sido considerada por Schürr (1940 [1971]: 291-292; 1970a: § 73) como un resto de una hipotética D antigua de /ɛ, ɔ/ que habría afectado, según él, también al portugués (los casos de inflexión ɛ > e, ɔ > o de la lengua literaria serían una monoptongación posterior de los supuestos diptongos originarios, cf. Schürr 1936: 303-304; 1966 [1971]: 316). Sin embargo, ha sido unánimemente señalado que estos diptongos son muy recientes en estos dialectos (Leite de Vasconcellos 1901 [1970]: § 158; Alonso 1962 [1972]: 61-64).

[21] En los dialectos meridionales se encuentran diptongos decrecientes periferizantes: CASTĚLLU > kaʃte̯i̯l, CULTĚLLU > kute̯i̯l, CĬPPU > sɔi̯pɐ, DĬGĬTU > dɵi̯ðə.

[22] Los datos de Fagan (1985) están extraídos de Lima (1963), tanto de las páginas que ella dedica al estudio de los cambios, como de los textos dialectales y del glosario. Fagan sólo

(24) ĔQUA   ɛ̞gu̞ɐ   caneco   kɐne̞u̞ku
       PĔLLE   pe̞glə   CAECU   sɛu̞yu
       ĬLLE   e̞glə   ANĔLLU   ɐne̞i̞l
       COMĔDĔRE   kume̞gr   COMĔDĔRE   kume̞i̞r
       DĬGĬTU   de̞gδu   DĬGĬTU   de̞u̞δu
       café   kɐfe̞g   vesgo   be̞u̞ʃgu
       CĬPPU   se̞gpɐ   CĬST   se̞u̞ʃtu
       *BERTIU   be̞grsu   PĔNSU   pe̞u̞zu
       nele   ne̞glə   griseta   gri̞ʒe̞u̞tɐ

       PAUPERE   po̞gbrə   AUGŬSTU   ago̞u̞ʃtu   MŎRTE   mu̞ɔrtə
       *MŌRAS   amo̞grɐʃ   LŬTU   lo̞u̞du   HAC HŌRA ɐgu̞ɔrɐ
       NON   no̞ɔ, no̞g   SŌCA   so̞u̞gɐ
       *ŎVU   o̞gvu   MŬSTEU   mo̞u̞su
       MŎLA   mɔg   cachorro   kɐfo̞u̞ru
       AMORŌSU   ɐməro̞gʒu   AMORŌSU   ɐmərou̞ʒu
       fostes   fo̞gʃtiʃ   fostes   fo̞u̞ʃtəz

No hemos separado los caos de /ɛ, ɔ/ frente a /e, o/ de la lengua literaria ya que los datos del ALPI apuntan a la pérdida de tales distinciones en la zona en cuestión. En concreto se observa que en los puntos donde no hay diptongo la vocal frecuentemente no coincide con la de la lengua literaria y en muchas ocasiones se ha descrito como una vocal media. Por otro lado, como se observa en los resultados, estos son iguales para todos los casos.

Hasta donde llega nuestra información, Fagan (1979) es el único intento serio de explicación del fenómeno en los dialectos septentrionales, aunque lamentablemente se ocupa sólo de los diptongos descendentes (= offgliding). Su estudio se concentra en una reducida área en los alrededores de Oporto, que comprende la zona estudiada por Lima (1963). Fagan propone que el fenómeno se inicia como una D condicionada por distintos contextos según las zonas. En Santa Leocádia habría D condicionada por (-ɐ), mientras que en Lavra se produciría en principio sólo por influencia de (-u). En la primera tendríamos diptongos con [g] como glide (BŬCCA > bo̞gkɐ), mientras que en la segunda los diptongos tendrían [u̞] (CAECU > se̞u̞gu). En un segundo momento en Santa Leocádia los diptongos con [g] se extenderían a los demás contextos (*ŎVU > o̞gvu); lo mismo sucedería en Lavra (SŌCA > so̞u̞gɐ). En Santa Leocádia la D se habría extendido también a los oxítonos como avô > ɐbo̞g.

Parece cierto que las vocales finales están desempeñando un papel en el fenómeno. Fagan parece apuntar, aunque no acaba de aceptar la idea, que estamos ante una D predominantemente centralizante del tipo e/ɛ > e̞g, ɛ̞g, o/ɔ > o̞g, ɔ̞g acompañada de una influencia todavía no sistematizada de las vocales finales sobre el glide.

Creemos que los datos de la pequeña zona alrededor de Oporto permiten una interpretación clara. Las vocales medias están experimentando una D centralizante e > e̞g, o > o̞g[23]. En algunos casos el diptongo resultante ha sufrido la influencia metafónica de (-u):

---

tiene en cuenta los casos de diptongos descendentes, sin embargo, Lima recoge también algunos casos de diptongos crecientes, como mu̞ɔrtə, ɐgu̞ɔrɐ.

[23] Añadimos aquí todos los casos en que se encuentra sólo una forma con diptongo centralizante y que demuestran la verdadera naturaleza del fenómeno: NĬGRAS > ne̞grɐʃ, STĔLLAS > iʃtre̞glɐʃ, PRĔTIU > pre̞gzu, PĔTRU > pe̞gdru, MĔTU > me̞gδu, PĔDE > pe̞g, SĔPTE > se̞gtə, ĬSTE > e̞gʃtə, MĒNSA > me̞gzɐ, MĒNSE > me̞gʃ, PĪLU > pe̞glu, nascestes > naʃe̞gʃtəʃ, TŌTOS > to̞gduʃ, *AVIŎLU > ɐbo̞g, SENIŌRE > si̞no̞gr, DOLŌRE > do̞grəʃ, COGNŌSCO >

CAECU > *seɐ̯ɣu > seu̯ɣu. Todos los casos en los que aparece el diptongo con el *glide* [u̯] acaban en (-*u*) (sólo hay una excepción: *griseta* > griẓeu̯tɐ). Por otra parte, en algunos casos tenemos las dos formas atestiguadas: DĬGĬTU > deɐ̯ðu, deu̯ðu, *fostes* > foɐ̯ʃtiʃ, fou̯ʃtəz, AMOROSU > ɐməroɐ̯ʒu, ɐmərou̯ʒu. Además la influencia metafónica de (-*u*) afecta también a /i/, que no presenta D espontánea: *pequenino* > pəkəniu̯nu, *vimos* > biu̯muz (Fagan 1985: 268).

A partir de la D centralizante de las vocales medias puede explicarse la alternancia entre formas con diptongo decreciente y creciente que hemos encontrado en el ALPI (diɐ̯ðu ~ di̯eðu).

En definitiva, la D de estos dialectos, así como otros casos de D en las variantes meridionales, aunque necesitan todavía de mayor estudio, son un reflejo claro de un proceso de reforzamiento de las vocales tónicas que marcha paralelo al debilitamiento de las átonas y es un ejemplo más de las transformaciones que sufre una lengua cuando evoluciona hacia un ritmo más basado en el acento.

Por su parte, el proceso de reducción del vocalismo átono ha sido más lento en el portugués brasileño, pero parece que se está imponiendo (Elia 1994: 568-569). Y esto ha traído consigo fenómenos de reforzamiento de las vocales tónicas (Major 1990: 113-114):

(25) | diptongación | reducción de átonas |
|---|---|
| *mas* [mai̯ʃ] | *pequeno* [pikenu] > [pi̯kenu] > [pkenu] |
| *nós* [nɔi̯ʃ] | *arvore* [arvuri] > [arvri] |
| *alo* [aloɐ̯] | *boa sorte* [buasortʃi] > [bu̯asortʃi̯] > [bu̯asortʃ] |
| *frita* [friɐ̯ta] | *plasticu* [plastʃiku] > [plastʃku] |

Dada la constante relación que se observa entre D y debilitamiento de vocales átonas en las lenguas germánicas (Wallace 1975) y en evoluciones recientes como la del dialecto de Altamura y las variantes europea y brasileña del portugués, que encuentran su exacto paralelo en las primeras fases de la evolución de las lenguas románicas (cf. (18) y (19)), podemos colocar a estas últimas dentro del desarrollo de un ritmo acentual. Este es el marco general que nos permite comprender la evolución de /ɛ, ɔ/.

Esta primera aproximación global a los hechos romances indica que es posible estudiar tales fenómenos en un marco común, característico de todos los fenómenos de D espontánea de vocales tónicas. De acuerdo con este marco, que hemos trazado en § 2, las Ds discurren por unas vías concretas delimitadas por factores de duración de las vocales. A continuación vamos a ver cómo las Ds romances se ajustan a las jerarquías universales del proceso de D que hemos trazado.

5.2.9. DIPTONGACIÓN DE VOCALES TÓNICAS

Como decíamos en § 2.2, la D es un proceso que afecta a vocales tónicas. Esto se comprueba perfectamente en las lenguas románicas. En los ejemplos siguientes puede observarse que la vocal sólo diptonga si es tónica (como se observa en (26) esto es cierto tanto para /ɛ, ɔ/ como para otras vocales como /e, o/):

---

kŭnoɐ̯ʃku, DOCTORES > dou̯toɐ̯raʃ, ROMA > roɐ̯mɐ, PŎPŬLU > poɐ̯bu, BŬCCA > boɐ̯kɐ, DUŎDĔCIM > doɐ̯zi, *troço* > troɐ̯su, *traidores* > trədoɐ̯rəʒ, *zorra* > zoɐ̯rɐ.

(26) FĔRRU   cast. *hierro*   FĔRRAMĔNTA   cast. *herramienta*
      VĔNIT   cast. *viene*   VĔNIMUS   cast. *venimos*
      VŎLAT   cast. *vuela*   VŎLAMUS   cast. *volamos*
      VĔNIT   it. *viene*   VĔNITIS   it. *venite*
      MŎVIT   it. *muove*   MŎVIMUS   it. *moviamo*
      MĔL   rum. *miere*   NĔPOTE   rum. *nepot*
      PĬRA   fr. *poire*   MĬNUTU   fr. *menu*
      PĔDE   fr. *pied*   NĔPOTE   fr. *neveu*
      CŎR   fr. *cœur*   CŎRONA   fr. *couronne*
      ŎPERA   fr. *œuvre*   ŎPERARIU   fr. *ouvrier*
      NŌDU   fr. *nœud*   NŌDARE   fr. *nouer*

Los supuestos casos de D de vocales átonas no son procesos fonológicos, sino nivelación de alternancias morfonológicas (*mueble* → español de América *mueblaje*, cf. Malkiel 1980/81: 61; it. *pietra* → *pietroso, fiero* → *fierezza, lieto* → *lietezza, vuoto* → *vuotare, giuoco* → *giuocare, fuoco* → *fuochista*, cf. Rohlfs §§ 86, 108).

Se suele afirmar que en valón habrían diptongado también las vocales átonas (cf. p. ej. Fouché 1927: 24). Niederländer (1900: 20, 29, 286-287) menciona los siguientes casos:

(27) *VĔSPERATA   *viespréi*   ←   VĔSPERA   *viespre* (FEW)
      *FĔSTARE   *fiesté*   ←   FĔSTA   *fies*
      PĔRDUTU   *pierdý*   ←   PĔRDO   *pie*
      SĔRVIRE   *siervý*   ←   SĔRVO   *sie*
      DŎRMIRE   *duarmý*   ←   DŎRMO   *dua*
      CŎRNARE   *kuarné*   ←   CŎRNU   *kuar*
      PŎRTARE   *puarté*   ←   PŎRTO   *puat*

Como el propio Niederländer (1900: 20, 29) reconoce, las formas con diptongo se explican por analogía con voces en las que la vocal está en sílaba tónica[24]. El rumano parece haber sido bastante proclive a la eliminación de la alternancia *e ~ ie*. Generalmente la ha eliminado en favor de /ie/:

----

24 Sin embargo, es cierto que hay algunas formas en las que esto no parece tan claro (Niederländer 1900: 20; Fouché 1927: 24): SĔRMONE > *siermó*, CAEREFOLIU > *sierfúi*, PĔRDICE > *pietrí*. Ya hemos mencionado (cf. § 2.2) que en la D actual del francés de Quebec hay casos de D de vocales átonas, p. ej. *sablé* [sauble], *barré* [baurre], *mêlé* [meile], que podríamos comparar con los que se documentan en valón. Como argumenta Walker (1984: 70), esta D no es la esperable, ya que el fenómeno afecta a vocales largas y, por lo general, las vocales largas son tónicas también. Pero esta D del francés de Quebec puede ser también una D de vocales tónicas, como es lo esperado, si tenemos en cuenta que el francés popular conoce frecuentes retracciones del acento y numerosos casos de acento de insistencia, que pueden hacer que una vocal inicialmente átona llegue a ser suficientemente larga para poder diptongar (Walker 1984: 70). Quizá los casos del valón podrían explicarse de la misma manera.

(28)   /ie/ tónico   /ie/ átono
FĚRRU   fier   →   înfiera, fierar
FĚRVIT   fierbe   →   fierbinte, fierbător
AGNĚLLU   miel   →   mieluț, mielușel
PĚCTU   piept   →   pieptișor, pieptuț, pieptărel
PĚCTEN   pieptene   →   a pieptăna, pieptănuș

Es notable que, a pesar de que el rumano posee una morfofonología muy rica en alternancias vocálicas, el caso de *e ~ ie*, a diferencia de lo que sucede en otras lenguas románicas, como castellano, francés o italiano, no entra a formar parte de alternancias morfonológicas de esta lengua[25]. Por otro lado, en chicano también se ha producido la generalización del diptongo a las formas átonas. En concreto los diptongos /ie, uo/ se han extendido a todas las formas del verbo (Harris 1974: 18):

(29)   castellano estándar   chicano
       vuelo   volar   vuelo   vuelár
       vuelas   volamos   vuelas   vuelámos
       vuela   volaba   vuela   vuelába
       vuelan   volabas   vuelan   vuelábas
                  volé   vuelé
                  voló   vueló

Estos procesos de extensión analógica de los diptongos no impiden, sin embargo, que podamos reconstruir la situación inicial en la que los diptongos se producían fonológicamente sólo en sílaba tónica (cf. Malkiel 1980/81). Por otro lado, hay otros factores, como los que estudiaremos a continuación, que ponen de manifiesto claramente la relación entre D y acento y que son otras tantas manifestaciones de las jerarquías intrínsecas de la D.

5.2.10. POSICIÓN DEL ACENTO
Otro de los factores que han condicionado el desarrollo de la D de /ε, o/ ha sido la posición del acento. Con arreglo a la jerarquía que hemos trazado en § 2.3.5 la D empieza en los paroxítonos y se extiende a los proparoxítonos. En este proceso algunos proparoxítonos no han resultado afectados por el fenómeno.
Esto sucede en italiano, donde nos encontramos con palabras con diptongo frente a otras que carecen de él (Meyer-Lübke 1927: § 50):

---

[25] En MĚRGO > *merg* (a *merge*), VĚRSO > *vărs* (a *vărsa*) la nivelación fue, por motivos desconocidos, hacia la forma con monoptongo. Sólo encontramos resultados *mierg*, *viers* en los dialectos. Densusianu ha explicado las formas monoptongadas por analogía con formas en las que Ě era átona. Pero en rumano lo general es la generalización de /ie/ (Sampson 1985b: 338). La alternancia *ie ~ e* sólo se conserva, pero reflejada en el consonantismo, en el verbo *a lua*: LĚVO > *iau*, LEVAMUS > *luăm*. La causa de esta conservación sería que en este verbo las formas evolucionaron hasta perder el contacto entre ellas y considerarse casi como un paradigma supletivo (Sampson 1985b: 339 n.31).

(30)   PĔCORA   *pecora*   LĔVITU   *lievito*
        RĔ(I)CERE   *recere*   TĔPIDU   *tiepido*
        TĔNERU   *tenero*   FAESULAE   *Fiesole*
        CŎPHINU   *cofano*   NĔBULAE   *Nievole*
        MŎDULU   *modano*   SŎCERU   *suocero*
        MŎNACHU   *monaco*   HŎMINES   *uomini*
        ŎPERA   *opera*
        PŎPULU   *popolo*
        VŎMITAT   *vomita*

Aunque algunos casos de falta de D se consideran cultismos (cf. *Rohlfs* § 85, 107) y hay formas que tenían diptongo en italiano antiguo y luego lo perdieron, parece cierta una relativa debilidad de la D en este contexto (cuando estudiemos los aspectos particulares de la D en italiano trataremos la cuestión de los proparoxítonos con algo más de detalle, cf. § 5.3.7).

Malkiel (1984a) ha detectado también en castellano una tendencia a favorecer la D predominantemente en la sílaba penúltima, frente a la antepenúltima. En palabras de Malkiel (1984a: 218): "the place of the stress is crucial, with the penult model favoring the diphthong far more generously than has done its antepenult counterpart". Los ejemplos que demuestran este hecho no son muchos[26]:

(31)   *VŎLVITA   *bóveda*
        PĔRDITA   *pérdida*
        PĔRTICA   *piértega > pértiga*
        CAESPĬTE   **céspede > césped*
        PRAESTĬTU   *préstamo*, aragonés ant. *priéstamo*

Más adelante veremos que una situación similar se ha producido en dalmático en el caso de la D de /i, u, e, o/ y que algunos casos de falta de D de /ɛ/ en rumano pueden entrar dentro de esta misma explicación. Y ya hemos visto (cf. § 2.3.5) que la misma falta de D de los proparoxítonos se encuentra de manera sistemática en la D reciente del dialecto de Altamura.

---

26   Malkiel añade a esta lista los casos de *ie > i* en proparoxítonos (*niéspero > níspero*, *viéspera > víspera*, *Yéñego > Íñigo*, aunque reconoce que esta reducción se encuentra también en paroxítonos como *riestra > ristra*. Pero el cambio *ie > i* ha sido convincentemente explicado por Méndez Dosuna & Pensado (1986) como una absorción por coarticulación del contexto consonántico.
     Junto a los casos citados existen bastantes en los que el diptongo sí consiguió instalarse. Malkiel cita: *almúedano, muérdago, cuévano, miércoles, tuétano* (junto al dialectal *tútano*), *ciénaga, nuégado, La Liébana, buétago, cuérrago, piélago, ciliérveda, huérfano*. Malkiel atribuye la marginación de algunas de estas voces de la lengua general precisamente a la presencia del diptongo, que iría en contra de la tendencia de la lengua (p. ej. *buétago* y *cuérrago* son sustituidas por *bofe* y *cauce* respectivamente, cf. Malkiel 1984a: 220). Por otro lado, Malkiel cree ver un rechazo a la estructura *ié-e-x, ué-e-x* frente a la preferencia por *ié-a-o, ué-a-o*, estructuras en las que no habría ninguna tendencia a la disimilación y que estarían favorecidas por la extensión de los sufijos átonos *-ago, -alo, -ano, -aro* (cf. Malkiel 1984a: 227). No encontramos, sin embargo, motivo fonético que explique el rechazo por *ié-e-x, ué-e-x*. Por otro lado, de los casos con monoptongo mencionados arriba, uno presenta la estructura que debería favorecer el diptongo: *préstamo*. Además, como el propio Malkiel señala, la coexistencia del diptongo con la vocal /a/ en la sílaba postónica viene dada por el hecho de que es precisamente esta vocal la más resistente a la síncopa.

Estos datos, aunque escasos, demuestran que en los procesos de D de las lenguas románicas la jerarquía de posición del acento ha funcionado en la manera esperada, lo cual es una confirmación más de que se trata de fenómenos condicionados por la duración de las vocales.

5.2.11. ESTRUCTURA SILÁBICA

No ha escapado a la observación de los romanistas que la D ha estado condicionada en algunas lenguas por el tipo de sílaba, de manera que tenemos D ante SL, pero no ante ST. Como ya hemos dicho (cf. 2.3.), esto se debe a la tendencia universal a que las vocales duren más en SL que en ST. Y también hemos observado cómo este contexto se convirtió en *el* contexto por excelencia para la D, lo cual obligó a algunos autores a postular silabaciones inesperadas en las lenguas con D en ST (cf. § 4.1.2).

Aun reconociendo la importancia de la estructura silábica para la D, estamos viendo que no es este el único contexto relevante, sino uno más de los que forman las jerarquías de contextos de la D. Por otra parte, no es necesario ni está motivado postular que la D podría suceder sólo en SL. Lo que afirma la jerarquía de estructura silábica es que la D empezará por la SL y que podrá llegar, si las circunstancias son favorables, a la ST.

Hay algunas lenguas en las que la D ha alcanzado sólo a la SL. Es el caso del italiano, donde sólo se ha producido la D de /ɛ, ɔ/ en SL (Meyer-Lübke 1927: 22-24):

(32)	PĔDE	*piede*	LĔCTU	*letto*
	DĔCE	*dieci*	VĔRME	*verme*
	LĔVE	*lieve*	BĔLLU	*bello*
	VĔTAT	*vieta*	TĔSTA	*testa*
	FŎCU	*fuoco*	ŎCTO	*otto*
	MŎRIT	*muore*	MŎRTU	*morto*
	BŎNU	*buono*	CŎRVU	*corvo*
	NŎVU	*nuovo*	CŎRPU	*corpo*

Igualmente en francés la D de /ɛ, ɔ/ se ha producido predominantemente en SL (Bourciez & Bourciez 1967: §§ 46-47, 66-67):

(33)	FĔRU	*fier*	FĔRRU	*fer*
	PĔTRA	*pierre*	SĔPTE	*set*
	MŎLA	*meule*	PŎRCU	*porc*
	NŎVU	*neuf*	CŎLLU	*col*

Pero el proceso pudo ir más allá en francés y afectar también a algunos monosílabos con ST como FĔL > *fiel*, MĔL > *miel*, RĔM > *rien*, CŎR > *cœur*, AB HŎC > fr.ant. *avuec*. Ya hemos visto (cf. § 2.3.5) que el motivo de esta extensión de la D se debería a un aumento de la duración de la vocal en los monosílabos y que la posibilidad de que se hubiera producido una paragoge de -*e*, tal y como sucedió en italiano, rumano o sardo, no parece justificada en una lengua con un acento fuerte como era el francés. Por otro lado, el francés conocería otra vía de extensión de la D de /ɛ, ɔ/ ante determinados contextos palatales (p. ej. LĔCTU > *lieit* > *lit*). Generalmente se ha explicado este último fenómeno como una D condicionada diferente en su motivación de la D espontánea que acabamos de ver. De este fenómeno nos ocuparemos más

adelante e intentaremos demostrar que puede integrarse dentro del proceso general de D (cf. §
5.5).

Otras lenguas, como el castellano, rumano, friulano, retorromance y dalmático, tienen
D de /ɛ, ɔ/ en SL y ST. Valga por el momento con algunos ejemplos del castellano:

(34)   CAELU   *cielo*   FĔRRU   *hierro*
       PĔTRA   *piedra*   SĔPTE   *siete*
       MŎLA   *muela*   PŎRCU   *puerco*
       NŎVU   *nuevo*   CŎLLU   *cuello*

Aunque no queden huellas del proceso, podemos de suponer que también en estas
lenguas la D empezó por las vocales en SL y luego se extendió a las vocales en ST. Se trata
simplemente de lenguas en las que el proceso ha alcanzado plenamente a ambos contextos.

Por su parte, el proceso de D ya sólo pudo alcanzar a /e, o/ en algunas lenguas y por lo
general sólo a la SL. Por ejemplo en francés (Bourciez & Bourciez 1967: §§ 54-55, 72-73):

(35)   TĒLA   *toile*   CĬPPU   *cep*
       PĬRA   *poire*   CRĬSTA   *crête*
       NEPŌTE   *neveu*   CŌRTE   *cour*
       HŌRA   *heure*   BŬCCA   *bouche*

Igualmente sucede en dalmático (Hadlich 1965: 72-73):

(36)   ACĒTU   *akait*   STĒLLA   *stala*
       FĬDE   *faid*   STRĬCTU   *strat*
       SŌLE   *saul*   BŬCCA   *buka*
       CRŬCE   *krauk*   MŬLTU   *mult*

Aunque con menos intensidad, también parece que la D de /e, o/ encontró algunas vías
de extensión fuera de la SL. Por ejemplo en francés encontramos otro caso de monosílabo con
D en ST: TRĒS > *trois*. Igualmente en dalmático parece ser que /e, o/ diptongaron en algunos
casos con ST, especialmente, como señala Duraffour comparando esta situación con la del
francoprovenzal, cuando la sílaba estaba trabada por /r, l, s/ (Duraffour 1932: 59-60; Butler
1976: 226-227):

(37)   CANĬSTRU > *kaṇi̯astro*, *VĬRDIA > *vi̯ardz*, FŌRMA > *fu̯orma*, MŬSCA > *mu̯ask*,
       MŬSTU > *mu̯ast*, FŬRCA > *fu̯ark*, ŪRSU > *u̯ars*, PŬLPA > *pu̯alp*, ŬLMU > *u̯almo*

No es extraño que la D en ST se produzca especialmente ante /r, l, s/, que son
consonantes que permiten frecuentemente el alargamiento de la vocal (cf. la jerarquía de
contexto segmental, § 2.3.4). Tales procesos se encuentran con frecuencia en las lenguas
románicas. Ya hemos visto el caso de la evolución de /a/ en el dialecto de Imola (cf. § 5.2.8,
nota). Igualmente se ha producido en varios dialectos franceses. Por ejemplo en valón
(Niederländer 1900: 17-18, 28):

(38)   HĔRBA   i̯ep   DŎRMO   du̯a
       FENĔSTRA   feni̯es   CŎSTA   ku̯as
       FĔSTA   fi̯es   MŎRTE   mu̯ar

Una situación similar se encuentra en el francoprovenzal y en este caso afecta a todas las vocales medias /ɛ, ɔ, e, o/ (Duraffour 1932: 38-40)[27]:

(39)   NĔRVU   ni̯e   DŎRSU   rdu, rdœ
       TĔSTU   ti̯e   FŎRTIAS   fœse
       PĬSTOR   pei̯tre   CŬRTU   ku̯er

Igualmente el retorromance presenta casos de extensión de la D de /e, o/ que parecen haber seguido los contextos más favorables, es decir, ante /l, r, s/ (cf. Schorta 1938: §§ 42, 46, 47, 50, 62, 65, 66)[28]:

(40)   CĒRA   čai̯re   SĬLVA   si̯elve   TĬTTA   tete
       PĬRU   pai̯r   *SKERPA   ʃči̯erp   DIRĒCTU   dret
       SĒTA   sai̯de   CRĬSTA   krai̯ʃte   SĬCCU   seč
                               FŬRNU   fu̯ɔrn   CŬPPA   kope
                               CŬLPA   ku̯ɔlpe   BŬTTE   bot
                               MŬSCA   mu̯ɔʃče   RŬPTU   rot

Nos encontramos, por lo tanto, con la interacción de dos de las jerarquías que determinan el proceso de D, por un lado, la jerarquía de estructura silábica y, por otro, la jerarquía de contextos segmentales. La combinación de ambas permite entender el desarrollo de unos procesos de D iniciados en SL y que llegan a afectar a los casos más favorables de ST[29].

Hay que señalar que en la extensión de la D de /e, o/ en ST en dalmático (37), francoprovenzal (39) y retorromance (40), el resultado de estas vocales es en ocasiones el propio de /ɛ, ɔ/. A esta situación puede haberse llegado debido a la tendencia, señalada por Duraffour, al cambio de silabicidad de los diptongos en ST, en orden a conseguir en este contexto una forma más breve del diptongo. Sin embargo, sería difícil que se llegara a [i̯a, u̯a], como es el caso del dalmático, a partir de los diptongos [ai̯, au̯], que son diptongos óptimos según uno de los principios universales de Weeda (1983) (cf. § 1.4) y en los que el núcleo es máximamente perceptible y, por lo tanto, poco susceptible de convertirse en *glide*. En todo

---

27 Fankhauser (1911), que estudia el francoprovenzal del valle de Illiez (Cantón de Valais), señala que /ɔ/ se conserva en ST por /r/ (MŎRTE > mɔ) y se cierra en [u] en ST por /s/ (GRŎSSU > gru), mientras que /o/ se convierte en [œ] en ST por /r/ (FŬRNU > fœ), aunque no relaciona ninguna de estas evoluciones con la D (Fankhauser 1911: §§ 111-112, 118-119). Pero en Gruyère (antiguo condado de Suiza en el cantón de Friburgo) tenemos ɔ > u̯a, o > u̯a (CŎRNA > ku̯arna, FŬRNU > fu̯a) (Fankhauser 1911: 97). Y también en el valle de Illiez hay algunos casos de D de /o/ ante /r/: FŬRCA > fu̯ertsɔ, CUCŬRBĬTA > ku̯erda, PŬLPA > pu̯erpa; y también de /ɔ/: MŎDULU > mu̯erlo, ELEMŌSINA > amu̯erna (Fankhauser 1911: § 121).

28 El resultado de /o/ en SL es /u/ (COLŌRE > kelu:r, GŬLA > gu:le, VŌCE > gu:ʃ), que se interpreta como un cierre directo de la vocal después de que /u/ originario se anteriorizara en /y/ (Haiman 1988: 353).

29 En su momento veremos que también el provenzal oriental conoció una extensión de la D de este tipo (cf. § 5.5.10).

caso, si hay que partir de diptongos periferizantes descendentes en la evolución de /e, o/ en ST, sería necesario postular toda una serie de modificaciones sucesivas que pudieran crear las condiciones necesarias para el cambio de silabicidad que diera lugar a los diptongos [i̯a, u̯a]. Pero no hay que olvidar que es frecuente que las vocales en ST tienden a ser abiertas o laxas. Esto sucede, por ejemplo, en la pronunciación actual del castellano, donde /e, o/ tienden a ser [ɛ, ɔ] en ST, especialmente cuando la sílaba está trabada por /l, r/ (cf. Navarro Tomás 1932[4]: §§ 52, 59). Igualmente la distribución de las vocales medias en el francés estándar habla en favor de dicha tendencia. Por un lado, /ɛ/ se encuentra tanto en SL como en ST, mientras que su correlato más alto /e/ se halla sólo en SL. Por otro lado, /ø, o/ se dan tanto en SL como en ST, pero las correspondientes medias bajas /œ, ɔ/ se producen sólo en ST (Walker 1984: 23). Y también en inglés (al menos en inglés americano) encontramos en ST vocales tensas y laxas, mientras que en SL sólo aparecen las tensas (Ladefoged 1982[2]: 80-82). Esta tendencia a preferir las vocales bajas o laxas en ST podría explicar la coincidencia que hemos observado en algunas lenguas entre la evolución de /e, o/ en determinados casos de ST y la de /ɛ, ɔ/. Incluso en alguna de estas lenguas, como es el caso del francoprovenzal, tenemos la abertura de /e, e/ ante /r/ (Fankhauser 1911: § 79): HIBĔRNU > ivæ, FĔRRU > fæ, VĬRĬDE > væ, *VĬRIDA > verda, CĬRCAT > tsertsə, FABRĬCA > faverdzə.

Hasta ahora hemos visto la extensión de la D de las vocales medias. Por último, hay que señalar que el proceso de D alcanzó a /i, u/ ya sólo en unas pocas lenguas o dialectos entre los que destaca el dalmático, donde pudo realizarse sólo en SL (Ive 1886: 153; Hadlich 1965: 72-73):

(41) AMĪCU   amai̯k   QUĪNQUE   tʃenk
      DĪCO   dai̯k   MĪLLE   mel
      PĬLA   pai̯l   *RIHHI   rek
      LŪNA   loi̯na   IŪSTU   jost
      CRŪDU   kroi̯t   EXSŪCTU   sot

En definitiva, hemos observado cómo la estructura silábica ha sido decisiva en la evolución de la D en las lenguas románicas de acuerdo con lo que predecía la jerarquía universal, pero hemos matizado que, en contra de lo que ha sido práctica habitual en buena parte de los romanistas, no se trata del único contexto relevante en el proceso.

5.2.12. TIPO DE VOCAL

Otro factor que ha resultado determinante en la evolución de la D en las lenguas románicas ha sido el tipo de vocal. Acabamos de ver cómo la intensidad del fenómeno ha sido distinta según de qué vocales se tratara. Tal intensidad parece haber estado condicionada por una combinación de dos factores: abertura y color de las vocales. En las lenguas románicas la D más extendida es la de /ɛ, ɔ/, que son vocales laxas y las más abiertas, si exceptuamos la vocal /a/, que en nuestras lenguas suele ser central (dejando de lado la tendencia a la palatalización en francés, retorromance y parte del norteitaliano (*Rohlfs* § 19) y, más recientemente, en el suditaliano oriental (Loporcaro 1987: 44-46) y en algunos dialectos portugueses (Kröll 1994) y la velarización del dalmático). Las vocales /ɛ, ɔ/ parecen haber estado más disponibles a la D precisamente por ser intrínsecamente largas.

En segundo lugar se encuentran /e, o/, que diptongan en dalmático, francés, francoprovenzal, retorromance, friulano y norteitaliano. Estas vocales son el punto siguiente en la escala que combina grado de abertura y color, por eso han diptongado sólo en aquellas lenguas que han desarrollado un acento más fuerte.

En último lugar se encuentran /i, u/, que son las vocales de mayor color, pero de menor grado de abertura. Estas vocales han diptongado en menos lenguas y con menor intensidad.

En definitiva, la D en las lenguas románicas parece haber sido un proceso altamente condicionado por la duración intrínseca de las vocales, con la restricción de que la vocal intrínsecamente más larga, es decir /a/, no ha diptongado por ser una vocal central. Sin embargo, como ya hemos apuntado (cf. § 5.2.8, nota), parece que hay argumentos para pensar que la evolución *a* > *e* que se encuentra en algunas lenguas habría sido una D. Volveremos sobre el asunto al tratar de la D en francés (cf. § 5.5.2).

5.2.13. ACENTO DE FRASE

Aunque no haya dejado muchas huellas, también es de suponer que la D empezaría afectando a las vocales que se encontraran bajo el acento de frase, ya que en ese contexto la duración de las vocales aumenta. Una vez que el proceso dejara de ser puramente alofónico los casos con D aparecerían también en las partes menos acentuadas de la frase. Sin embargo, habrían quedado algunos restos de la fase alofónica en formas que no han diptongado o en casos en los que tenemos un doblete entre una forma con diptongo y otra sin él: por ejemplo, la alternancia que se observa en el francés antiguo entre casos como *li bons pedre* y *li pedre est buens* (Meyer-Lübke 1934[4]: § 35). De entre las formas modernas, generalmente se explican como fruto de este factor casos como los siguientes:

(42)   en francés ĔT > *et*, ĔS > *es* (junto al ocasional fr.ant. *ies*), MĒ > *me, moi*, TĒ > *te, toi*, SĒ > *se, soi*, DĒ > *de*, NŌS > *nous*, VŌS > *vous* (Bourciez & Bourciez 1967: §§ 46, 54, 72)

en castellano ĔST > *es* frente al leonés y aragonés *ye* (Menéndez Pidal 1940[6]: § 116); *Conde Fernán Gonçález* (vs. ant. *cuende*), *Fontefrida* (vs. *fuente*) (Malkiel 1980/81: 51); PŎST > *pues*, vulgar *pos*, ĔT > ant. *e*, IN PŎST > ant. *empós*, AD PRĚSSU > ant. *aprés* (Torreblanca 1989)

igualmente se explican algunos casos del italiano: BĔNE > *bene* (Umbria *biene*), **S-ĔS* > it.ant. *siei*, mod. *sei*, ĔRAT > it.ant. *iera*, mod. *era*, PŎST > *poi* (cf. Meyer-Lübke 1927: 37, 39)

Ya hemos visto que también se documentan alternancias entre formas con diptongo y sin diptongo en función del acento de frase en algunos dialectos italianos y en el francés de Quebec (cf. § 2.3.2).

5.2.14. CONCLUSIÓN

La D en las lenguas románicas se manifiesta como un proceso fonológico de reforzamiento de unas vocales tónicas favorecido en una serie de contextos en que la duración de estas vocales aumenta, pudiendo segmentarse fácilmente.

Hemos comprobado que las Ds en las lenguas románicas se ajustan a las jerarquías universales de los procesos de D. Dentro de este marco, cada lengua ha alcanzado un grado distinto del fenómeno. Por un lado, hay más Ds en las lenguas que más se aproximan al ritmo acentual. Esto es una manifestación del aumento de intensidad en la sílaba tónica que crea las condiciones necesarias para que un mayor número de vocales pueda diptongar y se ve acompañado del correspondiente debilitamiento de las vocales átonas. La D ha empezado por las vocales más abiertas /ɛ, ɔ/ y se ha extendido progresivamente a vocales menos abiertas. Por último, la D ha afectado en su desarrollo en primer lugar a los contextos más favorables, como

es la SL. Hemos observado que en varias lenguas la D de algunas vocales ha sido general en
SL y se ha extendido a algunas sílabas trabadas por /l, r, s/. Este fenómeno es un reflejo de la
jerarquía de contexto segmental: las vocales han diptongado en sílabas trabadas por
consonantes que favorecían su alargamiento.

En definitiva, la historia de la D en las lenguas románicas presenta unas líneas
generales comunes que permiten estudiar todas sus manifestaciones dentro de un marco único.
Aunque no resulte evidente a primera vista, es posible incluir dentro de tal marco algunos
fenómenos como la D ante (-*i*, -*u*) del suditaliano y la D ante palatal del galorromance, como
intentaremos demostrar en el estudio particular de cada una de las lenguas.

5.3. La diptongación en castellano, dalmático, rumano, friulano e italiano

Todas estas lenguas, a excepción del italiano, llevaron hasta sus extremos la D de /ɛ,
ɔ/. Esto quiere decir que diptongaron estas vocales en SL y ST y sólo quedaron fuera de la D
aquellos casos en que /ɛ, ɔ/ sufrieron cambios por factores diversos (como el cierre ante palatal
en castellano o la confusión de ŏ con ō en rumano). Frente a ellas, el italiano sólo conoció la D
en SL y representa, dentro de las lenguas con D, la que menos ha desarrollado el proceso. Las
estudiamos conjuntamente en este apartado porque, aun presentando problemas particulares que
discutiremos y aun habiendo sido interpretadas de maneras diferentes, tienen en común el
hecho de no entrar dentro de la problemática concreta de la supuesta D condicionada por (-*i*, -*u*)
o por contextos palatales. Las lenguas que sí se verían afectadas por estos fenómenos serán
estudiadas posteriormente (cf. §§ 5.4, 5.5).

Como ya hemos dicho, es nuestra intención poner de relieve las líneas comunes de la
evolución. Por eso no trataremos con detalle la situación definitiva de los diptongos en cada una
de las lenguas (aspectos que pueden consultarse en las respectivas gramáticas históricas), sino
que nos concentraremos en todos aquellos aspectos que ponen de manifiesto la adecuación del
proceso global a las jerarquías universales de la D.

5.3.1. CASTELLANO

En castellano tenemos D de /ɛ, ɔ/ en SL y ST:

(43)	MĔTU	*miedo*	FĔSTA	*fiesta*
	CAELU	*cielo*	SĔPTE	*siete*
	RŎTA	*rueda*	CŎRPU	*cuerpo*
	FŎCU	*fuego*	FLŎCCU	ant. *flueco*

La presencia de los diptongos en la ST, así como la falta de D de /e, o/ parece haber
invitado a algunos autores a buscar explicaciones para la D castellana distintas de una D por
alargamiento. En concreto, Alarcos (1958a) propone una explicación de sustrato. Según este
autor, los hablantes vascos no conocerían más que tres grados de abertura en su sistema
vocálico y ante el sistema de cuatro grados que tenía el latín tenderían a reunir todas las medias
en sus dos únicas vocales de ese tipo. Posteriormente se harían conscientes de las diferencias
del latín e intentarían reproducirlas, pero sin demasiado éxito, dando lugar a la fragmentación

de las medias abiertas en [eɛ, ɔɔ] y esta primera fragmentación acabaría por dar origen a los diptongos /ie, ue/ (Alarcos 1958a: 2-3).

A propósito de la hipótesis de Alarcos, lo mismo que a propósito todas las demás que intentan explicar la D de /ɛ, ɔ/ en una lengua románica por motivos independientes a los de las demás lenguas, podemos recordar las palabras que Alonso (1962) dedicaba a la hipótesis de superestrato de Wartburg:

Desde un punto de vista lógico no hay —como dijimos— repugnancia absoluta a admitir tres causas distintas en países distintos, para un mismo efecto en los tres. Pero a nuestro sentido común se le hace duro. (Alonso 1962 [1972]: 50)[30]

En contra de los que creen que es necesario explicar la D de forma diferenciada para cada lengua, hemos visto (cf. § 5.2) que los hechos romances pueden encuadrarse dentro de un marco general y que los resultados de cada lengua no son más que las manifestaciones particulares (los distintos grados) que el proceso alcanza en cada una. En concreto, el castellano ocupa un puesto intermedio en la evolución hacia el ritmo acentual, lo cual se refleja bien en su falta de D de /e, o/.

Más recientemente, Terry (1980) ha retomado la idea de Alarcos y la ha completado con la vieja idea de que la D tendría lugar exclusivamente en SL. En este sentido, Terry argumenta que en castellano la D habría podido imponerse en ST gracias a una tendencia del castellano hacia la SL, manifestada en diferentes tipos de evoluciones, como son la pérdida de geminadas y el debilitamiento de consonantes implosivas (la idea está en Alonso 1945 y Malmberg 1948).

Aunque la tendencia señalada por Malmberg existe y es una manifestación más de la preferencia universal por el tipo silábico CV.CV, no hay necesidad de postular reducciones extremas de las consonantes o silabaciones antinaturales para explicar la D, ya que nada impide que, si se dan las circunstancias necesarias, es decir, si el proceso de D es lo suficientemente intenso, las vocales puedan diptongar también en ST, como por ejemplo en FĔSTA > *fiesta* o en el rumano SĔPTE > *siepte* > *şapte*, donde no ha habido ninguna reducción de la consonante implosiva.

El hecho de que el castellano diptongue también en ST (fenómeno que comparte con el rumano, el dalmático y el friulano) no significa que el proceso no haya estado sometido, como en las demás lenguas, a condicionamientos derivados de la duración de las vocales. De hecho, aún pueden rastrearse algunos de estos condicionamientos.

En concreto, Malkiel (1980/81: 50) y Torreblanca (1989, quien señala que la idea había sido formulada ya por Hanssen) muestran cómo la D en castellano está estrechamente ligada al acento. Esto explica las formas dobles en casos como EST > ant. *ies, es*, DOMINU > *dueño, don*, DOMINA > *dueña, doña*, donde las formas con diptongo serán las propias de los

---

30 Alonso (1962), a pesar de su crítica a la hipótesis de Wartburg, acaba considerando que la de Alarcos "no es sino muy razonable" (1962 [1972]: 69) y rechaza "las explicaciones a base de una sola linterna iluminadora" (id.). En su opinión, en la D romance habrán influido factores muy diversos (MET, D ante yod, D favorecida por determinados contextos consonánticos, sustrato o superestrato, D espontánea) junto con una tendencia a la generalización y homogeneización de los fenómenos condicionados.

Dámaso Alonso aplica la metáfora de "una sola linterna iluminadora" a la hipótesis metafónica de Schürr. La hipótesis que proponemos aquí se basa también en una sola linterna (la duración de las vocales) que, sin embargo, posee muchos focos, como son las jerarquías universales de los procesos de D, que reflejan los múltiples condicionamientos de la duración de las vocales. Creemos que con esta luz es posible iluminar la mayoría de los aspectos sustanciales del proceso.

contextos en los que estas palabras son plenamente tónicas, mientras que las formas sin diptongo resultan de contextos con menos acento. Esta situación no se limita a los casos citados, sino que se encuentra en aquellas palabras que se unen a otras y pierden su acento, como sucede en los títulos o categorizadores: *Conde Fernán Gonçález* junto al ant. *cuende*, *Fontefrida* (*fuente*), *Portoviejo* (*puerto*) (Malkiel 1980/81: 51).

Junto a esta limitación de los diptongos a las sílabas plenamente tónicas, que habla en favor de un auténtico proceso fonológico de reforzamiento, más que de una deficiente imitación de sonidos extraños, aún podemos encontrar otra manifestación del verdadero carácter de la D castellana como D por alargamiento. Igualmente ha sido Malkiel (1984a) el descubridor de una tendencia en castellano a la falta de diptongo en los proparoxítonos (p. ej. *bóveda, pérdida, préstamo*, cf. § 5.2.10, donde lo hemos discutido con más detalle). Este fenómeno pone nuevamente de manifiesto que la D tiene lugar cuando se dan las circunstancias favorables para el alargamiento de la vocal.

En definitiva, la D en castellano ha seguido modelos compartidos con otras lenguas y siempre dentro de los límites propios de una D por alargamiento. En las páginas siguientes comprobaremos que la D en ST se encuentra en otras lenguas como el rumano, el dalmático o el friulano, para algunas de las cuales ha habido intentos de explicaciones particulares. Junto a estas hay otras lenguas que presentan una fase intermedia en el desarrollo del proceso, con la extensión de la D a determinadas STs, en concreto antes /l, r, s/: esta es la situación del valón (cf. (38) § 5.2.11). Nos encontramos, por lo tanto, con distintas manifestaciones de la intensidad del proceso. Las lenguas con D en ST han desarrollado completamente la D en la dirección predicha por la jerarquía de estructura silábica. Las lenguas con D en SL se han quedado en la primera fase del proceso, mientras que lenguas como el valón dan testimonio del proceso de desarrollo desde un extremo al otro de la jerarquía. Esto demuestra que la D del castellano no es un fenómeno aislado dentro de la Romania, lo cual queda confirmado también, si tenemos en cuenta que muestra restricciones comunes con otras lenguas (debilidad de la D en los proparoxítonos, falta de D fuera del acento de frase). Dados estos rasgos que agrupan la D del castellano con la de otras lenguas románicas y siempre dentro de las líneas generales del proceso, que ya hemos trazado, creemos que no hay motivos para buscar una explicación a este fenómeno fuera del marco de la D románica de /ɛ, ɔ/.

5.3.2. CASTELLANO: NO DIPTONGACIÓN EN CONTEXTO PALATAL

Vamos a tratar ahora de una peculiaridad de la D castellana. Frente a una serie de lenguas en las que la D parece haberse visto favorecida ante determinados contextos palatales, como es el caso fundamentalmente del provenzal y del francés (cf. § 5.5), el castellano, sin embargo, presenta la situación totalmente contraria, es decir, la falta de D precisamente en esos mismos contextos palatales. Este doble comportamiento dentro de la Romania (D frente a falta de D) es un problema grave para cualquier hipótesis sobre la D. Si se analiza la cuestión desde el punto de vista de lenguas como el francés o el provenzal, donde el fenómeno se considera normal y provocado precisamente por la palatalidad, la situación del castellano es difícil de comprender. Lo contrario sucede, si miramos la situación desde el castellano.

Meyer-Lübke (1890: § 153) piensa que el mismo contexto podría producir dos efectos distintos, es decir, D en el caso de la mayoría de las lenguas y cierre en el caso del castellano. Sin embargo, no parece posible admitir que tanto la D como la inflexión sean causadas por la palatalidad. De hecho, para el cierre de las vocales ante contextos palatales tenemos una buena explicación fonética. Como demuestra Pensado (1985), el cierre de las vocales es un aumento en el parámetro de tensión de las vocales. En el rasgo de tensión se relacionan diferentes aspectos fonéticos, como son el adelantamiento de la raíz de la lengua, la duración y la altura vocálica. Los sonidos palatales se caracterizan por tener una posición adelantada de la raíz de la lengua y causan sobre las vocales un movimiento en dicho sentido. Este es su efecto principal y a él se une el de cierre, en un proceso por el que las vocales se vuelven más tensas. Esto explica perfectamente que en castellano las vocales no diptonguen ante palatales, ya que la D de /ɛ, ɔ/ es un proceso que afecta a vocales laxas. Además este fenómeno no es nada raro. Por ejemplo, se encuentra en parte del *Umlaut* de las lenguas germánicas, que se produce no sólo ante (-*i*), sino también ante [j] de la sílaba siguiente: en el *Umlaut* más antiguo tenemos lat. MEDIUS > gótico *midjis*, alto alemán ant. *mitti*, inglés ant. *midd*, islandés ant. *miðr* (Sonderegger 1959: 3). Igualmente en algunas variedades del neerlandés moderno puede observarse la evolución *mondje* > *munje*, *handje* > *hendje* (cf. van Dantzig 1929: 62). Y pueden encontrarse otros ejemplos en Bhat (1974). Dado que el fenómeno del castellano tiene una clara explicación fonética, habría que preguntarse si sucede lo mismo con la D ante palatal. En su momento nos ocuparemos de este asunto y veremos cómo puede integrarse dentro de nuestra reconstrucción; por el momento podemos adelantar que la D en estos casos no se debe a la palatalidad, sino a un factor totalmente distinto (cf. § 5.5).

A continuación vamos a ocuparnos de la situación del castellano y analizaremos algunos aspectos de la evolución de las vocales ante contextos palatales que nos serán útiles a la hora de abordar el problema de la D de las demás lenguas. La evolución de las vocales castellanas es la siguiente (Menéndez Pidal 1940[6]: §§ 8bis.4, 10.3, 13.3):

(44)

SPĔCULU	*espejo*	FŎLIA	*hoja*
INGĔNIU	ant. *engeño*	SAXŎNIA	*Sansueña*
MĔDIU	ant. *meyo, meo*	HŎDIE	*hoy*
NĔRVIU	*nervio*	NŎVIU	*novio*
LĔCTU	*lecho*	NŎCTE	*noche*
MATĔRIA	*madera*	CŎRIU	*cuero*

Para analizar correctamente estos datos es necesario distinguir entre yod a distancia y yod en contacto, al igual que se hace en francés (Pensado 1984: 463)[31]. En un caso la vocal tónica evoluciona individualmente, aunque condicionada por el sonido palatal, mientras que en el otro la vocal tónica se une con la yod y forma con ella un diptongo descendente que evoluciona como tal. Esta distinción puede observarse con mayor claridad en portugués (Huber 1933 [1986]: § 85, 93; *Lausberg* § 207; Williams 1962[2]: §§ 34-35, 37-38):

(45)

	sin formación de diptongo		con diptongo
NĔRVIU	*n*[e]*rvo*	PĔCTU	*peito*
FŎLIA	*f*[o]*lha*	*MŎRIO	ant. *moiro*
VINDĒMIA	*vindima*	STRICTU	*estreito*
TESTIMŌNIO	*testemunho*	AUGŬRIU	*agoiro*

En los ejemplos del portugués, cuando la yod se une a la vocal tónica, forma con ella un diptongo que en esta lengua se conserva descendente /ej̯, oj̯/, mientras que cuando tal unión no tiene lugar, las vocales medias pueden cerrarse en un grado: ɛ, ɔ > *e, o* junto a *e, o* > *i, u* (el cierre no siempre tiene lugar, especialmente entre las vocales medias altas, ya que junto a

---

31   Aunque hemos incluido los casos de yod en contacto y yod a distancia bajo el epígrafe de "contexto palatal", hay que señalar que en la evolución con yod en contacto lo fundamental no es la palatalidad, sino la formación de diptongo. La prueba es que nos encontramos con el mismo tipo de efectos en los casos de wau en contacto (volveremos sobre esta cuestión en § 5.5.1).

testemunho tenemos CICŌNIA > *cegonha*; e igualmente en el caso de formación de diptongo tenemos, junto a *agoiro*, otros casos como INTRŌITU > ant. *entruido*, cf. Williams 1962[2]: § 38.2).

Sin embargo, hay que decir que el término 'yod en contacto' no es absolutamente transparente, ya que tenemos casos en que habría aparecido una yod junto a la vocal tónica, pero sin que lleguemos a tener una evolución propia de un diptongo descendente. Por ejemplo, CŌRIU y ŌCTO dan respectivamente en portugués *coiro* y *oito*. En ambos casos se ha formado un diptongo. Sin embargo, en castellano la evolución de CŌRIU > *cuero* refleja la formación del diptongo, como comentaremos después, pero no sucede lo mismo en ŌCTO > *ocho*, cuya evolución habrá sido ŌCTO > *$o_i$to* > *$o_i$to* > *o_it^{j}o* > *ot^{j}o* > *ocho* (Krepinsky 1923: 91; Pensado 1984: 486), donde la yod en contacto fue absorbida por la consonante palatal (Pensado 1984: 489, 513). Es decir, es posible que determinadas consonantes palatales absorban la yod e impidan la formación del diptongo. Con algunas consonantes, especialmente con /ʎ, ɲ/, son posibles tanto la evolución con diptongo, como la absorción de la yod. Por ejemplo, en francés CONSĬLIU > *conseil* (<il> representaba la antigua /ʎ/, actualmente /j/) no tenemos formación de diptongo, sin embargo, en los dialectos orientales encontramos CONSĬLIU > *consoil*, VERMĬCŬLU > *vermoil*, SOLĬCŬLU > *soloil* (Nyrop 1935[4]: § 207; Bourciez & Bourciez 1967: § 58), donde se habría formado el diptongo *e$_i$* > *o$_i$*. Por lo que respecta a /ɲ/ tenemos yod en francés siempre que /ɲ/ no queda en posición intervocálica: SĬGNU > *sein*, CŬNEU > *coin* frente a TĬNEA > *teigne* (<ign> = /ɲ/), VERECŬNDIA > *vergogne* (cf. Pope 1934 [1952]: §§ 311, 293; *Lausberg* §§ 417, 447; Nyrop 1935[4]: §§ 229-230). Incluso cuando está en posición intervocálica aparecen casos con formación de diptongo en algunos dialectos, como demuestran las rimas *Alemaigne : enseigne, compaigne : enseigne* y en dos formas que han quedado en la lengua literaria: CASTANEA > *châtaigne*, ARANEA > *araigne* (mod. *araignée*) (Nyrop 1935[4]: § 229). Como veremos, esta doble posibilidad también parece haber actuado en castellano.

Pasemos ahora a analizar los datos castellanos recogidos en (44). En primer lugar, separaremos los casos con formación de diptongo de los casos con yod a distancia. En el caso de /ɔ/ esto es fácil, ya que los resultados son totalmente distintos en cada caso: en el primer supuesto tenemos /u̯e/ (*Sansueña, cuero*), mientras que en el segundo tenemos /o/ (*hoja, hoy, novio, noche*). Sin embargo, el resultado de /ɛ/ es el mismo en las dos circunstancias: *espejo, engeño, meyo, nervio, lecho* y también *madera*. En el caso de *madera* se habrá pasado por una fase con el diptongo *ɛ̯i*, que posteriormente monoptongaría. Tal fase con diptongo descendente se conserva en IN PĔCTINE > *empeine*, SĔX > *seis* (Pensado 1984: 487, 495).

Cuando se forma un diptongo descendente por unión de la yod con la vocal tónica, se produce en castellano una confusión de las alturas vocálicas de /ɛ, ɔ/ y /e, o/ (Alarcos 1965: 947-948; Pensado 1984: 465; 1989: 351)[32]. Esto da lugar a que las secuencias [ɛ̯i, ɔ̯i] evolucionen como [e̯i, o̯i]:

(46)   PĔCTU   *pecho*   =   STRĬCTU   *estrecho*
       CŌRIU   *cuero*   =   AUGŬRIU   *agüero*

Ya hemos dicho que la evolución de [ɛ̯i] y paralelamente la de [e̯i] acaban en la monoptongación. Por su parte, en [ɔ̯i, o̯i] nos encontramos con la evolución *o̯i* > *u̯e*. Casos como *Sansueña* o *cuero* son explicados por Menéndez Pidal (1940[6]: § 13.3), el primero como D normal por falta de inflexión y el segundo como adaptación de **oe* (procedente de **oi*) al diptongo más frecuente /u̯e/. Pero la comparación con otros casos en los que la vocal tónica era

---

[32] Lo mismo sucede con wau en contacto: MĔU > ant. *mió* = -ĒV(I)T > -*ió* (cf. Pensado 1989: 351).

/o/ (CICŌNIA > *cigüeña*, AUGŬRIU > *agüero*) y donde, por lo tanto, no cabe la posibilidad de una D en castellano, permiten adoptar la interpretación de una confusión de altura vocálica ante yod. Las fases intermedias en la evolución de [ɔi̯, oi̯] habrán sido o̯i̯ > oe̯ > ǫe > u̯e (Pensado 1984: 463, 501; 1989: 351). El mismo desarrollo se encuentra en la evolución de /e/ en SL en francés, así como de /e, o/ + yod en contacto (FĪDE > *foi*, FĒRIA > *foire*, DORMITŌRIU > *dortoir*: ei̯ > oi̯ > oe̯ > ǫe > u̯e > u̯a). El cambio de silabicidad oe̯ > ǫe responde, como todos los que ya hemos visto, al principio de perceptibilidad: en este caso se produce en una fase en la que tanto núcleo como *glide* poseían una perceptibilidad intrínseca similar, lo cual favorecería la aparición de un diptongo creciente empezando por aquellos casos y estilos en los que la duración permitida a las sílabas tónicas se redujera. En el caso del castellano contribuiría probablemente a la evolución la frecuencia del diptongo /u̯e/ procedente de la D de /ɔ/.

Hemos mencionado la posibilidad de que en un mismo contexto tengamos evoluciones con yod y sin yod. Esto parece suceder en el caso de /ɲ/ (47). Incluso en ocasiones tenemos las dos posibilidades para la misma palabra (48) (cf. Pensado 1984: 277-279):

(47)

	con yod		sin yod
SŎMNIU, SŎMNU	*sueño*	*MOROTŌNEU	*madroño*
LŎNGE	*lueñe*	CALŬMNIA	*caloña, caluña*
CICŌNIA	*cigüeña*	*SUMPŌNIA	*zampoña*
FAVŌNIU	*fagüeño*	CŬNEA	*cuña*
VERECŬNDIA	ant. *vergüeña*	TESTIMŌNIU	*testimoño, testimuño*

(48)

VITŌNEU	*vidueño*		*viduño*
CICŌNIA	*cigüeña*		ant. *cigoña*

En el caso de /ʎ/ (> /x/) Alarcos (1965: 949) también supone la alternancia de formas [lʲj ~ jlʲ ~ jj] y señala que en casos como OVĬCŬLA > *oveja* la evolución podría ser tanto la del diptongo [ei̯], como la de una absorción temprana de la yod en la consonante, mientras que en FENŬCŬLU > *hinojo*, ŎCLU > *ojo*, FŎLIA > *hoja* la yod se absorbió siempre antes de dar paso a la posible evolución del diptongo [oi̯, ɔi̯]. Esta doble posibilidad de evolución con y sin yod tiene relevancia, como veremos en su momento, en la interpretación de los hechos del francés (cf. § 5.5).

Por otro lado, tenemos los casos de (44) en los que no se forma un diptongo por unión de la yod con la vocal tónica: *espejo, engeño, meyo, nervio, lecho, hoja, hoy, novio, noche*. Aquí la D no llegaría a producirse porque /ɛ, ɔ/ se cerrarían en /e, o/ debido a las características articulatorias de los sonidos palatales (cf. Pensado 1985)[33].

La falta de D del castellano en estos casos es un claro contraejemplo a la hipótesis de Schürr de una D panrománica condicionada por la MET y la palatalizacion. Para salvar esta dificultad Schürr supone que el castellano habría tenido D condicionada y monoptongaría muy pronto sus diptongos. El castellano tendría entonces /e, o/ procedentes de la monoptongación de los diptongos metafónicos, junto a /ɛ, ɔ/ etimológicas en los contextos no metafónicos y en su extensión hacia el sur se encontraría con los dialectos mozárabes, en los que se habría efectuado una generalización de los diptongos inicialmente condicionados. En contacto con

---

33 Sí tenemos D en los grupos que evolucionaron muy pronto y dieron como resultado /ts, dz/ (> /θ/): *PĔTTIA > *pieza*, *BETTIU > *biezo*, TĔRTIU > *Tierzo* (Menéndez Pidal 1940⁶: § 53.4), *BERTIU > *briezo* (DCECH) > *brizo*, FŎRTIA > *fuerza*, LĔNTEU > *lienzo*, SCŎRTEA > *escuerzo*, *CĔRCIU > *cierzo*, POST-CŎCCEU > *pescuezo*, DĔCE > *diez*, *ADMŎRDIU > *almuerzo*, BĔRGIDU > *Bierzo*.

tales dialectos el castellano habría sustituido sus vocales /ɛ, ɔ/ por los diptongos (Schürr 1970a: § 82). Como argumenta Alonso (1962 [1972]: 67), la dirección del influjo desde el mozárabe hacia el castellano es altamente improbable, ya que el castellano en su expansión impone su norma, más que aceptar la de las otras lenguas. De cualquier forma, la teoría de Schürr falla por su base, ya que el proceso fonético que propone para explicar la D condicionada no tiene ningún viso de probabilidad, como demostraremos en su momento (cf. § 5.4; Sánchez Miret 1998).

En resumen, el castellano presenta una D limitada a /ɛ, ɔ/, pero con expansión hasta la ST. Tal extensión del fenómeno no es única dentro de la Romania y no hay motivos para considerar que el fenómeno castellano debe ser explicado de manera distinta a la de las demás lenguas. Por otro lado, algunos sonidos palatales influyeron sobre /ɛ, ɔ/ cerrándolas e impidiendo su D. Este comportamiento del castellano ha sido considerado sorprendente, frente a la D que presentan otras lenguas como el provenzal o el francés, sobre todo teniendo en cuenta que el provenzal parece diptongar precisamente sólo en esos contextos en los que el castellano no lo hace. En su momento veremos que esta aparente contradicción puede explicarse dentro de la teoría general que aquí proponemos (cf. § 5.5).

5.3.3. DALMÁTICO

El dalmático se divide en dos dialectos desigualmente conocidos. Por un lado, el hablado en una parte de la isla de Veglia (= Krk), por otro, el dialecto de Ragusa (= Dubrovnik), que se habló en esta ciudad hasta el siglo XV (Muljačić 1971: 399). Las diferencias existentes entre los dos dialectos se deben, en parte muy importante a la diversa cronología de las influencias croatas y venecianas. En Ragusa la influencia croata es más tardía que en Veglia, mientras que la veneciana es anterior. Esto tiene como consecuencia fundamental que el dialecto de Veglia pudo llevar a cabo su amplio proceso de D sin sufrir la influencia contraria del veneciano (Muljačić 1971: 402-403). En lo que sigue se entiende por dalmático el dialecto de Veglia.

El dalmático presenta rasgos característicos del ritmo acentual: síncopa generalizada de las vocales postónicas interiores (DĪCĔRE > dekro, PĔCTĬNE > piakno), frecuente pérdida de las pretónicas y caída de las vocales finales (excepto -a, -i), p. ej. MALE > mul, MĪLLE > mel, DĔCEM > dik, DĪCO > daik, FŎCU > fuk (Muljačić 1971: 405). Junto a estas manifestaciones de debilitamiento de las sílabas átonas nos encontramos con numerosas Ds, que hacen del dalmático la lengua más representativa de la evolución hacia el ritmo acentual[34]:

(49)

SL		ST	
DĪCO	da̱ik	MĪLLE	mel
DŪRU	do̱ir	EXSŪCTU	sot
CĒNA	ka̱ina	PĬSCE	pask
NŬCE	na̱uka	FŌRMA	furma, fu̯orma
DĔCE	dik	PĔCTU	pi̯at
FŎCU	fuk	MŎRTE	mu̯art
CAPUT	kup, ku̯op	PALMA	pulma, pu̯olma

En esta lengua todas las vocales experimentan una evolución diferente según se encuentren en SL o ST, quizá con la exclusión de /a/, cuyo comportamiento no está

---

[34] No hemos podido consultar Bartoli (1906). Los datos provienen de Ive (1886), Hadlich (1965), Vihman (1968/69) y Butler (1976).

suficientemente esclarecido. A continuación vamos a repasar la evolución de cada una de las vocales.

En primer lugar, /u/ se habría anteriorizado hasta convertirse en /y/, como lo prueba el hecho de que tengamos palatalización de /k/ ante esta vocal, como en OBSCŪRU > stʃoir̯ (Hadlich 1965: 47; Butler 1976: 222). Después de esto tendríamos la D de /i, y, e, o/ en SL:

(50) /i/ > ii̯ > ei̯ > ai̯   SPĪNA > spai̯na
      /y/ > øi̯ > oi̯   LŪNA > loi̯na
      /e/ > ei̯ > ai̯   PĬRA > pai̯ra
      /o/ > ou̯ > au̯   CORŌNA > korau̯na

Las vocales medias bajas /ɛ, ɔ/ diptongaron tanto en SL como en ST, aunque el resultado final, sin embargo, es diferente en cada uno de los dos contextos (Hadlich 1965: 40; Butler 1976: 222). En SL nos encontramos con /i, u/, mientras que en ST tenemos los diptongos /i̯a, u̯a/:

(51)
SL		ST	
PĔTRA	pitra	FĔRRU	fi̯ar
DĔCE	dik	BĔLLU	bi̯al
LĔPORE	lipro	PĔCTINE	pi̯akno
LŎCU	luk	FŎRTE	fu̯art
BŎNU	bun	CŎLLU	ku̯al
DŎLET	dul	NŎCTE	nu̯at

Para explicar este doble resultado se han propuesto varias hipótesis. Por un lado, Hadlich (1965: 48) piensa que los diptongos serían originalmente crecientes y se habrían convertido en decrecientes en SL para ajustarse al modelo de diptongo que imperaba en ese contexto después de la D de /i, y, e, o/; a partir de la fase /i̯e, u̯o/ se habría llegado por monoptongación a los resultados /i, u/[35]. Por su parte, Butler (1976: 223) propone que el núcleo de los diptongos originarios /i̯e, u̯o/ habría sufrido la posterior D de /e, o/ en SL, dando lugar a dos triptongos que acabarían monoptongado en /i, u/:

(52) /ɛ/ > i̯e > i̯ei̯ > i   PĔTRA > pitra
      /ɔ/ > u̯o > u̯ou̯ > u   LŎCU > luk

Sin embargo, los resultados del dalmático no están aislados dentro de la Romania. Por ejemplo, encontramos la misma situación en valón (cf. Jodogne 1939: 234)[36]:

---

[35] El objeto principal de Hadlich (1965) es demostrar la importancia del superestrato croata en la evolución del dalmático. En este sentido, piensa que la anteriorización de /u/ sería un reflejo del proceso croata ɯː > i (Hadlich 1965: 47). Igualmente la monoptongación de los diptongos /i̯e, u̯o/ en SL estaría apoyada, en su opinión, por el cambio croata æː > i̯æ > i (Hadlich 1965: 52).

[36] Más adelante dentro de este mismo parágrafo veremos que el friulano conoce un estado semejante.

(53)   PĔDE   pi̯ǫ > pi: FĔSTA   fi̯es
        PĔTRA   pi̯ǫr > pi:r   CĔRVU   si̯er

En la misma línea, Duraffour (1932: 60) observa que los resultados de /ɛ, ɔ/ en dalmático se corresponden con las alternancias que ha podido observar en los dialectos francoprovenzales. Dentro del dominio francoprovenzal algunos puntos conservan la forma originaria del diptongo, que era descendente (hemos argumentado que esta situación sería la común a todas las lenguas románicas con D de /ɛ, ɔ/, cf. § 5.1), mientras que otros han generalizado la forma creciente en todos los casos (ya hemos mencionado los ejemplos de Vaux y Viriat, cf. (8) § 5.1). Sin embargo, en la zona de conservación de los diptongos descendentes se observa que estos pueden alternar con sus correspondientes crecientes en determinadas circunstancias y que frecuentemente la forma descendente se ha monoptongado en /i, u/ (Duraffour 1932: 47):

(54)   PĔDE   pi̯ǫ   ~   pi̯a dra 'pied droit'
        FŎCU   fu̯ǫ   ~   fu̯a d ĕfer 'feu d'enfer'

Ya hemos discutido que un diptongo decreciente del tipo [i̯ǫ, u̯ǫ] tiende a convertirse en creciente en virtud del principio de perceptibilidad y que esta tendencia se ve reforzada cuando se encuentra en contextos en los que la duración es menor, ya que los diptongos crecientes duran menos que los decrecientes (cf. §§ 1.3.1, 5.1). Por eso, la alternancia entre i̯ǫ ~ i̯e tiene una razón de ser fonética en los contextos SL (mayor duración) ~ ST (menor duración). Así pues, proponemos interpretar las alternancias del dalmático i ~ i̯a, u ~ u̯a como el fruto de una evolución condicionada por factores de duración de unos diptongos originarios /i̯ǫ, u̯ǫ/: en SL habría tenido lugar una monoptongación que tiene paralelos en numerosas lenguas (p. ej. en bastantes dialectos italianos meridionales, cf. Stehl 1980: 60-61, 102; *Rohlfs* §§ 101, 123; cf. (2-4) § 5.1), mientras que en ST el diptongo se habría convertido en creciente.

Lo mismo que sucedía con el castellano, ha habido intentos de atribuir la D del dalmático a factores externos. Guberina (1960) intenta demostrar que la D en esta lengua no es una D romance, sino que se debe a la influencia del croata. En el dalmático antiguo (manifestado en topónimos y préstamos al serbocroata) no aparecerían manifestaciones de la D. Posteriormente, en el dalmático medio (atestiguado en topónimos "ayant les traits phonétiques postérieurs au XIe XIIe siècles" y en los préstamos al veneciano y al rumano) se encontraría la D de /e, o, i, u/ en SL en casos como *Porniba* > *Pornaiba*, *Promontor* > *Promontour* (Guberina 1960: 138). Estos topónimos volverían a aparecer sin diptongo entre el dalmático medio y el dalmático moderno, mientras que en el dalmático moderno (el reflejado por Bartoli) hay numerosas Ds y tendríamos de nuevo *Pornaiba*, pero también hay D en ST, como lo muestran los topónimos: *Bonmartain*, *Malainska*. Según Guberina, las fuerzas que condujeron a estas Ds modernas no podrían provenir más que de la influencia de los dialectos occidentales del serbocroata, cuyo efecto experimentaba el dalmático desde hacía siglos (Guberina 1960: 139).

La D de estos dialectos serbocroatas tiene lugar precisamente en el siglo XIX y afecta a *e, o* en ST y da como resultado *je, uo*. Guberina, de acuerdo con su hipótesis, supone que /ɛ, ɔ/ romances se convirtieron en /i, u/ en SL en época antigua y no cree que tal resultado se deba a una D con posterior monoptongación (cf. Hadlich 1965: 81-82). Por otro lado, en el siglo XIX el dalmático acogería la D del serbocroata en ST y la velarización, con casos de D, de /a/. Según Guberina, a favor de su hipótesis estaría el hecho de que en los datos del dalmático moderno hay diptongos que no se esperarían (p. ej. FRĪSCU > *friasc*, BŬCCA > *buak*, DŬLCE >

dualz, con los diptongos característicos de /ɛ, ɔ/, Guberina 1960: 144). Tambien la generalización de la D a casi todas las vocales la alejaría del modelo romance.

Sin embargo, Hadlich (1965: 80-82), que precisamente intenta demostrar la relevancia de la influencia croata en la evolución del dalmático, no cree que la D de /ɛ, ɔ/ en SL y ST pueda considerarse no románica, precisamente por el hecho de que tal D se da también en retorromance, lengua que presenta otro buen número de coincidencias con el dalmático (Hadlich 1965: 82). De hecho, los casos de D de /e, o/ en ST que apunta Guberina (p. ej. FRĪSCU > *frįask*, MŬSCA > *mụask*, ŪLMU > *ụalmo*, *VĬRDIA > *vįardz*) y que son considerados variantes no dalmáticas incluso por Hadlich (1965: 80), se encuentran también en retorromance y en francoprovenzal, como ya señalábamos al estudiar las características generales de la D en las lenguas románicas (cf. § 5.2). Por eso pensamos que esta coincidencia en el tratamiento de /e, o/ en determinadas STs, junto al paralelismo de la evolución de /ɛ, ɔ/ en dalmático con los procesos de otras lenguas románicas (D en SL y ST como el castellano y tratamiento diferenciado de los resultados de esta D en función de la duración de la sílaba, como en valón, francoprovenzal o friulano, cf. (75) § 5.3.6), así como la nítida correlación entre debilitamiento de vocales átonas y D de vocales tónicas que presenta esta lengua hacen innecesaria una explicación del fenómeno con base en factores externos.

Aún hay más aspectos que muestran la integración de la D dálmata dentro del modelo de los procesos romances. Vihman (1968/69) ha descubierto un problema en la evolución de los proparoxítonos que puede explicarse dentro de nuestro marco. Como esta autora señala, en los casos de /i, u, e, o/ la vocal de los proparoxítonos evoluciona como si estuviera en ST. Esto significaría, en su opinión, que primero habría tenido lugar la síncopa y luego la evolución de la vocal tónica:

(55)   DĪCĔRE >   *dekro* = *mel*   < MĪLLE   vs.   DĪCO >   *daik*
        AERŪGINE > *roseŋ* = *sot*   < EXSŪCTU   vs.   DŪRU >   *doir*
        TĒGULA >   *takla* = *mat*   < MĬTTO   vs.   CĒNA >   *kaina*
        SŌRICE >   *surko* = *buka* < BŬCCA   vs.   NŬCE >   *nauka*

Sin embargo, en las vocales /ɛ, ɔ/ la evolución de los proparoxítonos coincide casi siempre con la de los paroxítonos, es decir, tenemos /i, u/ en SL y /įa, ụa/ en ST:

(56)   LĚPORE >   *lipro*   = *dik*   < DĚCEM
        CŎQUERE >   *kukro*   = *fuk*   < FŎCU
        PĚCTĬNE >   *pįakno* = *fįar* < FĚRRU
        FŎRFĬCE >   *fụarfa* = *nụat* < NŎCTE

Vihman (1968/69: 492) no toma en consideración los casos como *pįakno*, *fụarfa* y piensa que habría una tendencia en dalmático a producir monoptongos en la evolución de las vocales tónicas de los proparoxítonos latinos. Butler (1976: 223) señala que tal tendencia no existiría, basándose precisamente en los casos de /ɛ, ɔ/ que hemos señalado.

Por su parte, Butler (1976) piensa que se habría producido una reducción de la duración de las vocales tónicas en los proparoxítonos. Tal reducción no habría afectado a /ɛ, ɔ/, que ya eran vocales breves y podían diptongar en cualquier caso, pero sí a /i, u, e, o/, que, según Butler, serían originariamente largas, como lo demostraría su equiparación a vocales largas del eslavo en los préstamos y que, por lo tanto, serían más sensibles a la diferencia de duración entre la vocal tónica de los paroxítonos y los proparoxítonos (en realidad, siempre según Butler, también /ɔ/ se equipara con una vocal larga en eslavo).

Aunque no creemos que haya motivos para pensar que /i, u, e, o/ fueran más largas que /ɛ, ɔ/, Butler acierta al ver en la reducción de la duración en los proparoxítonos la causa de la falta de D en determinados casos (fenómeno que ya conocemos del castellano, del italiano y de algunos dialectos suditalianos, cf. §§ 2.3.5, 5.2.10). En realidad los datos parecen hablar a favor de una D de /ɛ, ɔ/ bastante general también en los proparoxítonos con una posterior evolución de los diptongos en función del tipo de sílaba resultante:

(57)   SL   ST

LĔPŎRE   lipro   PĔCTĬNE   piakno
PĔCORA   pira   VĔSPĔRU   viaspro
CŎQUERE   kukro   MĔRULA   miarla
MŎVERE   mur, muver   PĔRDERE   piarder
EXCŎTERE   skutro   NĔPĔTA   niapta
                                 *RĔNDĔRE   riander
                                 SPĔCULU   spiak
                                 DISPĔNDERE   spiander
                                 FŎRFICE   fuarfa
                                 CARYÓPHYLLU   garuaf
                                 PŎLYPU   fualp

Sólo algunos casos como VĔNĔRIS > vindre, ABSCŎNDERE > askondro, VŎMĔRE > gombro, HŎMINE > jomno, MĔDĬCU > medko, RECŎLLĬGĔRE > rekolgro (Ive 1886: 172, 173, 175) contradicen la tendencia. En vindre parece haberse producido la D junto con la inesperada monoptongación en /i/. Los demás casos podrían ser testimonio de la mayor dificultad para diptongar en los proparoxítonos que ya conocemos de otras lenguas.

Por otro lado hay falta de D de /i, u, e, o/ en los proparoxítonos:

(58)   DĪCĔRE > dekro, FRĪGIDU > fred, RĪDĔRE > redro, *AERŪGINE > roseŋ, PŪLĬCE >
        pulko, TĒGŪLA > takla, BASĬLĬCA > basalka, AURĪCULA > orakla, CRĔSCĔRE >
        kraskro, CRĒDĔRE > kredro, VĒNDERE > vandr, vander, SĔCĂLE > sekla,
        *EXPĬNGERE > spangro, SĬTŬLA > sedla, SĬNGŬLU > sanglo, IŪGŬLU > ʒulo,
        SŌRĬCE > surko, GENŬCŬLU > zenokle, PŬLVĔRE > pulvro, PEDŬCULU > pedoklo

En este caso el dalmático podría haber experimentado la misma situación que el francés, donde las vocales /e, o/ no diptongaron en los proparoxítonos por haberse formado una ST (esta es la interpretación de Vihman 1968/69). O bien podríamos estar ante una manifestación de la jerarquía de posición del acento. En principio no hay manera de saber si la falta de D en estos casos se debe a la formación de la ST o la debilidad de la D de /i, u, e, o/ en los proparoxítonos, ya que no quedan proparoxítonos. Dentro de nuestra concepción de la D de las lenguas románicas como un proceso gradual, podemos interpretar que en dalmático la D habría afectado plenamente a /ɛ, ɔ/ (hay D en SL y ST, en paroxítonos y en casi todos los proparoxítonos) y habría llegado ya más debilitada a /i, u, e, o/ (se encuentra generalmente en los paroxítonos en SL, aunque con alguna extensión a la ST por /l, r, s/, y no llega a afectar a los proparoxítonos, quizá con la excepción de TĒGŬLA > tiak, NŬMERU > nuomer)[37].

---

[37] Obsérvese que entre los casos citados en (58) hay algunos que no se ajustan a las evoluciones que se consideran normales en dalmático según el (49). En concreto, frente a u > o

En definitiva, la evolución de las vocales tónicas de los proparoxítonos, con falta de D en algunos casos de /ε, ɔ/ (p. ej. MĔDĬCU > *medko*) y ausencia prácticamente general para /i, u, e, o/, pone una vez más la evolución del dalmático en relación con la de las demás lenguas románicas, donde hemos visto que también se conoce la restricción de la D en este tipo de palabras.

5.3.4. RUMANO

En rumano sólo encontramos la D de /ε/, que al igual que en castellano y dalmático, se produce en SL y ST, pero a diferencia del castellano, los contextos palatales no son en este caso un impedimento para la D (Nandriş 1963: 208; Sala 1976: 201)[38]:

(59)	HĔRI	*ieri*	FĔRRU	*fier*
	LĔPORE	*iepure*	PĔCTU	*piept*
	MĔRULA	*mierla*	FĔRBO	*fierb*
	MĔDIU	*miez*	VĔRSO	dialectal *viers*
	FĔLE	*fiere*	PĔRDIT	*pierde*
	PĔTRA	*piatră*	HĔRBA	*iarbă*
	CAELU	*cer*	TĔXO	*ţes*

En muchos casos el resultado actual no deja ver con claridad esta primera fase, ya que el diptongo /i̯e/ se ha visto envuelto en una serie de fenómenos característicos del rumano, que vamos a detallar a continuación. El diptongo /i̯e/ sufrió los efectos de la D posterior de /e, o/ ante (-a, -e, -ă) que daba origen a los diptongos /e̯a, o̯a/[39]. En este caso se formaría un

---

38 (EXSŪCTU > *sot*, *AERŪGĬNE > *roseŋ*) tenemos un caso de conservación de /u/ (PŪLĬCE > *pulko*); frente a *e > a* (PĬSCE > *pask*, BASĬLICA > *basalka*) encontramos varios casos de mantenimiento de /e/ (p. ej. CREDĔRE > *kredro*) y en lugar de *o > u* (FŌRMA > *furma*) tenemos el mantenimiento de /o/ (GENŬCŬLU > *zenokle*). En definitiva este no es sino uno de los tantos problemas que plantea el vocalismo dalmático, sin embargo, creemos que no invalida la hipótesis de la dificultad de diptongar en los proparoxítonos.

38 Por ejemplo hay D en MĔDIU > *miez* y TĔRTIU > *ţărţ*. Sin embargo falta en VĔCLU > *vechi* y *VĔSCĬDU > *veşted*. Sala (1976: 207) piensa que la no D de *vechi* se debería a la palatal. Según Sampson (1985b: 335) esto debe matizarse. En los casos de VĔCLU y VĔSCIDU se pasaría por una fase *veсʎu, *vesi̯cedu donde /ε/ está seguida por un grupo palatal, que sí sería capaz de cerrar la vocal, aunque en el caso de *vechi* también podría pensarse en una asociación del único caso de /εkl/ con los frecuentes ejemplos de /ekl/, como AURĬCULA > *ureche*, PARĬCULA > *păreche*.

La falta de D en determinados casos ha sido estudiada detalladamente por Sampson (1985b: 328-339). Junto a los casos que deben explicarse de manera individual, los motivos que impiden la D son principalmente causas morfonológicas (p. ej. DĔDI > rum.ant. *dediu* ya fue explicado correctamente por Densusianu como eliminación de la alternancia consonántica entre *d ~ z* dentro del paradigma verbal), el cierre ante consonantes nasales (DĔNTE > *dinte*) y el rechazo a determinadas secuencias no permitidas por la fonotáctica del rumano y que habrían aparecido de haberse producido la D (p. ej. en NĔBULA > *negură*, (IN)NĔCO > *înec* no habría D para evitar la consiguiente palatalización de *ni̯ > ɲ*, que habría roto una restricción fonotáctica bastante fuerte en las lenguas románicas contra la aparición de /ɲ/ en posición inicial de morfema).

39 En rumano las vocales /e, o/ han diptongado en /e̯a, o̯a/ ante (-a, -e, -ă):

triptongo: *i̯e* (*-a*, *-e*, *-ă*) > *i̯ea* (el primero en suponer esta fase fue Lambrior 1878: 86), que posteriormente se reduciría a *i̯a* (Densusianu 1901-38 [1961], II: 18; Nandriş 1963: 213):

(60) ĔQUA   *i̯eapă   *iapă*
      HĔRBA   *i̯earbă   *iarbă*
      PĔTRA   *pi̯eatra   *piatră*
      HĪBĔRNA   *i̯earnă   *iarnă*
      *LĪBĔRTAT   *i̯eartă   *iartă*

En las palabras en las que el diptongo *i̯a*, resultante del proceso anterior, se encontraba ante (*-e*) en la sílaba siguiente, se produciría el cambio *i̯a* > *i̯e* de manera paralela a la reducción *ea* (*-e*) > *e* que se da en casos como LĒGE > rum.ant. *leage* > *lege*, *vrěme* (eslavo) > *vreame* > *vreme*[40]. Así pues, en estas palabras nos encontraríamos con que, de manera paradójica, su

---

SĒRA   *seară*   MŎLA   *moară*
LĬGAT   *leagă*   PŎRTA   *poartă*
CRĬSTA   *creastă*   RŎTA   *roată*
NĬGRA   *neagră*   FLŌRE   *floare*
THĒCA   *teacă*   SŌLE   *soare*

Más adelante nos ocuparemos con algo más de detalle de este fenómeno (cf. § 5.4.8).
[40] En el caso de /e/ tenemos los siguientes resultados:

I   II
CRĒSCIT   *creşte*   CRĒDO   *cred*
LĒGE   *lege*   LĬGO   *leg*
VĬRĬDE   *verde*   LĬGNU   *lemn*
NĬGRAE   *negre*   NĬGRU   *negru*
MĒNSAE   *mese*   TĬMEO   *tem*

A primera vista parecería que la evolución ha sido la misma en (I) y en (II). Sin embargo, generalmente se supone que ante (*-a*, *-e*, *-ă*) las vocales /e, o/ experimentaron en rumano la D condicionada y que luego sufrirían una monoptongación ante (*-e*) (Tiktin 1886-88: §§ 9, 23; Densusianu 1901-38 [1961], II: 19, 44; Iordan 1920: 111):

CRĒSCIT   *creaşte*   *creşte*
LĒGE   *leage*   *lege*
VĬRĬDE   *vearde*   *verde*
NĬGRAE   *neagre*   *negre*
MĒNSAE   *mease*   *mese*

Dado el resultado actual /e/ en estos casos, parecería superflua la suposición de una D ante (*-e*). Acerca de este asunto se ha discutido bastante dentro de la lingüística rumana y parece ser que hay argumentos para suponer la existencia de una fase con diptongo. Por un lado, Avram (1964) ha demostrado que la grafía cirílica **ѣ**, que es la usada para representar el sonido en cuestión, corresponde necesariamente al diptongo /ea/ en *Codicele Voroneţean* (junto con *Psaltirea Scheiană*, *Psaltirea Voroneţeană* y *Psaltirea Hurmuzaki*, forma un grupo de traducciones al rumano de textos sagrados que representan los textos más antiguos en rumano: primera mitad del siglo XVI). Y por otro lado, hay rastros del diptongo en algunos dialectos del dacorrumano (cf. Gheţie 1968; Faiciuc 1978), además de conservarse en arumano y meglenorrumano (Iordan 1920: 111).

diptongo /i̯e/ es el punto final de una serie de cambios, ε > *ie* > *iea* > *ia* > *ie* (Tiktin 1886-88: §§ 21, 23; Nandriş 1963: 71, 76):

(61)   ĔQUAE > *iepe*, FĔLE > *fiere*, MĔLE > *miere*, PĔTRAE > *pietre*, PĔRDIT > *pierde*,
        VĔRME >*vierme*

Por otra parte hay una serie de casos en los que el primer elemento del diptongo palatalizó la consonante precedente (Densusianu 1901-38 [1961], II: 18; Nandriş 1963: 62)[41]:

(62)   CAELU > *cer*, CĔRNO > *cern*, GĔLU > *ger*, SĔDEO > *şez*, SĔRVU > *şerb*, SĔSSU > *şes*, TĔXO > *ţes*

Y en determinados casos el diptongo sufrió también la influencia de la consonante precedente. Tras las consonantes labiales y tras las llamadas 'consonantes velarizantes' /r, s, z, ʃ, ʒ, ts, dz/ la vocal /e/ se convierte en /ə/ <ă> en rumano (Nandriş 1963: 17-20). Esto explica que el diptongo /i̯e/, después de que haya producido la palatalización de la consonante precedente (como en los casos de (62)) sufra también la evolución *e* > *ə* (Densusianu 1901-38 [1961], II: 18)[42]:

(63)   TĔRMEN > *ţărm*, TĔRTIU > *ţărţ*, DĔU > *zău* (interjección, junto al sustantivo *zeu*)

Creemos que era necesaria toda esta larga exposición, para clarificar la situación del diptongo procedente de /ɛ/ en rumano. Ahora podemos pasar al análisis de la D originaria.

Al igual que sucede con el castellano y el dalmático, ha habido también intentos para explicar la D de /ɛ/ en rumano por factores externos. Sampson (1985a, 1985b) defiende que la D de Ĕ no es autóctona del latín balcánico, sino que fue importada del sur de Italia. Sampson reconoce que parece legítimo poner en relación la D de /ɛ/ en rumano con el mismo fenómeno en las otras lenguas románicas, sin embargo, opina que la situación de la D en rumano no coincide con ninguno de los modelos de las otras lenguas, ya que no es una D metafónica —como se supone que es la D en los dialectos suditalianos o en provenzal—, ni habría tenido lugar por alargamiento de la vocal en SL (Sampson 1985b: 350). Según Sampson, el vocalismo del latín balcánico con sus seis vocales /i, e, ɛ, a, o, u/ habría sido percibido por los hablantes más sensibles como algo provincial, frente al sistema de siete vocales y esto habría creado en ellos una disponibilidad a aceptar pronunciaciones de variedades más prestigiosas (Sampson 1985b: 351). En concreto, los contactos con las regiones del sur de Italia favorecerían la importación de fenómenos de aquella zona y los hablantes de latín balcánico, en

---

Como señala Iordan (1920: 165), es curioso que (-*e*) haya provocado en un primer momento la D de /e/ y luego su monoptongación. Iordan acepta la explicación dada por Tiktin. Según este autor, en el proceso de D nos encontraríamos ante una asimilación al grado de abertura de (-*a*, -*e*, -*ă*), que se habría traducido en una abertura de la parte final de /e/. En el caso de la monoptongación posterior de /ea/ nos hallaríamos ante una asimilación al grado de anterioridad de (-*e*), que originaría la anteriorización *ea* > *ee* > *e*, *i̯a* > *i̯e* (cf. Iordan 1920: 165).

41   Este fenómeno no es extraño a otras lenguas, como por ejemplo en castellano LĔVO > *lievo* > *llevo*.

42   Según Densusianu (1901-38 [1961], II: 18), este cambio se ve bloqueado cuando en la sílaba siguiente aparecen las vocales *e*, *ă*, como en SĔPTE > *şapte*, TĔRRA > *ţară*, DAEDA > *zadă*, *SĔRPE > *şarpe*.

su afán por imitar el modelo de mayor prestigio habrían incorporado el diptongo /i̯e/ a su pronunciación y lo habrían generalizado a todas las posiciones (Sampson 1985b: 352).

Si aplicáramos el razonamiento de Sampson a la D en castellano, habría que concluir que esta se separaría todavía más del modelo de D más frecuente en la Romania, ya que ni es una D en SL, ni es una D condicionada por MET y, además, en contra de lo que sucede en la mayoría de lenguas románicas, no se produce ante palatal. Así las cosas, la D castellana sería de las más raras dentro de la Romania y esto no parece una conclusión deseable, ni tampoco, como ya hemos visto, acertada.

Meyer-Lüke (1914; cf. Sampson 1985b: 331, 343), y antes Tiktin (1886-88: § 21), pusieron de manifiesto unos hechos relevantes para la comprensión de la evolución de la D de /ɛ/ en rumano. Como estos autores observan, tenemos D ante /n/ en los paroxítonos, pero no la hay en los proparoxítonos:

(64)   VĚNIT   vine, arumano yine[43]   TĚNĚRU   tînắr

        TĚNET   ţine   VĚNĚTU   vînắt

        BĚNE   bine, arumano ģine

Para Meyer-Lübke estos datos reflejan que el rumano habría tenido una D en dos fases: en primer lugar se verían afectadas las vocales tónicas de los paroxítonos y en un segundo momento las de los proparoxítonos. El último resto de esta evolución se conservaría en las vocales ante nasal. Parece ser que Meyer-Lübke no discute por qué estas sucesivas fases de la D serían observables sólo ante nasal (Sampson 1985b: 343 no dice nada la respecto). Pero sería posible relacionar este retraso en la evolución de /ɛ/ ante nasales con otros hechos conocidos del francés, donde también parece que determinados procesos fueron retardados por el contexto nasal. Es el caso de la evolución de /a/ y del diptongo procedente de /e/:

(65)   MARE   mer   vs.   PANE   pain

        PRATU   pré   vs.   LANA   laine

        NASU   nez   vs.   MANU   main

        CANTARE   chanter vs.   AMAT   aime

        SĒRO   soir   vs.   FRĒNU   frein

        TĒLA   toile   vs.   PLĒNA   pleine

Como señala Sampson (1985b: 354), el único que parece haber afrontado el problema de la falta de D en los proparoxítonos ha sido Lausberg. Este autor piensa que en estos casos se habría producido una geminación de la nasal, similar a la que se encuentra en sardo y en algunos dialectos suditalianos, con lo cual la vocal se habría nasalizado [ẽ] y habría escapado a la D. Sin embargo, Sampson observa que las geminadas nasales no han producido el cierre de las vocales rumanas (ANNU > an, PĬNNA > peanắ > panắ vs. LANA > lînắ), por lo tanto, no puede ser esta la causa de la falta de D en los casos que nos ocupan. Sampson (1985b: 355) propone una hipótesis alternativa. En su opinión, los hablantes de los Balcanes imitaron de manera imperfecta la geminación de las nasales en los proparoxítonos y en lugar de producir una consonante geminada atribuirían a la vocal un grado mayor de nasalización que en SL, lo cual impediría su D.

---

[43] La existencia de D en VĚNIT, TĚNET, BĚNE se comprueba por los resultados de las consonantes precedentes (palatalización de [t] + [i̯] en ţine y de las labiales en arumano).

Sin embargo, la hipótesis de Meyer-Lübke encaja perfectamente con la tendencia que venimos observando en todas las lenguas románicas: la D puede imponerse más fácilmente en los paroxítonos que en los proparoxítonos. Desde este punto de vista podemos dar cuenta también de algunos casos de no D para los que Sampson necesitaba buscar explicaciones particulares. Se trata de la evolución de DOMĚSTICU > ant. *dumeastec*, PĚRGULA > arumano *pergură*, VĚSCIDU > *veşted*. Dada la situación que se observa en los proparoxítonos con nasal y teniendo en cuenta la jerarquía de posición del acento (cf. (38) § 2.3.5 y § 5.2.10), que ya hemos visto reflejada en datos del castellano, del dalmático y veremos que también se aplica al italiano, podemos considerar que estos casos se explican como falta de D en proparoxítonos. Como diría Schuchardt, estas palabras son "die letzten uneroberten Plätze der Diphthongierung". Estos casos de falta de D en proparoxítonos, junto con el paralelismo con la D de /ɛ/ en SL y ST de lenguas ya estudiadas, como el castellano y el dalmático, y la correlación que ya hemos visto entre procesos de debilitamiento de vocales átonas (el rumano es una lengua con poca síncopa) y procesos de reforzamiento (en rumano sólo diptonga /ɛ/), nos hacen pensar que la D rumana no necesita ser explicada como un fenómeno de imitación, sino que reúne todas las características propias de la D romance y las desarrolla dentro de las líneas generales establecidas en § 5.2.

5.3.5. LA FALTA DE DIPTONGACIÓN DE Ŏ EN RUMANO

El aspecto que verdaderamente separa al rumano de las otras lenguas románicas por lo que se refiere a la D es la asimetría de la evolución de Ĕ y Ŏ. Mientras que en el caso de la vocal anterior tenemos la D que ya hemos visto, acompañada de la confusión entre Ĭ y Ē (LĬGNU > *lemn*, PĬSCE > *peşte*, CRĒDO > *cred*, QUĒTU > *(în)cet*), en el vocalismo posterior encontramos una situación completamente distinta. Los resultados rumanos presentan una confusión general de Ŏ y Ō (66), por un lado, y de Ŭ y Ū (67), por otro:

(66)	FŎCU	*foc*	NŌDU	*nod*
	GRŎSSU	*gros*	FORMŌSU	*frumos*
	ŎSSU	*os*	FLORES	*flori*
	PŎRCU	*porc*	PŌPULU	*plop*

(67)	BŬCCA	*bucă*	PŪLICE	*purece*
	FŬRCA	*furcă*	FŪMU	*fum*
	DŬLCE	*dulce*	CRŪDU	*crud*
	GŬLA	*gură*	FŪSTE	*fuşte*

Algunos autores, como Schürr (1949) o Petrovici (1957b: 100) han supuesto que paralelamente a /ɛ/ también /ɔ/ conoció la D en rumano. Esta idea se basa fundamentalmente en la presencia del diptongo u̯o en algunos dialectos actuales. Por ejemplo tenemos o- > u̯o en el noreste del Banato (uotʃ, u̯orb, u̯os, u̯oi̯, cf. Neagoe 1984: 247) y en arumano (om, os [u̯om, u̯os], cf. Neiescu 1977: 203). Según Nandriş (1963: 214) es un proceso típico de la lengua popular y en algunos casos incluso del rumano común: *uom, uochi, uos, uobraz, uorb*. En ocasiones tiene lugar también en posición inicial de sílaba interior e incluso en posición no inicial de sílaba, p. ej. arumano *joi, foc* [ʒu̯oi̯, fu̯ok] (Neiescu 1977: 204), *suobă* (*sobă*), *nepuot* (*nepot*), *duor* (*dor*), *vuorbă* (*vorbă*) (Nandriş 1963: 216). La posibilidad de que se trate de restos de una fase antigua de D de /ɔ/ queda debilitada, si tenemos en cuenta que los dialectos rumanos presentan, junto a estos casos de u̯o, otros diptongos como *i̯a, i̯ă, i̯e*:

(68)   ắ > îắ: en el Banato *sîắte, scîắp* (Neagoe 1984: 247), *pîắr (pắr)*, *mustîắțile*
        (*mustắțile*) y también cuando es átona p. ej. en *sîắnîắtos (sắnắtos)* (Nandriș 1963:
        217)

        a > îa: *mîaiu (maiu), fîapt (fapt), tîatắ (tatắ)* (Nandriș 1963: 217)

        u- > ụu: en el Banato *ụumắr* (Neagoe 1984: 247)

        e > ịe: en el Banato *mịerg* (Neagoe 1984: 247). Puede afectar también a vocales
        átonas: *bieșicắ (beșicắ), diegiet (deget), vriemie (vreme)* (Nandriș 1963: 216). En
        Transilvania tenemos *pịe, bịem, fịețe, vịede, mᵉere, mẹee, mịerge, dẹștie, dịes,
        nịegel, foalịe, lịemn, urịeche, picioarie, mắsịele, mắtușịe* (Marin & Marinescu
        1984: 360)

La posibilidad de que los casos con el diptongo ụo sean el resto de un fenómeno
antiguo parece debilitarse si tomamos en consideración el paralelismo de estos casos de *o > ụo*
con todos los demás que hemos visto (*e > ịe, a > îa, ắ > îắ*), que parecen diseñar el ámbito de
un proceso general de modificaciones vocálicas sólo parcialmente incorporado a la lengua
literaria. Además, la aparición de estos diptongos en vocales átonas (que también se encuentra
en casos de *ụo*: *cuopii (copii), buoteazắ (boteazắ), muormînt (mormînt)*, cf. Nandriș 1963:
216) es otro argumento en contra de la posibilidad de que se trate de restos de una verdadera D
de /ɔ/.

En el caso de la inserción de [ụ] Neiescu propone, a partir de los datos que ha
encontrado en arumano, una explicación general para el fenómeno en rumano. En su opinión,
los primeros casos de inserción de [ụ] se deberían a la extensión del diptongo *oa* surgido por D
metafónica dentro de formas relacionadas morfológicamente:

(69)   *oameni ~ om*   → *ụom*

        oase ~ os   → *ụos*

        oaie ~ oi   → *ụoi*

Esta primera extensión analógica se vería confirmada por el hecho de que en arumano no ha
encontrado formas con *ụ* en aquellas palabras que no alternan con formas en *oa*, como es el
caso de *ochi, opt*. Posteriormente la inserción de *ụ* se extendería a la posición interior y a las
voces sin alternancia con *oa* (Neiescu 1977: 204).

En definitiva, independientemente de cuál sea la explicación de estos diptongos, no
parece que sea defendible la opinión de una D antigua de /ɔ/, dado que el fenómeno que sirve
como base a tal suposición afecta también a casos de Ō (p. ej. arumano *nepuot*). Basándose en
esta falta de D de Ō en rumano, se ha propuesto una cronología para la evolución del vocalismo
romance. La D de Ě y el cambio Ĭ > *e* serían anteriores al abandono de la Dacia en el 271, ya
que el rumano conoce ambos fenómenos, mientras que la D de Ŏ y el cambio Ŭ > *o* serían
posteriores a esta fecha, ya que estos fenómenos no son compartidos por el rumano con las
otras lenguas (con algunas excepciones como CŬBITU > *cot*, RŬBEU > *roib*, (TEMPORA)
AUTŬMNA > *toamnắ*, MŬRIA > *moare*) (cf. Straka 1953: 276).

Generalmente se piensa que, de los dos cambios posibles Ŭ > *o* frente a Ŭ > *u*, el
primero en suceder en la Romania sería siempre el cambio Ŭ > *o*. Como Ŭ > *o* no se da en
rumano, se afirma que esta lengua conservaría una fase más antigua (cf. p. ej. Densusianu
1901-38 [1961], I: 56). El mismo planteamiento se sigue para explicar el vocalismo del sardo,
que tradicionalmente se considera una lengua conservadora. Sin embargo, es igualmente
posible pensar que la situación de las vocales posteriores del rumano, lo mismo que en todo el
vocalismo sardo, no es una conservación, sino una innovación. La separación del vocalismo

sardo y rumano del vocalismo del resto de lenguas puede ser obra tanto de una innovación sarda y rumana, como de una innovación de las otras lenguas. Es equívoco afirmar que el vocalismo sardo es conservador, ya que tal vocalismo no es igual que el latino: frente a los diez fonemas vocálicos originarios el sardo sólo conoce cinco en sus primeras fases (y actualmente en logudorés y central). Y a esta situación se ha llegado, indudablemente, a través de un cambio. Para Haudricourt & Juilland (1949: 20, 31), el sardo habría sido la lengua más innovadora en la evolución del vocalismo, ya que habría simplificado el sistema a cinco vocales antes de que las demás lenguas desarrollaran el sistema de siete.

En el caso del rumano, llama la atención la falta de simetría entre la evolución de las vocales anteriores y posteriores, ya que se documenta frecuentemente una tendencia a que las vocales anteriores y posteriores evolucionen de manera paralela cuando se trata de cambios espontáneos (cf. p. ej. Passy 1891: § 595). Este tipo de problemas cobra especial relevancia dentro de las teorías estructuralistas. La falta de paralelismo en el vocalismo rumano ha sido explicada por algunos autores como una manifestación de la asimetría de los órganos articulatorios; cf. Martinet (1964² [1974]: 138-139) y Haudricourt & Juilland (1949)[44]:

> les voyelles antérieures disposent, pour se réaliser, d'un espace articulatoire presque double par rapport aux postérieures. C'est pourquoi, dans un système à grand nombre d'apertures, il sera plus difficile de maintenir la distinction entre les phonèmes de la série postérieure qu'entre ceux de la série antérieure. (Haudricourt & Juilland 1949: 11)

Este hecho fisiológico sería el responsable, según estos autores, de la anteriorización de /u/ en varias lenguas romances y de la mayor dificultad para la monoptongación que pareció experimentar AU frente a AE (este último monoptongó ya en latín vulgar y todas las lenguas romances derivan de una fase /ɛ/ y en algunos casos /e/; sin embargo, AU ha sufrido un largo e incompleto proceso de monoptongación desde la época del latín y se conserva en varias lenguas románicas: rumano, parte del retorromance, dialectos suditalianos, provenzal y antiguamente en portugués, lengua en la que se mantenía bajo la forma [oṷ], cf. *Lausberg* §§ 242-243).

Para Haudricourt & Juilland (1949: 24-25), la falta de monoptongación de AU en rumano sería la causa de la confusión Ŭ = Ū, Ŏ = Ō. Según estos autores, la confusión Ĭ = Ē en la serie anterior se debería a la aparición de una nueva vocal /ɛː/ procedente de la monoptongación de AE, que habría modificado las relaciones de oposición en la serie anterior, como puede observarse en (70): tras la aparición de /ɛː/ en I se habría establecido una nueva oposición entre /ɛː/ y /ĕ/ en II, lo cual habría favorecido la abertura de /ĭ/ y la formación de una nueva oposición entre /eː/ y /ĕ/ en III:

(70)

I	II	III
iː ĭ	iː ĭ	iː
eː ĕ	eː	eː ĕ
AE > ɛː	ɛː ĕ	ɛː ĕ

Al no producirse la monoptongación de AU en rumano, no se habrían creado las circunstancias necesarias para la abertura de Ŭ y se habría acabado en la confusión Ŭ = Ū, Ŏ = Ō. Sin embargo, Haudricourt & Juilland (1949: 26) observan que la monoptongación de AU

---

[44] Esta idea es la que expresa el tercer principio de las mutaciones vocálicas de Labov (1994: 116-117): "In chain shifts, back vowels move to the front".

tampoco se produjo en algunas lenguas que, a pesar de ello, sí confundieron Ŭ = Ō. Estos autores intentan salvar el problema afirmando que la conservación de AU en estos casos (provenzal, parte del retorromance, dialectos suditalianos, portugués) se debería al carácter más "urbano, literario o cuidado" del latín de dichas zonas, que no podría, sin embargo, impedir la confusión Ŭ = Ō. En este razonamiento puede observarse la necesidad del estructuralismo de acudir a factores externos de emergencia cuando los motivos generados por el sistema parecen fallar. Además, como señala Spence (1965: 302-302), la monoptongación de AE, AU no debía representar necesariamente un problema tal que fuera capaz de provocar toda la reorganización del sistema vocálico. De hecho, los diptongos AE, AU monoptongaron, el primero en todas las lenguas y el segundo sólo en algunas y el resultado de su monoptongación se adaptó al sistema vocálico generalmente como /ɛ/ en el primer caso y como /ɔ/ en el segundo. Esta diferencia deriva probablemente de los elementos que componían los respectivos diptongos: en el caso de AE el proceso de asimilación entre ambos elementos afectaba a dos elementos bastante próximos entre sí y localizados en la zona de las vocales bajas dentro del espacio vocálico, de donde naturalmente se obtiene una vocal baja; en el caso de AU los dos componentes estaban máximamente alejados y el proceso de asimilación o aproximación mutua acababa en una parte media alta del espacio vocálico, es decir, la zona correspondiente a /ɔ/.

Igualmente desde el estructuralismo se ha intentado una explicación totalmente distinta a la de Haudricourt & Juilland (1949). Romeo (1968) comparte con estos autores algunos criterios, como la asimetría de los órganos articulatorios o la presión que puede ejercer sobre el sistema la monoptongación de AU (Haudricourt & Juilland basan todo su análisis en la monoptongación de AE, mientras que Romeo parte de la monoptongación de AU). Otras ideas básicas en el razonamiento de Romeo son el paralelismo en la evolución de las series vocálicas anterior y posterior, así como la inestabilidad de los sistemas con cuatro grados de altura. En su opinión, en todos los casos se da una evolución simétrica entre las vocales anteriores y las posteriores y por eso supone que el rumano habría tenido también un sistema de siete vocales con confusión Ŭ = Ō (Romeo 1968: 89, 97). Es decir, en lugar de buscar un motivo que pueda explicar la falta de paralelismo, que es lo que intentaban Haudricourt & Juilland (1949), Romeo niega que tal cosa haya sucedido. En su opinión, /ɔ/ habría diptongado y habría seguido la evolución ɔ > u̯ɔ > u̯a > ǫa. Igualmente /o/ habría conocido una D espontánea con las fases o > oo > ǫa. En su fase final los procesos de /ɔ/ y /o/ habrían coincidido. Los casos en que actualmente tenemos /o/ serían fruto de una monoptongación posterior (Romeo 1968: 101-102). Para las vocales anteriores Romeo propone una evolución estrictamente paralela a la de /ɔ/, o/.

Según Romeo (1968: 99), las opiniones tradicionales, que ven en /ea, oa/ el producto de una D condicionada por las vocales finales (cf. § 5.4.8), "leave much of the terrain unexplained". Sin embargo, la hipótesis que este autor presenta no puede explicar por qué la supuesta monoptongación de /ea, oa/ se produciría precisamente sólo en los casos en que no están delante de (-a, -e, -ă) y tampoco puede dar cuenta de la situación actual de los resultados de /ɛ/, donde fundamentalmente contamos con dos formas *ie ~ ia* (HĔRI > *ieri*, HĔRBA > *iarbă*), cuya distribución se explica, como hemos visto, en función de la D de /ɛ/ y la posterior D ante (-a, -e, -ă). Por último, deja sin explicar todos los casos de Ŭ > *u* (CRŬCE > *cruce*, BŬCCA > *bucă*, FŬRCA > *furcă*, VŬLPE > *vulpe*, ŬRSU > *urs*, DŬLCE > *dulce*, SŬRDU > *surd*, MŬSCA > *muscă*, GŬLA > *gură*, NŬCE > *nugă*, cf. *Lausberg* § 183), de los que inexplicablemente no dice nada.

Otra línea de investigación del vocalismo rumano es la que tiene en consideración los datos de otras lenguas del ámbito balcánico. En los préstamos del latín al albanés se ha buscado un reflejo de la situación antigua de esta latinidad. Estos préstamos manifiestan un estado de fusión de Ĭ, Ē (SPĬSSU > *shpesh*, CANDĒLA > *këndelë*) frente a la conservación de todas las distinciones clásicas en la zona posterior (Meyer 1888: 810-811; Çabej 1965; Banfi 1985: 139):

(71)　Ū > y, i

BRŪMA > *brymë, brime*
IŪDICE > *dʒykʲ, dʒikʲ*
*MŪSCU > *myshk*

Ŭ > u

BŬCCA > *bukë*
CŬBITU > *kut*
GŬTTA > *gutë*

Ō > o̧, u, e	Ŏ > o̧
PŌMU > *po̧m, pem*	PŎRTA > *po̧rtë*
COHŌRTE > *kurt*	SŎCIU > *shoq*
SANATŌSU > *shëndosh*	CŎMA > *komë*

Estos datos parecen eliminar la posibilidad de que el rumano hubiera reducido tempranamente su vocalismo posterior a dos vocales /u, o/. No nos creemos capaces de resolver aquí el problema de la creación del vocalismo balcánico. Pensamos, sin embargo, que a pesar de sus peculiaridades en la evolución de las vocales posteriores, no es necesario plantear para la D de /e/ en rumano una causa diversa de la que venimos esbozando y que puede atribuirse a todas las lenguas románicas con D. Puesto que, a pesar de los intentos de algunos autores, no parece probable que haya habido D de /ɔ/, habrá que pensar que por motivos que hoy no están aún claros el fenómeno de D no pudo alcanzar a las vocales velares. Si la falta de D de /ɔ/ no puede atribuirse a una temprana confusión Ŏ = Ō, el mantenimiento de todas las distinciones en las vocales velares de los préstamos al albanés indica de cualquier manera que la evolución de esta parte del vocalismo sería especial en aquella zona.

5.3.6. FRIULANO
En friulano hubo D de /ɛ, ɔ/ en SL y ST (Francescato 1966: 131; Benincà 1989: 564):

(72)

SĔCAT	*si̯ee*	FĔSTA	*fi̯este*
PĔTRA	*pi̯ere*	SĔPTE	*si̯et*
SCHŎLA	*sku̯ele*	CŎSTA	*ku̯este*
RŎTA	*ru̯ede*	CŎCTU	*ku̯ete*

Por otra parte, algunas variedades conocen también la D de /e, o/ en SL (Francescato 1959: 50; Rizzolatti 1981: 21, 25)[45]:

(73)

SĬTE	*seit*	STRĬCTU	*stret*
NĬVE	*neif*	SĬCCU	*sec*
VŌCE	*vous*	RŬPTU	*rot*
LŬPU	*louf*	PŬTEU	*poz*

Posteriormente el friulano ha adquirido una nueva distinción de cantidad vocálica (las vocales largas se escriben *â, î,* etc.) (Rizzolatti 1981: 18):

---

[45] Los diptongos descendentes han monoptongado posteriormente en algunos dialectos (Rizzolatti 1979: 60).

(74)   CARU   *cjâr*   vs.   *cjar*   CARRU
       BRAUT *brût*   vs.   *brut*   BRŪTU
       DĔCE   *dîs*   vs.   *dis*   DIES

Las vocales largas aparecen, según Benincà (1989: 565), cuando la vocal tónica se encuentra en friulano en ST final de palabra, donde en latín había habido SL. En otros términos, las consonantes simples intervocálicas se sonorizarían (p. ej. PRATU > **pradu*), en esta fase las vocales tónicas se alargarían ante consonantes sonoras, con arreglo a una tendencia universal a que las vocales sean más largas ante vocales sonoras (cf. § 2.3.4) (**pradu* > **pra:du*); posteriormente las vocales finales exceptuando /-a/ se perderían y las consonantes se ensordecerían (**pra:du* > **pra:d* > *pra:t*); en este momento la duración de las vocales se fonologizaría (cf. Francescato 1966: 134; Vanelli 1979; Rizzolatti 1979: 59, 1981: 20). Vanelli (1979: 68-69) propone que antes de la caída de las vocales finales habría tenido lugar la fricativización de las consonantes intervocálicas: LŬPU > **lo:bu* > **lo:vu* > **lo:v* > *lo:f* y señala que también hay vocales largas ante /r, l/ simples latinas (MĔLE > *mi:l* vs. *mil* < MĪLLE). En el caso de /l/ Vanelli (1979: 75) supone que la distinción entre /l/ y /ll/ se habría conservado hasta una fase en la que ya había aparecido la distinción de duración en las vocales. En esa fase la oposición vocálica ya no se relacionaría con el contexto consonántico *sonoro* vs. *sordo* (como había sido originariamente), sino con la oposición *consonante simple* vs. *geminada* (esto lo demuestra la acomodación de préstamos del italiano al friulano: it. *partito* → friul. *parti:t* frente a it. *sviluppo* → friul. *zvilup*; en el primer caso la vocal se acomoda como /i:/ por estar seguida de una consonante simple en italiano, mientras que en el segundo la consonante es geminada y la vocal se convierte en /u/ en friulano). Así pues, en el momento de la simplificación de /ll/ en friulano las vocales se insertarían en el sistema de diferencias de duración de la misma forma que lo hacen actualmente en los préstamos (Vanelli 1979: 72-75).

Los diptongos procedentes de /ɛ, ɔ/ han entrado también en estas diferenciaciones de duración: en los contextos en que aparecen las vocales largas friulanas (= posición fuerte) tenemos la evolución *ie, ue* > *i, u*, mientras que en los demás (= posición débil) se conserva el diptongo creciente (Francescato 1959: 47-48). Así tenemos (Benincà 1989: 564-565):

(75)   PĔTRA   *pi̯ere*   DĔCE   *di:s*
       FĔSTA   *fi̯este*   PĔDE   *pi:t*
       SĔPTE   *si̯et*   CAELU   *tʃi:l*
       CŎSTA   *ku̯este*   PRŎPE   *pru:f*
       CŎCTU   *ku̯ete*   FŎCU   *fu:k*

Los diptongos crecientes se conservan en posición débil en todas las variedades friulanas (Francescato 1959: 49). Sin embargo en posición fuerte han sufrido evoluciones diferentes. El resultado /i:, u:/ es propio sólo del friulano oriental (según la división de Francescato 1966: cap. 2)[46]. Rizzolatti (1979: 64; 1981: 21) piensa que en friulano oriental no

---

[46] Los tipos que se encuentran en el friulano son los siguientes: Tipo oriental: Carnia central y oriental, p. ej. en Paularo (Francescato 1959: 51; 1966: 136, 138, 389-390):

habría tenido lugar una D de estas vocales, sino un cierre progresivo: ɛ:, ɔ: > e:, o: > i:, u:. Sin embargo, Francescato (1966: 131) afirma explícitamente que la D de /ɛ, ɔ/ en SL y ST "fosse un fatto compiuto nel territorio friulano prima che ogni tendenza divergente locale si facesse sentire". En opinión de Francescato, los diptongos /i̯ɛ, u̯ɛ/ en posición de alargamiento se convertirían en /i̯e:, u̯e:/ y acabarían por dar lugar a /i:, u:/. Francescato (1966: 136) da como posibles fases intermedias de este cambio las siguientes: i̯e: > i̯ei̯ > iəi > i:, u̯e: > u̯eu̯ > uəu > u:.

Aunque se haya llegado a ella por vías distintas, no debe pasarse por alto el hecho de que el dalmático presenta una situación similar (FĔSTA > fi̯asta frente a DĔCE > dik, cf. (51)). El principio básico que subyace a ambas lenguas es el mismo. Si partimos, como hemos propuesto (cf. § 5.1), de una fase inicial con diptongos descendentes [iə, uə], podemos reconstruir que el diptongo descendente, ya sea con su forma originaria (DĔCE > Erto di̯ə̯s), monoptongado en /i:, u:/ (DĔCE > Udine di:s) o en una fase posterior como diptongo descendente periferizante /ei̯, ou̯/ (DĔCE > Zompicchia dei̯ʃ), se ha conservado allí donde la lengua permitía una mayor duración a sus vocales, mientras que se ha convertido en creciente

---

posición fuerte						posición débil	
/ɛ/ > i:	PĔDE	pi:t	/e/ > ei̯	ACĒTU	azei̯t	PĔLLE	pi̯el
/ɔ/ > u:	FŎCU	fu:k	/o/ > ou̯	LŬPU	lou̯f	PŎRTAT	pu̯arte

Tipo central y friulano literario, p. ej. en Udine (Francescato 1959: 51; 1966: 306):

/ɛ/ > i:	DĔCE	di:s	/e/ > e:	MĒNSE	me:s	FĔRRU	fi̯ar
/ɔ/ > u:	NŎVU	nu:f	/o/ > o:	CRŬCE	kro:s	CŎLLU	ku̯el

Tipo occidental externo: más allá del río Tagliamento, p. ej. en Barcis (Francescato 1959: 52; 1966: 137, 139, 262):

/ɛ/ > ei̯	DĔCE	dei̯ʃ	/e/ > ei̯	NĬVE	nei̯f	FĔBRE	fi̯evra
/ɔ/ > ou̯	ŎVU	ou̯f	/o/ > ou̯	CRŬCE	krou̯s	CŎRPU	ku̯arp

Tipo occidental interno: valles del Gorto y del Arzino, p. ej. en Collina (Francescato 1959: 52; 1966: 137, 139, 403):

/ɛ/ > ei̯	SĒRU	sei̯r	/e/ > iə̯	NĬVE	niə̯f	FĔRRU	fi̯er
/ɔ/ > ou̯	FŎCU	fou̯k	/o/ > uə̯	LŬPU	luə̯f	FŎRTE	fu̯art

Tipo de Erto (Francescato 1959: 53; 1966: 137, 139, 265-266):

/ɛ/ > iə̯	DĔCE	di̯ə̯s	/e/ > ei̯	NĬVE	nei̯f	VĔSPA	bɛʃpa
/ɔ/ > eu̯	FŎCU	feu̯k	/o/ > eu̯	LŬPU	leu̯f	CŎRPU	kɔrp

El caso de Erto es interesante, ya que en posición débil presenta tanto casos de monoptongo tal y como muestran los ejemplos citados, como casos con diptongo: CERĒSIA > θeri̯ə̯za, FĔBRE > fi̯ə̯vre, NŎVE > nu̯af, TŎXICU > tu̯aʃek, NŎCTE > nu̯at.

Tipo central, p. ej. en Zompicchia (Francescato 1959: 52-53; 1966: 308):

/ɛ/ > ei̯	DĔCE	dei̯ʃ	/e/ > e:	RĒTE	re:t	SĔPTE	si̯et
/ɔ/ > ou̯	ŎVU	ou̯f	/o/ > o:	LŬPU	lo:f	MŎRTE	mu̯art

en los contextos en los que la duración era menor. En dalmático esta división venía dada por la diferencia entre SL y ST. En friulano ha sido causada por la fonologización de las distinciones de duración.

En conclusión, el friulano manifiesta, de acuerdo con la extensión de sus procesos de debilitamiento de vocales átonas (cf. § 5.2.8), una correspondiente intensidad en la D, que alcanza a /ɛ, ɔ/ en SL y ST y a /e, o/ en SL. Y de nuevo en una lengua románica se pone de manifiesto que la suerte posterior de los diptongos sigue ligada a la duración, como queda de manifiesto en el tratamiento diferenciado del resultado de /ɛ, ɔ/ en función de las nuevas distinciones de duración del vocalismo friulano.

5.3.7. ITALIANO

En italiano la D se ha manifestado de manera mucho menos extensa que en el resto de las lenguas que estudiamos en este apartado. En este caso tenemos exclusivamente la D de /ɛ, ɔ/ y sólo cuando la vocal queda en SL en italiano, por lo tanto no hay diptongo en los contextos en los que se crea una geminada, p. ej. FĔBRE > it. *febbre* vs. fr. *fièvre* (Foster 1968: 406). El resultado de la D en Toscana es generalmente [i̯ɛ, u̯ɔ], pero en Lucca y Arezzo es [i̯e], mientras que en Cortona es [i̯ə, u̯ə] (*Rohlfs* §§ 84, 106). Veamos algunos ejemplos (Meyer-Lübke 1927: §§ 21-22; *Rohlfs* §§ 84, 88, 106, 110):

(76)

FĔL	*fiele*		FĔSTA	*festa*
PĔTRA	*pietra*		SĔPTE	*sette*
NŎVU	*nuovo*		PŎRTA	*porta*
FŎCU	*fuoco*		HŎDIE	*oggi*

De manera sólo superficialmente similar al castellano, la D falta frecuentemente ante los grupos palatales. El motivo no es, como sucedía en castellano, la inflexión de la vocal, sino la geminación, que crea sílabas trabadas en italiano. En (77) pueden compararse ejemplos en los que se ha formado una geminada, lo cual provoca la falta de D, con otros casos (SĬ, RĬ) en los que no hubo geminación en italiano y por lo tanto la vocal pudo diptongar (Meyer-Lübke 1927: §§ 21-22):

(77)

PĔIUS	*peggio*	[ddʒ]	*CERĔSIA	*ciliegia*	[dʒ]
MĔDIU	*mezzo*	[ddz]	CŎRIU	*cuoio*	[j]
FŎLIA	*foglia*	[ʎʎ]	MŎRIAT	*muoia*	[j]
ŎCLU	*occhio*	[kk]	STŎREA	*stuoia*	[j]

Además de esta fuerte limitación de la D de /ɛ, ɔ/ a la SL, la D ha encontrado también dificultades para imponerse en la SL de los proparoxítonos (cf. § 5.2.10). En (78) se señalan algunos ejemplos de esta restricción, junto con otros casos en los que nos encontramos con vacilación entre formas con y sin diptongo (Diez 1868³ [1874]: 141; Meyer-Lübke 1927: § 50; *Rohlfs* §§ 85, 107; Castellani 1965 [1980]: 123-126):

(78)

	sin diptongo		con diptongo
MĔDICU	*medico*	FAESULAE	*Fiesole*
HĔDERA	*edera*	LĔVITU	*lievito*
RĔTINE	*redina*[47]	NĔBULAE	*Nievole*
TĔNERU	*tenero*		
RĔ(I)CERE	*recere*		
PĔLAGU	*pelago*[48]		
PĔCORA	*pecora* ~	PĔCORA	ant. *piecora*
TĔPIDU	*tepido* ~	TĔPIDU	*tiepido*
LĔPORE	*lepre* ~	LĔPORE	ant. *lievore*
PĔDICA	ant. *pedica* ~	PĔDICA	ant. *piedica*
MŎNACHU	*monaco*	SŎCERU	*suocero*
VŎMITAT	*vomita*	TŎRŬLU	*tuorlo*[49]
*REIMPRŎPERAT	*rimprovera*	HŎMINES	*uomini*
*VŎMERE[50]	*vomere*		
MŎDULU	*modano*		
ELEEMŎSYNA	*limosina*		
PŎPULU	*popolo*		
ŎPERA	*opera* ~	ŎPERA	ant. *uopera*
CŎPHINU	*cofano* ~	CŎPHINU	*cuofino, cuofano*
RŎTULU	*rotolo* ~	RŎTULU	*ruotolo*

Ya Diez (1868[3] [1874]: 141) señala que en los proparoxítonos es más frecuente el monoptongo. Meyer-Lübke (1890: §§ 150, 203; 1927: § 50) piensa que la norma sería la falta de D. Por eso intenta dar explicaciones individuales para los casos con diptongo: en *uomini* el diptongo se debería al singular *uomo* y en *suocera, suocero* el diptongo provendría de *nuora*; los topónimos *Fiesole* y *Nievole* no se habrían originado en Florencia; las voces *lievito, tiepido, lievore* serían importadas de dialectos vecinos.

Por otro lado, algunos autores consideran que varias de estas formas sin diptongo son cultismos. Para Meyer-Lübke (1927: § 50) *popolo* y *opera* podrían serlo. Para *Rohlfs* (§§ 85, 107) podrían ser cultismos: *medico, tepido, tenero, popolo, opera, limosina, cofano* y *monaco*. Hay cultismos claros como SAECULU > *secolo* (cf. MACULA > *macchia*), pero la gran similitud que se da en italiano entre palabras cultas y heredadas hace difícil el problema.

Como correctamente señala Castellani (1965 [1980]: 126-127), recogiendo la idea de Wartburg (1967[2] [1971]: 150), la falta de D en bastantes proparoxítonos, así como la existencia de casos con y sin diptongo en este tipo de palabras, no es más que una manifestación de la dificultad que la vocal tendría en esa posición para alargarse y poder diptongar.

Pero las restricciones de la D de /ɛ, ɔ/ en italiano alcanzan también a otro tipo de palabras. Como Meyer-Lübke (1927: § 50) señala, la D no ha afectado a las palabras oxítonas:

---

[47] Según Castellani (1965 [1980]: 132) esta palabra sería de origen septentrional, ya que en Florencia la voz popular es *guida*.

[48] Según *Rohlfs* (§ 85, pág. 103 n.1), en las provincias de Luca y Pisa esta palabra significa 'charco' y sería de evolución popular.

[49] En *tuorlo* tenemos ST, pero la D se habría producido antes de la síncopa.

[50] La forma clásica es VŎMERE (REW), pero algunas formas romances reclaman Ŏ: sudit. v[ɔ]*mmera*, aragonés *güembre* (*Rohlfs* § 107, pág. 134 n.1).

PER HŎC > *però*, ECCE HŎC > *ciò*, MŎ(DO) > *mo'*. Este hecho está de acuerdo con la tendencia actual del italiano a que las vocales tónicas de los oxítonos duren menos que las tónicas de cualquier otro tipo de palabras (cf. Marotta 1985: 4).

Todas estas limitaciones de la D (se da sólo en SL, débilmente en los proparoxítonos y no se encuentra en los oxítonos) hacen que el italiano sea la lengua románica con una D más débil de cuantas han conocido el fenómeno. Y como ya sabemos, esto está de acuerdo con la menor extensión de sus procesos de debilitamiento del vocalismo átono (cf. § 5.2.8). De nuevo comprobamos que la D de una lengua románica, en este caso del italiano, aunque bajo una forma menos intensa que en las demás lenguas, es un fenómeno de reforzamiento de las vocales tónicas que se inicia en los contextos más favorables para el alargamiento de acuerdo con una serie de jerarquías universales de la duración de las vocales.

Pero la D del italiano, igual como sucedía con el castellano, el dalmático y el rumano, también ha sido ocasionalmente interpretada como un fenómeno provocado por factores externos. El principal exponente de esta idea ha sido Rohlfs. Por un lado, este autor señala que en los dialectos toscanos falta el diptongo en bastantes ocasiones en el caso de /ɛ/ y que para /ɔ/ siempre tenemos un monoptongo (*Rohlfs* §§ 85, 107):

(79)

toscano	italiano literario	toscano	italiano literario
mele	*miele*	*ovo*	*uovo*
fele	*fiele*	*foco*	*fuoco*
sepe	*siepe*	*core*	*cuore*
levedo	*lievito*	*rota*	*ruota*
venere	(*venerdì*)	*bono*	*buono*
semo	*siamo*		
sete	*siete*		
vene	*viene*		

Junto a estas voces de los dialectos, hay otras de la lengua literaria que tampoco tienen el diptongo (prescindimos de los proparoxítonos, cuya falta de D ya hemos explicado): *era, sei, bene, prete, lei, romeo, Andrea, Bartolomeo, nove*.

Igualmente observa Rohlfs que en los poetas antiguos el uso del monoptongo es muy frecuente. Para este autor los casos de monoptongo en los poetas y en la lengua literaria cobran un nuevo valor a la luz de los datos de los dialectos toscanos. En su opinión, el resultado auténticamente toscano sería /ɛ, ɔ/ y la D se habría introducido en las clases cultas de la Toscana a partir de los dialectos septentrionales, lo mismo que, según él, serían de esta proveniencia los casos de sonorización de oclusivas intervocálicas (p. ej. RIPA > *riva*, LŎCU > *luogo*)[51].

---

[51] Podemos recordar que Schürr también pensaba que los diptongos del toscano no serían autóctonos. En (1936: 286) pensaba que serían de origen meridional. En Schürr (1970a: §§ 19-24) encontramos la opinión de que los diptongos habrían entrado por el Noroeste. En Schürr (1972) hay un nuevo cambio de opinión. En este momento Schürr cree que los diptongos son originarios de la Toscana, pero no como fruto de una D espontánea, sino producidos por una MET de la que quedarían algunos restos en los dialectos más periféricos (Garfagnana y Sansepolcro-Arezzo). Posteriormente los diptongos metafónicos se habrían acomodado exclusivamente en SL.
  Como señalan Wartburg (1967² [1971]: 174) y Purczinsky (1969/70: 517), el hecho de que Aebischer (1944) haya encontrado testimonios de los diptongos en textos toscanos anteriores a las primeras huellas de diptongos en textos de otras zonas, debilita la hipótesis de que se trate de un fenómeno importado.

Castellani ha sido el principal crítico de esta hipótesis de Rohlfs. Para empezar por el último argumento de Rohlfs, Castellani (1960 [1980]: 340-341) muestra que el propio razonamiento se vuelve en contra de su autor, ya que la sonorización, que es un fenómeno que ha durado mucho tiempo, no ha conseguido afectar más que a unas cuantas voces en el toscano, mientras que la D es un proceso regular. Si ambos fenómenos debieran interpretarse como de influencia septentrional, no se entendería por qué uno se ha extendido tan poco, mientras que el otro ha llegado a ser tan general.

Según Castellani (1965) todos los casos de falta de D en la lengua literaria pueden explicarse por factores diversos como el acento de frase, la dificultad de diptongar de los proparoxítonos, el cierre de /ɛ/ en hiato (*romeo, Andrea, Bartolomeo*) o el origen extranjero de la palabra (p. ej. *noia*, que es un provenzalismo o *brodo*, que es una voz germánica y podría haber entrado después de la D). Por otro lado, los casos de /ɛ/ en los dialectos toscanos también pueden explicarse sin necesidad de suponer que la D fuera importada. En *mele* y *fele*, como lo prueban las formas *mel*, *fel* de algunos dialectos, tendríamos una evolución de MĔL, FĔL sin D antes de la paragoge. Las formas de los verbos (*semo, sete*) se deberían a la influencia de *sei*. Mientras que en *sepe, vene* habría habido una monoptongación reciente (cf. Castellani 1965 [1980]: 131-132).

Con referencia a la presencia general de /ɔ/ en los dialectos toscanos, Castellani (1965 [1980]: 132-133) observa que el diptongo era habitual en los textos antiguos y que la reducción habrá tenido lugar a partir del siglo XVIII (la misma opinión se encuentra en Wartburg 1967[2] [1971]: 158 y Giannelli 1988: 595).

Por último, según Castellani (1965 [1980]: 133), los monoptongos que aparecen en los poetas antiguos no reflejarían la realidad fonética de su época, sino que se deberían a la influencia de la "escuela siciliana", que no usaba los diptongos.

Aún había otro argumento de Rohlfs a favor de un origen no autóctono de los diptongos, recogido posteriormente por Temistocle Franceschi. Tal argumento se basa en los casos en que el diptongo aparece, en contra de lo esperado, en sílaba átona o en ST: p. ej. *vienire, siedere, chiesto, fierezza, pietroso*. La existencia de estas formas demostraría, según estos autores, que el fenómeno no era originario, ya que estos casos representarían una mala interpretación de un fenómeno importado (*Rohlfs* § 86). Como justamente argumenta Castellani (1970a [1980]: 149), todos estos ejemplos no son más que extensiones analógicas del diptongo a partir de formas donde iba en sílaba tónica y libre:

(80) | *viene* | → | *vienire* |
      | *pietra* | → | *pietroso* |
      | *fiero* | → | *fierezza* |
      | *chiedere* | → | *chiesto* |
      | *siedo* | → | *siedere* |

Para concluir, Castellani argumenta que la D de /ɛ, ɔ/ en toscano (e italiano literario) fue un fenómeno autóctono y esto lo probaría, por un lado, su regularidad (sólo considera que hay dos formas sin explicar: *lei, nove*; formas que, por otro lado, aparecen como *liei, nuove* en Siena y Cortona, cf. Castellani 1965 [1980]: 126), y por otro lado, su presencia sistemática en la toponimia.

A estos argumentos de Castellani podemos añadir nuestro razonamiento anterior. La forma que la D de /ɛ, ɔ/ presenta en el italiano se entiende perfectamente como el desarrollo de un proceso fonológico que se ajusta a las jerarquías de la D y que no necesita de una explicación global externa, como tampoco la necesitan los procesos de D del castellano, el dalmático y el rumano. Las fuertes restricciones que ha experimentado el cambio están en correlación con la poca intensidad de los procesos de debilitamiento de las vocales átonas en esta lengua.

5.3.8. CONCLUSIÓN

En este apartado hemos estudiado la D del castellano, el dalmático, el rumano, el friulano y el italiano, concentrándonos fundamentalmente en los procesos que afectan a /ε, ɔ/, pero teniendo en cuenta también la existencia de D de otras vocales. A lo largo del estudio de cada una de dichas lenguas hemos intentado poner de relieve que en todas ellas los procesos de D se adaptan a las jerarquías universales del proceso. Este hecho nos ha permitido rechazar las diversas interpretaciones que intentaban buscar la explicación de estos fenómenos en motivaciones externas diferentes para cada lengua. El grado que el fenómeno ha alcanzado en cada una está en relación con el debilitamiento que han sufrido las vocales átonas. Nuestra explicación permite reunir todos los datos en un único marco, evita la necesidad de hipótesis distintas para cada lengua y permite comprender cómo se ha extendido el fenómeno, haciendo innecesarias hipótesis inmotivadas acerca de la silabación.

5.4. Diptongación de /ε, ɔ/ y metafonía. Los dialectos suditalianos

Tradicionalmente se afirma que en los dialectos suditalianos la D de /ε, ɔ/ fue provocada por las vocales finales (-i, -u) (cf. Schuchardt 1872: 285-286; D'Ovidio & Meyer[-Lübke]: 1888: 550-552; Meyer-Lübke 1890: §§ 152, 186). En *Rohlfs* (§§ 100-101, 122-123) puede verse un trazado de las fronteras geográficas del fenómeno así como una enumeración detallada de las zonas meridionales sin D, que fundamentalmente comprenden la zona occidental de Sicilia y algunas partes de la zona oriental de la isla, el sur de Calabria, algunos puntos de Lucania y la parte más meridional del Salento. En lo que sigue hablaremos de "la D en los dialectos suditalianos", entendiendo que nos referimos a los dialectos con D y sin necesidad de especificar siempre que hay algunas zonas que no la conocen).

En el caso de aceptarse esta hipótesis de una D condicionada por (-i, -u), nos encontraríamos con que las lenguas románicas habrían conocido dos tipos distintos de D de /ε, ɔ/ que habrían conducido al mismo tipo de resultados. Por un lado, habría una D espontánea, como la que ya hemos estudiado en castellano, rumano, dalmático, friulano e italiano (cf. § 5.3), junto a la que se encontraría una D condicionada por las vocales finales altas, fenómeno característico de los dialectos suditalianos (más adelante nos ocuparemos de la situación en otras lenguas, donde supuestamente también habría habido un tipo de D condicionada, como son el provenzal o el catalán, o donde habrían convivido los dos tipos de D, como es el caso del francés, el francoprovenzal, el norteitaliano o el retorromance). Es nuestro propósito mostrar que es posible interpretar los fenómenos de los dialectos suditalianos y del resto de lenguas mencionadas dentro del marco que venimos esbozando de una D por alargamiento.

Ciertamente es innegable la existencia de una determinada relación entre las vocales altas (-i, -u) y la presencia de los diptongos /ie, uo/ en la sílaba tónica en buena parte de los dialectos italianos meridionales. Tomemos como ejemplo el dialecto calabrés septentrional (datos de Rohlfs 1977):

(81) FĔRRU   fiǝrru   PĔTRA   petra
      PĔCTU   piǝttu   *PĔTTIA   pɛzza
      FŎCU   fuǝcu   RŎTA   rɔta
      CŎCTU   cuǝttu   NŎCTE   nɔtte
      ŎCLU   uocchiu   FŎLIA   foglia

En otros dialectos la relación entre vocal final y diptongo queda oscurecida tras el debilitamiento y confusión en [ǝ] de todas vocales finales excepto (-a). Tomemos el caso del dialecto napolitano (datos de Altamura 1968²):

(82) TĔMPU   tiempǝ   FĔLE   fɛlǝ
      *PĔDI   piedǝ   PĔDE   pedǝ
      FŎCU   fuokǝ   RŎTA   rɔta
      SŎMNU   suonnǝ   ŎCTO   ɔttǝ

A la luz de estos datos y desde un punto de vista meramente descriptivo es posible establecer las relaciones que muestra (83):

(83)

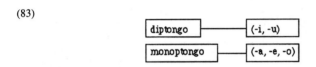

Sin embargo, creemos que, en contra de lo que generalmente se ha hecho, no hay motivos suficientes para pensar que tal descripción refleje además la causa de la D de /ɛ, ɔ/ en estos dialectos. De hecho, los diferentes defensores de la hipótesis de una D de /ɛ, ɔ/ causada por (-i, -u) o bien no se han preocupado de investigar en profundidad cómo las vocales (-i, -u) podrían haber provocado la D de las vocales medias bajas o bien se han contentado con explicaciones bastante alejadas de lo fonéticamente plausible. Esto se ha debido a que la fonética ha desempeñado con demasiada frecuencia un papel meramente auxiliar dentro de la lingüística histórica. Su función era la de corroborar los resultados de la observación de los datos:

Para el historiador de la fonética, la fisiología es sólo una ciencia auxiliar que hace posible explicaciones más exactas de los procesos fonéticos de una lengua cuya existencia empírica está confirmada reiteradamente por la observación de los hechos, lo más completa que sea posible. (Meyer-Lübke 1920³ [1926]: § 60)

Antes de exponer nuestra propia explicación, repasaremos la visión tradicional del fenómeno, debida fundamentalmente a Schürr, y demostraremos que no se ajusta al funcionamiento fonético de las asimilaciones.

5.4.1. INTENTOS DE EXPLICACIÓN ANTERIORES A SCHÜRR
Schuchardt, que como sabemos fue el primero en proponer la hipótesis metafónica, se limitó a señalar que la aparición de los diptongos /ie, uo/ estaría de alguna manera ligada a la influencia

de las vocales (-*i*, -*u*), pero sin llegar a especificar el tipo de mecanismo de que podría tratarse (Schuchardt 1872: 285; 1878: 188; 1885: 7-8). Sólo en una ocasión (Schuchardt 1880: 114) describe el proceso como "Silbenassimilation". Es muy ilustrativo que en tal caso Schuchardt cite los siguientes ejemplos: PODAGRA > PODRAGRA, GABRIEL > GRABRIEL, SUPERBIA > calabrés *supierbia*. En estos casos la "asimilación" es regresiva. Hay otros en los que la dirección es la contraria, como en PERDICE > fr. *perdrix*. En casos como los citados los lingüistas suelen ver la presencia de una "epéntesis similar a una asimilación a distancia" (Passy 1891: § 540) o la aparición de "un sonido parásito" por influencia de otro sonido (Bourciez & Bourciez 1967: § 178.3). Además frecuentemente se relaciona estos casos con los errores lingüísticos (Passy 1891: § 548; ejemplos de errores son: *no strings attached → no strings attrached*, Fromkin 1971: 32; *tres tristes tigres → tres tristres tigres, las tropas serbias → las tropias serbias, Luis Atienza → Luis Atienzia*). Esto no quiere decir que Schuchardt pensara que el proceso era un tipo de error (como sí hará luego Schürr), pero da idea de la dificultad que encontraba para describir el proceso. Esta dificultad será compartida por todos los que defienden la hipótesis metafónica. Además, en los ejemplos citados por Schuchardt, en los de Fromkin y en los nuestros el sonido que se introduce aparece en la misma posición silábica que ocupa el sonido causante del proceso (p. ej. en SUPERBIA > *supierbia* la [i̯] se coloca en una posición prenuclear *C* + *i̯* + *núcleo* igual a la de *b* + *i̯* + *a*), mientras que en la supuesta D condicionada por (-*i*, -*u*) los sonidos causantes ocupan una posición nuclear *C* + *i* y provocarían la aparición de un sonido en posición prenuclear (*foku > fu̯oku*).

La dificultad de dar un contenido fonético claro a la hipótesis, así como la aplastante regularidad de los datos hicieron que no hubiera un interés muy grande por afrontar el problema. La idea general es que se trata de una asimilación paralela a la que experimentaron las vocales medias altas /e, o/, aunque con resultados paradójicamente distintos (cierre de /e, o/ frente a D de /ɛ, ɔ/).

Sin embargo, los investigadores posteriores no dejaron de observar que había aspectos poco claros. Por ejemplo, Meyer-Lübke (1890: § 641) afrontó un aspecto del problema al preguntarse si tanto (-*u*) como (-*i*) podrían haber dado lugar a los mismos efectos. En su opinión, originariamente cada una de las dos vocales condicionantes (-*i*, -*u*) actuaría sólo sobre la vocal tónica de su mismo orden. Es decir, los únicos procesos fonológicos existentes serían ɛ (-*i*) > *i̯e* y ɔ (-*u*) > *u̯ɔ*. Esto daría lugar a una alternancia entre formas diptongadas y formas con monoptongo: FĚRU, FĚRI > *feru ~ fieri* y FŎCU, FŎCI > *fuocu, foci*. Luego se habrían influido mutuamente las series *feru ~ fieri, fuocu ~ foci* y habrían aparecido *fieru* y *fuoci* con el diptongo *ie* ante (-*u*) y *uo* ante (-*i*).

No hay ningún testimonio de una fase intermedia como la que supone Meyer-Lübke y, además, tampoco hay motivo alguno para suponer que cada vocal alta afectaría sólo a la vocal tónica de su propio orden. Como se ve frecuentemente en los procesos metafónicos, una vocal alta, ya sea (-*i*) o (-*u*), puede afectar (cerrando) tanto a vocales anteriores como posteriores, por ejemplo en Sora (provincia de Frosinone, Lacio) tenemos *e, o* (-*i*, -*u*) > *i, u*: *MĒNSI > misə, PĬLU > pirə, *NŬCI > nutʃə, SŪLU > sulə* (Merlo 1920: 14, 29).

También Voretzsch (1900) piensa que cada tipo de contexto condicionante habría provocado un resultado distinto[52]. En su opinión [i̯] produciría la anticipación de [i̯] y, paralelamente, [u̯] la de [u̯]. Según él, serían fáciles de explicar los casos de ɛ (*i̯*) > *i̯e* y ɔ (*u̯*) > *u̯ɔ*. Pero no serían tan claros ɛ (*u̯*) > *i̯e* y ɔ (*i̯*) > *u̯ɔ*. En estos casos se produciría un sonido de compromiso entre la palatalidad y la labialización: ɛ (*u̯*) > *y̯e* y ɔ (*i̯*) > *y̯ɔ*. De tal manera que tendríamos:

---

52 Voretzsch estudia la D condicionada en provenzal y francés. Tradicionalmente se afirma que
    en provenzal hubo una D de /ɛ, ɔ/ condicionada por yod y wau y que el francés conoció

(84)
$$\left.\begin{array}{c} \varepsilon(-i)>\underline{i}\varepsilon \\ \varepsilon(-u)>\underline{u}\varepsilon \end{array}\right\}>\underline{i}\varepsilon \qquad \left.\begin{array}{c} \mathfrak{o}(-i)>\underline{u}\mathfrak{o} \\ \mathfrak{o}(-u)>\underline{u}\mathfrak{o} \end{array}\right\}>\underline{u}\mathfrak{o}$$

La evolución posterior, basada en la frecuencia de cada caso, haría que triunfaran las formas $\underline{i}\varepsilon$, $\underline{u}\mathfrak{o}$. La postura de Voretzsch es susceptible de las mismas críticas que apuntábamos para la de Meyer-Lübke. Además, la forma /$\underline{u}\mathfrak{o}$/ podría proceder perfectamente de /$\underline{u}\mathfrak{o}$/ (Wheeler 1988: 248). Igualmente la mayoría de autores supone que el diptongo procedente de /ɔ/ en SL habría pasado por una fase /$\underline{u}\mathfrak{o}$, $\underline{u}\varepsilon$/ en francés (cf. Thomsen 1876: 74 n.1; Passy 1909: 357; Bourciez 1937[8]: § 66; Nyrop 1935[4]: § 178).

Aparte de los autores mencionados, el problema de un posible efecto diferenciado de (-i) y (-u) no ha tenido mucha más repercusión entre los estudiosos. En general, la actitud que se ha tomado ante el problema de la supuesta D metafónica de /ɛ, ɔ/ ha sido predominantemente descriptiva. Así dentro de la dialectología italiana se ha aceptado sin mayor discusión su existencia, incluso sin tener en cuenta otras situaciones igualmente presentes en Italia y claramente opuestas a tal hipótesis (cf. Sánchez Miret 1998). Efectivamente, los dialectos italianos conocen, y de manera mayoritaria, la evolución ɛ, ɔ > e, o en contexto metafónico. Esta MET, llamada tradicionalmente 'ciociara' o 'arpinate', se encuentra en la Ciociaría (Lacio meridional) y la Sabina (región de la Italia central, con Rieti por capital), cf. Bertoni (1940: 61), Papa (1978), Vignuzzi (1988: 619-622). Además en estas dos zonas, encontramos el fenómeno en cuestión en una parte del sur de las Marcas (exceptuando la zona de Áscoli Piceno), cf. Mengel (1936: 15-17). Este mismo tipo de MET se da también en algunos puntos del noroeste de Apulia (cf. Stehl 1980: 244), así como en puntos de Calabria y Campania (*Rohlfs* §§ 101, 123); igualmente aparece en el sur de Umbría y en zonas de los Abruzos (cf. Tekavčić 1972: § 92). Por ejemplo, hemos recogido en el AIS los siguientes datos de dos localidades de Calabria en la provincia de Cosenza, (85) Mangone, AIS 761 y (86) Melissa, AIS 765:

(85)

BĚLLU	*bellu*	BĚLLA	*bɛlla*
VĚCLU	*bbečču*	VĚCLA	*vɛčča*
*DĚNTI	*i ðenti*	DĚNTE	*nu ðɛnte*
PĚCTU	*pettu*	FĚLE	*fɛle*
GRŎSSU	*grossu*	GRŎSSA	*grɔssa*
CŎRIU	*koṛu*	SŎLA	*sɔla*

(86)

VĚCLU	*bbečču*	VĚCLA	*vɛčča*
CŎLLU	*koḍḍu*	CŎR	*kɔrə*
SŎCRU	*sokru*	*SŎCRA	*sɔkra*
ŎSSU	*ossu*	ŎSSA	*ɔssa*

Igualmente lo encontramos en el norte de Italia, donde por lo general la MET está provocada sólo por (-i) (*Rohlfs* § 6). Por ejemplo en (87) San Carlo (al nordeste de Poschiavo, en un extremo de habla lombarda en el cantón de los Grisones, cf. *Rohlfs* § 92), en (88) Livigno (provincia de Sondrio, Lombardía, cf. *Rohlfs* § 92), en (89) Lizzano in Belvedere

---

también la D condicionada por sonidos palatales. Más adelante veremos que estas supuestas Ds condicionadas pueden integrarse dentro de la D por alargamiento (cf. § 5.5).

(provincia de Bolonia, Emilia-Romaña, cf. Malagoli 1930: 135-136, 140, 145), o en (90) Imola (provincia de Bolonia, cf. Bottiglioni 1919: 11, 15, Schürr 1919: 50, 52, 85, 140, 145):

(87)	VĔRME	v[ɛ]rm	*VĔRMI	v[e]rm
	PRAEBYTE	pr[ɛ]t	*PRAEBYTI	pr[e]t

(88)	MĔRŬLU	m[ɛ]rlo	MĔRŬLI	m[e]rli
	VITĔLLU	vəd[ɛ]l	VITĔLLI	vəd[e]l

(89)	RASTĔLLU	raʃt[ɛ]llo	CULTĔLLI	kort[e]
	PĔLLE	p[ɛ]lle	FRATĔLLI	frad[e]
	CŎLLU	c[ɔ]llo	FILIŎLI	fi[o]

(90)	PĔDE	p[ɛ]	*PĔDI	p[e]
	LĔCTU	l[e]t	*LĔCTI	l[e]t
	FĔRRU	f[e]r	*FĔRRI	f[e]r
	VĔCLU	v[e]tʃ	VĔCLI	v[e]tʃ
	FRATĔLLU	frad[e]l	FRATĔLLI	frad[e]
	*FŎSSU	f[ɔ]s	*FŎSSI	f[o]s
	CŎCTU	k[ɔ]t	CŎCTI	k[o]t
	HŎSP(I)TE	[ɔ]st	*HŎSP(I)TI	[o]st
	ŎC(U)LU	[ɔ]tʃi	ŎC(U)LI	[o]tʃi

A pesar de tan extendida manifestación de la MET, con su paralelo en las vocales medias altas e, o > i, u (91), se ha seguido pensando que la aparición de los diptongos /ie, uo/ en los dialectos italianos meridionales debía incorporarse dentro del mismo tipo de proceso fonológico.

(91)

contexto metafónico		contexto no metafónico	
	napolitano[53]		napolitano
ACĒTU	atʃitə	TĒLA	tela
*MĒNSI	misə	MĒNSE	mesə
PLŬMBU	chiummə	BŬCCA	vocca
SŌLU	sulə	VŎCE	votʃə

	Sora		Sora
ACĒTU	atʃitə	TĒLA	tela
*MĒNSI	misə	MĒNSE	mesə
PLŬMBU	chiummə	PALŬMBA	palomma
SŌLU	sulə	VŎCE	uotʃə

	lombardo		lombardo
NĬGRI	nigri	NĬGRU	negru
*MĒNSI	mis	MĒNSE	mes
*FLŌRI	fiur	FLŌRE	fior
SPŌNSI	ʃpus	SPŌNSU	ʃpos

---

53 Napolitano: cf. Altamura 1968[2] y AIS (315). Sora: cf. Merlo (1920). Lombardía septentrional: cf. Salvioni (1886: 242, 246).

Ni siquiera el intento de Schürr de proyectar sobre toda la Romania la existencia de tal proceso ha provocado el necesario análisis de las implicaciones fonéticas de la hipótesis, quizá porque bastaba a muchos con las críticas de otro tipo (cf. Alonso 1962). Precisamente ha sido Schürr el que más se ha preocupado por dar un contenido fonético claro a la hipótesis. Veamos cuáles son sus ideas.

5.4.2. SCHÜRR

Schürr defendió dos opiniones distintas sobre el funcionamiento fonético de la MET. En sus primeros trabajos sobre el romañolo la concebía, siguiendo a Herzog (1904), como un fenómeno de asimilación que pasa a través de las consonantes intervocálicas hasta llegar a afectar a la vocal tónica: "zeitliche Verschiebung der *i*-Engenbildung des artikulierenden Zungenteiles durch die dazwischenliegenden Konsonanten hindurch bis zur Beeinflußung des Tonvokals" (Schürr 1918: 69-70). Y para explicar el diferente resultado de /e, o, a/ (> *i, u, e*) frente a /ɛ, ɔ/ (> *ie, uo*) suponía que la asimilación afectaría a unas vocales medias bajas que ya se estaban diptongando. Es decir, la D de /ɛ, ɔ/, tan extendida en toda la Romania, se habría visto interferida en la mayoría de los dialectos italianos por la influencia metafónica, de manera tal que la asimilación de cierre que partía de (-*i, -u*) se llevaría a cabo sobre una fase ya diptongada: ẹe, ọo (-*i, -u*) > i̯e, u̯o (Schürr 1918: 69-70)[54].

Esta idea no volvió a aparecer. Y en Schürr (1936: 279) expone ya la versión que será repetida después una y otra vez. En concreto, Schürr cree que la MET es una anticipación del cierre de (-*i, -u*) y entiende el proceso como un tipo de error articulatorio ("lapsus linguae", cf. Schürr 1970a: 15; 1970b [1971]: 221) comparable a los errores que se cometen al escribir a máquina (recordemos que de alguna manera Schuchardt parecía pensar también en un tipo de error articulatorio). Esta explicación intenta resolver el problema de que el efecto de (-*i, -u*) se manifieste al inicio de la vocal tónica, pero crea otro mucho mayor, ya que los cambios originados por errores de lengua son esporádicos (cf. Dressler 1978: 147-148) y esto no es compatible con la gran regularidad que la MET ha tenido en los dialectos suditalianos.

Además Schürr no admite la posibilidad de que la MET pueda producir directamente el cierre de /ɛ, ɔ/ en /e, o/ (cf. Schürr 1970a: 25; 1975: 299). Según él, en todos los casos y para todas las vocales la MET empezaría afectando al inicio de la articulación de la vocal tónica. Por eso Schürr debe explicar el diferente resultado que la MET provoca en /e, o/ > /i, u/, frente a /ɛ, ɔ/. Esta diferencia se debería a que /e, o/ son relativamente breves y cerradas, con lo que la parte inicial de la vocal tónica, que es la que en cualquier caso se modificaría según Schürr, acabaría por dominar (cf. Schürr 1936: 280). Por el contrario, en el caso de /ɛ, ɔ/, al tratarse de vocales naturalmente más largas, se produciría simplemente la aparición de un i̯-, u̯-Vorschlag (Schürr 1936: 280). Esta es una idea totalmente *ad hoc*. Nadie ha supuesto nunca que en los múltiples fenómenos metafónicos que se documentan en otras lenguas románicas, lo mismo que en las lenguas germánicas, la acción asimiladora actúe en la forma que Schürr afirma. Y como veremos, hay suficientes motivos para pensar que los hechos son bien distintos.

---

[54] También Purczinsky (1969/70: 502) piensa que las vocales (-*i, -u*) afectarían a un diptongo que estaba naciendo. El efecto de estas vocales sería de cierre: eə > eẹ; ɔə > oẹ, con lo que contribuirían de esta manera al desarrollo pleno del diptongo: i̯ə, u̯ə > i̯e, u̯e. Es indudable que en una zona donde las vocales finales altas ejercieron una fuerte acción metafónica, como es el caso de los dialectos suditalianos, esta influencia habría afectado también a los diptongos procedentes de /ɛ, ɔ/. Posiblemente esté en este fenómeno la causa de la diferencia que se observa entre los diptongos /i̯ɛ, u̯ɔ/ del galorromance y del toscano (*Rohlfs* §§ 84 n.1, 106) y los diptongos /i̯e, u̯o/ de los dialectos suditalianos (Canepari 1985⁴: 216, 220, 222). Frente a la vocal media baja que es núcleo del diptongo en toscano, la vocal media alta que aparece en el suditaliano será efecto del cierre metafónico.

Schürr cree ver un sustento para su hipótesis en ejemplos de algunos dialectos italianos como *i ƙjanə* (= it. *i cani*). Schürr (1975: 299) piensa que el resultado *ja* se debe a la acción de (-*i*). Sin embargo, está demostrado que en casos como el citado *i ƙjanə* la aparición de *j* se debe a la /i/ precedente, lo mismo que sucede en HABITARE > *abbətjjá*, VISITARE > *vəsətjjá*, donde la aparición de [j] no puede estar condicionada por ninguna (-*i*) (cf. Tuttle 1985a: 24).

Por otro lado, Schürr se ve obligado a reconocer que la MET no funcionaría siempre como él afirma ya que se encuentra con los fenómenos de atracción o "propagazione" del norte de Italia. Se trata, en palabras de Rohlfs, de un "fenomeno allacciato alla metafonia" y consiste, al menos superficialmente, en una atracción de la vocal final átona a la sílaba tónica: **infanti* > veneciano antiguo *fainti*, **boni* > piamontés ant. *boyn*, **ladroni* > *larroyn*, **carboni* > ligur *carbuin*[55].

Schürr tiene que aceptar que la supuesta D metafónica en los dialectos italianos septentrionales empezaría siendo un fenómeno de este tipo: "[Die bedingten Diphthongen] erklären wir auch hier durch Vorausnahme der Engenbildung auf einer durch Attraktion entstandenen Stufe **ęi̯*, **ǫi̯*, bzw. **ęu̯*, **ǫu̯*." (Schürr 1936: 296). Es decir, en un primer momento tendríamos atracción de la vocal átona a la sílaba tónica, seguida en una segunda fase por una nueva anticipación del cierre de la vocal a la parte inicial de la vocal tónica. Por lo tanto, Schürr supone que habría dos modos de actuación de la MET, aunque intenta minimizar esta diferencia afirmando que los casos de atracción serían simplemente "déviations du caractère prosthétique de la métaphonie" (Schürr 1975: 299). Sin embargo, a pesar de que Schürr se empeñe en que el proceso de la D metafónica es "immédiatement évident" (Schürr 1975: 298), no hay ninguna evidencia de que la MET sea un proceso de prótesis.

5.4.3. CRÍTICA DE LA HIPÓTESIS DE SCHÜRR

El problema fundamental de la hipótesis de Schürr consiste en que el proceso que supone es implausible fonéticamente. La teoría metafónica supone que las vocales altas (-*i*, -*u*) se asimilan el principio y sólo el principio de la articulación de las vocales tónicas /ɛ, ɔ/. Esta idea se representa en (91):

---

[55] También se encuentran en puntos del calabrés (*Rohlfs* § 5). La clasificación de estos fenómenos es conflictiva (cf. p. ej. Forner 1975). En los primeros estudios sobre la MET romance se debatió si había que concebirla como un proceso de atracción o como una verdadera asimilación a distancia (cf. Foerster 1879, Schuchardt 1880). No vamos ahora a discutir la relación entre atracción, propagación, metátesis y MET, pero pensamos que, excepto en los casos de metátesis provocada por motivos de contacto silábico, todos los demás fenómenos, siempre que se trate de asimilaciones, funcionan con arreglo a mecanismos bastante similares de carácter asimilativo.

Por otro lado, Leite de Vasconcelos (1928: 265-266) señalaba un fenómeno similar en el dialecto portugués de Palmeria de Faro (Esposende), donde *e* (-*u*) > *eu*: *nubêulo* 'ovillo' (= port. *novelo*), *jinêulo* 'ventanuco' (= *janelo*), *dêudo* 'dedo' (= *dedo*), *canêulos* 'herradura de buey' (= *canelos*), *ceudo* 'temprano' (= *cedo*), *pêuro* 'variedad del manzano' (= *pêro*) vs. *pera*, *azeudo* 'agrio' (= *azêdo*) vs. *azeda*. Igualmente se conoce el proceso *i* (-*u*) > *iu* en Lavra (al norte de Oporto): *trigo* [triu̯gu], *inimigu* [inəmiu̯gu], *castigo* [kɐʃtiu̯gu], *vivo* [biu̯bu], *vimos* [biu̯muʃ] (cf. Lima 1963: 152; Fagan 1985: 268-269; hemos mencionado ya este fenómeno y su relación con la D de los dialectos portugueses septentrionales, cf. § 5.2.8).

(91)   **hipótesis de Schürr**

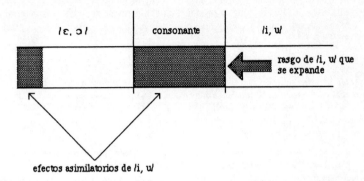

efectos asimilatorios de /i, u/

En (91) se ve que las vocales (-*i*, -*u*) ejercerían una influencia sobre la consonante o consonantes intervocálicas y sobre la parte inicial de la vocal tónica /ɛ, ɔ/. Esto quiere decir que, de ser cierta esta hipótesis, nos encontraríamos ante unos efectos asimilatorios discontinuos o, lo que es lo mismo, con una asimilación que actuaría "a saltos", dejando inalterada una parte de la duración de la vocal. Los defensores de esta hipótesis no se han preocupado de si este proceso fonético existe realmente o de si hay paralelos en otros casos. La respuesta es negativa en ambos casos. Los estudios experimentales demuestran que la asimilación no actúa "a saltos", sino de manera ininterrumpida. Por lo tanto se esperaría que los efectos asimilatorios de una vocal átona final sobre la vocal tónica precedente fueran más fuertes en la parte de la vocal afectada más próxima a la vocal condicionante y no a la inversa. De hecho, existe toda una serie de asimilaciones a distancia entre vocales en lenguas románicas y no románicas que funcionan en la manera esperada y que forman un sólido contraargumento a la hipótesis de Schürr (cf. Sánchez Miret 1998). Veremos en primer lugar cómo funciona la asimilación a la luz de los datos experimentales, para analizar después algunos de estos cambios.

5.4.4.   LA ASIMILACIÓN
Desde el inicio de la ciencia fonética se observó que dos sonidos contiguos se influyen mutuamente. Esto es la asimilación. Rousselot (1901-08: 936-948) estudia la influencia de las consonantes sobre las vocales y de las vocales sobre las consonantes y ya señala que, al menos en el segundo caso, el efecto es mayor cuando los órganos implicados en la articulación de los dos sonidos son distintos:

> [Les organes] se préparent alors toutes les deux à la fois. Ainsi pour *ya* et pour *yu* […] le mouvement initial est, sur les lèvres, celui de *a* et de *u*. De même, quand on veut prononcer *pu*, les lèvres ne se rapprochent pas seulement, comme cela est naturel pour *p*, mais elles s'avancent en même temps, ce qui est réclamé pour *u*. Ce n'est pas tout: la langue, étant indifférente pour *p*, prend dès le début la position de l'*u*. Ainsi voyelle et consonne se compénètrent mutuellement. (Rousselot 1901-08: 941)

Además de documentar experimentalmente estos hechos, Rousselot pone de manifiesto su importancia para la evolución histórica de los sonidos:

L'action réciproque des voyelles et des consonnes contiguës est universelle et se
trouve, si l'on cherche bien, à la base d'évolutions où on ne la soupçonnerait pas.
Elle n'aboutit pas toujours à produire un ébranlement dans un sens déterminé
(d'autres causes interviennent); mais elle contient toutes les possibilités. (Rousselot
1901-08: 944)

Rousselot, por último, da la inscripción quimográfica de un ejemplo en el que se puede
observar la influencia de una vocal sobre la vocal precedente a través de la consonante
intervocálica. Se trata de la secuencia francesa *il a tourné* (vid. su fig. 630): "Dès le milieu de
l'*a*, la ligne des lèvres s'élève à la sollicitation de l'*u*" (Rousselot 1901-08: 947). E igualmente
se refiere a la MET y a la armonización vocálica:

il est d'autres assimilations, qui sont d'ordre purement physiologiques et qui ont
pour base l'accommodation des mouvements organiques entre eux. Nous avons
constaté, entre autres, l'influence d'un *i* final sur le début d'une consonne
précédente [...]. On peut donc prévoir que son action s'étendra même sur une
voyelle antérieure. La phonétique historique nous en fournit des exemples en
français, en allemand, sans parler de l'harmonie vocalique qui est de règle dans les
langues ouralo-altaïques. (Rousselot 1901-08: 983-985)

Como puede verse, la fonética experimental ya desde su inicio ponía de relieve las
repercusiones de la convivencia en la producción del habla de movimientos articulatorios
distintos para cada uno de los sonidos. Estas observaciones encontraron cabida inmediata
dentro de la teoría del cambio. Por ejemplo Sievers (1901[5]: § 738) consideraba que uno de los
cuatro tipos posibles de cambio era el debido a un desplazamiento temporal (= *zeitliche
Verschiebung*) del inicio o del cese del funcionamiento de los órganos articulatorios. Según
Sievers este tipo de cambio se encontraba fundamentalmente en las asimilaciones, como por
ejemplo en la mayoría de casos del *u-Umlaut* (*handum* > nórdico ant. *hondum*).

5.4.5. LA COARTICULACIÓN

A medida que han ido avanzando los estudios de fonética experimental se ha podido medir con
mayor precisión la influencia de unos sonidos sobre otros en lo que se ha dado en llamar
efectos coarticulatorios[56]. Los fenómenos más estudiados son los que implican la
coarticulación entre una consonante y una vocal contiguas e incluso se ha llegado a afirmar que
la coarticulación no podría extenderse más allá de los segmentos adyacentes (Gay 1977: 191).
Sin embargo otros estudios, como Lubker (1981) o Recasens (1987), demuestran que en
secuencias del tipo V_1CV_2 los efectos de la coarticulación de V_2 pueden llegar más allá de la

---

[56] Se entiende por "coarticulación" la influencia de unos segmentos sobre otros y la variabilidad
contextual que tal influencia produce (Daniloff & Hammarberg 1973: 239, Beckman 1988
[1990]: 273). El punto de partida común de los estudios sobre la coarticulación ha sido la
comprobación de que las propiedades articulatorias y acústicas del habla que
progresivamente se han ido descubriendo no permiten la separación clara de unidades
fonológicas, sino que, por el contrario, ponen de manifiesto la mutua y constante influencia
de unos sonidos sobre otros en la producción del habla (cf. p. ej. Daniloff & Hammarberg
1973: 239; Klaasen-Don & Pols 1984: 451; Magno-Caldognetto & Croatto 1985: 101-102).
La noción de "coarticulación" pretende dar cuenta de la realidad fonética observada
postulando la extensión de rasgos (= *feature spreading*, Daniloff & Hammarberg 1973: 241)
de unos segmentos a otros. Para situar el estudio de la coarticulación dentro de los intereses
de la fonética y la fonología puede verse Beckman (1988 [1990]: 272-277), donde se
exponen tres modelos que han pretendido explicar estos fenómenos.

consonante intervocálica y afectar también a V_1. Esta extensión de la coarticulación fundamenta la existencia del cambio histórico que conocemos como "metafonía".

El grado de extensión de la coarticulación se relaciona con una diferencia que Sievers (1901[5]: §§ 470-473) notaba en el caso de secuencias CV. Por un lado, cabe la posibilidad de que durante la articulación de la consonante los órganos vayan adoptando progresivamente la posición necesaria para la articulación de la vocal (*Eingleiten* = deslizamiento). Por otro lado, puede suceder que ya desde el momento de iniciarse la articulación de la consonante los órganos adopten la posición necesaria para la vocal siguiente (*Vorausnahme* = anticipación). En opinión de Sievers estas dos posibilidades van ligadas a las predilecciones de cada lengua.

En las secuencias V_1CV_2 encontramos un paralelo a la situación que acabamos de describir. En las mediciones realizadas por Recasens (1987) se observa que los efectos coarticulatorios pueden estar presentes ya desde el inicio de V_1 o bien comenzar en alguno de los puntos intermedios de su duración hasta el inicio de la consonante intervocálica (vid. las figuras 2, 3, 4 de Recasens 1987).

Junto a la extensión de los efectos coarticulatorios hay que diferenciar dos tipos de efectos de acuerdo con los órganos articulatorios implicados en el proceso: por un lado, podemos encontrarnos con efectos entre varios articuladores y por otro lado, con efectos en un único articulador (Daniloff & Hammarberg 1973: 244; Magno-Caldognetto & Croatto 1985: 103; Farnetani & Vagges & Magno-Caldognetto 1985: 78; la idea ya estaba en Sievers 1901[5]: § 475).

Tenemos efectos entre articuladores distintos cuando en una secuencia de sonidos intervienen varios articuladores y su organización da lugar a solapamientos temporales entre la actividad de unos y otros. Se trata de un fenómeno temporal cuyos efectos son la mayor duración de la actividad de un determinado articulador (Magno-Caldognetto & Croatto 1985: 103). El ejemplo clásico lo ofrecen secuencias de CV como [mi], que implican el funcionamiento de dos articuladores independientes, como son los labios para [m] y la lengua para [i]. En este caso la lengua puede tomar la posición necesaria para la producción de [i] durante el tiempo de la articulación de [m] (cf. Sievers 1901[5]: § 470). Esto mismo es lo que sucede en casos de coarticulación labial como los que Lubker (1981) estudia en sueco, en secuencias artificiales como [leˈsyːl, lɛsˈtyːl, lɛstˈsyːl, lɛstˈstyːl, lɛkstˈstyːl] o [ˈleːsyːl, ˈleːstyːl, ˈleːstsyːl, ˈleːststyːl, ˈleːkststyːl]: la articulación labial de [y] no interfiere con la de los sonidos precedentes y puede coarticularse con ellos. Históricamente, como ya reconocía Sievers (1901[5]: § 766), este proceso está en la base de cambios como el *u-Umlaut* de las lenguas nórdicas, donde nos encontramos con la labialización de la vocal tónica por influencia de una vocal labial de la sílaba siguiente: *handum > hondum*.

Además de los efectos que acabamos de ver sobre articuladores distintos, en la producción del habla tienen lugar efectos sobre un único articulador que participa en la producción de dos segmentos contiguos, de tal manera que los modelos articulatorios de ambos segmentos, es decir, las configuraciones que los órganos debe tomar para la producción de cada uno de ellos, entran en conflicto y puede llegarse a una situación de compromiso a través de la modificación de uno de los segmentos y de las transiciones entre uno y otro (Farnetani & Vagges & Magno-Caldognetto 1985: 78). Se trata de un proceso espacial (mientras que el solapamiento entre varios articuladores es un asunto de sincronización) por el que los segmentos implicados ven modificada la posición canónica de determinados órganos articulatorios (Magno-Caldognetto & Croatto 1985: 103)[57]. En el caso de la coarticulación entre vocales en secuencias VCV uno de los rasgos que más frecuentemente entra en conflicto es el

---

57 Puede verse en Browman & Goldstein (1992) la integración de estos dos tipos de efectos coarticulatorios dentro del modelo de la Fonología Articulatoria. Los efectos entre articuladores distintos no serían generalmente perceptibles, mientras que los producidos en un mismo articulador serían la causa de las variaciones alofónicas.

grado de elevación de la lengua. Esta situación es estudiada por Recasens (1987) en secuencias como [ali, aɾi, aβi, aδi, aɣi] en hablantes de catalán y de castellano. Históricamente la coarticulación entre vocales en secuencias del tipo *aCi* dio lugar al cambio que conocemos como *i-Umlaut* en las lenguas germánicas: *gasti > gesti* y a distintos procesos de MET en las lenguas románicas, como FĒCI > cast. *hice*.

Se ha defendido que la coarticulación sólo tiene lugar entre articuladores compatibles (Sievers 1901[5]: § 469) o, lo que es lo mismo, que sólo pueden extenderse de unos segmentos a otros aquellos rasgos que no sean distintivos. De aquí se deduciría, por un lado, que los efectos entre articuladores distintos serían frecuentes, mientras que los efectos sobre un único articulador se evitarían. También se seguiría que los segmentos muy especificados serían muy poco susceptibles a la coarticulación:

the degree of V-to-V coarticulation in F_2 frequency varies inversely with the degree of articulatory constraint on tongue-dorsum activity for the intervocalic consonant. (Recasens 1987: 310)

Sin embargo Maddieson & Emmorey (1985) demuestran que estos segmentos muy especificados, en concreto estudian /j, w/ en amárico, yoruba y zuñi, también están sometidos a la fuerza de la coarticulación. Lo que varía en cada lengua, como estos autores señalan, es el grado de coarticulación permitido, es decir, el grado de preservación de la "integridad" de sus segmentos.

No hay muchos estudios que se hayan dedicado a la coarticulación entre vocales y la noción de mayor o menor especificación está menos desarrollada para estos sonidos. Según Recasens (1987: 299), /i/ está más especificada que /e/ para el rasgo de elevación de la lengua y /u/ más que /o/ para al redondeamiento de los labios. La vocal menos especificada sería /a/. Los datos existentes parecen indicar que /i/ goza tanto de una mayor resistencia a los efectos coarticulatorios, como de un mayor poder de expansión de sus rasgos sobre los de otros sonidos (cf. Butcher & Weiher 1976: 66, 71; Farnetani & Vagges & Magno-Caldognetto 1985: 97-98; Recasens 1987: 310-311). Esto se refleja en los cambios fonológicos, como la MET y la palatalización de consonantes (cf. Sievers 1901[5]: §§ 481-489; Bhat 1974). Más adelante veremos que de entre los distintos procesos considerados habitualmente como metafónicos, algunos suponen la coarticulación entre articuladores independientes, mientras que otros —la mayoría— implican modificaciones en la posición de la lengua, que es el articulador fundamental de las vocales.

Hasta ahora nos hemos ocupado de la extensión de los efectos coarticulatorios y de los dos tipos de efectos que la coarticulación puede producir. A continuación vamos a tratar de la dirección de estos efectos. La MET es un caso de coarticulación regresiva. Pero la coarticulación puede ser tanto por anticipación (*right-to-left*) como por inercia (*left-to-right*, Daniloff & Hammarberg 1973: 242). Esta doble posibilidad plantea un problema, ya que no está claro si se trata de dos mecanismos distintos. Para Gay (1977: 183-184) y Recasens (1984: 1625; 1987: 301) la coarticulación por inercia sería un efecto mecánico, mientras que la coarticulación por anticipación sería una cuestión de sincronización de los articuladores. Pero Daniloff & Hammarberg (1973: 243-244) niegan que la coarticulación por inercia sea un proceso puramente mecánico, ya que se da también en tempo lento y puede extenderse además a varios segmentos. En su opinión, se trata tanto de un fenómeno de inercia como de programación de la articulación. Igualmente para Farnetani & Vagges & Magno-Caldogentto (1985: 97) en ambos tipos de coarticulación se trata de efectos espaciotemporales.

No sabemos qué factores condicionan la dirección de la coarticulación. Puede que sean en parte tendencias propias de cada lengua, por ejemplo en catalán e inglés parece predominar la coarticulación por inercia (Recasens 1984: 1634). Pero se observan también variaciones entre los individuos (Butcher & Weiher 1976: 72). Y no parece que haya un predominio universal de una dirección sobre la otra (Klaasen-Don & Pols 1984: 453).

En los datos de Butcher & Weiher (1976: 70) los efectos por anticipación son mayores. Esto está de acuerdo con el predominio de los cambios históricos por anticipación (cf. p. ej. Tuttle 1985a: 3). Sin embargo, los datos de Recasens (1987) indican una mayor extensión de los efectos por inercia. Pero hay que decir que en el predominio de los cambios por anticipación en la fonología histórica de las lenguas influyen probablemente otros factores distintos de la intensidad de la coarticulación. De hecho, es conocido el hecho de que la MET tiende frecuentemente a morfologizarse, con lo cual entra en un plano distinto del lenguaje en el que los resultados originariamente fonológicos pueden extenderse y perpetuarse más fácilmente, lo cual les otorga un papel más importante en las gramáticas históricas[58].

El último aspecto fundamental que revelan los estudios sobre la coarticulación es que las asimilaciones son siempre en contacto. Esto ya había sido argumentado por Purczinsky contra la hipótesis de Schürr:

> Since the speaker is unaware of the muscular shift involved in anticipation, it is inconceivable that he first lifts the tongue to adjust it to the sound which is to follow the stressed vowel, then lowers it again to the correct position. No, if he raises the tongue, unconsciously, either only the part of the vowel nearest the following will be affected or the whole vowel (depending on how soon he makes the shift). An unconscious anticipation of a muscular movement will not be intermittent. (Purczinsky 1969/70: 501)

Esto quiere decir que, para que un sonido incorpore un rasgo nuevo presente en el contexto, este rasgo ha de hallarse en un sonido contiguo, ya que la expansión de los rasgos es ininterrumpida. En palabras de Recasens, en una secuencia V_1CV_2 "transconsonantal anticipatory effects can extend all the way back to V_1 onset and [...] transconsonantal carryover effects can last uninterruptedly until V_2 offset." (Recasens 1987: 310). Dicho de otra manera, en el caso de la asimilación a distancia entre vocales el rasgo que se expande afecta en primer lugar a la consonante o consonantes intervocálicas (93) y luego a la vocal (94):

(93)   **asimilación de la consonante**

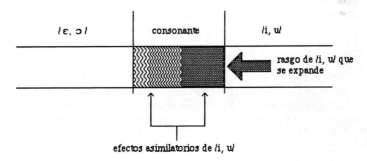

---

58 Según Farnetani & Vagges & Magno-Caldogentto (1985: 98), las vocales átonas tienen menor poder coarticulatorio. ¿Cómo puede explicarse entonces que en la fonología histórica de las lenguas sea mucho más frecuente el cambio provocado precisamente por las vocales átonas? Evidentemente nos encontramos ante un conflicto entre las tendencias fonéticas y el desarrollo histórico del cambio, que está condicionado no sólo por factores fonéticos.

(94)   **asimilación que llega hasta la vocal precedente**

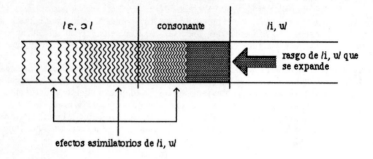

Esto ya había sido observado por Sievers:

Seltener wirkt hier der umlautende Vocal direct auf den umzulautenden (wie in ahd. *sâjen* = mhd. *sæjen*), gewöhnlicher treten consonanten als Vermittler auf [...], indem sie die specifische Stellung des umlautenden Vocals durch Articulationsmischung [...] in sich aufnehmen und so mit der des umzulautenden Vocals in Contact bringen. (Sievers 1901[5]: § 765)

5.4.6.   ASPECTOS ESENCIALES DE LA COARTICULACIÓN

En resumen, podemos concentrar en una serie de puntos las características de la coarticulación. 1) En primer lugar, la coarticulación es capaz de extenderse más allá de los segmentos contiguos. 2) La coarticulación puede detectarse desde el inicio de la articulación del sonido afectado (*Vorausnahme*) o bien sólo a partir de un determinado punto (*Eingleiten*). 3) Puede tratarse de la articulación unísona de varios articuladores que no se interfieren en la formación de los segmentos afectados o bien de la modificación de los movimientos de un único articulador implicado en varios de los segmentos afectados. 4) Afecta a rasgos distintivos y no distintivos (se conocen efectos en la posición de los labios, en la abertura del velo del paladar, en la abertura de la mandíbula, en la forma de la lengua, cf. Daniloff & Hammarberg 1973: 242). 5) La coarticulación puede ser tanto progresiva como regresiva. 6) Y por último, la coarticulación es ininterrumpida.

Como vamos a ver a continuación, estos rasgos de la coarticulación encuentran un claro reflejo en todos los procesos metafónicos conocidos en las lenguas románicas y germánicas, a excepción de la D metafónica que supone la teoría de Schürr. Empezaremos por mostrar cómo la hipótesis de Schürr choca frontalmente con las expectativas fonéticas. En un segundo momento, expondremos una serie de cambios que sí están de acuerdo con el funcionamiento de la coarticulación.

5.4.7.   CONSECUENCIAS PARA LA HIPÓTESIS DE SCHÜRR

Recordemos que Schürr supone que la acción metafónica de (*-i*, *-u*) empezaría a manifestarse al inicio de la vocal tónica, como muestra la figura:

(95)   **hipótesis de Schürr**

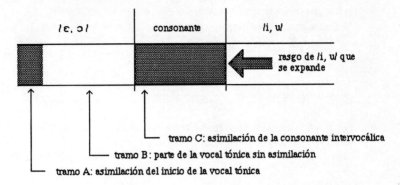

Como puede verse, la hipótesis de Schürr supone que la asimilación actuaría en los tramos A y C, pero no durante el tramo B. Sin embargo, la asimilación, es decir, la coarticulación nunca actúa dejando tramos inalterados.

Por otro lado, hay muchos otros cambios metafónicos que sí se comportan de acuerdo con los rasgos que hemos establecido para la coarticulación. Hemos dicho que en la coarticulación pueden verse involucrados articuladores distintos y esto es lo que nos encontramos en algunos casos de *Umlaut* de las lenguas germánicas:

(96)   <u>*i* (-*u*) > *y*</u>: **swistur* 'hermana' > nórdico *systor* (Grammont 1933 [1971]: 258); **siŋgwana* 'cantar' > nórdico ant. *syngva* (Scaffidi Abbate 1979: 285)

   <u>*e* (-*u*) > *œ*</u>: **rekwaʀ* > nórdico *røkkr* 'tinieblas' (Grammont 1933 [1971]: 258)

En estos casos el articulador básico de las vocales tónicas /i, e/ es la lengua, que no se ve interferida en nada por la articulación labial de la vocal (-*u*), de manera que los movimientos de los labios propios de esta vocal pueden iniciarse durante la articulación de la vocal tónica y producir con ello su labialización.

Sin embargo, en la mayoría de ocasiones la coarticulación entre vocales afecta al articulador principal de estos sonidos, es decir, a la posición de la lengua, con lo cual se producen conflictos que pueden traducirse en cambios de diverso tipo. Por ejemplo, tenemos anteriorización de las vocales ante (-*i*) en las lenguas germánicas:

(97)   <u>*u* (-*i*) > *y*</u>: nórdico *hus* 'casa' -> *hysir* 'él hospeda' (Grammont 1933 [1971]: 258), alto alemán antiguo *wurfil* > alto alemán medio *würfel* 'dado', **puŋkjana* > nórdico *þykkia* 'parecer' (Scaffidi Abbate 1979: 282)

   <u>*o* (-*i*) > *œ*</u>: nórdico ant. **hofþ-ingi* 'jefecillo' > sueco ant. *høfþinge* (Grammont 1933 [1971]: 257); *dohtriʀ* 'hijas' > nórdico *døtr* (Scaffidi Abbate 1979: 282)

Pero el cambio más frecuente es el que afecta al grado de altura de las vocales. Tenemos casos de abertura ante vocales bajas en lenguas germánicas y célticas:

(98)   *i (-a, -o) > e*: **wiraz* 'hombre' > alto alemán antiguo *wer* (Grammont 1933 [1971]:
        256); **nizdos* > alemán *Nest* 'nido' (Hirt 1931: 46); británico **u̯inda* 'blanca' >
        galés *gwenn* frente a **u̯indos* 'blanco' > *gwynn* (Jackson 1967: 286)

        u (-a, -o) > o: **yuka* 'yugo' > alemán *Joch* (Grammont 1933 [1971]: 256);
        *wurða > alto alemán antiguo *wort, guða* 'Dios' > alto alemán antiguo *got*
        (Scaffidi Abbate 1979: 281); británico **trumma* 'pesada' > galés *trom* frente a
        *trummos 'pesado' > *trwm* (Jackson 1967: 286)

        Junto a los casos de cierre ante vocales altas:

(99)   *e (-i) > i*: **esti* > germánico *ist*, **meðja* 'medio' > nórdico ant. *miðr*, alto alemán
        antiguo *mitti* (Hirt 1931: 44)

        e (-u) > i: **felu* > alto alemán antiguo *filu* 'mucho' (Grammont 1933 [1971]: 257)

        Igualmente las lenguas románicas han conocido diferentes procesos metafónicos de
abertura y cierre de vocales tónicas condicionados por las átonas finales. Aparte de la MET de
muchos dialectos italianos, que ya hemos ejemplificado (vid. (87-91)), tenemos un proceso *e*
(*-i*) > *i* en unos pocos casos de -ī en las lenguas de la Romania occidental (donde no hay plural
en *-i*):

(100)   VIGĬNTĪ > fr. *vingt*, prov. *vint*, port. *vinte*, cast.ant. *veínte*, cat. *vint*
        FĒCĪ > prov. *fis*, fr. *fis*, cast. *hice*, port. *fiz*, cat. *fiu*

        Igualmente se habla de una MET de abertura en portugués[59]:

---

59 Acerca de la MET por (*-a*) en portugués se han vertido opiniones bastante distintas. Hay
    autores que no la mencionan, como es el caso de Piel. Meyer-Lübke (1894 [1895]: § 64)
    considera que la alternancia *o ~ ɔ* que se encuentra en los adjetivos en *-oso* (p. ej.
    form[o]so ~ form[ɔ]sa) no sería fruto de la MET por (*-a*), sino extensión a los adjetivos con /o/
    etimológica de la misma alternancia *o ~ ɔ* presente en los adjetivos con /ɔ/ etimológica (p. ej.
    n[o]vo ~ n[ɔ]va), donde ha nacido gracias a la MET por (*-a*), que cierra *ɔ > o*. Meyer-Lübke
    se basa en que en los adjetivos en *-oso* aparece la forma /ɔ/ también en el plural masculino (p.
    ej. *form[ɔ]sos, fam[ɔ]sos, anim[ɔ]sos*, cf. Cavacas 1921: 152), donde la vocal abierta
    claramente no es fruto de un proceso fonológico. Por eso piensa que todas las formas de los
    adjetivos en *-oso* se deben a una extensión analógica del modelo de alternancias de los
    adjetivos con /ɔ/, como NŎVU/A/OS/AS > *n[o]vo ~ n[ɔ]va, n[ɔ]vos, n[ɔ]vas*.
        Para Cavacas (1921: 66, 144) se trataría de un fenómeno relativamente reciente, ya que
    algunos diccionarios y gramáticas recogen todavía una pronunciación cerrada en numerosos
    casos. Sin embargo, en los pronombres *ela, aquela, esta, essa* se sabe que la pronunciación
    abierta es antigua. Por eso Louro (1961: 112) supone que en *ela, elas, aquela, aquelas* la /ε/
    podría haber sido favorecida por las numerosas formas con -[ε]*la*, -[ε]*las* (*barbela, cadela,
    chinela, janela*...). La pronunciación abierta es antigua en el caso de HŌRA > *h[ɔ]ra*, ŌRAT >
    ora, que riman con *f[ɔ]ra, def[ɔ]ra, af[ɔ]ra* en las Cantigas de Santa María (cf. Huber 1933
    [1986]: § 98).
        En gallego ha sido documentada por Álvarez Blanco (1988), quien no cree que pueda
    negarse que en esta lengua, dada la abundancia de casos, se trate de un fenómeno fonológico.
    En su opinión, no parece razonable pensar que sea fruto de un proceso morfológico sobre
    el modelo de alternancias /e, o/ ~ /ε, ɔ/ (= masculino ~ femenino), ya que algunos casos de
    voces con (*-a*) no tienen un correspondiente masculino. Y, como certeramente señala, no hay

(101)   APOTHĒCA > port. *bod*[ε]*ga*, MONĒTA > *mo*[ε]*da*, META > *m*[ε]*da*, SILVA >
        s[ε]*lva*, ILLA > [ε]*la*, ECCU ILLA > *aqu*[ε]*lla*, ISTA > [ε]*sta*, IPSA > [ε]*ssa*, HŌRA >
        h[ɔ]*ra*, MŌRA > *am*[ɔ]*ra* (Cavacas 1921: 65-66, 78, 138, 145)

        Además el portugués también tiene MET de cierre ante (*-u*)[60]:

(102)   PĔTRU > *P*[e]*dro* frente a PĔTRA > *p*[ε]*dra*, MĔTU > *m*[e]*do*, TĔSTU > *t*[e]*sto*,
        LAETU > *l*[e]*do* (Cavacas 1921: 61), *ADMŎRDĬU/OS > *alm*[o]*ço* ~ *alm*[ɔ]*ços*,
        CŎRVU > *c*[o]*rvo* ~ *c*[ɔ]*rvos*, FŎCU > *f*[o]*go* ~ *f*[ɔ]*gos*, PŎRCU >
        p[o]*rco* ~ *p*[ɔ]*rcos*, HŎRTU > *h*[o]*rto* ~ *h*[ɔ]*rtos*, ŎVU > [o]*vo* ~ [ɔ]*vos*
        (Cavacas 1921: 72, 147)

        Y también el asturiano ha conocido una MET por (*-u*), que afecta a (103) /a, e, o/,
también a los diptongos (104) /ie, ue/ y a (105) las voces de introducción reciente en el dialecto
(Menéndez Pidal 1906 [1962]: § 5; Blaylock 1964/65: 255-256)[61]:

(103)   *palu*   >   *pelu*   *pelu*   >   *pilu*   *potru*   >   *putru*
        vasu   >   *vesu*   *besu*   >   *bisu*   *tsobu*   >   *tsubu*

(104)   *tiempu* >   *timpu*   *puertu*   >   *puirtu*
        sierru >   *sirru*   *güesu*   >   *güisu*
        abiertu >   *abirtu*   *pañuelu* >   *pañuilu*

(105)   *rosariu* >   *roseriu*   *sujetu*   >   *sujitu*   *silicosu* > *silicusu*[62]

        En todos los casos mencionados ((87-91, 96-105)) la interpretación fonética del
fenómeno es básicamente la misma[63]. Se trata siempre de una asimilación a un determinado
rasgo (mayoritariamente la altura) de la vocal átona condicionante. En el caso de /a/ en asturiano
tenemos asimilación al grado de altura de (*-u*) en la mayor parte de la zona (*a > e*), pero
Rodríguez Castellano (1952: 61) encontró una zona en la que había cierre y velarización (*a >*

---

        tampoco razones fonéticas para que sólo las vocales cerradas puedan influir (Álvarez Blanco
        1988: 154).

60   Para los varios problemas que plantea la interpretación de la MET en portugués y gallego, cf.
        Cavacas (1921), Piel (1942), Blaylock (1964/65), Álvarez Blanco (1988), Martins (1988).

61   Cf. Menéndez Pidal (1906 [1962]: § 5 y apéndice de Carmen Bobes: 155-163), Catalán
        (1953), Alarcos (1958b), Alonso (1958, 1962), Rodríguez Castellano (1952, 1959), Blaylock
        (1964/65). En el apéndice de Carmen Bobes a la monografía de Menéndez Pidal hay una
        historia detallada de la investigación hasta 1962. El fenómeno aparece también en los Montes
        de Pas (Santander), cf. Penny (1969a: §§ 38, 40-46, 158-160, 513; 1969b).
           También hay MET por (*-i*), pero el fenómeno parece limitarse a /e/: *esti > isti*, *tsetsi > tsitsi*
        'leche', *nuetsi > nuitsi* 'noche' (Menéndez Pidal 1906 [1962]: 52).

62   En estos casos la aplicación de la MET es más bien fruto de un proceso morfológico por el
        que las formas nuevas se adaptan a las alternancias existentes en el dialecto: *sentu ~ santa*,
        guetu ~ gata, ninu ~ nena, cordiru ~ cordera, tuntu ~ tonta. Hasta dónde llegan nuestras
        noticias, no se ha estudiado suficientemente la morfologización de la MET en esta zona.

63   Hay también procesos metafónicos en sardo, cf. Wagner (1941 [1984]: § 15), Loi Corvetto
        (1975), Canepari (1980: 85), Contini (1987: 439-440). Más adelante los mencionaremos a
        propósito de la morfologización de la MET en parte del dominio sardo.

o), es decir, asimilación al grado de altura y de posterioridad de (-*u*): *bancu* > *boncu*, *palu* > *polu*. Por otro lado, el resultado de /ε, ɔ/ ante las vocales altas es el cierre, como hemos visto que sucede en portugués, y no la D, como supone Schürr. Y ya aludíamos antes a que este resultado de cierre, que es el fonéticamente esperable, se documenta en multitud de dialectos italianos, como por ejemplo en el de Sora (Lacio), cf. Merlo (1920):

(106)	SĔRU	*serə*		FĔLE	*fɛlə*
	TĔMPU	*tempə*		IUMĔNTA	*jəmɛnta*
	*PĔDI	*petə*		PĔDE	*petə*
	BĔLLI	*bbeʎʎə*		BĔLLA	*bbɛlla*
	FŎCU	*fokə*		RŎTA	*rɔta*
	SŎMNU	*sonnə*		ŎCTO	*ɔttə*
	BŎNI	*bbonə*		BŎNA	*bbɔna*
	MŎRTI	*mortə*		MŎRTA	*mɔrta*

En definitiva, tanto las expectativas fonéticas de la asimilación deducidas de los estudios experimentales sobre la coarticulación, como el testimonio de los cambios fonéticos metafónicos de las lenguas germánicas y románicas excluyen la posibilidad de que la explicación de los dialectos suditalianos, con un diptongo procedente de /ε, ɔ/ ante (-*i*, -*u*) frente a un monoptongo ante (-*a*, -*e*, -*o*), deba buscarse en un implausible proceso de D metafónica provocado por (-*i*, -*u*) tal y como lo supone Schürr.

5.4.8. LAS AUTÉNTICAS DIPTONGACIONES METAFÓNICAS

Además de lo ya dicho, hay que apuntar que los procesos de auténtica D metafónica que se conocen, como son (107) los del nórdico y (108) el rumano, funcionan en la manera esperada y no como propone Schürr. En concreto, en nórdico hubo una D metafónica provocada por (-*a*) y (-*u*), conocida entre los germanistas con el nombre de *Brechung*, por la que *e* (-*a*) > *ja*, *e* (-*u*) > *jo*. Por su parte, en rumano hubo D metafónica de /e, o/ ante (-*e*, -*ă*) que produjo los diptongos /ea, oa/:

(107)   *bergan* > *bjarga*, *hërtŏn* > *hjarta*, *geldan* > *gjalda*, *herþo* > *hjǫrð*, protonórdico *heruʀ* > *hjǫrr* (cf. Noreen 1923⁴: §§ 87-89)

(108)   SĒRA > rum. *seară*, CRĬSTA > *creastă*, NĬGRA > *neagră*, LĒGE > rum.ant. *leage*, FĬLICE > rum.ant. *fearece*, PARETE > rum.ant. *păreate*, PŎRTA > *poartă*, RŎTA > *roată*, FLŌRE > *floare*, SŌLE > *soare* (Iordan 1920: 45-48; 114; 189; 253-254)

Los procesos de *Brechung* del nórdico y de D metafónica del rumano han tenido varias interpretaciones (para el nórdico cf. Nielsen 1957, Benediktsson 1982). Fundamentalmente se ha discutido si se trata de fenómenos de D espontánea limitados por algún motivo a determinados contextos o si no hay que interpretarlos más bien como fenómenos condicionados precisamente por el contexto vocálico siguiente.

La hipótesis tradicional atribuye los diptongos del rumano a la presencia de una vocal abierta en la sílaba siguiente e interpreta el proceso como un tipo de *Umlaut* o *Brechung*, es decir, como una D metafónica (Mussafia 1868, cf. Renzi 1965: 748; Tiktin 1886-88: § 23;

Iordan 1920: 29-38; Rosetti 1964: 571)[64]. Dentro de esta idea general hay diferentes matices en la interpretación de cada autor. Por ejemplo, Iordan parte de la idea de Sievers de una pronunciación con dos vértices (= *Zweiglipfligkeit*, rum. *silabe cu două vîrfuri*; cf. §§ 2.4.1, 4.1.4), que se vería modificada por la tendencia a la centralización de la parte final de la vocal favorecida por la presencia de (-ă, -e), con lo que se originarían unos diptongos *e, o > eə, oə*,

---

[64] Frente a la idea de una D metafónica se ha sugerido la posibilidad de que se trate de un fenómeno espontáneo que no habría llegado a imponerse en las palabras con una vocal cerrada (-*i*, -*u*) en la sílaba siguiente a la tónica (Meyer-Lübke 1890: § 83; Nandriş 1963: 212-213). Algunos autores coinciden en que las vocales /e, o/ habrían experimentado durante un tiempo una situación paralela a la que actualmente tiene el sardo, consistente en la alternancia entre variantes cerradas [e, o] ante (-*i*, -*u*) y variantes abiertas [ɛ, ɔ] ante (-*a*, -*ă*, -*e*) (cf. Zdrenghea 1957 [1960]: 94; Sala 1976: 195-201). Estas variantes abiertas habrían acabado por convertirse en los diptongos /ea̯, oa̯/. Y lo mismo habría sucedido cuando las vocales se encontraban en posición final de palabra (BĬBĬT > *bea*, STĒT > *stea*, DĔT > *dea*, *VOLET > *vrea*). Posner (1965/66: 456) sugiere que la D de /e, o/ en estos casos podría considerarse como espontánea. Rosetti (1966), en respuesta a Posner, admite que la D en los casos de *bea, stea, dea* sea espontánea, algo que, según él, ya pensaba Densusianu, pero no cree que deba generalizarse esta opinión a la D ante (-*a*, -*ă*, -*e*). Por su parte, Nandriş (1963: 17) cree que en *bea, stea, dea, vrea* —llamativamente se trata en todos ellos de verbos—, la *a* no es fruto de un proceso fonético, sino de la analogía con otros verbos (la misma opinión se encuentra ya en Tiktin 1886-88: § 24).

Frente a las posturas mencionadas se destaca la posición de Petrovici, para quien no hubo en realidad D en la evolución de /e, o/. Lo que en la escritura aparece como <ea, oa> no serían auténticos diptongos, sino la representación de una /a/ tras una consonante labializada o palatalizada, p. ej. <pea, poa> [pʲa], [pʷa] (Petrovici 1957a: 21). Al igual que otros lingüistas, Petrovici parte de una fase primitiva en la que el rumano tendría una fase de MET como la del sardo, que daría lugar a una alternancia alofónica entre *e ~ ɛ, o ~ ɔ*; las variantes cerradas aparecerían ante (-*i*, -*u*) y las abiertas ante (-*a*, -*e*, -*ă*) (Petrovici 1957b: 100). En la fase de contacto del rumano con las lenguas eslavas se produciría todo un proceso de asimilación de rasgos eslavos que acabaría por dar al rumano el aspecto de una lengua romance con pronunciación eslava (Petrovici 1957a: 43). Uno de los principales efectos de esta eslavización sería la asimilación de las consonantes a las vocales siguientes, de manera tal que aparecerían cuatro tipos de series consonánticas: no palatalizadas, palatalizadas, labializadas y palatalizadas-labializadas (Petrovici 1957a: 26-27). En un primer momento estas series de consonantes serían alofónicas. Pero cuando las vocales finales (-*i*, -*u*) desaparecieron, las consonantes se fonologizarían: *parʷo ~ parʲi > parʷ ~ parʲ* (Petrovici 1957b: 111). Y paralelamente se produciría una aproximación fonética entre los alófonos vocálicos. Así [ɛ, ɔ], que eran los alófonos de /e, o/ ante (-*a*, -*e*, -*ă*) se confundirían todos en /a/ (Petrovici 1957b: 115): *tʲekă > tʲakă* <teacă>, *tʷokă > tʷakă* <toacă>.

Ionaşcu (1958) también cree que el punto de partida de la evolución de /e, o/ es una alternancia entre variantes abiertas y variantes cerradas (*ɛ ~ e, ɔ ~ o*) en función del tipo de vocal de la sílaba siguiente. A partir de este punto, Ionaşcu intenta explicar la evolución de las vocales sin acudir a influencias externas, sino basándose en principios internos propios del rumano. En su opinión la pérdida de las vocales finales (-*i*, -*u*) dejaría sin motivación la alternancia entre las vocales y provocaría un movimiento de diferenciación entre los alófonos que se traduciría en la evolución de las variantes abiertas [ɛ, ɔ] hacia /a/ junto con la conservación por parte de la consonante precedente del carácter palatal o velar propio de la vocal (Ionaşcu 1958: 430).

Rosetti (1954 [1959]) acepta que en posición final de palabra el rumano conoce una oposición entre consonantes palatalizadas y no palatalizadas, p. ej. en *pom ~ pomi* se opondrían /m/ ~ /mʲ/, pero no sigue a Petrovici en su generalización de esta oposición a las demás posiciones. Rosetti reconoce que aunque es cierto que en algunos dialectos palabras como *leac* se pronuncian [ʎak], esto no sucede en la lengua literaria, donde, según Rosetti y la mayoría de lingüistas, <ea> representa un verdadero diptongo. Esto se demuestra, en opinión de Rosetti, por el hecho de que [ea, oa, ie] duran más que [a, o, e], lo cual significa que estamos ante un complejo de sonidos vocálicos, es decir, ante un diptongo (cf. Rosetti 1954 [1959]: 51).

que posteriormente cambiarían su silabicidad: *e̦*, *o̦* > *e̦a*, *o̦a*. Por otro lado, hay también algunas diferencias entre los autores a la hora de determinar la efectividad de cada uno de los contextos (p. ej. Iordan 1920: 16, 103 cree que la D sería ocasionada sólo por *-e*, *-ă*, pero no por *-a*).

Ciertamente se hace difícil distinguir entre un proceso espontáneo y un proceso condicionado. Pero hay algunos aspectos que nos hacen inclinarnos por la segunda interpretación, al menos por lo que se refiere al rumano.

Es cierto que el fenómeno rumano afecta sólo a las vocales tónicas, lo cual parecería inscribirlo dentro de los procesos de reforzamiento. Sin embargo, los fenómenos de asimilación a distancia como este y como el cierre metafónico de /e, o/ ante (*-i*, *-u*) en los dialectos suditalianos no se consideran como reforzamientos. El motivo es que existen también asimilaciones a distancia (= coarticulaciones) en las que los rasgos que se extienden son los de la vocal tónica y las vocales afectadas son las átonas y también hay casos de influencia entre vocales átonas.

Por ejemplo, en la determinación del vocalismo átono de los proparoxítonos en varios dialectos italianos parece haber intervenido, junto a otros factores como puede ser el contexto consonántico (cf. Tuttle 1973/74), una cierta tendencia a la asimilación entre las vocales átonas, como es el caso del dialecto de Las Marcas (cf. *Rohlfs* § 139):

(109)

u-u	i-i		e-e	i-i
mèducu	*mèdichi*		*vèrmene*	*vèrmini*
garòfulu	*garòfili*			
àrburu	*àrbiri*		a-a	e-e
càvulu	*càvili*		*pèrsaca*	*pèrseche*

En los ejemplos precedentes el influjo parte de una vocal final. También nos encontramos con casos de influencia entre átonas interiores, por ejemplo en Garfagnana *settimana* > *sittimana, polizia* > *pulizia, vellutin* > *villutin, conosciuto* > *cunusciuto* (cf. Venturelli 1979) o en castellano *SUBMERGULIO* > *somergujo* > *somorgujo* (Menéndez Pidal 1940⁶: § 65.1).

Y existen también, como decíamos, ejemplos de la influencia de una vocal tónica sobre una vocal átona, como en (110) Garfagnana (Venturelli 1979), (111) en rumano (Nandriş 1963: 294-295), (112) en francés (Grammont 1933), (113) en castellano (Menéndez Pidal 1940⁶: § 65.1) o (114) en catalán (cf. Moll 1952: § 69):

(110)   *vistito* (*e-í* > *i-í*, cf. *vestaglia*)
          dunnina (*o-í* > *u-í*, cf. *donnaccia*)
          piuvuto (*io-ú* > *iu-ú*, cf. *piovea*)
          vulzuto (*o-ú* > *u-ú*, cf. *voleo*)

(111)   LŬMBRĬCU > *limbric*
          trămite > *trimite*
          nasŭpŭ (eslavo) > *nisip*
          φέλος > *folos*
          narokŭ (eslavo) > *noroc*

(112) *presse* [presɛ], *pressons* [presõ], *presser* (ɛ-é > e-é) [prese]
       essaie [esɛ], *essayons* [esɛjõ], *essayer* (ɛ-é > e-é) [eseje]

(113) DĪRECTU > *derecho* > derecho
       STERNŪTU > *esternudo* > estornudo

(114) *RENIŌNE > ronyó
       FENUCULU > *fonoll*
       RESTUPLU > *rostoll*
       GENUCULU > dialectal *jonoll*

Todos estos ejemplos, que podrían multiplicarse fácilmente, demuestran que los procesos de coarticulación, traducidos históricamente en asimilaciones, no son cambios de reforzamiento, ya que afectan a todo tipo de vocales. El hecho de que en determinadas ocasiones el resultado de tal proceso sea un diptongo, como ha sucedido en rumano, tiene una correcta interpretación dentro de este tipo de fenómenos, como veremos más adelante.

Otro motivo que nos inclina a pensar que la D metafónica del rumano es un fenómeno de coarticulación y no una D espontánea es el hecho de que la D de /e, o/ ante (-a, -e, -ă) se ha visto impedida ante determinados grupos consonánticos y ante [i̯] en algunos préstamos fundamentalmente de las lenguas eslavas. Esto fue advertido por Iordan (1920: 90-91, 110, 222-223). Veamos algunos ejemplos (Iordan 1920: 95-97, 228-231):

(115) *bezdna* > *bezná*, *buba* > *bubelcă*, *butelka* > *butelcă*, *čerge* > *cergă*, *csperke* >
       ciupercă, *deblo* > *deblă*, *greblie* > *greblă*, *svekla* > *sfeclă*, *tesla* > *teslă*, *bolta* >
       boltă, *kopče* > *copcă*, *doika* > *doică*, *morda* > *mordă*, *okno* > *ocnă*, *zorba* >
       zorbă, *čorba* (turco) > *ciorbă*

Para Avram (1968: 398), estos ejemplos serían el testimonio de una fase de debilitamiento del proceso de D y señala que tal disminución en el vigor del fenómeno no se manifestaría de forma regular sólo en los casos de ST, ya que hay casos de ST con diptongo, como *buleandră*, *joardă*, y ejemplos de SL sin diptongo, como *sobă* (Iordan 1920: 231-234 menciona una serie de casos de este último tipo e intenta dar explicaciones individuales para su falta de D). Por su parte, Sala (1976: 245-246) cree que la D de los eslavismos sería más bien un proceso de adaptación de unos sonidos eslavos que por su similitud con *ea, oa* se habrían identificado con los diptongos rumanos.

La falta de D ante determinados grupos consonánticos (limitada a palabras entradas tardíamente en la lengua, quizá, como señala Avram, en una fase en la que el cambio se estaba debilitando) podría analizarse como una falta de D en ST y ponerse en relación con otros fenómenos que ya hemos visto en otras lenguas románicas. Sin embargo, esto no parece ir de acuerdo con la tendencia del rumano, que no ha manifestado en la D de /ɛ/ tal sensibilidad a la diferenciación entre SL y ST. Por otro lado, dentro de los fenómenos de coarticulación entre vocales se conocen también casos de bloqueo del proceso ante determinados contextos consonánticos. Por ejemplo, se encuentra en bastantes lenguas germánicas la falta de *i-Umlaut* ante algunos grupos de consonantes (cf. Sonderegger 1959: 5-6). Igualmente en coreano medio las vocales velares se palatalizan cuando en la sílaba siguiente hay /i/, pero sólo si la consonante intervocálica es labial o velar (cf. Lass 1984: 98). El proceso de *Brechung* del nórdico no se lleva a cabo cuando entre la vocal final y la tónica hay un grupo formado por nasal + consonante, p. ej. germánico *finþan* > nórdico ant. *finna* vs. **herta* > nórdico *hjarta* (cf.

Grammont 1933 [1971]: 259). Por su parte, Recasens (1987) señala que determinadas consonantes suponen una restricción a los efectos coarticulatorios en catalán y castellano. Igualmente Bisol (1989) señala que el tipo de consonante intervocálica desempeña un papel importante, ya sea favoreciendo o dificultando los procesos de asimilación entre vocales en el portugués de Brasil.

Dado que el rumano no parece haber conocido en la evolución de su sistema vocálico la influencia de la distinción entre SL y ST, es lícito interpretar los casos de falta de D de /e, o/ como producto del bloqueo de la coarticulación entre vocales por parte de determinados grupos consonánticos en una fase tardía del proceso, tal y como sucede en las otras lenguas que acabamos de mencionar.

En tercer lugar, la interpretación de la evolución de /e, o/ ante (-a, -e, -ă) en rumano como una D espontánea no encajaría dentro del panorama general que hemos diseñado en § 5.2. Veíamos allí que las lenguas con poco debilitamiento del vocalismo átono (entre ellas el rumano) habían manifestado menos intensidad en los procesos de D, de manera que el sardo no ha diptongado ninguna vocal, el rumano sólo una y el italiano sólo conoce la D de /ɛ, ɔ/. Sólo las lenguas con un mayor debilitamiento del vocalismo átono han llegado a conocer, y no todas, la D de /e, o/. Por eso no parece que la evolución general de las lenguas románicas invite a interpretar la D de /e, o/ en rumano como un proceso de D espontánea. Sin embargo, como intentaremos demostrar a continuación, los fenómenos de coarticulación pueden aclarar cómo las vocales (-a, -e, -ă) pueden producir la evolución e > ea, o > oa, lo cual nos lleva a pensar que esta es la interpretación más coherente del fenómeno, ya que la posibilidad de una D espontánea parece descartada.

Lo peculiar del fenómeno rumano, así como de la Brechung del nórdico, es que el resultado de la coarticulación es un diptongo. Como se recordará, se ha observado que los efectos coarticulatorios pueden tener una extensión variable. En términos de Sievers, podemos encontrarnos con una modificación total (= Vorausnahme) o con una modificación parcial (= Eingleiten) del segmento afectado. Esta mayor o menor extensión en los efectos coarticulatorios es la responsable de las diferencias entre cambios del tipo e (-i) > i, donde los efectos habrán abarcado toda la duración de la vocal tónica (Vorausnahme), con la consiguiente transformación completa de la vocal, y cambios del tipo e (-a) > ea, donde los efectos coarticulatorios habrán alcanzado sólo a una parte de la vocal tónica (Eingleiten), con lo cual sólo esa parte se transformará. Esta misma interpretación se encuentra ya en Grammont:

[Les dilations du nordique] n'atteignent pas forcément la voyelle accentuée toute entière mais de préférence sa partie finale. Le phénomène est d'autant plus aisé que les voyelles accentuées sont par le fait de l'accent un peu allongées, et qu'en germanique les voyelles sont articulées mollement et mal tenues. Par anticipation les organes prennent déjà pendant l'articulation des derniers éléments de la voyelle accentuée la position que demandera la voyelle inaccentuée qui suit. (Grammont 1933 [1971]: 257)

Igualmente interpreta van Dantzig (1929) los efectos de una yod sobre la vocal de la sílaba precedente en holandés cuando compara la pronunciación de las vocales en pares como mand ~ mandje, rand ~ oranje, hond ~ hondje. Este autor observa que en los segundos miembros de cada pareja la vocal de la primera sílaba se modifica a lo largo de su articulación y va adquiriendo características de la articulación de la yod. Al comparar el fenómeno con el Umlaut alemán, afirma que en el caso del holandés estaríamos ante un tipo de Umlaut débil (es decir, una modificación parcial), que produce la D de las vocales (cf. van Dantzig 1929: 62-64).

Así pues, si nuestra interpretación es correcta, nos encontramos en la D metafónica del rumano, así como en el fenómeno paralelo del nórdico, con procesos en los que los efectos asimilatorios de las vocales átonas afectan sólo a la parte final de la vocal tónica, lo cual está totalmente de acuerdo con lo que sabemos de los procesos de coarticulación y, no lo olvidemos, directamente en contra de la hipótesis de Schürr. Esto puede representarse de la siguiente forma:

(116)   **diptongación metafónica del rumano**

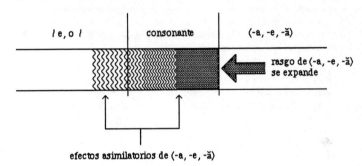

efectos asimilatorios de (-a, -e, -ă)

En conclusión, hemos visto que los fenómenos de coarticulación, responsables de fenómenos tan conocidos como los procesos de MET de las lenguas germánicas y románicas (cf. (96-106)), pueden dar cuenta también de la D metafónica del rumano y demuestran además que la hipótesis de Schürr no puede sostenerse desde el punto de vista fonético. A la luz de todos esto creemos que se hace evidente la necesidad de buscar una nueva explicación para la forma que la D de /ɛ, ɔ/ ha adoptado en los dialectos suditalianos, que eran el principal punto de apoyo a la hipótesis de Schürr[65]. En lo que sigue mostraremos cuál podría ser esa explicación.

5.4.9.   ANTECEDENTES DE LA NUEVA HIPÓTESIS
Puesto que hemos abandonado la posibilidad de que los diptongos /ie, uo/ sean producto de la MET, que era el núcleo de una de las dos grandes hipótesis planteadas para explicar la D de /ɛ, ɔ/ en las lenguas románicas, podemos volvernos ahora hacia la otra hipótesis, que relacionaba la D con el alargamiento de las vocales tónicas y que estamos reformulando en este trabajo.
    Cualquier hipótesis que parta de una D por alargamiento deberá explicar por qué caminos los diptongos llegaron a limitar su presencia al contexto (-i, -u). Algunos autores han pensado que el efecto de (-i, -u) no fue el de provocar la D, sino el de contribuir a la conservación de los diptongos nacidos por D espontánea. Este es el caso de Ascoli (1873: 15 n.2), quien sugiere que en los dialectos retorromances la vocal (-i) simplemente favorecía la conservación del diptongo[66] (cf. § 4.2.2).

---

[65]   Hemos dicho que los efectos coarticulatorios pueden actuar también por inercia. En los dialectos italianos meridionales hay algunos procesos de asimilación entre vocales a distancia que muestran esta dirección. Su funcionamiento se ajusta por lo demás a los rasgos básicos de la coarticulación, con lo cual son un argumento más en contra del proceso supuesto por Schürr (cf. Sánchez Miret 1998).

[66]   Parece ser que Ascoli no creía en una D metafónica ni en sobreselvano ni en los dialectos italianos meridionales. Siguiendo su costumbre de corregir y anotar los trabajos que le enviaban para el *Archivio Glottologico Italiano* (cf. Benincà 1988: 62), al final de un pasaje

Otros autores han pensado que (-*a*, -*e*, -*o*) habrían impedido la D espontánea de /ɛ, ɔ/ en estos dialectos. Este es el caso de D'Ovidio (cf. la parte redactada por él en D'Ovidio & Meyer[-Lübke] 1888). Tras comparar la situación de la D en castellano y napolitano concluye que en napolitano "Der Schlussvokal hindert die Diphthongierung, wenn er -*a*, -*e*, -*ŏ* ist, so dass span. *bueno buena*, *ciento siete* neap. *buǫno bǫna*, *ciẹ́nto sẹtte* entspricht." (D'Ovidio & Meyer[-Lübke] 1888: 525). Por su parte, Bertoni (1923) piensa que en los dialectos suditalianos los diptongos son una importación del norte (donde habría habido D en SL) y que estos diptongos importados no habrían logrado instalarse ante (-*a*, -*e*, -*o*).

Estas son las pocas opiniones divergentes que hemos podido encontrar. Ninguna de ellas ha podido tener éxito, entre otros motivos, porque no explicaban cómo (-*i*, -*u*) podrían contribuir al mantenimiento de los diptongos o qué tipo de obstáculo suponía la presencia de (-*a*, -*e*, -*o*) para su desarrollo. Sin embargo, como intentaremos demostrar a continuación, la idea de D'Ovidio puede encontrar una explicación.

5.4.10. LAS DIFICULTADES DE LA DIPTONGACIÓN ANTE (-*a*, -*e*, -*o*)

A continuación vamos a presentar una serie de cambios históricos, referidos tanto a vocales tónicas como átonas, que parecen apuntar hacia un condicionamiento de la duración de determinados segmentos vocálicos en función de un contexto que no habíamos considerado hasta ahora: la vocal de la sílaba siguiente.

Por ejemplo, Lüdtke (1953: 199) detecta en el norte y centro de Portugal un proceso de D de las vocales medias (<peso> [peʒzu], <todo> [toʒdu]) que se manifiesta de forma más intensa ante [-ə, -u]. El motivo de esta distribución radica, según Lüdtke, en que [-ə, -u] son más breves que [-ɐ], por eso cuando la palabra acaba en [-ə, -u] la vocal tónica se alargaría más por compensación[67].

Otro caso de evolución diferenciada de las vocales tónicas en función del tipo de vocal átona siguiente lo encontramos en una zona del provenzal (departamentos de Hautes-Alpes, Basses-Alpes y Alpes-Maritimes junto a la frontera con Italia en la región histórica de Provenza). Según Schroeder (1932: 167-172), en esta zona los sufijos -ARIU y -ARIA aparecen generalmente como -*iǫr*/-*jera*, es decir, con diptongo descendente en el masculino y creciente en el femenino. Ya sabemos que los diptongos decrecientes tienden a ser más largos que los crecientes (cf. §§ 1.2.11, 1.3.1), de forma que en este caso vemos que la forma más larga [iǫ] aparece ante vocal alta (que luego se pierde), mientras que la forma más breve [i̯e] se encuentra ante vocal baja. Es cierto que también encontramos -*i̯er*/-*i̯era* y -*iǫr*/-*iǫra*, pero significativamente nunca aparece la situación contraria, es decir, diptongo creciente en el masculino y decreciente en el femenino.

La misma situación que acabamos de ver en provenzal se documenta en francoprovenzal. Según Duraffour (1932: 53) es frecuente en esta zona el resultado -ARIU, -ARIA > -*i*, -*i̯er*, que es la evolución secundaria de -*iǫ*, -*i̯arǝ* (esta fase se conserva en Vaux). Duraffour explica en función del contexto este fenómeno de alternancia, bastante extendido en francoprovenzal, entre diptongos crecientes y decrecientes procedentes de un mismo origen. En su opinión, un diptongo decreciente se convierte en creciente cuando se halla fuera del acento de frase (*lo piǫ* 'el pie' → *lo pi̯a drai̯* 'el pie derecho', cf. Duraffour 1932: 47) o en sílabas

---

67 de Morosi (1878: 124 n.2) sobre la D de /ɛ, ɔ/ ante (-*i*, -*u*) en el dialecto de Lecce (Apulia), Ascoli remite al fragmento de los *Saggi ladini* que acabamos de mencionar, donde exponía su opinión al respecto, y que Morosi parecía no haber tenido en cuenta.
Los datos del ALPI parecen confirmar sólo ligeramente la hipótesis de Lüdtke. Ciñéndonos a los dialectos septentrionales, las voces acabadas en [-u] (*castelo*, *percevejo*, *dedo*, *ferrolho*) diptongan en algunas localidades más que las voces acabadas en [-ɐ] (*cabeça*, *abelha*, *boca*, *vespa*, *sobrancelhas*), siendo *percevejo* la que más diptonga (veinticinco puntos), mientras que *sobrancelhas* es la que menos lo hace (cinco puntos).

trabadas por dos consonantes (CANE > *$k^ji̯ẹn$ > $tsi̯$ vs. CANES > *$k^ji̯ans$ > $tsẹ̃$, cf. Duraffour 1932: 58) "par prévision psychique de l'effort articulatoire demandé par le groupe consonantique suivant" (Duraffour 1932: 60). Como puede verse, estos dos contextos apuntan hacia un factor que se ha revelado determinante en la evolución de las vocales: la duración. En los contextos en los que se permite una menor duración de las vocales, como sucede fuera del acento de frase o en las sílabas trabadas (parece que podemos añadir a estos contextos, como señalan los datos de -ARIU, -ARIA, la presencia de (-a) en la sílaba siguiente), el diptongo tiende a ser creciente, mientras que allí donde la duración puede ser mayor el diptongo suele ser decreciente. Ya hemos discutido que esto está en perfecto acuerdo con la mayor duración de los diptongos decrecientes frente a los crecientes (cf. § 5.1). Hemos encontrado situaciones paralelas en dalmático y friulano (cf. §§ 5.3.3, 5.3.6): en ambas lenguas los diptongos decrecientes, bajo la forma de su resultado monoptongado $i̯ọ$, $u̯ọ$ > i, u (dalmático), $i:$, $u:$ (friulano), se encuentran en aquellos contextos en que cada lengua permite una mayor duración a sus vocales (en dalmático es la SL, mientras que en friulano la situación es algo más compleja a raíz de la fonologización de algunas distinciones de duración); frente a esto, los diptongos crecientes se encuentran en los contextos de menor duración (en dalmático es la ST).

Aunque de manera esporádica, algunos autores han notado que la falta de D en determinados casos de las lenguas que estudiaban era debida a la presencia de una vocal abierta (especialmente /a/) en la sílaba siguiente. Por ejemplo, Duraffour (1932: 41, 53-54) (117, 118) y Simon (1967: 73) (119) (Valle de Susa, Piamonte) lo comprueban en algunas formas del francoprovenzal:

(117)

ŎVU	u̯a	*ŎVAS	ove
CŎRNU	ku̯a	*CŎRNA	korna
BŎVE	bu̯ẹ	ŎPERA	ovra

(118)

DIRĒCTU	dra̯ọ	DIRĒCTA	dreta
FRĪGĬDU	fra̯ọ	FRĪGĬDA	freda
AUGŬRIU + -ŌSU	era̯ọ	-ŌSA	eruza
SŬRDU	*su̯ar > sar	SŬRDA	sorda

(119)

FILIŎLU	fiʎu̯el	FILIŎLA	fiʎola

Igualmente Wartburg (1967² [1971]: 158-159) señala que en el valle Bregaglia (= Bergell; la mayor parte del valle está en Suiza y el resto en Italia al norte del lago de Como) nos encontramos con D de /ɔ/ (ɔ > *u̯ɔ > œ) en SL, excepto cuando la vocal está ante (-a): LINTEOLU > lintsœl; BOVE > bœf frente a NUCEOLA > nitʃola. El propio Wartburg atribuye este resultado a un efecto conservador de la (-a). Esta misma situación se encuentra en el antiguo dialecto piamontés de Asti (cf. Giacomino 1901: 407-408):

(120)

CŎR	coeur	FŎRA	fora
OVU	oeuf	SCHŎLA	scora
NŎVU	noeuf	NŎVA	nova
PRŎPE	proeuf	BŎNA	bona

Schürr (1970a: §§ 40-41) había señalado esta situación en varios puntos del Piamonte y el Tesino. En su opinión, como ya sabemos, esta D de /ɔ/ sería siempre de origen metafónico y sólo en un segundo momento se generalizaría en SL. Lo llamativo es que tal generalización no se hubiera producido ante (-a). Schürr piensa que la razón de esto estaría en las condiciones primordiales de la D, es decir, en el hecho de que la D se produciría ante (-i, -u) y no ante (-a, -e, -o). Sin embargo, una vez que se ha rechazado la hipótesis de Schürr en su fundamento, estos casos de falta de diptongo ante (-a) cobran una significación nueva. Por ejemplo, si analizamos la evolución de /ɔ/ en Mesolcina (Tesino), comprobamos que la D de /ɔ/ (con su resultado posterior /ø, e/) aparece regularmente ante (-u), aunque con limitaciones en algunos casos de ST. Por otro lado, cuando la palabra acaba en (-a) o en (-e) la D ha tenido más dificultades para establecerse, de manera que se encuentra en NŎVE > nef, FŎLIA > feịa, pero alterna con formas sin D en otra serie de casos y no aparece en MŎLA, NŎCTE (Camastral 1958-59) (la línea de trazo grueso separa por encima las formas con -u y por debajo las formas con -a, -e):

(121)

formas con D		formas con D vacilante		formas sin D	
FŎCU	føk	CŎRNU	kern, kɔrn	TRŎPPU	trɔp
ŎVU	øf	MŎVERE	mef, mɔf	MŎRTU	mɔrt
PHASEŎLU	faʃeụ	BŎVE	be, bɔ	HŎRTU	ɔrt
SŎMNIU	seɲ	RŎDA	rø:da, rɔda	GRŎSSU	grɔs
ŎCLU	etʃ	*NICEŎLA	niʃø:le, niʃɔla	MŎLA	mɔla
CŎLLU	kel	SCHŎLA	skøla, ʃkɔla	NŎCTE	nɔtʃ
PŎRCU	pørʃ	RŎSA	reʃa, rɔʃa		
NŎVE	nef	*EXCŎCTA	ʃketʃa, ʃkɔtʃa		
FŎLIA	feịa				

La situación de este dialecto refleja claramente el efecto de los diferentes factores que condicionan la duración de las vocales y, por lo tanto, influyen en la evolución de la D. Por un lado, puede verse que entre las formas sin D predominan aquellas en las que la sílaba está trabada, lo cual es, como ya sabemos, una característica frecuente en los procesos de D. Por otro lado, se observa una mayor facilidad para la D ante (-u) frente a (-a). En los casos de D vacilante predominan aquellos en los que junto a la SL, que favorece la D, se encuentra (-a), que parece dificultarla. Este caso, como los que hemos visto antes, vuelve a indicar que las vocales más bajas, especialmente [a], oponen algún tipo de dificultad a la D.

Junto a los casos que hemos visto del francoprovenzal y de una parte del dominio norteitaliano, ocasionalmente se ha propuesto también que determinados casos de falta de D en formas francesas se deberían a la presencia de (-a) en la sílaba átona siguiente. Por ejemplo en los siguientes casos (122) en Baume-les-Dames (departamento de Doubs), (123) en el departamento de Saône-et-Loire (Suchier 1888: 601), (124) en Champaña (*Lausberg* § 199) y (125) en francés literario (Meyer-Lübke 1934[4]: §§ 88-89)[68]:

(122)   AUGŬRIU + -ŌSU   *hureux*   HŌRA   *oure*

---

[68] La idea fue propuesta por Förster en su edición de *Cligès*. Meyer-Lübke (1890: § 129) piensa que las formas como SŌLA > *sole*, GŬLA > *gole*, ŌLLA > *ole*, que aparecen con <o> en los textos de Chrétien de Troyes, que procedía de la Champaña, podrían representar en realidad un diptongo.

(123)   CŎR (derivado) + -ŌSU   côraigeu   AUGŬRIU + -ŌSA   *heurouse*

(124)   SŌLU   *seul*   SŌLA   *sole*

(125)   LŬPU   (*Froisse*)*leu*   LŬPA   *louve*[69]
                                              *DOGA   *douve*
                                              LŬPARA   *Louvre*
                                              CŬBAT   *couve*

Por su parte, en valón se observa un diferente resultado del sufijo -ĔLLU, -ĔLLA, que apunta en la misma dirección de todos los casos precedentes, ya que ante (-*u*) tenemos D, mientras que por lo general falta ante (-*a*) (Niederländer 1900: 18-19):

(126)   BĔLLU   *bịa*   BĔLLA   *bɛl*
        CASTĔLLU   *tʃesʈịa*   NOVĔLLA   *nɔvɛl*
        MARTĔLLU   *morʈịa*   *BACASSĔLLA *boʃɛl*
        VITĔLLU   *vịa*   FEMĔLLA   *fymɛl*
        CAPĔLLU   *tʃapịa*   PRUNĔLLA   *pyrnal*
        RASTĔLLU   *resʈịa*   NAVICĔLLA   *nasal*

Quizá el efecto más conocido de este tipo sea el que parece afectar a las vocales átonas interiores en los proparoxítonos, dando lugar a diferencias en la intensidad de la síncopa en las lenguas románicas. Por ejemplo, se observa que en palabras de estructura similar la síncopa se produce en francés antes en las que acaban en -A que en las que acaban en -U, como lo prueba el diferente resultado de las consonantes (sin sonorización en los casos que acaban en -*a*, frente a la sonorización de los demás) (Meyer-Lübke 1890: § 336; Straka 1953: 280; Bourciez & Bourciez 1967 [1995]: 37)[70]:

(127)   CŬBĬTA   *co(u)te*   CŬBĬTU   *coude*
        DĒBĬTA   *dette*   MALE HABITU   *malade*
        BĬBĬTA   ant. *boite*
        GABĂTA   *jatte*
        SŬBĬTA   ant. *soute, soude*

---

[69]   Meyer-Lübke reconoce que los resultados *louve, douve, Louvre, couve* y también RŌBŎRE > *rouvre* pueden ser fruto de una falta de D, pero considera más probable una evolución ov > oụv > ov > uv, condicionada por la consonante labial.

[70]   Richter (1934: 157) cree que la diferencia entre CUBITU > fr.ant. *code* y CUBITA > *cote* se debería a que la primera palabra forma parte del léxico médico y conservaría por eso más tiempo la vocal átona. Por otra parte, Meyer-Lübke (1934⁴: § 123) desecha su propia hipótesis ante la presencia de resultados sordos en casos como LIMITE > *linte*, NAMNETES > *Nantes* y la existencia dialectal de *cote* < CUBITU (que, en su opinión, no provendría de CŬBĬTA; sin embargo para FEW la procedencia es innegable). En realidad los casos de *linte* y *Nantes* presentan un contexto diferente (M'T, MN'T frente a B'T). Por otro lado, la coexistencia de fr.ant. *code* y *cote* no invalida la constatación de una mayor dificultad de la síncopa y un ligero retraso en el proceso, cuando la vocal átona final no es (-*a*).

Grammont intenta explicar la diferencia entre la evolución de CUBITU y DEBITA de la siguiente forma:

> L'*i*, voyelle faible, compris entre une voyelle accentuée et une voyelle résistante avait une cause d'anéantissement de chaque côté, tandis que l'*i* compris entre une voyelle accentuée et une voyelle faible n'en avait que d'un côté; c'est pourquoi il a tenu plus longtemps. (Grammont 1933 [1971]: 162)

Igualmente se observa en francés una diferente evolución en -ĬCU, frente a -ĬCA (Meyer-Lübke 1884: 233; Straka 1953: 262):

(128)   *NATICA   *nache*   -ATICU   *-age*
         *EXRADICAT   *esrache*   MEDICU   *miege*
         MANICA   *manche*   CANONICU   *chanonge*

Straka explica estos hechos de la siguiente manera:

> la présence d'un -*a* final qui était beaucoup plus ouvert que la voyelle précédente atone et affaiblie, a dû précipiter la chute de celle-ci par une sorte de dissimilation d'aperture sous l'effet de la loi du moindre effort; devant une finale relativement fermée, les organes de la parole ont conservé encore, pendant un certain laps de temps, la force nécessaire pour prononcer la voyelle posttonique. (Straka 1953: 262)

Una situación similar puede rastrearse en los dialectos italianos. En el suditaliano la síncopa no suele ir más allá de los casos compartidos por la mayoría de lenguas románicas. Sin embargo, podemos observar que algunas palabras presentan vacilaciones. Significativamente, la mayoría de los casos con síncopa inesperada en estos dialectos se encuentran en palabras acabadas en (-*a*, -*e*) (129), frente a algunos pocos casos con (-*u*) (130):

(129)   ERĬCA > calabrés *erga, irga* (*Rohlfs* § 138)
         INSŬLA > *Ischia*
         Castro dei Volsci (DO)MENĬCA > *Menka*, SORICE > *surdʒə, surətʃə*, LEPORE > *leprə* (Vignoli 1911: 136)
         Sora: CAMERA > *kambra* (vs. CUCUMĔRE > *kəkommərə*, Merlo 1920: 48), NĒSPILA > *nespra*, KRAPPO > **rappəra* > *lappra*, SORICE > *sordʒə* (Merlo 1920: 49)
         siciliano: *VASICA > *vasca*, *COSTULA > *cosca, coschia*, *NASĬCA > *nasca* (vs. MUSICU > *musicu*) (Meyer-Lübke 1884: 210)
         Preta (Rieti): CAMERA > *kambra*, SĬMĬLA > *simmla, tommla*, *GLŎMERA > *ʎʎombra*, *NĒSPILA > *neʃpla* (Blasi 1936-38: 45)
         Bisceglie (Bari): *NASĬCA > *neskə*, HEDERA > *etrə*, PECORA > *pekrə*, CAPUT + -ORA > *kaprə*, NODU + -ORA > *notrə*, *ASPARACE > *spardʒə*, LEPORE > *lebbrə* (de Gregorio 1939: 39)

(130)   Castro dei Volsci: (DO)MENICU > *Minkə*, SPIRITU > *ʃpirdə* (Vignoli 1911: 136)
         Sora: ASPARAGU > *spardʒə* (Merlo 1920: 49)
         Bisceglie (Bari): SPIRĬTU > *spirdə*, (DO)MENĬCU > *mingə*, TOXICU > *tɔʊ̯skə* (de
         Gregorio 1939: 39)

Hasta aquí hemos visto un grupo de cambios con evolución diferenciada de las vocales
tónicas según el tipo de vocal átona que siga y todos apuntan en una misma dirección. La falta
de D ante (-*a*) (dialectos portugueses, francoprovenzal, algunos dialectos norteitalianos,
algunas variedades del francés), la presencia de diptongos crecientes ante (-*a*) alternando con
diptongos decrecientes ante las demás vocales (provenzal, francoprovenzal, friulano,
dalmático, valón, dialectos franceses), la síncopa más rápida ante (-*a*) (francés) o la mera
presencia de la síncopa ante (-*a*) junto a su ausencia o menor intensidad ante otras vocales
(dialectos suditalianos), son un conjunto de cambios que señalan que ante (-*a*) las vocales
tónicas parecen tener menos tendencia a diptongar, o los diptongos tienden a presentar su forma
más breve (la creciente), o las vocales átonas tienden a desaparecer más pronto. Todos estos
cambios apoyan la intuición de D'Ovidio, según el cual, como se recordará, las vocales (-*a*, -*e*,
-*o*) dificultarían la D de /ɛ, ɔ/ en los dialectos suditalianos.
       ¿Cuál será el motivo de esa dificultad para diptongar ante determinadas vocales?
Pensamos que la respuesta debe buscarse en dos frentes. Por un lado, dado que la duración se
ha manifestado un parámetro fundamental a la hora de explicar los fenómenos de D de las
vocales, habría que investigar cómo puede influir el tipo de vocal átona siguiente sobre la
duración de la vocal tónica. Por otro lado, parece conveniente preguntarnos si la coarticulación
entre vocales ha tenido algo que ver en la evolución de /ɛ, ɔ/ ante (-*a*, -*e*, -*o*), sobre todo en
dialectos como los suditalianos, donde la acción de (-*i*, -*u*) ha tenido una importancia capital en
el desarrollo del vocalismo tónico.
       Nos ocuparemos en primer lugar de la influencia de (-*a*, -*e*, -*o*) sobre la duración de la
vocal tónica. En § 2.3 hemos estudiado los principales factores que determinan la duración de
las vocales. Entre otros mencionábamos el número de sílabas de la palabra. Se sabe de la
tendencia a abreviar la vocal tónica en función del número de sílabas átonas (= abreviamiento
compensatorio). Estos efectos son más intensos en las lenguas de ritmo acentual, aunque
también se dan en las lenguas de ritmo silábico. Por ejemplo, en un experimento llevado a cabo
con un hablante italiano, Vayra & Avesani & Fowler (1984: 543, figura 2) obtienen las
siguientes duraciones medias de las vocales tónicas en función del número de sílabas átonas
siguientes dentro de una misma palabra: 270 mscs. (ninguna sílaba átona), 230 mscs. (una
sílaba átona), 210 mscs. (dos sílabas átonas).
       Como ya mencionábamos en § 2.3.1, las diferencias entre lenguas de ritmo acentual y
lenguas de ritmo silábico son graduales[71]: las lenguas de ritmo acentual, por contraposición a
las de ritmo silábico, se caracterizan por una mayor facilidad para comprimir sus sílabas y uno
de los medios para lograrlo es la reducción de sus vocales átonas. Por el contario, las lenguas
más próximas al ritmo silábico, como serían los dialectos suditalianos en las primeras fases de
su evolución (pocos fenómenos de D y síncopa), tienden a mantener estable su vocalismo
átono.
       Los estudios acerca del abreviamiento compensatorio por lo general no han tomado en
consideración si una variación en el tipo de vocal presente en la sílaba átona siguiente produciría

---

71 Lo mismo puede decirse de la diferencia entre lenguas con un ritmo basado en la mora (p. ej.
    el japonés) frente a las lenguas de ritmo silábico: "The clearest differences between Spanish
    and Japanese are not in the presence or absence of a particular duration phenomenon (except,
    obviously, phonemic length), but in the extent of duration change that can occur, and where."
    (Hoequist 1983: 28).

algún tipo de efecto sobre la duración de la vocal tónica. Sin embargo, creemos que es posible
suponer que la presencia de una vocal abierta en la sílaba átona siguiente provoca un mayor
abreviamiento en la vocal de la sílaba tónica y que esto podría traducirse en una menor
tendencia a la D. El motivo de tal efecto sería un tipo de compensación dentro de la duración
total de la palabra. La motivación que parece estar detrás de los distintos fenómenos de
abreviamiento compensatorio observados (por adición de sílabas átonas dentro de la palabra)[72]
sería una tendencia a otorgar una duración equivalente a las unidades de producción del habla:

> La tendenza a ridurre la durata dei singoli elementi che compongono un'unità di
> produzione in funzione proporzionale alla lunghezza dell'unità medesima viene
> solitamente considerato uno dei princìpi generali che governano il controllo
> temporale del parlato. Questo principio è basato sull'assunzione implicita che,
> tendenzialmente, le unità ipotizzate abbiano durata equivalente. (Marotta 1985: 21)

O en palabras de Lehiste:

> It appears that in some languages the word as a whole has a certain duration that
> tends to remain relatively constant, and if the word contains a greater number of
> segmental sounds, the duration of the segmental sounds decreases as their number
> in the word increases. (Lehiste 1970: 40)

Como decíamos, los estudios de estos fenómenos se han limitado, por lo general, a la
variable que supone el número de segmentos dentro de la sílaba (p. ej. Munhall & Fowler &
Hawkins & Saltzman 1992 para el inglés) o al número de sílabas dentro de la palabra (p. ej.
Farnetani & Kori 1984 estudian ambas variables para el italiano). Sería interesante investigar el
posible efecto del tipo de vocal átona siguiente. Podemos suponer además que esta variable será
más importante en las lenguas que mantienen más claras las diferencias entre vocales dentro de
las sílabas átonas. Y podemos plantear la hipótesis de que, en función de la tendencia a otorgar
una duración similar a la unidad de producción, el efecto de las vocales átonas sobre la duración
de la tónica puede ser el abreviamiento ante las átonas más largas (-a, -e, -o) o el alargamiento
ante las átonas más breves (-i, -u)[73].

Hasta donde llega nuestra información, el único trabajo que ha tratado directamente el
asunto que nos interesa ha sido Navarro Tomás (1916: 403-404) para el castellano. Este autor
compara la duración de las vocales tónicas de una serie de palabras en función de la vocal átona
siguiente (-a, -e, -o). El resultado al que llega no señala una diferencia de duración sensible en
función de este contexto. La duración media de las vocales tónicas es de 129 mscs. ante (-a), y
130 ante (-e, -o). Hay que notar que estas palabras fueron grabadas por el propio Navarro
Tomás en grupos de tres (p. ej. *pesa, peso, pese*), lo cual podría haber ocasionado la creación
de un cierto ritmo de elocución que condicionara la duración de las vocales. Navarro Tomás

---

[72] En las lenguas más próximas al ritmo silábico, como serían las lenguas románicas en sus
primeros momentos y como lo sigue siendo por ejemplo el italiano, los fenómenos de
compresión, aunque de menor importancia que en las lenguas de ritmo acentual, parecen
tener lugar sólo en función de la palabra. El pie rítmico, es decir, la unidad formada por una
sílaba tónica y el resto de sílabas átonas presentes hasta el siguiente acento (dentro o fuera de
la misma palabra), no parece desempeñar ningún papel importante en la producción de las
lenguas de ritmo silábico (cf. Marotta 1985: 130).

[73] Acerca de la duración de las vocales átonas castellanas puede verse Navarro Tomás (1917) y
Monroy Casas (1980: 44). En las mediciones de Monroy Casas la vocal más larga es [a] y la
más breve [u]; las vocales [e, i, o] presentan una duración bastante similar.

había grabado inicialmente, junto a otras muchas voces, también la mayoría de las palabras acabadas en (-a) que luego vuelve a usar para la comparación que hemos mencionado. Si comparamos las mediciones de las vocales tónicas de ambas grabaciones, podremos comprobar que la duración de las vocales tónicas ante (-a) en la grabación más general es regularmente menor que la que aparece en la grabación de las series del tipo *pesa, peso, pese*. De hecho, la duración media en este caso es de 121 mscs. Lamentablemente el castellano no posee prácticamente palabras acabadas en (-i, -u) átonas, que son los contextos que más nos interesan (cf. Alarcos 1965[4]: § 95). Almeida (1986: 79, cuadro 4) llega a unos resultados similares con hablantes de Canarias. Según sus mediciones, la duración media de las vocales tónicas en estilo cuidado es de 108 mscs ante (-a), 112 ante (-o) y 96 ante (-e); en estilo informal es de 79 mscs ante (-a), 80 ante (-o) y 84 ante (-e). En estilo cuidado las vocales tónicas parecen ser algo más breves ante (-e), en contra de lo esperado; sin embargo, en estilo informal las vocales han sido más largas precisamente ante (-e). Aunque las diferencias de duración no son muy importantes (volvemos a insistir en que el castellano no conoce casos con vocales altas finales, donde el efecto podría ser más notable), sí puede ser significativo el hecho de que ante (-a) la duración media de las vocales tónicas suele ser algo menor que ante las demás vocales.

Los trabajos que hemos podido consultar acerca de la duración de las vocales italianas no permiten extraer conclusiones acerca de nuestro asunto, dado que estructuran su corpus de estudio en función de variables que no son la que aquí nos interesa. Ferrero & Magno-Caldognetto & Vagges & Lavagnoli (1978) estudian ['riti, 'ridi, 'rete, 'fede, 'lɛte, 'sɛde, 'rata, 'rada, 'lɔto, 'lɔdo, 'voto, 'rodo, 'puto, 'sudo]. Farnetani & Kori (1984) estudian ochenta palabras en las que la vocal tónica es siempre /a/ (excepto en el caso de varias voces oxítonas, donde la vocal tónica es /ɔ/) y la vocal átona de la sílaba siguiente es también siempre /a/ (excepto en *l'arto, lardo, lantro, l'aglio, canale*); esto hace que no haya voces de estructura similar en las que la variable que pueda condicionar variaciones de duración sea el tipo de vocal final. Farnetani & Kori (1984: 164) comparan la duración de la vocal tónica en dos pares mínimos en los que la diferencia se encuentra en la consonante inicial de la sílaba átona. Los datos son los siguientes: *'landa* (153 mscs), *'lanta* (130), *'lardo* (192), *'larto* (168). Como puede observarse, la vocal tónica dura más cuando la consonante inicial de la sílaba átona es sonora. Según Farnetani & Kori (1984: 165): "The data can be interpreted as instances of partial transsyllabic anticipatory temporal compensation". Este dato de Farnetani & Kori (1984), aunque no se refiere a la vocal átona siguiente, muestra al menos la existencia de fenómenos de compensación entre sílabas en italiano.

En conclusión, nuestra hipótesis de que la presencia de una vocal átona abierta en la sílaba que sigue a la de la vocal tónica influiría negativamente en las posibilidades de D de dicha vocal tónica se sostiene, a falta de datos experimentales explícitos (no renunciamos a la realización en el futuro de experimentos en este sentido), sobre los siguientes argumentos: a) los fenómenos de abreviamiento compensatorio están bien documentados aunque, probablemente, todavía no completamente explicados; b) tales fenómenos, aunque más intensos en las lenguas de ritmo acentual, no son desconocidos en las lenguas de ritmo silábico; c) es esperable que en estas últimas el vocalismo átono, mejor conservado que en las lenguas de ritmo acentual, desempeñe un papel mayor en todos los fenómenos relacionados con los aspectos temporales de la producción del habla; d) aunque de manera poco relevante, los datos que conocemos del castellano apuntan una ligera disminución de la duración de la vocal tónica ante (-a). Esto puede hacernos suponer que en los dialectos suditalianos, donde hay que contar con la presencia originaria de (-i, -u) frente a (-a, -e)[74], y donde la tendencia a reforzar las vocales tónicas no sería muy fuerte, como lo demuestra el mantenimiento de los proparoxítonos, este débil movimiento hacia la D se vería eficazmente dificultado por la

---

[74] Una zona del centro parece haber conocido durante un tiempo la diferencia entre (-u) y (-o) (cf. *Rohlfs* § 145).

presencia de (-a, -e, -o) en la sílaba siguiente a la vocal tónica. Todo esto nos lleva a formular, al menos como tentativa, una nueva jerarquía para la D de las vocales, basada como todas las demás en la duración:

(131)   **jerarquía de contexto vocálico**

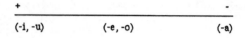

    +   -

    (-i, -u)   (-e, -o)   (-a)

Esta jerarquía expresa nuestra suposición, que creemos cuando menos plausible, de que en las lenguas con menor desarrollo del ritmo acentual y, por lo tanto, con mayor mantenimiento del vocalismo átono y poca tendencia al reforzamiento de las vocales tónicas, la D de una vocal puede verse favorecida si en la sílaba siguiente nos encontramos con una vocal átona alta, debido a que tal vocal dura intrínsecamente menos y esto facilitaría el alargamiento de la tónica.

Pero, como ya mencionábamos antes, el efecto de (-a, -e, -o) sobre la evolución de la D de /ε, ɔ/ puede estar relacionado también con la coarticulación entre vocales. Ya hemos tenido oportunidad de hablar de la D metafónica de /e, o/ ante (-a, -e, -ă) en rumano (SĒRA > *seară*, FLŌRE > *floare*, cf. (108)). Este fenómeno podría considerarse a primera vista un contraejemplo a todo lo que acabamos de exponer, ya que parecería tratarse de una D favorecida precisamente por las vocales que acabamos de determinar como contextos inhibitorios de este tipo de procesos. Sin embargo, al tratar de los procesos de coarticulación ya hemos argumentado los motivos que hay para considerar que la D metafónica del rumano es un fenómeno de carácter distinto a la D espontánea de otras lenguas.

Junto a los procesos de coarticulación del tipo de la D rumana, en los que el resultado es la aparición de un diptongo, hay otros en los que se produce todo lo contrario, es decir, la "absorción" de uno de los elementos del diptongo. Al referirse Sievers a los cambios provocados por factores relacionados con la sincronización de los diversos movimientos articulatorios (= *zeitliche Verschiebung*)[75], menciona evoluciones como las del inglés antiguo *feoh > feh, *riuhtjan > rihtan, seah > sæh*, donde nos encontraríamos, en su opinión, con una absorción del segundo componente del diptongo ante sonidos consonánticos más o menos homorgánicos (Sievers 1901[5]: § 811). Otros cambios similares al mencionado por Sievers son los procesos de absorción de la palatalidad (cf. Bhat 1974 [1978]: 73):

(132)   consonante no palatal + vocal palatal > consonante palatal + vocal no palatal
        consonante palatal + vocal no palatal > consonante no palatal + vocal palatal

> Firstly, there are languages in which a front vowel or semivowel has induced palatalization on a *preceding* consonant, and as an extreme case of this tendency, the palatalized consonant has "absorbed" all the palatalness of the following vowel and has turned it into a non-palatal.
>
> Secondly, there are also languages in which a palatal or a palatalized consonant has affected a *following* vowel by raising it or by fronting it, and once again as an extreme case of this tendency, the vowel has "absorbed" the palatalness in some

---

75 "Zeitliche Verschiebung. Hierunter soll die Verschiebung des Ein- und Austritts benachbarter Articulationsbewegungen gegen einander verstanden werden" (Sievers 1901[5]: § 738). Sievers da como ejemplo la evolución *agna > aŋna*, donde lo que tenemos es una anticipación del descenso del velo del paladar, propio de la articulación nasal, durante la fase de articulación de la consonante velar.

cases, and has either turned the consonant into a non-palatal or has effected its deletion. (Bhat 1974 [1978]: 73)

En estos casos nos encontramos con la influencia mutua de sonidos en contacto. Sin embargo, la reducción latinovulgar de AU a A cuando en la sílaba siguiente tenemos U parece ser un proceso de este mismo tipo, donde la influencia se ejerce a distancia (Lindsay 1894 [1897]: 47; Meyer-Lübke 1920³ [1926]: § 141; Grammont 1933 [1971]: 287; Nandriş 1963: 82):

(133)   AURUNCI > ARUNCI, CLAUDIUS > CLADIUS, FAUSTUS > FASTUS, METAURU > *Metaro*, PESAURU > *Pesaro*, AUSCULTO > rum. *ascult*, it. *ascolto*, fr.ant. *ascoute*, cast.ant. *ascucho*, AUGURIU > cast. *agüero*, port. *agoiro*, AUGUSTU > it. *agosto*, cast. *agosto*, port. *agosto*, fr. *août*, AUCUPO > rum. *apuc*, AUSCULI > it. *Ascoli*, AUTUMNA > rum. **otoamnă > o toamnă*

Junto a este caso de AU Grammont cita también como ejemplo de esta absorción a distancia la evolución del griego παροικία > lat.vulg. PAROCHIA (Grammont 1933 [1971]: 287). La existencia de este tipo de procesos invita a pensar en la posibilidad de una evolución εǫ, oǫ (-a, -e, -o) > ε, ɔ. Es decir, junto a una tendencia a dificultar la D de /ε, ɔ/ ante vocales átonas medias y bajas, a la que nos hemos referido más arriba, podría haberse dado en los dialectos suditalianos un proceso de absorción del *glide* de los diptongos [εǫ, oǫ] en aquellos casos en los que, a pesar de todo, hubiera tenido lugar la D.

De ser cierta esta hipótesis, nos encontraríamos con que las vocales átonas medias y bajas pueden provocar dos efectos contradictorios. Por un lado, las vocales (-a, -e, -ă) habrían ocasionado la D de /e, o/ en rumano y por otro, las vocales (-a, -e, -o) absorberían el *glide* de [εǫ, oǫ] en los dialectos suditalianos.

Ohala (1989) propone lo que él llama *corrective rules* para explicar la coexistencia en las lenguas de cambios contradictorios del tipo que acabamos de señalar. En concreto estudia los motivos que pueden dar lugar a que existan procesos de despalatalización en contexto palatal (por ejemplo *tʃ + i > ti*) junto a procesos de palatalización (como *t + i > tʃi*). Según Ohala, esto se produciría gracias a la capacidad que el hablante adquiere de corregir un error (= un cambio) y que lleva en ocasiones a la hipercorrección. En su opinión, la existencia en una lengua de un proceso *t + i > tʃi* puede dar lugar a la creación por parte de un hablante de esa lengua del proceso corrector *tʃ + i > ti*.

En la evolución de /ε, ɔ/ ante (-a, -e, -o) en los dialectos suditalianos podría haber actuado un mecanismo similar al que propone Ohala. En algunos de estos dialectos se conoce el fenómeno llamado *propagazione*, por el que la vocal átona final pasa a formar parte de la sílaba tónica y se une con la vocal preexistente sin dejar de aparecer en la posición final (esto en términos de descripción superficial; en realidad se trata del mismo tipo de fenómeno que encontrábamos en la D metafónica del rumano). Por ejemplo en Davoli (Calabria) tenemos *marina > maríana, filu > fíulu, estiḍa > estíaḍa, tila > tíala, ćira > ćíara, luna > lúana, carrozzeḍa > carrozzéaḍa, curteḍu > curtéuḍu (Rohlfs § 5)*. Dada la existencia de esta asimilación, podría pensarse que en los casos en que la D de /ε, ɔ/ hubiera llegado a realizarse ante (-a, -e, -o), el *glide* de [εǫ, oǫ] podría haber sido reinterpretado como fruto de dicha asimilación, lo cual habría puesto en funcionamiento una regla correctora de absorción del *glide* en dicho contexto.

En definitiva, hemos visto que en el contexto (-a, -e, -o) la D de /ε, ɔ/ puede tener más dificultades para desarrollarse que ante (-i, -u), en parte debido probablemente a la mayor dificultad para alargar la vocal en ese contexto y quizá también en parte como fruto de un proceso corrector como el que acabamos de proponer. Es plausible pensar que en los dialectos italianos meridionales, dada la intensidad de sus procesos metafónicos, las vocales finales hubieran podido desencadenar procesos de este tipo.

5.4.11. LA DIPTONGACIÓN DE /ɛ, ɔ/ EN LOS DIALECTOS SUDITALIANOS

Todos los cambios que acabamos de ver apoyan una nueva reconstrucción de la D en los dialectos suditalianos. Pensamos que en estos dialectos la D empezaría y se vería favorecida ante (-*i*, -*u*), pero no por su efecto metafónico, sino por motivos estrictamente ligados a la duración de las vocales, como ha sucedido en todas las D espontáneas antiguas y modernas de las lenguas romances.

Una vez que el cambio lograra imponerse ante (-*i*, -*u*), tendría lugar una morfologización de los resultados de la D, que en mayor o menor medida se encuentra en la mayoría de lenguas románicas, pero que en los dialectos suditalianos ha cobrado una importancia especial. En esta zona las vocales finales, antes de sufrir un proceso de reducción (cf. *Rohlfs* §§ 141-147), tenían un papel morfológico de primer orden (como siguen teniendo en el italiano literario), adquirido gracias a la pérdida de /-s/. Esto dio lugar a que las alternancias entre diptongos y monoptongos, vinculadas a determinadas vocales finales por los motivos que hemos visto, adquirieran con el tiempo el valor de marca morfológica.

5.4.12. MORFOLOGIZACIÓN

Los cambios fonológicos que dan lugar a alternancias perceptibles por el hablante/oyente tienden a adquirir un valor morfológico que nada tenía que ver con el origen del cambio (Dressler 1982: 107). A partir de este momento el desarrollo del proceso abandona las vías estrictamente fonológicas y sufre modificaciones que deben ser explicadas con criterios morfonológicos, es decir, se morfologiza (Dressler 1977: §§ 10-16, 30; 1985; Wurzel 1980).

Como demuestra la historia de lenguas de grupos diversos, la MET es un cambio con altísimas probabilidades de quedar morfologizado. Esto ha sucedido, por ejemplo, en alemán (seguimos la exposición de Wurzel 1980: 448-451). En una primera fase del alto alemán antiguo el paradigma de los sustantivos de tema en *i* era el siguiente:

(134)	nom.	sing.	*gast*	pl.	*gesti*
	gen.		*gastes*		*gestio*
	dat.		*gaste*		*gestim*
	acus.		*gast*		*gesti*
	instr.		*gestiu*		---

La alternancia *a* ~ *e* que se observa en (134) había sido causada por un proceso de MET *a* > *e* provocado por (-*i*, *j*) de la sílaba siguiente. En la evolución hacia la fase final del alto alemán antiguo tuvo lugar una nivelación en las formas del singular, que produjo la sustitución del instrumental *gestiu* (con MET) por *gastiu* (sin MET, como el resto del singular). Esto condujo a una situación en la que la alternancia *a* ~ *e* ya no estaba claramente delimitada por factores fonológicos (presencia de *i*, *j* en la sílaba siguiente), al tiempo que habían entrado condicionamientos morfológicos (singular vs. plural):

(135) nom. sing. *gast*   pl.   *gesti̧*
       gen.   *gastes*   *gesti̧o*
       dat.   *gaste*   *gesti̧m*
       acus.   *gast*   *gesti̧*
       instr.   *gasti̧u*   ---

En la evolución hacia el alto alemán medio se produjo un debilitamiento de las vocales finales que confluyeron en [ə] <e> (junto con la pérdida del instrumental, que no afecta en nada al proceso):

(136) nom. sing. *gast*   pl.   *geste*
       gen.   *gastes*   *geste*
       dat.   *gaste*   *gesten*
       acus.   *gast*   *geste*

En este momento (136) la alternancia *a ~ e* ya no tiene ningún condicionamiento fonológico (no hay huellas de *i, j*) y ya sólo es interpretable como marca de la diferencia singular vs. plural. Una vez que se ha producido la morfologización, la alternancia pudo extenderse en alto alemán medio a algunos casos de temas en *a*: p. ej. *sarc ~ serge, schalc ~ schelce, gedanke ~ gedenke, stap ~ stebe, satel ~ setele* (Dal 1967: 61).

Frente a esta concepción, algunos autores (esta vez refiriéndose a los fenómenos romances) han llegado a pensar que la MET tendría un origen totalmente morfológico, es decir, que nacería para servir directamente de marca de determinadas categorías morfológicas (por ejemplo Storm 1875, citado en Foerster 1879: 488; para el portugués, cf. Williams 1962[2]: § 100; para el italiano, cf. Devoto 1970: 111). Sin embargo, está generalmente admitido que los cambios fonológicos se originan necesariamente por motivos articulatorios, si están motivados por el hablante, o perceptivos, si están motivados por el oyente. El motivo de que esto sea así es la propia constitución del lenguaje. Para comunicarnos nos servimos de los sonidos, que son producidos y percibidos por órganos regidos por leyes independientes del propio lenguaje. Estos factores "externos" son el motor inicial de los cambios fonológicos. La relación entre un cambio fonológico y una regla morfológica es siempre un accidente. Por ejemplo, la alternancia fonológica *a ~ e*, provocada por el *Umlaut*, tiende a servir como marca redundante de determinadas categorías morfológicas precisamente porque el contexto que provoca fonológicamente la alternancia (las vocales finales) tiene un valor morfológico. Sin embargo, la alternancia entre *θ ~ γ* en cast. *raíz ~ raigón, perdiz ~ perdigón* no adquirió una clara significación morfológica, porque ni era posible establecer una relación con el sufijo *-on* (cf. *calza, calzón*), ni tal alternancia era fundamental en un campo como la derivación, donde los modelos son muchos más en número y mucho menos rígidos que en la flexión[76]. La evolución desde la pura fonología a la pura morfología se realiza a través de fases graduales en las que las especificaciones fonológicas van perdiendo sucesivamente importancia, a medida que los elementos morfológicos se van convirtiendo en principales (Dressler 1985: 269-270).

---

[76] Esta diferencia entre flexión y derivación puede observarse por ejemplo en la suerte de la alternancia entre *k ~ q* (<q> = [kʲ, c, tʃ]) en albanés. Tal alternancia es productiva en la formación del plural (afecta a los préstamos del turco e incluso a algunos extranjerismos recientes), mientras que es mucho menos productiva en la derivación (cf. Dressler 1977: 28-29).

Una vez que el proceso fonológico se ha iniciado (por motivos puramente fonéticos), puede ver distorsionado su desarrollo si entra en relación con un proceso morfológico. Esta situación es clara en las lenguas románicas (por ejemplo en sardo campidanés, en rumano o en portugués), donde nos encontramos con varias posibilidades que vamos a analizar a continuación.

5.4.13. MORFOLOGIZACIÓN DE LA METAFONÍA

En sardo logudorés las vocales medias ante (-*i*, -*u*) son altas [e, o], mientras que ante (-*a*, -*e*, -*o*) son bajas [ɛ, ɔ] (Wagner 1941 [1984]: 31-33; Contini 1987: 439):

(137)

	[ɛ, ɔ]		[e, o]
SĒTA	*seða*	CAELU	*kelu*
BŎNA	*bɔna*	BŎNU	*bonu*
CŎR	*kɔro*		
BĔNE	*bene*		

Esta MET se encuentra en un estado de alternancia alofónica y los hablantes sardos la aplican también al italiano (cf. Loi Corvetto 1975). En esta situación de alternancia alofónica es imposible que la MET pueda adquirir valor morfológico, ya que no puede percibirse, con lo cual es incapaz de servir de marca. Sin embargo, en sardo campidanés la alternancia, que originalmente era alofónica (138), se ha fonologizado tras la evolución de las vocales finales -*e*, -*o* > -*i*, -*u* (139) (Wagner 1941 [1984]: 31; Virdis 1988: 900):

(138)

	[e, o]		[ɛ, ɔ]
CAELU	*kelu*	BĔNE	*bene*
BŎNU	*bonu*	CŎR	*kɔro*

(139)

	/e, o/		/ɛ, ɔ/
	kelu		*beni*
	bonu		*kɔru*

En campidanés las alternancias ɛ ~ e, ɔ ~ o han adquirido significado morfológico e incluso se han convertido en la única marca de plural en casos como (Virdis 1988: 900):

(140) TĔMPUS, *TĔMPOS   *tempus ~ tempus*
       CŎRPUS, *CŎRPOS   *korpus ~ kɔrpus*

Por su parte, el rumano conoció una D metafónica (cf. §§ 5.3.4, 5.4.8), que ha acabado morfologizándose y extendiéndose a formas que han entrado en la lengua una vez que el proceso fonológico ya había acabado. Por ejemplo las alternancias *e ~ ea, o ~ oa* pueden aparecer en voces de incorporación reciente, donde funcionan como marca de género, siguiendo el modelo de NĬGRU, -A > *negru ~ neagră* (cf. Nandriş 1963: 74; Ernst 1989: 336)[77]:

(141) *latinesc ~ latinească*
       grotesc ~ grotească
       pitoresc~ pitorească
       analog ~ analoagă

Los fenómenos metafónicos del portugués también han sufrido el impacto de la morfologización. Por un lado, el portugués experimentó una MET provocada por (-*u*) que afectó a las vocales medias bajas /ɛ, ɔ/. El proceso se manifiesta de manera más intensa en el caso de /ɔ/, donde dio origen a una alternancia entre *o ~ ɔ* que sirve como marca redundante de la oposición *singular ~ plural* (142)[78]:

(142)

	singular	plural
CŎRVU	c[o]*rvo*	c[ɔ]*rvos*
FŎCU	f[o]*go*	f[ɔ]*gos*
PŎRCU	p[o]*rco*	p[ɔ]*rcos*
HŎRTU	h[o]*rto*	h[ɔ]*rtos*
PŎPULU	p[o]*vu*	p[ɔ]*vos*
ŎSSU	[o]*sso*	[ɔ]*ssos*
CŎRPU	c[o]*rpo*	c[ɔ]*rpos*

Esta alternancia se ha extendido posteriormente a algunos casos de /o/ (Cavacas 1921: 74; Piel 1942: 367):

(143)

	singular	plural
FŬRNU	f[o]*rno*	f[ɔ]*rnos*
PŬTEU	p[o]*ço*	p[ɔ]*ços*

---

[77] El grado de incorporación de las formas con *ea, oa* varía. El caso de *latinească* ha alcanzado la lengua literaria, mientras que los otros ejemplos de (141) permanecen por el momento relegados a la lengua oral (Liliana Ionescu-Ruxăndoiu, comunicación personal).

[78] Ha llamado la atención de diversos autores el hecho de que haya MET sólo en el masculino singular y no en el masculino plural, ya que actualmente <-o> y <-os> tienen la misma pronunciación. Aunque con distintas cronologías para la evolución, todos los autores están de acuerdo en que la MET se produjo en una fase en la que <-o> y <-os> sonaban de manera distinta (cf. Cavacas 1921: 145; Piel 1942: 367-368; Blaylock 1964/65: 267; Álvarez Blanco 1988: 151; Martins 1988: 356 n.6).

Por otro lado, la MET de /ɔ/ (-*u*) > *o* también sirve para marcar la oposición *masculino ~ femenino* (Cavacas 1921: 72-74, 147, 151; Piel 1942: 367):

	masculino	femenino
SŎCRU	s[o]*gro*	s[ɔ]*gra*
NŎVU	n[o]*vo*	n[ɔ]*va*
GRŎSSU	gr[o]*sso*	gr[ɔ]*ssa*
MŎRTU	m[o]*rto*	m[ɔ]*rta*

También hay en portugués una MET de abertura: /o/ (-a) > ɔ: HŌRA > h[ɔ]ra, MŌRA > am[ɔ]ra, ŌRAT > [ɔ]ra (cf. Huber 1933 [1986]: § 98; Cavacas 1921: 78, 145; cf. § 5.4.7, nota). En los adjetivos en -ŌSU, -ŌSA hay alternancia entre /o/ en el masculino singular y /ɔ/ en el femenino singular y en las dos formas del plural (Cavacas 1921: 152)[79]:

(144)   form[o]so   form[ɔ]sa   form[ɔ]sos   form[ɔ]sas
         fam[o]so   fam[ɔ]sa   fam[ɔ]sos   fam[ɔ]sas
         anim[o]so   anim[ɔ]sa   anim[ɔ]sos   anim[ɔ]sas

En las formas femeninas, tanto del singular como del plural, la vocal abierta podría deberse a la MET por (-a), pero en el plural masculino la vocal /ɔ/ es fruto de la extensión del modelo de los adjetivos con /ɔ/ etimológica, donde el masculino tiene /o/ debido a la MET por (-u) (Cavacas 1921: 73-74, 151-152)[80]:

(145)   NŎVU   n[o]vo   n[ɔ]va   n[ɔ]vos   n[ɔ]vas
         TŎRTU   t[o]rto   t[ɔ]rta   t[ɔ]rtos   t[ɔ]rtas
         GRŎSSU   gr[o]sso   gr[ɔ]ssa   gr[ɔ]ssos   gr[ɔ]ssas
         MORTU   m[o]rto   m[ɔ]rta   m[ɔ]rtos   m[ɔ]rtas

En todos los casos que acabamos de mencionar la relación entre el proceso fonológico de MET y la morfología tiene lugar una vez que el cambio fonológico se ha iniciado. En logudorés, a diferencia de lo que sucede en campidanés, tal relación no ha llegado a establecerse, ya que la alternancia se mantiene en un estado alofónico. En rumano las alternancias se han extendido a nuevas palabras, aunque no se han convertido en una marca fundamental, ya que las vocales finales se conservan. Y una situación semejante presentan las alternancias del portugués. Sin embargo, en buena parte de los dialectos suditalianos las alternancias vocálicas han llegado a ser una marca imprescindible tras la confusión de vocales finales, con lo cual la extensión ha sido más intensa.

---

79 No la tienen los demás adjetivos con /o/ etimológica: p. ej. RŬPTU > r[o]to, r[o]ta, r[o]tos, r[o]tas.
80 No tienen alternancia algunos adjetivos como n[ɔ]sso, n[ɔ]ssa, n[ɔ]ssos, n[ɔ]ssas, v[ɔ]sso, v[ɔ]ssa, v[ɔ]ssos, v[ɔ]ssas (Cavacas 1921: 151).
    En el caso de /ɛ/ tenemos también cierre ante (-u): MĚTU > m[e]do, PĚTRU > P[e]dro (frente a PĚTRA > p[ɛ]dra), LAETU > l[e]do (Piel 1942: 370; Cavacas 1921: 61). Pero el proceso conoce muchas excepciones: CASTĚLLU > cast[ɛ]lo, CAELU > céu, CULTĚLLU > cut[ɛ]lo, DESĚRTO > des[ɛ]rto, FĚRRU > f[ɛ]rro, HIBĚRNO > inv[ɛ]rno, *MELIMĚLLU > marm[ɛ]lo, *MARTĚLLU > mart[ɛ]lo, MĚRULU > m[ɛ]lro, CĚRTU > c[e]rto, CAECU > c[e]go. Louro (1961: 110) sugiere que muchos de estos casos pueden deber su /ɛ/ a la presencia de /l, r/, que son consonantes que tienden a abrir las vocales. Frente a lo que sucede con /ɔ/, no hay alternancia entre *singular ~ plural*: MURE CAECU > morc[e]go, morc[e]gos, PĚRSICU > pêssego, pêssegos (Louro 1961: 107). Según Louro (1961), esta situación de la MET de /ɛ/ es moderna. Habría que suponer que anteriormente hubo oposición entre el masculino singular y el masculino plural, como sucede actualmente en /ɔ/ y como se conserva en algunos topónimos: Alfar[ɛ]llos, Barc[ɛ]llos, Carcav[ɛ]llos, Vasconc[ɛ]llos (Louro 1961: 107). Por otro lado, la alternancia entre *masculino ~ femenino* está restringida al sufijo -ĚLLU, -ĚLLA, aunque tampoco faltan las excepciones:, CAPITĚLLU > cabed[ɛ]llo, cabed[e]llos ~ cabid[ɛ]lla, CATĚLLU > cad[ɛ]llo, cad[ɛ]llos ~ cad[ɛ]lla, cad[ɛ]llas, *IANUELLU > jan[e]llo, jan[e]llos ~ jan[ɛ]lla, jan[ɛ]llas, ORA > our[ɛ]llo, our[ɛ]llos ~ our[ɛ]lla, our[ɛ]llas (Cavacas 1921: 62; Louro 1961: 107). En los adjetivos no hay ningún rastro de alternancia y la vocal cerrada se extiende a todas las formas, p. ej. LAETU > l[e]do, l[e]dos, l[e]da, l[e]das (Louro 1961: 108).

5.4.14. MORFOLOGIZACIÓN DE LA METAFONÍA EN LOS DIALECTOS SUDITALIANOS
Como hemos visto, uno de los efectos de la morfologización, así como una de las formas de
comprobar la existencia del fenómeno, es la extensión de las alternancias metafónicas más allá
de sus contextos originarios. Los dialectos italianos conocen buen número de extensiones de
este tipo (cf. Tuttle 1985/86 y 1985b; Maiden 1991).
    Para ejemplificar la morfologización de la MET nos centraremos en el dialecto de Sora
(Lacio, cf. Merlo 1920), donde todas las vocales medias conocieron la MET con el resultado de
cierre en un grado de cada vocal ($\varepsilon > e$; $\mathfrak{o} > o$; $e > i$; $o > u$). La confusión en /-ə/ de todas las
vocales átonas finales excepto /-a/ convirtió a las alternancias creadas por la MET en la única
marca para señalar diferentes contenidos morfológicos. Así nacieron los siguientes modelos de
alternancia para las formas nominales:

(146)   **alternancias vocálicas en Sora**

TIPO I masculino ~ femenino	TIPO II singular ~ plural	TIPO III singular ~ plural
i, i ~ e, e	e ~ i	i ~ e
u, u ~ o, o	o ~ u	
e, e ~ ε, ε	ε ~ e	
o, o ~ $\mathfrak{o}$, $\mathfrak{o}$	$\mathfrak{o}$ ~ o	o ~ $\mathfrak{o}$
nirə, *nirə* ~ *nera*, *nerə*[81]	*mesə* ~ *misə*	*milə* ~ *mela*
sulə, *sulə* ~ *sola*, *solə*	*u̯otʃə* ~ *utʃə*	
bbeʎʎə, *bbeʎʎə* ~ *bbɛlla*, *bbɛllə*	*petə* ~ *petə*	
bbonə, *bbonə* ~ *bbɔna*, *bbɔnə*	*u̯ou̯ə* ~ *u̯ou̯ə*	*ossə* ~ *ɔssa*

    En los sustantivos masculinos con origen en la segunda declinación latina tanto el
singular como el plural tendrían la misma vocal (p. ej. PŎRCU, -I > *porkə*, *portʃi*). Algunos
sustantivos de este tipo (con /o/ en singular y plural producto de la MET de $\mathfrak{o} > o$) se
acomodaron en el dialecto de Sora a la alternancia o ~ u del TIPO II de (146) (cf. Merlo 1920:
26; Maiden 1991: 201):

(147)   PHASEŎLU, -I   *fatʃorə*, *fatʃorə*   →   *fatʃorə* ~ *fatʃurə*
         PINEŎLU, -I   *pəɲɲolə*, *pəɲɲolə*   →   *pəɲɲolə* ~ *pəɲɲulə*

    De igual manera, los sustantivos con /i, u/ tónicas etimológicas carecían de alternancias
y en ocasiones se adaptaron en (148) Sora y también en (149) Rieti (Lacio) a las alternancias
e ~ i, o ~ u del TIPO II de (146) (Merlo 1920: 13; Tuttle 1985/86: 40):

(148)   CĪMĬCE, -ES   *tʃimmətʃə*, *tʃimmətʃə*   →   *tʃemmətʃə*, *tʃimmətʃə*

---

81 NĬGRU, -I, -A, -AE > *nirə*, *nirə* ~ *nera*, *nerə*, MĒNSE, *MĒNSI > *mesə* ~ *misə*, MĒLU, -A >
    milə ~ *mela*, SŌLU, -I, -A, -AE > *sulə*, *sulə* ~ *sola*, *solə*, VŌCE, *VŌCI > *u̯otʃə* ~ *utʃə*, BĔLLU, -I,
    -A, -AE > *bbeʎʎə*, *bbeʎʎə* ~ *bbɛlla*, *bbɛllə*, PĔDE, *PĔDI > *petə* ~ *petə*, BŎNU, -I, -A, -AE >
    bbonə, *bbonə* ~ *bbɔna*, *bbɔnə*, BŎVE, *BŎVI > *u̯ou̯ə* ~ *u̯ou̯ə*, ŎSSU, -A > *ossə* ~ *ɔssa*.

(149)   LĪMĬTE, -ES   *límite, límiti   →   lémete ~ límiti
        PŪLĬCE, -ES   *puce, puci   →   poce ~ puci

Todos los casos que hemos visto hasta ahora presentaban la adquisición de una alternancia de número. También hay algunos en que se extiende la alternancia de género. Por ejemplo, igualmente en Sora, esta alternancia alcanza a algunos sustantivos del tipo masculino -*e*, femenino -*a*, que no la presentaban inicialmente (Merlo 1920: 30; Tuttle 1985/86: 37-38):

(150)   SENIŌRE, -A   səɲɲorə, *səɲɲora   →   səɲɲorə ~ səɲɲɔra
        PIPIŌNE   pəttʃonə, *pəttʃona   →   pəttʃonə, pəttʃɔna

Situaciones semejantes a la del dialecto de Sora pueden encontrarse en la mayor parte de los dialectos italianos centromeridionales. En buena parte del sur de Italia los efectos de la MET se unieron a los de la D de /ɛ, ɔ/ y dieron lugar a una situación que intentaremos aclarar a continuación.

5.4.15. MORFOLOGIZACIÓN DE LA DIPTONGACIÓN DE /ɛ, ɔ/

El proceso de D de /ɛ, ɔ/ también dio lugar a alternancias que acabaron morfologizándose. Esto ha sucedido no sólo en los dialectos suditalianos que ahora nos ocupan, sino en mayor o menor medida, en todas las lenguas que han conocido la D. Por ejemplo, en castellano las alternancias *e ~ ie, o ~ ue* caracterizan a un grupo de verbos (p. ej. *perder: pierdo, pierdes, pierde, pierden ~ perdemos, perdéis*) y a algunos procedimientos derivativos (*hierro → herrero*). Una clara manifestación de la morfologización de dichas alternancias es su extensión a algunos verbos con /e, o/ etimológicas (Penny 1991: 157):

(151)   SĒMINARE   siembro   ~   sembramos
        PĒNSARE   pienso   ~   pensamos
        MŌNSTRARE   muestro   ~   mostramos
        CONSŌLARI   consuelo   ~   consolamos

En otras lenguas, sin embargo, parece haber predominado la tendencia a eliminar la alternancia *diptongo ~ monoptongo* en los verbos. En italiano se conserva en casos como *movere: muovo, muovi, muove, muovono ~ moviamo, movete; sedere: siedo, siedi, siede, siedono ~ sediamo, sedete*. Pero en algunos casos se ha generalizado la forma con diptongo, como en *nuoto, nuoti, nuota, nuotano → nuotiamo, nuotate, nuotare* (< *NŎTARE) (*Rohlfs* § 538)[82]. Igualmente, en francés la tendencia ha sido a la nivelación (Meyer-Lübke 1894 [1895]: § 189; Harris 1988: 224). Se conserva la alternancia en *venir: viens, viens, vient, viennent ~ venons, venez; tenir: tiens, tiens, tient, tiennent ~ tenons, tenez; acquérir* (*requérir*, etc.): *acquiers, acquiers, acquiert, acquièrent ~ acquérons, acquérez; mourir: meurs, meurs, meurt, meurent ~ mourons, mourez; mouvoir: meus, meus, meut, meuvent ~ mouvons, mouvez; pouvoir: peux (puis), peux, peut, peuvent ~ pouvons, pouvez; vouloir: veux, veux, veut, veulent ~ voulons, voulez*. Pero ha desaparecido en casos como *lever ~* ant. *lieve → lève, trouver* (ant. *trover*) *~* ant. *trueve → trouve, prouver* (ant. *prover*) *~* ant. *prueve → prouve* (la nivelación podía ser también a favor de la forma con diptongo, especialmente cuando junto al verbo la lengua tenía un sustantivo derivado con el diptongo, p. ej. ant. *siegier*, junto a *siège*, mod. *assiéger: assiège, assièges, assiège,*

---

82 Tambien se encuentra en la morfología nominal: *lieto → letizia, buono → bontà*. Los lingüistas italianos hablan del "dittongo mobile" (cf. Dardano 1988: 55).

assiégeons, assiégez, assiègent). Sin embargo, el francés habría conocido también una fase con extensión del modelo con alternancias: ant. *ueffre ~ offrir* (donde no habría habido D por estar en ST), ant. *sueffre ~ souffrir* (< SŬFFĚRRE, por lo tanto con /o/) (Meyer-Lübke 1894 [1895]: § 189).

Frente a lo que sucedía en lenguas como el castellano, el italiano o el francés, la evolución de la D de /ɛ, ɔ/ en los dialectos suditalianos presentaba una característica especial debido a su restricción ante (*-a, -e, -o*). Hemos visto antes algunos procesos en los que las vocales finales abiertas presentaban un obstáculo a la D (p. ej. en francés o en francoprovenzal), o condicionaban la variante más breve del diptongo (p. ej. en provenzal y en francoprovenzal), o provocaban una mayor intensidad de la síncopa (p. ej. en francés o en los dialectos italianos meridionales). Todos estos casos aparecen como meras tendencias, sin llegar a establecer una perfecta regularidad en sus efectos. Podemos suponer que en los dialectos suditalianos la restricción de la D ante (*-a, -e, -o*) manifestaría inicialmente el mismo carácter de tendencia. Sin embargo, el proceso llegó a establecerse de forma mucho más firme gracias a dos factores. Por un lado, hay que tener en cuenta que daba origen a un sistema de alternancias que coincidía con el que la MET había establecido para /e, o/ (ejemplos de Castro dei Volsci, cf. Vignoli 1911: 132, 159-161):

(152) **alternancias vocálicas creadas por la diptongación en Castro dei Volsci**

TIPO I masculino ~ femenino	TIPO II singular ~ plural	TIPO III singular ~ plural
i̯e, i̯e ~ ɛ, ɛ *u̯o, u̯o ~ ɔ, ɔ*	*ɛ ~ i̯e* *ɔ ~ u̯o*	*i̯e ~ ɛ* *u̯o ~ ɔ*
tʃi̯ervə ~ tʃɛrva[83] *nu̯ovə ~ nɔva*	*vɛrmə ~ vi̯ermə* *vɔvə ~ u̯ovə*	*ani̯elə ~ anɛlla* *u̯ossə ~ ɔssa*

Las alternancias que crea la D marcan las mismas categorías que las que nacen de la MET por (*-i, -u*) (Vignoli 1911: 159-161):

(153) **alternancias vocálicas creadas por la metafonía y la diptongación en Castro dei Volsci**

	metafonía		diptongación
TIPO I masculino ~ femenino	*ʃtrittə ~ ʃtretta* *surdə ~ sorda*	⇔	*tʃi̯ervə ~ tʃɛrva* *nu̯ovə ~ nɔva*
TIPO II singular ~ plural	*verdə ~ virdə* *votʃə ~ utʃə*	⇔	*vɛrmə ~ vi̯ermə* *vɔvə ~ u̯ovə*
TIPO III singular ~ plural	*milə ~ mela*	⇔	*ani̯elə ~ anɛlla*

---

[83] ACĚRBU, -A > *tʃi̯ervə ~ tʃɛrva*, VĚRME, *VĚRMI > *vɛrmə ~ vi̯ermə*, ANĚLLU, *ANĚLLA > *ani̯elə ~ anɛlla*, NŎVU, -A > *nu̯ovə ~ nɔva*, BŎVE, *BŎVI > *vɔvə ~ u̯ovə*, ŎSSU, -A > *u̯ossə ~ ɔssa*.

Probablemente esta coincidencia en un principio no era tan completa como se muestra en (153), ya que la resistencia a la D ante (-*a*, -*e*, -*o*) podría tener excepciones, que actualmente ya no se manifiestan. Sin embargo, produciría una reinterpretación de los resultados de la D y de la MET, de manera que ambos grupos de alternancias se atribuirían al mismo proceso morfonológico. Es decir, las alternancias *i* ~ *e*, *u* ~ *o* y *ie* ~ *e*, *uo* ~ *o* servían para marcar las mismas categorías gramaticales, lo cual provocaría que dos procesos fonológicos originalmente distintos, es decir, la MET y la D, confluyeran en una misma regla morfológica. Esta morfologización de las alternancias es el definitivo responsable de que prácticamente no se encuentren excepciones a la falta de D de /ɛ, ɔ/ ante (-*a*, -*e*, -*o*).

Ahora podemos comprender qué es lo que verdaderamente significa la distribución de los diptongos en los dialectos suditalianos que mencionábamos en (83) y que ahora repetimos:

(154)

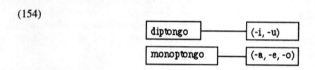

Para llegar a este punto, han entrado en juego, en primer lugar, un proceso fonológico por el que la D se veía dificultada ante las vocales más abiertas, especialmente ante (-*a*), una subsiguiente morfologización de las alternancias *diptongo* ~ *monoptongo*, nacidas de tal proceso (cf. (152)), que vino a unirse con las alternancias provocadas por la MET (cf. (153)), lo cual contribuyó al firme establecimiento de las primeras. La evolución de la D de /ɛ, ɔ/ no hubiera adquirido probablemente de manera tan intensa esta distribución, de no haber sido por su coincidencia fortuita con las alternancias que provocaba la MET. Igualmente las alternancias metafónicas se vieron reforzadas por las que originaba la D, con lo cual el establecimiento de la flexión interna resultaría mucho más fácil.

5.5. Diptongación ante contextos palatales y velares: francés y provenzal. El problema del catalán

Estas tres lenguas plantean uno de los problemas más arduos de la D románica de /ɛ, ɔ/. Mientras que el francés conoció una D de estas vocales en SL como la del italiano (CAELU > *ciel*, PŎTET > fr.ant. *puet* > fr.mod. *peut*), este fenómeno no parece haberse dado ni en provenzal, ni en catalán (CAELU > prov. y cat. *cel*, PŎTET > prov. y cat. *pot*).

Por otro lado, tradicionalmente se afirma que las tres lenguas experimentaron bajo formas parcialmente similares una D restringida a determinados contextos, que podemos denominar de manera genérica palatales y velares (más adelante delimitaremos con más precisión estos contextos y su repercusión concreta en cada lengua). Por el momento ejemplificaremos con la evolución en contextos palatales, que parece ser común a las tres lenguas:

(155)	francés	provenzal	catalán
LĔCTU	*lit*	*lieit*	*llit*
MĔDIU	*mi*	*mieg*	*mig*
VĔCLU	*vieil*	*vielh*	*vill*
CŎCTU	*cuit*	*cueit*	*cuit*
PŎDIU	*pui*	*puei*	*puig*
ŎCULU	*œil*	*uelh*	*ull*

Los resultados de (155), donde hemos incluido tanto casos de evolución con yod como otros sin yod, se han interpretado como fruto de una D condicionada de /ɛ, ɔ/. Esta D plantea dos problemas fundamentales. Por un lado, se opone completamente a la situación del castellano, lengua en la que las vocales /ɛ, ɔ/ diptongan de forma general, exceptuándose precisamente estos contextos palatales y velares. El segundo y más grave problema consiste en que esta es la única D que parecen haber conocido el provenzal y el catalán.

Digamos ya desde ahora que el catalán probablemente no conoció tampoco la D ante palatal y que sus resultados deben explicarse de otra forma. En lo que sigue nos centraremos en los problemas del francés y del provenzal[84]. Dejamos para el final de este apartado la cuestión más compleja del catalán.

5.5.1. EVOLUCIÓN DE LAS VOCALES CON YOD Y WAU EN CONTACTO

Los sonidos conocidos como yod y wau (representados como [j, w] o [i̯, u̯], aquí preferiremos esta última forma) tienen orígenes diversos (no todos los casos son pertinentes para la evolución de las vocales). La yod puede provenir de yod latina (MAIU [i̯i̯], cf. *Lausberg* § 297), hiato latino (MĔ.I; FILI.US > *fil.i̯us*, cf. *Lausberg* §§ 251, 283, Grandgent 1907 [1970]: §§ 136, 224; acerca de la silabación *l.i̯*, cf. Pensado 1988), vocalización de consonantes (*ks > i̯s*, FRAXINU > fr. *fraisse*, cf. *Lausberg* § 441), consonantes o grupos palatalizados que desgajan yod (SCE > *sk̑i̯ > si̯k̑i̯ > i̯ʃ, i̯s*, FASCE > fr.ant. *fais*, cf. *Lausberg* § 425), metátesis (*ri̯ > i̯r*, CŎRIU > port. *coiro*, cf. *Lausberg* § 465). Existía ya un wau latino (-Ē.VIT [e.u̯it], CER.VUS [r.u̯], SILVA [l.u̯], cf. Pensado 1986: 76) y se crearon otros a partir del hiato latino (MĔ.U > *meu̯*, cf. *Lausberg* § 187; TENU.IS > *ten.u̯is*, cf. *Lausberg* § 251, Grandgent 1907 [1970]: §

---

[84] La D ante palatal no es exclusiva del francés y del provenzal. Se encuentra también en francoprovenzal (SĔX > *si̯ai̯, si̯e, si*, LĔCTU > *ʎi*, NŎCTE > *nɥe*, CŎCTU > *kɥi*, cf. Fankhauser 1911: §§ 83, 115; Duraffour 1932: 164, 177), retorromance (SĔX > *sis*, CŎXA > *cueissa*, CŎRIU > *chir*, cf. Ascoli 1873: 16-18; 26-29) y norteitaliano (SPĔCULU > Tesino *ʃpi̯etʃ*, NŎCTE > *nœtʃ*, cf. Rohlfs §§ 92, 113). Ya hemos tenido ocasión de mencionar en este capítulo algunos aspectos de la D en estas zonas. Las líneas generales de su evolución no difieren sustancialmente de las del francés, dejando aparte evoluciones posteriores a la D, que han sido muy numerosas hasta llegar a oscurecer notablemente las condiciones originarias (alguna tan llamativa como la consonantización del *glide* de los llamados *verhärtete Diphthonge* o *dittonghi induriti* del retorromance y del friulano, cf. Francescato 1963). Para el francoprovenzal sigue siendo imprescindible, a pesar de la sobriedad de sus datos, Duraffour (1932). El dominio retorrománico se presenta profundamente dividido y todavía poco estudiado (cf. Haiman 1988, Stimm & Linder 1989); para una presentación rápida de los hechos relacionados con la D cf. Lüdtke (1954/55) y Haiman (1988: 353-354). Para una visión de conjunto de los dialectos norteitalianos puede acudirse a los parágrafos correspondientes de *Rohlfs* (el véneto presenta una situación bastante diferenciada de la de los dialectos galorrománicos, cf. *Rohlfs* §§ 94, 115). No hemos podido consultar Hafner (1955), Gauchat & Jeanjaquet & Tappolet (1925) y Gartner (1910). A lo largo de este apartado mencionaremos ocasionalmente algunos aspectos de estas lenguas, a las que no dedicaremos un estudio independiente.

224, Väänänen 1967[2] [1968]: § 78; acerca de la silabación *n.ṷ* cf. Pensado 1986, 1988), de metátesis (VID.UA > cast. *viuda,* cf. Pensado 1986: 87) y de la vocalización de consonantes (BIBIT > cat. *beṷ,* cf. Badia i Margarit 1951 [1981]: 246). Como ya hemos dicho (cf. § 5.3.2), la yod o el wau pueden llegar a entrar en contacto con la vocal tónica formando con ella un diptongo (a no ser que en el caso de la yod, esta quede absorbida en la consonante palatal).

En las lenguas románicas se observan dos tratamientos de las vocales medias altas y bajas en contacto con yod y wau. Ya nos hemos referido al hablar del castellano (cf. § 5.3.2) al hecho de que esta lengua confunde las vocales medias en estos contextos, de manera que /ɛ, ɔ/ y /e, o/ evolucionan de la misma manera. Esta situación se encuentra también en leonés, aragonés y portugués (cf. Pensado 1984: 465, 517-519; 1989; Huber 1933 [1986]: §§ 85, 93). Por otro lado, el resto de lenguas mantienen la diferenciación entre estas vocales y permiten, en su caso, la D de /ɛ, ɔ/. Veamos en primer lugar la situación en portugués (156), castellano (157) (cf. Pensado 1989: 351), leonés occidental (158), asturiano central u oriental (159) y aragonés (160) (para estos tres últimos, cf. Pensado 1989: 352-353):

(156) ɛi̯, ei̯ > ei̯   PĔCTU > *peito*   =   STRĬCTU > *estreito*
       ɔi̯, oi̯ > oi̯   CŎRIU > *coiro*[85]   =   AUGŬRIU > *agoiro*
       ɛṷ, eṷ > eṷ   MĔU > *meu*   =   -ĔV(I)T > *-eu* (*vendeu*)

(157) ɛi̯, ei̯ > e   PĔCTU > *pecho*   =   STRĬCTU > *estrecho*
       ɔi̯, oi̯ > ṷe   CŎRIU > *cuero*   =   AUGŬRIU > *agüero*
       ɛṷ, eṷ > i̯o   MĔU > ant. *mió*   =   -ĔV(I)T > *-ió* (*vendió*)

(158) ɛi̯, ei̯ > ei̯   PĔCTU > *peito*   =   STRĬCTU > *estreito*
       ɔi̯, oi̯ > oi̯   CŎRIU > *coiro*   =   AUGŬRIU > *agoiro*
       ɛṷ, eṷ > i̯oṷ, i̯eṷ   MĔU > *miou, mieu*   =   -ĔV(I)T > *-iou, -ieu*

(159) ɛi̯, ei̯ > e   PĔCTU > *pecho*   =   STRĬCTU > *estrecho*
       ɔi̯, oi̯ > ṷe   NŎCTE > *nueche*   =   DŬCTU > *duecho*
       ɛṷ, eṷ > i̯o   MĔU > *mió*   =   -ĔV(I)T > *-ió*

(160) ɛi̯, ei̯ > ei̯   PĔCTU > *peito*   =   STRĬCTU > *estreito*
       ɔi̯, oi̯ > ṷe   ŎCTO > *güeit*   =   ADŬCTU > *adueyto*
       ɛṷ, eṷ > i̯o   MĔU > *mió*   =   -ĔV(I)T > *-ió*

Para explicar los resultados con diptongo creciente en castellano (*cuero, agüero, mió, vendió*) y en los dialectos hispánicos (*nueche, duecho, mió, -ió*) se suponen los siguientes procesos: ɔi̯ = oi̯ > oe̯ > ọe > ṷe y ɛṷ = eṷ > eọ > ẹo > i̯o (cf. Malkiel 1975/76 y Pensado 1989). Esta evolución se acomoda a los procesos que hemos estudiado de cambio de silabicidad (cf. §§ 1.2.10, 5.1).

Sin embargo, tradicionalmente se ha supuesto que los dialectos hispánicos habrían conocido la D ante yod y wau, es decir, formarían parte de las lenguas que diferencian la

---

85 Hay algunos casos de /ṷi̯/, especialmente provenientes de Ŭ, junto a otros con vacilación entre las dos formas: MŬLTU > *muito*, port.ant. *moy, moyto*, ASCŬLTO > port.ant. *ascuito* (mod. *escuto*), gallego *escoito*, TRŬCTA > port.ant. *truita* (mod. *truta*), gallego *troita*, INTROĬTU > port.ant. *entroydo, entruydo* (mod. *entrudo*) (Huber 1933 [1986]: §§ 44, 93-94, 97; Williams 1962[2]: § 38.2 y 4).

evolución de las vocales medias ante yod y wau. Pero, como demuestra Pensado (1984: 517-519; 1989), los triptongos de los dialectos hispánicos (*iou, uei*, p. ej. en leonés occidental *miou*, aragonés *güeit*), que serían la única prueba a favor de dicha hipótesis, no son en realidad fruto de una D. Según esta autora, el triptongo *iou* se debe al cruce entre formas con [i̯o] (< ɛu̯, p. ej. ĔGO > *yo*, MĔU > *mió*), características del asturiano oriental y central y que se extendían hacia el asturiano occidental, con el diptongo [ou̯] (que se conservaba en esta zona), gracias a la equivalencia que se establecería entre [ou̯] (leonés occidental: *tou, sou*) = [o] (castellano ant.: *to, so*). En esa situación las formas *yo, mió* se hipercaracterizarían como *you, miou*. Por otro lado, en buena parte de los casos que presentan el triptongo *uei* este aparece en posición final de palabra (-TOI > leonés ant. *Araduey*, aragonés ant. *Alastuey*, HŎDIE > asturiano occidental *güei*, aragonés *güey*, cf. Pensado 1989: 361-362). En estos casos el diptongo formado por la vocal tónica y la yod habría evolucionado, según lo esperable, a [u̯e]. Pero el diptongo creciente en posición final va en contra de las preferencias fonotácticas de estos dialectos y esta sería la causa de la adición de una -*e* paragógica, que luego se convertiría en [i̯], con lo que se llegaría al triptongo (u̯ee̯ > u̯ei̯; una evolución igual se encuentra esporádicamente en castellano: *boi > bué > bu̯ee̯ > bu̯ei̯* <buey>). Por su parte, los triptongos en posición interior de palabra (p. ej. *cueiro, nueite*) se deberían a una modificación del diptongo originario [u̯e] (fruto de la evolución de [ɔi̯]) bajo la influencia de la equivalencia *ei* (leonés occidental, p. ej. PĔCTU > *peito*) = *e* (leonés oriental, castellano, p. ej. PĔCTU > *pecho*), apoyada además en aragonés por la convivencia de formas con el diptongo descendente conservado con otras en las que ya se habría producido la monoptongación (p. ej. *feito ~ feto*). A todo esto hay que añadir que los triptongos se encuentran también en casos de /e/, o/ (p. ej. ADŬCTU > aragonés ant. *adueyto*, FŬIT > leonés *fuey*, TRŬCTA > leonés occidental *trueita*, en los perfectos débiles *cogieu, corrieu*, cf. Pensado 1989: 355, 357, 360). En estos casos no puede hablarse de una D de /e/, o/ y vienen a confirmar que en los dialectos hispánicos las vocales medias se confundieron ante yod y wau.

Frente a la situación que hemos visto en portugués, castellano y los dialectos hispánicos, el francés (161) y el provenzal (162) mantienen separadas las vocales medias ante yod y wau:

(161) STRĬCTU > *étroit*   ≠   LĔCTU > *lit*
       ANGŬSTIA > *angoisse*   CŎXA > *cuisse*

(162) STRĬCTU > *estreit*   ≠   LĔCTU > *lieit*
       ANGŬSTIA > *angoissa*   CŎXA > *cueissa*
       NĬVE > *neu*   LĔVE > *lieu*

Como puede verse en los ejemplos, las vocales medias bajas /ɛ, ɔ/ ante yod y wau en contacto siguieron una evolución distinta a la de las medias altas /e, o/. En concreto y como se desprende con claridad del provenzal, las vocales /ɛ, ɔ/ diptongaron de la misma manera que lo hacen (en francés) en SL. Lo que interesa averiguar es la relación que existe entre la D y la presencia de yod y wau. Pero antes de afrontar esta cuestión vamos a presentar los datos de la D en francés y provenzal.

5.5.2. FRANCÉS: DIPTONGACIÓN EN SÍLABA LIBRE
El francés tuvo D de /ɛ, ɔ/ en SL (Bourciez & Bourciez 1967: §§ 46-47, 66-67):

(163)   PĚTRA   *pierre*   BĚLLA   *belle*
        PĚDE   *pied*   CĚRVU   *cerf*
        FĚRU   *fier*   FĚRRU   *fer*
        MŎLA   *meule*   CŎLLU   *col*
        NŎVU   *neuf*   CŎSTA   *côte*
        SŎROR   *sœur*   PŎRCU   *porc*

Igualmente conoció la D de /e, o/ en SL (Bourciez & Bourciez 1967: §§ 54-55, 72-73)[86]:

(164)   TĒLA   *toile*   CĬPPU   *cep*
        FĬDE   *foi*   SĬCCU   *sec*
        SĒTA   *soie*   LĬTTERA   *lettre*
        NŌDU   *nœud*   GŬTTA   *goutte*
        GŬLA   *gueule*   SŬRDU   *sourd*
        NEPŌTE   *neveu*   TŬRRE   *tour*

---

[86] Mencionaremos aquí brevemente algunos aspectos controvertidos de la evolución de las vocales francesas que no afectan directamente al problema global de la D romance.

Se ha discutido acerca de la evolución de /ɔ/ > œ, ø y la posible influencia en su resultado del proceso de anteriorización de /u/. Sobre este asunto hay una revisión de las opiniones clásicas en Matzke (1896), a las que no se ha añadido mucho más, cf. Passy (1909: 357), Bourciez & Bourciez (1967: § 66).

Acerca del desarrollo /e/ > u̯a puede verse Passy (1909: 357), Nyrop (1935[4]: §§ 155-160) y Bourciez & Bourciez (1967: § 54). En una serie de palabras el diptongo [u̯e] (esta es la fase anterior al resultado final [u̯a]) monoptongó en [ɛ], p. ej. CRĒTA > *craie*, *EXFRĪDAT > *effraie*, FLĒBĬLE > *faible*, FRĒDU > *frais* 'gastos' (cf. Bourciez & Bourciez 1967: § 54). Como argumenta Pensado (1986: 92), este cambio sería una manifestación de la tendencia a evitar la secuencia grupo consonántico + u̯.

Para /o/ > œ, ø, cf. Passy (1909: 357), Bourciez & Bourciez (1967: § 72). Según Nyrop (1935[4]: § 183), algunos autores piensan que /o/ habría sufrido una evolución similar a la de /u/, es decir, anteriorización sin D. Sin embargo, la mayoría cree que la evolución de /o/ sería paralela a la de /e/, es decir, con D (cf. Passy 1909, Bourciez & Bourciez 1967: § 72).

Salverda de Grave (1918, 1928) intenta explicar los casos como *craie*, *frais* y otros de /o/ (p. ej. *nous, vous, jaloux, ventouse, amour, louve*) como fruto de una fase originaria en la que los diptongos tendrían una silabicidad variable. En unas ocasiones, como en SŌLU > *seul*, habría predominado una tendencia a hacer creciente el diptongo *ou* (este autor supone la evolución ọu > ẹu > œ̣œ > œœ > œ, cf. Salverda de Grave 1928: 53), mientras que en otras, como en AMŌRE > *amour*, habría predominado la tendencia al diptongo descendente (oụ > o > u). Paralelamente en el caso de la evolución de /e/ tendríamos, por un lado, la evolución de un diptongo que tendería a ser creciente (ẹi > ọi > oị > oẹ > ọe > u̯a, cf. Salverda de Grave 1928: 40) y que daría origen a las formas como FĬDE > *foi*, mientras que por otro lado habría restos de la evolución como diptongo descendente (eị > eị > ɛ) en los casos como *craie*.

No podemos ocuparnos aquí caso por caso de todos los ejemplos aducidos por Salverda de Grave, quien, por otra parte, estudia con detalle las explicaciones que se han dado para cada uno de ellos. Señalaremos, sin embargo, que casos como *nous* o *vous*, son generalmente atribuidos a una evolución fuera del acento de frase y ya sabemos que este factor es relevante en otras lenguas románicas (cf. § 5.2.13). Por otro lado, hemos considerado la posibilidad de que la falta de D en palabras como *louve* se deba a la mayor dificultad para la D ante (-a) (cf. § 5.4.10). Por último, queremos notar que las cadenas fonéticas que propone este autor son incompatibles con las tendencias naturales de la silabicidad en los diptongos.

El francés, de acuerdo con la intensidad de sus procesos de debilitamiento de vocales átonas, ha diptongado la mayoría de sus vocales tónicas[87]. Incluso la evolución de /a/ en SL podría implicar un proceso de D (Bourciez & Bourciez 1967: §§ 35-36):

(165) CLAVE   *clef*   ARBŎRE   *arbre*

      LABRA   *lèvre*   CARRU   *char*

      MANU   *main*   CABALLU   *cheval*

      MARE   *mer*   QUARTU   *quart*

      MATRE   *mère*   VACCA   *vache*

      PATRE   *père*   LAR(I)DU   *larde*

Se debe a Lücking (1877: 101, citado en Geisler 1992: 90) la hipótesis de que en la evolución de /a/ en SL hubo una fase intermedia de D. Tal idea es generalmente aceptada (cf. Nyrop 1935[4]: § 171; Schürr 1936; Bourciez & Bourciez 1967: § 35). Según esta visión, ante nasal se conservaría una fase más antigua, como nos mostraría MANET > *Cantilène d'Eulalie maent* y la actual grafía ante nasal: AMAT > *aime*, FAME > *faim*, LANA > *laine*, PANE > *pain* (Bourciez & Bourciez 1967: § 43). A propósito de la evolución general de las lenguas romances exponíamos en § 5.2.12 que la /a/ es en estas lenguas predominantemente una vocal central y que esta sería la causa de su poca inclinación a diptongar. Sin embargo, a favor de la interpretación del fenómeno francés como una D hablaría su distribución, semejante a la que se observa para la D de las demás vocales. Paralelamente el proceso *a* > *ɛ* que se documenta en muchos dialectos suditalianos se limita también a los contextos de máximo alargamiento de las vocales (cf. Loporcaro 1987: 44-45) y ya veíamos que la evolución de /a/ en el dialecto romañolo de Imola parecía apuntar también en el mismo sentido (cf. § 5.2.8, nota)[88].

Los casos de *muta cum liquida* plantean un problema. Estos grupos no trababan la sílaba en latín clásico. Sin embargo, hubo un desplazamiento del límite silábico en latín vulgar, como se comprueba en los proparoxítonos latinos, donde este cambio de silabación produjo el desplazamiento del acento (ÍNTE.GRU > INTÉG.RU). Sin embargo, a pesar del corte silábico entre la oclusiva y /l, r/, las vocales evolucionan generalmente como en SL:

---

87 En una parte del francoprovenzal se conoce la D de /i/ en SL, en concreto en el valle de Illiez (Cantón Valais) (el fenómeno afecta también a los préstamos tomados del francés y a los casos de /i/ secundaria) (Fankhauser 1911: 30-40): PĪLA > *poįla*, *PĪPA > *poįpa*, *bise* > *boįzə*, AMĪCU > *amoį*, FĪLU > *foį*, PARTĪRE > *partoį*, *sortir* > *sortoį*, OLĪVA > *uloįva*, APRĪLE > *avrœį*, MORĪRE > *murej*. Según Fankhauser (1911: 51), el Cantón Valais es la única zona del dominio francoprovenzal con D de /i/. En el Bajo Valais la D se encuenta sólo en el valle estudiado por Fankhauser. Por otro lado, se conoce también en la parte romance del Alto Valais, donde frecuentemente aparecen los diptongos con el *glide* endurecido [ek] (Fankhauser 1911: 59).

Dentro del dominio retorromance hay D de /i/ en la parte más oriental del grisón central (en la zona del río Albula) y en la Alta Engadina (Gartner 1888: 475): ĪRE > *eįr, ekr, ikr*, *TĪRAT > *teįra, tigra*. Según Haiman (1988: 353), esta D, conocida como *Verschärfung*, se produce sólo en ST por /r/ y se encuentra en un estado subfonémico. La evolución sería *i* > *iį* > *ik, ek*. También afecta a /u/, después de haberse anteriorizado en /y/: DŪRU > *dykr, dekr*. La extensión de la D hasta las vocales altas está de acuerdo con la intensidad de los procesos de debilitamiento de las vocales átonas en estas lenguas.

88 Algunos autores han considerado que también la palatalización de /u/ en francés implica un proceso de D: *u* > *uų* > *ių* > *rų* > *ių* > *y* (cf. Stampe 1972: 587 n.15). Pero no parece que pueda pensarse en este caso en una auténtica D, ya que la evolución afecta a Ū en SL y ST tónica y átona (DŪRU > *dur*, NŪLLU > *nul*, IŪDICARE > *juger*).

(166)   CATHĔDRA > fr.ant. *chaïere*, *PALPĔTRA > *paupière*, FĔBRE > *fièvre*, PĔTRA >
pierre, *COLŎBRA > *couleuvre*, SŎCRU > fr.ant. *suevre*, TONĬTRU > fr.ant.
tonoirre, MATRE > *mère*, PATRE > *père*[89]

Meyer-Lübke (1920[3] [1926]: § 112) y también luego Wüest (1974) opinan que,
aunque quede sin resolver el problema del acento —el motivo del cambio de la acentuación
latina en los proparoxítonos—, la silabación ha de ser *colo.bra* y no *colob.ra*, ya que hay D (fr.
couleuvre). Hay que tener en cuenta que las lenguas románicas presentan soluciones distintas
para estos grupos y en ellas pueden verse diferentes respuestas al problema que planteaba la
nueva silabación. Por ejemplo, en italiano frecuentemente hay geminación de contacto silábico
(p. ej. *b.r* > *b.br*: FĔBRE > *febbre*, cf. Murray 1987: 122), mientras que en francés la evolución
de los grupos de *muta cum liquida* manifiesta generalmente la silabación [.br], lo cual se traduce
frecuentemente en un debilitamiento de la primera consonante del grupo paralelo al que
experimenta en posición intervocálica (cf. Murray 1987: 126, donde puede verse una buena
exposición de los cambios posibles condicionados por la estructura silábica). Sin embargo,
también tenemos en ocasiones una evolución de la consonante oclusiva propia de la posición
implosiva: TAB(U)LA > picardo *taule*, fr. dialectal *tôle* junto a fr. *table* (Kiss 1971: 73; para
Bourciez & Bourciez 1967: § 169 la evolución sería *.bl* > *.βl* > *.u̯l* > *u̯.l*, es decir, con
desplazamiento del límite silábico posterior al debilitamiento de la consonante). Y también hay
casos como DŬPLU > *double*, donde la vocal evoluciona como en ST (no hay D de /o/), pero el
resultado del grupo apunta hacia el tautosilabismo (*.pl* > *.bl*; la diferencia de debilitamiento
entre *.pr* > *.vr* y el caso de *.pl* > *.bl* se explica, según Murray 1987: 126, por la mayor
adecuación de *.bl* como margen inicial de sílaba frente al hipotético *.vl*; según Bourciez &
Bourciez 1967: § 169 en los casos de PL, BL el rechazo a *.vl* habría provocado la geminación
b.bl, que posteriormente habría dado *.bl*). En definitiva, la evolución de las vocales tónicas en
estos casos fue condicionada, como es habitual en francés, por la estructura silábica. En los
casos de *muta cum liquida* el francés optó principalmente por la resilabación en el caso de C.r >
.Cr, con lo cual la vocal pudo diptongar. En el caso de PL, BL la evolución parece haber sido
más vacilante. Junto a algún caso de debilitamiento del margen silábico (fr. dialectal *tôle*), la
evolución ha ido en la dirección de un grupo tautosilábico, quizá a través de un largo proceso
de convivencia de las dos silabaciones[90]. Por lo que se refiere a las vocales tenemos resultados

---

[89]   Todos los autores han notado la diferente evolución de -TR- en casos como *pierre* frente a
père, sin llegar a dar una explicación (cf. Meyer-Lübke 1934[4]: § 195; Nyrop 1935[4]: § 383;
Pope 1934 [1952]: § 372; Bourciez & Bourciez 1967: § 144). Una situación similar se
encuentra en catalán: PETRA > *pedra* frente a PRESBYTERU > *prevere*. Coromines (1953
[1971]: 183-188) ha encontrado una explicación satisfactoria tanto para el catalán, como
para el francés. Según este autor, *dr* es el resultado de -TR- latino (PETRA > *pedra*, VITREU >
vidre), donde la *t* se trata como en posición intervocálica, mientras que *r* es la evolución
propia de -T'R- (PRESBYTERU > *prevere*, POTERE HABERO > ant. *poré*), donde la *t* quedaría
en posición implosiva y se debilitaría hasta perderse. Por su parte, las voces *frare, pare, mare*
provienen del nominativo (FRATER, PATER, MATER). En todos los casos en que el grupo no
se encuentra en una sílaba adyacente al acento el resultado es siempre *r*, debido al mayor
debilitamiento de las sílabas alejadas de la tónica: CULCĬTRA > ant. *cócera*.
[90]   En catalán estos grupos presentan igualmente una variedad de evoluciones (cf. Moll 1952: §§
167-168; Badia i Margarit 1951 [1981]: 206-207, 230-231). Geminación no reflejada en la
escritura: DŬPLU > *doble*, PŎPŬLU > *poble*, STABŬLU > *estable* (en el caso de los grupos
secundarios se suele afirmar que la evolución es semiculta). Palatalización: MANUPŬLU >
manoll, COPULA > *colla* y *cobla* (pero para Coromines 1958 [1971]: 262-263 ninguno de
los casos con el resultado /ʎ/ procede realmente de P'L; en los ejemplos citados *manoll* es fruto
del cambio de sufijo, como MANUCLU por MANUPULU, y *colla* no tiene nada que ver con
COPULA, sino que deriva de CŎLLU a través de *collar* 'uncir a los animales por el *cuello*').
Debilitamiento de la coda: TABULA > *taula*.

de ambas estructuras: habría ST en DŬPLU > *double*, CAPŬLU > fr.ant. *chable*, SABULUM > *sable*, STABŬLA > *étable*, TABŬLA > *table* frente casos como ĔB(U)LUM > *hièble*, FLĒBĬLE > fr.ant. *fleible* > fr.mod. *faible*, PŎPULUM > fr.ant. *pueble*[91]. Ya hemos mencionado (cf. §§ 2.3.5, 5.2.11) que el francés conoció una extensión de la D a algunos contextos con ST en el caso de los monosílabos (p. ej. RĒM > *rien*, FĔL > *fiel*, TRĒS > *trois*)[92]. A esta D contribuirían factores distintos como la consonante que trababa la sílaba (continua en la mayoría de los casos), la tendencia a una mayor duración de los segmentos en los monosílabos frente a los polisílabos, así como, siguiendo la sugerencia de Bourciez & Bourciez (1967: § 22), la posibilidad de una resilabación en el discurso (CO.R-EXULTAT).

En § 5.3 hemos estudiado la posible limitación de la D en los proparoxítonos, de acuerdo con la jerarquía de posición del acento (cf. (38) § 2.3.5) y hemos visto algunos ejemplos de este fenómeno en castellano (cf. (31) § 5.2.10), rumano (cf. § 5.3.4), italiano (cf. (78) § 5.3.7) y posiblemente también en dalmático (cf. (58) § 5.3.3). En el caso del francés parece más difícil atribuir a esta misma causa la falta de D en casos como MĔRULA > *merle*, SŎLIDU > fr.ant. *solt*, mod. *sou*, VĬRĬDE > *vert*, CŬBĬTU > *coude*. Por lo general se admite que en estos casos la síncopa se habría producido antes de la D, con lo que se habría creado una ST que impediría la actuación del proceso (cf. Straka 1953: 252, 277). Para las vocales /e, o, a/ no habría evolución en SL en ningún caso, lo cual sirve de base a la hipótesis de una diferencia cronológica entre la D de /ɛ, ɔ/ y la de /e, o/ (cf. Meyer-Lübke 1934⁴: § 59; Richter 1934: §§ 1, 3, 110, 146; Straka 1953: 286)[93]. Dado que no se conservan proparoxítonos, no es posible

<hr>

91 La diferencia de comportamiento de /ɛ, ɔ/ (con D en todos los casos) frente a las demás vocales (sin D, excepto *fleible*), en un contexto donde la síncopa se considera generalmente muy temprana, es un problema que no ha sido resuelto. Richter (1934: 11) piensa que *fleible* sería, junto con las demás palabras en -BILIS, voz de introducción tardía en la lengua popular y diptongaría antes de que se aplicara la síncopa (vs. TRIPLU > fr.ant. *treble*; por otro lado, las voces en -ABILIS no evolucionarían como en SL ya que el proceso a > ɛ sería posterior a la D de /e/ y ya habrían sincopado: AMABILE > *amabile* > *amab.le*). A propósito de la evolución de /ɛ, ɔ/, esta autora anota: "-*ble* ist eine Schließergruppe, vor der der ungespannte Vokal im Französischen ungehindert diphthongiert" (Richter 1934: 143). Para Bourciez & Bourciez (1967: § 169), el hecho de que haya D en *hièble*, *pueble* es efecto de la mayor antigüedad de la D de /ɛ, ɔ/.

92 El francoprovenzal conoció una extensión del fenómeno ante /l, r, s/ en la D de todas las vocales medias (Duraffour 1932: 38-41): NĔRVU > *nịe*, DŎRSU > *rdu, rdœ*, PĔRTICA > *pi(ẹ)rse*, FŎRTIAS > *fœse*, SĔRVIT > *sịa*, TĒSTU > *ịe*, *CRĬSTU > *kraẹ*, TŬRSU > *trœ*, PĬSTOR > *peịtre*, TŬSSE > *tœ*, MĬSSU > *meịs*, CŬRTU > *kụer*, TŬRRE > **tụar* > *tar*, FŬRNU > **fụar* > *far*, SŬRDU > **sụar* > *sar*. Fankhauser (1911: 97) documenta procesos semejantes en Gruyère (antiguo condado de Suiza en el cantón de Friburgo): ɔ > ụa, o > ụa (CŎRNA > *kụarna*, FŬRNU > *fụa*). Y también en el valle de Illiez hay algunos casos de D de /o/ ante /r/: FŬRCA > *fụertsə*, CUCŬRBĬTA > *kụerda*, PŬLPA > *pụerpa*; y algunos casos de /ɔ/: MŎDULU > *mụerlo*, *BŎDINA > *bụena*, ELEMŌSINA > *amụerna* (Fankhauser 1911: § 121).

Por otra parte, tenemos D en ST por /r/, así también en retorromance (cf. Gartner 1888: 475-476; Schorta 1938: §§ 35, 57; Stimm & Linder 1989: 765-766): PĔRDĔRE > *pịarder, peẹrder, pịerde*, FĔSTA > *fịaʃta, feẹʃta*, FĔRRU > *fịeːr*, HIBĔRNU > *imvịern*, CĔRVU > *čịerf*, TĔRRA > *tearra*, *SĔRPE > *ʒearp*, VĔRME > *vearm*, PĔRTICA > *pearchia*, HĔRBA > *jarva*, TĔRTIA > *tiarza*, ŎSSA > *oassa*, SŎRTE > *soart*, FŎRTIA > *foarza*, FŎSSA > *foassa*, PŎRTA > *poarta*, CŎRNA > *coarna*, CŎRNU > *čịern*, HŎRTU > *ɲịert*, PŎRCU > *pịərč, pụərč, pịerč*.

93 Partiendo de la diferencia entre CŎMITE > *comte*, DŎMITU > *donte* (no hay D de /ɔ/) y FRĔMITU > *friente*, Straka (1953: 256-257) argumenta que la D se produciría antes en /ɛ/ y extiende el razonamiento a toda la Romania, basándose en la situación del rumano, que conoció la D /ɛ/, pero no la de /ɔ/ (cf. la cronología relativa, con introducción de algunos puntos de cronología absoluta, que aparece al final del artículo de Straka). No es intención de nuestro trabajo trazar una cronología de los fenómenos de D, sin embargo, diremos brevemente que no se sigue necesariamente la menor extensión de la D de /e, o, i, u, a/ en

saber si la falta de D se debe efectivamente a la nueva ST o si habría actuado también la resistencia a la D en los proparoxítonos.

En resumen, el francés conoció un intenso proceso de D que afectó fundamentalmente a todas las vocales medias y probablemente también a la vocal más baja /a/. En esta lengua tuvo un papel primordial la restricción que la jerarquía de estructura silábica impone a la duración de las vocales y, consiguientemente, a la D. El motivo de que esto sea así, es decir, la causa de que cada lengua escoja una combinación particular de las distintas jerarquías de la D hay que buscarla, en última instancia, en la configuración individual que cada lengua hace de los diferentes factores que componen el ritmo de las lenguas y condicionan la duración de sus segmentos.

Después de haber estudiado algunos de los aspectos que presenta la D en SL en francés, podemos volver ahora al problema central de este apartado que es, como se recordará, la evolución de /ɛ, ɔ/ en francés y provenzal ante determinados contextos palatales y velares.

5.5.3. FRANCÉS: EVOLUCIÓN EN CONTACTO CON YOD

Veamos en primer lugar algunos ejemplos de la evolución de /ɛ, ɔ/ en contacto con yod (Nyrop 1935⁴: §§ 197, 201; Bourciez & Bourciez 1967: §§ 49, 69):

(167) PĔIOR   pire   TRŎIA   truie
       MĔDIU   mi   HŎDIE   (aujourd')hui
       CERĔSEA   cerise   CŎRIU   cuir
       DĔCEM   dix   NŎCET   nuit
       SĔX   six   CŎXA   cuisse
       LĔCTU   lit   NŎCTE   nuit

Ante yod el resultado final de /ɛ/ es /i/ y en el caso de /ɔ/ el resultado es /ɥi/. Está generalmente aceptado que estos resultados de /ɛ, ɔ/ ante yod en contacto se deben a una fase con D y que, por lo tanto, se pasaría por una fase con triptongo i̯ɛi̯, u̯ɛi̯ (cf. Schuchardt 1874; Thomsen 1876: 66; Bourciez & Bourciez 1967: §§ 49, 69). Esta fase se conserva todavía en provenzal.

5.5.4. PROVENZAL: EVOLUCIÓN EN CONTACTO CON YOD

Veamos algunos ejemplos del provenzal (Anglade 1921: 63-65; Fernández González 1985: 144; 451 n.101; 452 n.104). Ante yod el provenzal conserva el triptongo (lieit) o bien muestra /ie/ después de la absorción de yod en la consonante palatal siguiente (lieg):

(168) PĔIOR   piejer   TRŎIA   trueja
       MĔDIU, -A   mieg, miei, mieja   HŎDIE   uoi, uei
       SĔX   sieis   CŎXA   cueissa, cuoissa
       LĔCTU   lieit, lieg   NŎCTE   nueit, nuech, nuoit, nuoch

las lenguas románicas que se trate de un fenómeno posterior, ya que hemos visto que se correlaciona con la intensidad de los fenómenos de debilitamiento de las vocales átonas, lo cual quiere decir que todas las Ds espontáneas se inscriben dentro de la misma tendencia a reforzar las sílabas tónicas. Por otro lado, la diferente dirección de la D de las vocales más altas (periferizante vs. centralizante), podría interpretarse bien como la aparición *posterior* de una nueva tendencia dentro del vocalismo de las lenguas con mayor acento de intensidad, o bien como fruto de la distinta naturaleza de estas vocales (cf. § 2.4.2).

A continuación veremos los resultados de /ɛ, ɔ/ ante wau en estas dos lenguas. En este caso expondremos en primer lugar los resultados del provenzal, cuya explicación ha condicionado en ocasiones la de los datos paralelos en francés.

5.5.5. PROVENZAL: EVOLUCIÓN ANTE WAU

En provenzal hay D de /ɛ, ɔ/ en contacto con wau de varios orígenes y se considera que el proceso ha sido, de forma paralela a lo que sucede con yod, condicionado por algún rasgo particular de este sonido. En este marco se incluyen casos en los que el wau procede de una U en hiato o de la vocalización de V, B. De manera menos clara se cuentan también entre los ejemplos de D condicionada una serie de casos acabados en -ŎCU. Anglade (1921: 63) especifica que en el caso de /ɛ/ es necesario que el wau esté en contacto con la vocal, sin embargo, no puede hacer lo mismo al referirse a la D de /ɔ/, ya que frente a casos en que claramente hay wau en contacto, nos encontramos con las palabras acabadas en -ŎCU, cuyo contexto condicionante no está tan claro. Veamos los datos (Anglade 1921: 64, 74; Fernández González 1985: 144-145):

(169)

DĔU	*Dieu*	BŎVE	*buou, bueu*
MĔU	*mieu*	NŎVU	*nuou, nueu*
MATHAEU	*Mathieu*	*ŎVU	*uou*
ĔGO	*ieu*	MŎVET	*muou, mueu*
BRĔVE	*brieu*	FŎCU	*fuoc, fuec*
*GRĔVE	*grieu*	IŎCU	*juec*
LĔVE	*lieu*	LŎCU	*luec, luoc*
FĔBRE	*fieure*	CŎCU	*cuec, cuoc*

La evolución de FOCU, IOCU, LOCU, COCU y CROCU (> *gruoc, gruec*) plantea un caso especial por varios motivos que veremos a continuación. En primer lugar, es peculiar su resultado en francés. En esta lengua la evolución de -CU depende del tipo de vocal precedente. Cuando se trata de /a, e, i/, la consonante se debilita y se convierte en yod: AMICU > **amigu* > **amiu̯* > *ami* (Bourciez & Bourciez 1967: § 129), mientras que en los casos que nos ocupan la consonante se debilitó y posteriormente se perdió (Bourciez & Bourciez 1967: § 69). Por otro lado, en provenzal conviven junto a los resultados con diptongo de (169) otros sin D: *foc, joc, loc, coc, groc*. Además estas mismas palabras presentan evoluciones particulares en algunos dialectos italianos (cf. *Rohlfs* § 120), todo lo cual hace que Millardet (1923: 75) se refiera a estos casos como "la sempiternelle Trinité de *fŏcum, jŏcum, lŏcum*, vieille connaissance des romanistes".

Concentrándonos ahora en el caso del provenzal, para Voretzsch (1900: 43-45) estas palabras tendrían una evolución doble, una con pérdida de la consonante y otra con pérdida de la vocal final: *fou, lou, jou* (> *fuou, luou, juou*) junto a *foc, loc, joc*. El diptongo sólo se explicaría en los casos de pérdida de la consonante. Los casos en los que tenemos tanto el diptongo como la consonante podrían ser formaciones de compromiso entre **fuou* y *foc*. Voretzsch apunta también que en algunos dialectos orientales la D de /ɔ/ se da de forma generalizada y sugiere que los diptongos de la lengua literaria podrían proceder de esta zona.

Por su parte, Ronjat (1930: § 101) piensa que la D de estas palabras es normal y se debe a la palatalidad de la consonante: "quand le continuateur de lat. *-u* s'est amuï, la consonne finale rom. a été un [k] nettement palatal".

Schroeder (1932: 188-189) pone de manifiesto las diferentes opiniones expresadas acerca de la naturaleza de la consonante y apunta que frente a la opinión de Ronjat, que acabamos de mencionar, la mayoría de los lingüistas cree que se trata de un sonido velar oclusivo. Para Schroeder podría explicarse la D con ambas posibilidades, ya que tanto yod como wau provocarían la D. Pero piensa que quizá no sea necesario atribuir la D a la influencia de la consonante, ya que en estos casos estamos ante monosílabos (Schroeder supone que la primera fase ha sido la pérdida de -*u*) donde el acento es muy fuerte ("die besonders starken Druckgegensätze in einsilbigen Wörtern") y eso bastaría para provocar la D. Este planteamiento de Schroeder, así como el resto de su artículo, es interesante y volveremos a sus ideas cuando afrontemos el problema global de la D en provenzal.

5.5.6. FRANCÉS: EVOLUCIÓN ANTE WAU

En las gramáticas históricas del francés se suele tratar separadamente los casos de /e, ɔ/ ante velar, pero no por los mismos motivos que en las del provenzal. Veamos en primer lugar los datos (Meyer-Lübke 1934[4]: § 75, Bourciez & Bourciez 1967: §§ 13, 46, 69.3):

(170)	DĔU	*Dieu*	LŎCU	*lieu*
	MATTHEU	*Mathieu*	IŎCU	*jeu*
	HEBRAEU	ant. *ebrieu*	FŎCU	*feu*
	TELONEION	ant. *tonlieu*	CŎCUS	*queux*
	SPEUT	*épieu*	DŎLUS	*dieus*
	STREUP	ant. *estrieu*	SŌLET	*sieut*
	GRAECU	*Grieu*	SARCŎPHUS	ant. *sarqueu*
	LEUCA	*lieue*	DRŎGO	*Drieu*
	TREUWA	ant. *trieve*		

Por un lado, se trata aparte la evolución de las vocales en hiato ante U. Dejando de lado el problema de la posibilidad del cierre en algunos casos de la primera vocal del hiato[94], la D de /ɛ/ (p. ej. *Dieu, Mathieu*) se considera como una evolución en SL; los casos del diptongo germánico *eu* (p. ej. *lieue, espieut*) se incluirían en el mismo marco (Meyer-Lübke 1934[4]: § 75). Por otro lado, se remarca que en francés el triptongo *u̯ou̯*, que surgiría tras la unión del diptongo procedente de /ɔ/ y el wau de diferentes orígenes, sufrió en algunos casos un proceso de disimilación *u̯ou̯ > jeu̯* (*lieu, jeu, Drieu, dieus, sieut*); pero cuando el triptongo iba precedido por una consonante labial o velar, el primer wau sería absorbido por la consonante: *feu, sarqueu, queux* (Meyer-Lübke 1934[4]: § 75).

Sólo cuando se considera la evolución del francés desde el punto de vista del provenzal, se plantea la posibilidad de asimilar estos casos a los de D condicionada por yod. Por ejemplo, Voretzsch (1900: 56) suponía que la D de casos como FŎCU, LŎCU, IŎCU se debería, como en provenzal, a la presencia de wau. Sin embargo, para Meyer-Lübke (1934[4]: § 75), la D se produce de manera normal en SL. También son casos de D en SL para Bourciez & Bourciez (1967: §§ 46, 69.3). La cuestión es, a nuestro modo de ver, irrelevante, ya que, como veremos a continuación, la D podría haberse producido en francés tanto en SL como ante wau, aunque en el segundo caso no por los motivos que aduce Voretzsch, que piensa en una D

---

[94]   Cf. una presentación rápida de los datos en *Lausberg* (§ 187), quien piensa que la D de /ɛ/ en francés se debe a la MET. Para el estudio de la evolución de los hiatos en castellano, cf. Pensado (1984: 519, 527-545). Esta autora sostiene que en estos casos las vocales medias se confundieron, al igual que sucede cuando se unen con una yod o un wau y que, por lo tanto, no hubo D de /e, ɔ/. Ya hemos visto antes el caso de MĔU > cast.ant. *mió* (*me.u > meu̯ > meǫ > męǫ > mįǫ > mío*) y la misma evolución se daría en ROMAEU > *romío*, IUDAEU > ant. *judió*, mod. *judío*, cf. Pensado (1984: 534).

condicionada por la articulación cerrada del wau. De hecho, a la luz de los casos de D del *eu* germánico, que sería un diptongo [eu̯], según Meyer-Lübke, la D de los hiatos latinos como DĔU podría haberse producido igualmente en la fase *deu̯*.

5.5.7. EXPLICACIONES PROPUESTAS A LA EVOLUCIÓN ANTE YOD Y WAU EN CONTACTO

Dado que el provenzal parece no haber tenido D en SL, las explicaciones para la D ante yod y wau se han concentrado en la palatalidad y en la velaridad. Para Voretzsch (1900: 69-70) se trata de una asimilación anticipatoria de los rasgos articulatorios propios de /i̯, u̯/ al inicio de la vocal tónica. Aunque con algunas diferencias en la realización del proceso, Schürr sostiene una opinión similar a la de Voretzsch. En concreto, ambos piensan que todo el proceso es una anticipación del cierre característico del sonido condicionante que afectaría a la primera parte de la vocal tónica. En sustancia, ambos autores piensan en una asimilación que "salta" por encima de una parte de la vocal y va a influir sólo al inicio de la misma. En § 5.4.3-5.4.7 hemos discutido los motivos para rechazar una interpretación de este tipo.

Por su parte, Millardet (1910: 213-214) explica la D ante yod y wau en gascón como una disimilación. En su opinión la parte final de /ɛ, ɔ/ se volvería más abierta ante un elemento cerrado como /i̯, u̯/, de forma que se segmentaría en [ɛɛ, ɔɔ]. A partir de este momento se intensificaría la segmentación por medio de sucesivas disimilaciones entre las dos partes: ɛɛ, ɔɔ > eɛ, oɔ > i̯ɛ, u̯ɔ. Duraffour (1932: 165) adopta esta misma explicación para el francoprovenzal.

La idea de Millardet se ajusta mejor al funcionamiento de las influencias mutuas entre sonidos contiguos. Sin embargo, no creemos que sea necesario buscar una explicación particular para la D ante /i̯, u̯/ antes de intentar relacionarla con los procesos más generales de D espontánea. Esto no se ha hecho en el caso del provenzal, donde parece que la D se limita a dichos contextos. Sin embargo, para el francés, cuyos hechos son más complejos (más adelante analizaremos casos problemáticos de D como TĔRTIUS > *tiers*), se ha buscado la posibilidad de relacionar esta D ante palatal con la D en SL. Meyer-Lübke (1890: § 639) piensa que la D ante yod podría interpretarse de dos maneras: cabría pensar que la vocal diptonga por el influjo de la palatalidad o bien que el proceso de palatalización hubiera terminado y que la vocal se tratara como en SL. En su opinión, la coincidencia del francés con el provenzal hablaría en favor de la hipótesis que supone una D debida directamente al influjo de los sonidos palatales. Posteriormente Meyer-Lübke (1934[4]: § 56) acepta la idea de Millardet para explicar la D ante yod en francés. Pope (1934 [1952]: § 410) piensa que aquí no está en juego un problema de silabación sino que la D de /ɛ, ɔ/ está efectivamente provocada por el sonido palatal siguiente.

En realidad, no hay nada que indique que la palatalidad, la velaridad o el grado de cierre de estos sonidos puedan provocar la D. Además no conviene olvidar que en todos estos casos hubo D sólo en sílaba tónica. Por el contrario, como ya observaba acertadamente Schuchardt (1874: 281), en sílaba átona la evolución fue distinta, como demuestra el francés, donde los diptongos *ei, oi* formados por la vocal más yod acabaron en /u̯a/: MĔDIU > *mi* vs. MĔDIANU > *moyen*, DĔCANU > *doyen*, VĔCTURA > *voiture*, SĔXAGINTA > *soixante*, MĔDIETATE > *moitié*, MĔSSIONE > *moisson* (Thomsen 1876: 69; Nyrop 1935[4]: § 198); MŎDIŎLU > *moyeu*, NŎCERE > fr.ant. *noisir*, FŎCARIU > *foyer*, LŎCARIU > *loyer*, *ŎCTANTA > fr.ant. *oitante*, ŎCTOBRE > fr.ant. *oitouvre* (Nyrop 1935[4]: § 203). Igualmente Ronjat (1930: § 92) observa que en provenzal la D tiene lugar sólo cuando la vocal es verdaderamente tónica y separa algunas "formes proclitiques normalisées" en las que no tenemos diptongo por no ser plenamente tónicas: VĔTULU, -A > *velh, ve, velho*, MĔDIU > *mei*, MĔLIOR > *melhe*. Frente a ellas estarían las formas tónicas con diptongo: MĔDIU > *miei*, etc. Tales formas átonas indican que la D no podría ser de ningún modo fruto sólo de la influencia del contexto palatal. Esto demuestra la importancia del acento en el proceso y acerca el cambio a la D espontánea por alargamiento.

Frecuentemente los autores que se han ocupado de este asunto han intentado reducir la D ante yod a la D en SL característica del francés, en una manifestación más de la idea de que la D podría producirse sólo en este contexto (cf. §§ 4.1.2, 5.2.11). Véanse a este propósito los siguientes pasajes:

ici [en casos como NŎCTE > *nuit*] la diphthongue n'a pu se développer que lorsque l'*o* a été écarté de la position par l'*i* qui s'est uni à lui (Schuchardt 1874: 281)

Les voyelles suivies de gutturale + consonne se sont trouvées libres dans une certaine mesure, par suite de la résolution de la gutturale [es decir, tras la formación de la yod en los grupos KT, KS]" (Bourciez & Bourciez 1967: § 23)

Dans des mots comme **mẹyu* (= mĕdiu), **lẹytu* (= lĕctu), l'ẹ libre s'est diphtongué en *ie* suivant la loi générale" (Bourciez 1937[8]: § 49)

La diphtongaison de *ĕ* ne pouvant avoir lieu devant la palatal entravée (comp. *sĕptem > sept*), n'a pu se produire qu'après le mouillement de *ct* (Nyrop 1935[4]: § 197)

Como puede verse, los autores citados intentan acercar la D ante yod a la más conocida ante SL suponiendo que en alguna fase de la evolución la vocal se encontraría en SL. Pero pensamos que no es necesario creer que ante *i* haya realmente una SL. Sin embargo, como intentaremos demostrar a continuación, estos autores no iban del todo desencaminados al intentar relacionar estos casos con la D por alargamiento. Al tratar de los contextos de la D proponíamos la siguiente jerarquía del contexto segmental de la D (cf. (34) § 2.3.4):

(171)   **jerarquía de contexto segmental**

+				-
líquidas	fricativas sonoras	oclusivas sonoras	fricativas sordas	oclusivas sordas

Al trazar esta jerarquía no hemos contemplado, ya que los datos no nos lo permitían, la importancia del contexto vocal + *glide*. Es comprensible que este dato no aparezca en los estudios acerca de la duración de las vocales, porque la secuencia vocal + *glide* es frecuentemente identificada como un diptongo. Por eso es difícil encontrar datos que permitan determinar la influencia de un *glide* siguiente en la duración de la vocal. Sin embargo, creemos que es aquí donde se encuentra la solución al problema de la D ante yod y wau.

La jerarquía de (171) ordena los contextos de acuerdo con su influencia en la duración de las vocales ya que este factor es crucial para la D. Dentro de la fonología, tanto histórica como sincrónica, son conocidas otras jerarquías, como la jerarquía de sonoridad o de fuerza de las consonantes, que permiten formular reglas de silabación, determinar la dirección de las asimilaciones, explicar la dirección de cambio fonético, poner en relación cambios aparentemente diferentes dentro de una lengua o en un conjunto de lenguas o explicar algunos hechos en la adquisición del lenguaje (cf. Vogel 1982: 96). En Vogel (1982: 89-102) puede verse el análisis de varias de las jerarquías de fuerza propuestas por diferentes autores. Esta autora propone la siguiente jerarquía universal:

(172)   **jerarquía de fuerza de consonantes (Vogel 1982: 99)**

débil			fuerte
glide	líquidas	nasales	obstruyentes

Dentro de las obstruyentes la ordenación más general es, de débil a fuerte: fricativas, oclusivas, africadas.

Si comparamos (172) con nuestra jerarquía de contextos de la D (171), comprobaremos que ambas coinciden. Este hecho sin duda no es casual. En la jerarquía de Vogel y en otras similares se ordenan los sonidos de más débil a más fuerte o, lo que es lo mismo, de más perceptible a menos perceptible (= *Schallfülle*, en términos de Sievers 1901[5]: §§ 527-536, quien traza también una escala del mismo tipo). En nuestra jerarquía se refleja la influencia que los sonidos tienen sobre la duración de las vocales. Aunque no haya todavía una explicación definitiva acerca de cuál es el motivo de que las vocales duren más ante los sonidos más perceptibles (vid. por ejemplo Lehiste 1970: 25-26 y Kluender & Diehl & Wright 1988 para la cuestión del alargamiento ante consonantes sonoras), el efecto de estas consonantes se comprueba una y otra vez en la historia de las lenguas. Así pues el paralelismo entre ambas jerarquías nos permite preguntarnos si los *glides*, que no aparecían en nuestra jerarquía (171) pero sí lo hacen en (172), no habrán tenido el mismo efecto sobre las vocales. A continuación vamos a intentar demostrar que también hay que colocarlos en la misma posición dentro de nuestra jerarquía de contextos de la D.

No hemos podido encontrar muchos datos al respecto, pero sí parecen confirmar esta hipótesis los que se encuentran en Salza (1988). Este trabajo no se refiere a las lenguas más directamente implicadas en el asunto que estamos estudiando (francés y provenzal), sin embargo indica que las vocales ante *glides* pueden durar tanto como en los contextos más favorables para la D (SL y ante consonantes líquidas). Los datos de Salza (1988) se refieren a un hablante italiano y se han hecho tanto sobre material artificial como natural. Reunimos en (173) las mediciones de la duración de [a] (en milésimas de segundo) dentro de las secuencias [i̯a, ai̯, u̯a, au̯] (Salza 1988: 103, 108):

(173)

secuencia	artificial	natural	secuencia	artificial	natural
i̯a	158	170	u̯a	154	145
ai̯	155	131	au̯	172	148

Excepto en el caso de [i̯a/ai̯] en ejemplos naturales, puede observarse que la duración [a] es bastante similar tanto delante como detrás del *glide*, e incluso en el caso de [u̯a/au̯] es superior cuando está delante. Si tenemos en cuenta que en las secuencias [i̯a, u̯a] la vocal [a] está en SL (los items del experimento son *piapapa, puapapa, biada, inattuato*), podemos observar que en la situación contraria, es decir, ante [i̯, u̯], que son los contextos de la D francesa y provenzal, las vocales pueden ser tan largas o más que en SL[95].

---

95   En el experimento de Salza (1988) se han incluido las palabras sujetas a examen dentro de una frase (para las palabras artificiales se ha usado *devo dire ... chiaramente*, mientras que para las palabras reales se han buscado frases de estructura similar, p. ej. *mangio la biada avidamente*). Teniendo este hecho en mente, es sin embargo posible comparar sus mediciones

La misma tendencia se observa en secuencias átonas (Salza 1988: 103, 106, 108):

(174)

secuencia	artificial	natural		secuencia	artificial	natural
i̯a	74	53		u̯a	85	48
ai̯	70	75		au̯	80	48

secuencia	artificial		secuencia	artificial
i̯o	71		u̯e	84
oi̯	91		eu̯	84

secuencia	artificial
i̯u	72
ui̯	75

Lo importante de estos datos es que señalan que ante [i̯, u̯] las vocales pueden durar tanto como en SL y que, por lo tanto, su D no necesita ser atribuida a la palatalidad o a la velaridad, sino, como en todos los demás casos, a su duración[96].

---

con las de vocales simples en palabras pronunciadas aisladamente que aparecen en Ferrero & Magno-Caldognetto & Vagges & Lavagnoli (1978: 90, tabla II). Estos autores dan para *rata* una duración de [a] tónica de 185 mscs y para *rada* la duración es de 215 mscs (puede observarse la mayor duración ante la consonante sonora). Paralelamente Farnetani & Kori (1984) estudian la duración de las vocales usando diferentes palabras dentro de distintos tipos de frase. En concreto, para la [a] tónica de *lata* ofrecen los siguientes resultados de tres hablantes: 173, 167 y 223 mscs respectivamente (Farnetani & Kori 1984: 172, tabla 4). Si comparamos la duración de [a] en [ai̯, au̯] en el experimento de Salza (1988) con la de [a] en SL en los datos de los autores que acabamos de mencionar, podremos comprobar que ante [i̯, u̯] la duración es sólo ligeramente inferior a la que ofrece en SL: entre 131 y 172 mscs ante [i̯, u̯], frente a 167 hasta 223 en el segundo. Sin embargo, es mucho mayor la diferencia de duración de [a] ante [i̯, u̯] y ante consonantes geminadas [pp, tt, kk]. No hemos podido encontrar mediciones concretas para [a], pero creemos que es significativo el dato que aporta Bertinetto (1979: 85, tablas C y D; retomado en 1981: 263, tablas XX y XXI). Según este autor, la duración media de las vocales tónicas en el contexto [pp, tt, kk] en palabras pronunciadas aisladamente es de 95 mscs, mientras que en palabras pronunciadas dentro de una frase es de 66 mscs. Se observa que la duración de [a] ante [i̯, u̯] está siempre muy por encima. Por último, cabe señalar que la duración de [a] ante [i̯, u̯] que se extrae del experimento de Salza (1988) entre 131 y 172 mscs, coincide en líneas generales con la de la misma vocal en ST por /r, s/ (donde ya hemos visto que es frecuente la D en varias lenguas). Según los datos de Farnetani & Kori (1984: 163, tabla 2), para las palabras *larto, casta* la duración de [a] (de nuevo en tres hablantes) es respectivamente 143, 156, 168 y 133, 141, 150 mscs.

[96] Navarro Tomás (1916: 406) compara la duración total de los diptongos castellanos con la de los monoptongos (p. ej. *pauta* 151 mscs vs. *pata* 115 mscs). Como este autor señala, los diptongos duran siempre más que los monoptongos. Por su parte, Monroy Casas (1980: 80) comenta a propósito de sus propias mediciones de diptongos: "Salta igualmente a la vista la enorme latitud en términos cuantitativos que presentan las cimas silábicas en estos casos, que pueden caracterizarse por una duración igual o inferior a la de una simple vocal." Dado que Monroy Casas da también sólo la duración total del diptongo, parece que con "cimas silábicas" se refiere a la unidad del núcleo y el *glide*. Pero de la comparación con sus mediciones de monoptongos se saca la misma conclusión que expresaba Navarro Tomás. Reunimos a continuación los datos de Monroy Casas (1980: 27-29, tablas 1-3; 80) obtenidos de un hablante leonés (la duración de los monoptongos tónicos se refiere a la media obtenida en diversas posiciones; todos los datos son en milésimas de segundo):

Siendo esto así, ya no es necesario pensar que la causa de la D de /ɛ, ɔ/ ante /i̯, u̯/ está en la palatalidad o labialidad de estos sonidos, o en su grado de altura. Por el contrario, podemos incluir estos procesos dentro del marco más amplio de la D por alargamiento. Esta D sigue la jerarquía de contextos que ahora podemos reformular añadiendo el nuevo contexto que acabamos de señalar:

(175)   **jerarquía de contexto segmental**

+					-
glide	líquidas	fricativas sonoras	oclusivas sonoras	fricativas sordas	oclusivas sordas

Recordaremos que esta jerarquía debe leerse de la siguiente manera. Los procesos de D espontánea se manifestarán en primer lugar en los contextos en los que las vocales duran más (= contextos de la izquierda: +) y continuarán avanzando progresivamente a través de los contextos menos favorables, donde la duración de las vocales es menor.

5.5.8.   FRANCÉS: EVOLUCIÓN CON YOD A DISTANCIA

Hasta aquí hemos argumentado que los casos de D ante yod y wau en francés y en provenzal pueden interpretarse como una manifestación más de la D en contextos de alargamiento, sin necesidad de acudir a la idea de una D condicionada por algún factor especial, que no había logrado dar una explicación satisfactoria del fenómeno desde el punto de vista fonético. Sin embargo, hay una serie de casos en francés en los que tenemos D en contexto palatal pero donde no parece haber habido una yod en contacto que hubiera facilitado el alargamiento de la vocal. Si esto fuera así, habría quizá motivos para pensar que la D se hubiera debido realmente a la palatalidad.

Separaremos los ejemplos en tres tipos: (176) los grupos que evolucionan hasta dar /ʎ/ (Bourciez & Bourciez 1967: §§ 50, 70), (177) labial + yod, (178) grupo consonántico + yod (Meyer-Lübke 1934[4]: § 58; Spore 1972: 53):

/a/	88,4	caite	168	cauto	152	ciato	156	cuatro	75
/e/	81,37	aceite	121,5	ceuta	121	siete	95	asueto	77,5
/o/	74,40	coito	174			idiota	168	cuota	91

Se observa que en los diptongos descendentes la duración total es casi el doble y en ocasiones más del doble de la duración del monoptongo. De la duración total del diptongo el núcleo ocupa generalmente una mayor parte: Borzone de Manrique (1979: 201) mide la duración de la fase de estabilidad formántica de los dos elementos de varios diptongos producidos por un hablante de Buenos Aires; a continuación damos los datos en el orden núcleo-*glide*: [ai̯] 52-36, [au̯] 56-33, [ei̯] 57-54, [eu̯] 56-42, [oi̯] 61-31. A falta de estudios experimentales que se ocupen en concreto de analizar la relación entre la duración de las vocales castellanas ante [i̯, u̯] y en otros contextos, parece desprenderse de los datos que acabamos de presentar que ante [i̯, u̯] las vocales mantienen al menos una duración similar a la duración media de las mismas vocales en los demás contextos.

(176)　MĔLIUS > fr.ant. *mielz*
　　　　VĔCLU > *vieil*
　　　　FŎLIA > *feuille*
　　　　ŎCLU > *oeil*
　　　　SŎLIU > *seuil*
　　　　*ORGŎLIU > *orgueil*
　　　　TŎRCULU > *TRŎCULU > *treuil*
　　　　*BRŎGILU > fr.ant. *breuil*

(177)　*LĔVIU > *liège*
　　　　APPRŎPIAT > fr.ant. *aprueche* (Pope 1934 [1952]: § 410)

(178)　TĔRTIU > *tiers*
　　　　CĔRVIA > fr.ant. *cierge*
　　　　FĔRREA > fr.ant. *fierge*
　　　　TENĔBRICU > fr.ant. *tenierge*
　　　　NĔPTIA > *nièce*
　　　　*PĔTTIA > *pièce*
　　　　NĔSCIU > fr.ant. *nies*
　　　　*CONSĔRVIU > *concierge*
　　　　*CONFĔRVIA > *confierce, confier(g)e*

　　　　Como puede verse, en (176-178) nos encontramos con un resultado /i̯e, œ/ (VĔCLU > *vieil*, FŎLIA > *feuille*), mientras que en los casos de evolución en contacto con yod teníamos /i, u̯i/ (LĔCTU > *lit*, CŎCTU > *cuit*). Sin embargo, debemos recordar que no siempre es fácil decidir si un determinado grupo en una lengua concreta y en una palabra precisa ha desgajado yod o no. Está claro que en casos como LĔCTU > prov. *lieit*, fr. *lit* ha habido yod, que se conserva en el triptongo provenzal y que junto con el diptongo *ie* ha evolucionado hasta /i/ en francés. En casos como NŎCTE > prov. *nuech* se supone una fase con triptongo y posterior absorción de la yod en la palatal (junto a *nuech* se encuentran también prov. *nueit, nuoit*). Sin embargo en casos como FŎLIA > prov. *fuelha*, fr. *feuille* suele pensarse que no hubo yod, aunque sí se reconstruye para el cat. *fulla* (*Lausberg* § 208).
　　　　Ha habido varias explicaciones para estos casos. Empezaremos por los que tienen el resultado /ʎ/ (176). Según Bourciez & Bourciez (1967: § 50), "Dans le type *mĕlius = mę́lyus* = *mę́ǰus*, l'*ę́*, qui était libre, s'est diphtongué". En Bourciez (1937[8]: § 50) se leía que /ʎ/ formaba "une entrave d'une nature spéciale devant laquelle *ę* s'est développé comme s'il était libre" (y lo mismo para /ɔ/ en § 70). Igualmente Nyrop (1935[4]: § 207) afirma que "dans ces exemples, [ʎ] ne forme pas entrave". Para Pope (1934 [1952]: § 410) en este y en todos los demás casos, ya sea con yod o sin yod, el fenómeno es el mismo: D por anticipación de un sonido cerrado.
　　　　Por otro lado, el análisis de los hechos franceses plantea un problema añadido, ya que en el caso de /e, o, a/ tenemos los resultados característicos de la ST (179), mientras que para /ɛ, ɔ/ tenemos el mismo resultado que en SL, es decir, la D y esto parecería avalar la hipótesis de que la D en estos casos se debe a la palatalidad (cf. *Lausberg* § 209).

(179) e] > ɛ   CONSĬLIU   *conseil*   =   LĪTTĔRA   *lettre*
       o] > u   FENŪCULU *fenouil*   =   CŎRTE   *cour*
       a] > a   MACULA   *maille*   =   CAPPA   *chape*

Según Bourciez & Bourciez (1967: §§ 40, 58, 76), en los casos de (179), más que con una ST que impidiera la D, nos encontraríamos ante un proceso de disimilación entre el diptongo que estaba naciendo y la consonante palatal /ʎ/, que impediría el total desarrollo del diptongo.

Quizá no sea necesario suponer que /ʎ/ o alguna de sus fases intermedias formaba "une entrave d'une nature spéciale", ya que hay argumentos para suponer que la D de /ɛ, ɔ/ en estos casos se produjo, al igual que en los que hemos estudiado antes, ante [į]. Hay testimonios de que estos grupos desgajaron yod en algunos casos, p. ej. CONSĬLIU > fr. dialectal *consoil*, VERMĬCŬLU > fr. dialectal *vermoil* (Bourciez & Bourciez 1967: § 58). Esto deja abierta la posibilidad de que el desgajamiento de yod fuera general en un principio y que luego en contacto con /ʎ/ quedara absorbida pronto, lo cual explicaría que no tengamos para /ɛ, ɔ/ resultados propios de la formación de un triptongo. Por otro lado, en el caso de /e, o, a/, como intuían Bourciez & Bourciez (1967: §§ 40, 58, 76), la tendencia a la D periferizante característica de estas vocales se vería impedida por la presencia en el contexto de la yod. Esta explicación se aplica también a los casos en los que estas vocales llegaron a evolucionar junto con la yod (STRĬCTU > *étroit*, VŌCE > *voix*, FACTU > *fait*). En estos casos la tendencia a la formación de un *glide* más alto que la vocal (e > eį, o > oų, a > aę) se vería compensada por la presencia de yod, con la que estas vocales formaron un diptongo: eį, oį, aį, que luego seguiría su propio desarrollo. En el desarrollo de los grupos que dan /ʎ/, la yod quedaría frecuentemente absorbida por la consonante (FENŪCULU > *fenoįʎ* > *fenoʎ* > fenuʎ y ya más tarde fenuj), pero en ocasiones se produciría la evolución del diptongo (VERMĬCULU > *vermoil*, como en STRĬCTU > *étroit*)[97].

---

97 La evolución de las vocales ante los grupos que dan /ɲ/ presenta, junto a algunas características particulares, bastantes rasgos en común con la evolución ante /ʎ/. Por un lado, en la evolución de la consonante tenemos casos sin yod y casos con yod. Por lo general, hay desgajamiento de yod (ɲ > įɲ) cuando la consonante queda en ST o en final de palabra (CĬNGERE > *ceindre*, SĬGNU > *sein*), mientras que se mantiene /ɲ/ en posición intervocálica (MONTANEA > *montagne*), cf. Nyrop (1935⁴: § 228). Se suele afirmar que en este contexto /ɛ/ evoluciona como en SL (Richter 1934: 27; Nyrop 1935⁴: § 228; Bourciez & Bourciez 1967: § 53). Los ejemplos son: VĔNIAM > *viegne, veigne* > *vienne*, TĔNEAM > *tiegne, teigne* > *tienne*, VĔNIO > fr.ant. *ving* [viɲ], TĔNEO > *ting* [tiɲ], COMPĔN(D)IA > *Compiègne*, EUGĔNIA > *Ouine*, INGĔNIU > *engin* (Meyer-Lübke 1934⁴: § 321; Richter 1934: §§ 110, 156; Nyrop 1935⁴: § 229; Bourciez & Bourciez 1967: § 53). Sólo hay un caso de /ɔ/ y presenta una evolución peculiar: LŎNGE > *loin*; en Bourciez & Bourciez (1967: § 78) esta palabra aparece junto a los casos de /o/ como CŬNEU > *coin*.
  Hay algunas diferencias entre los autores a la hora de interpretar la evolución de /e, o, a/. Para Nyrop (1935⁴: §§ 228-231) no habría D en ningún caso y los resultados variarían sólo en función de que la consonante desgajara o no una yod: TĬNEA > *teigne* [tɛɲ] (donde la <i> formaría parte de la grafía de /ɲ/) frente a SĬGNU > *seing* [sɛ̃] (donde habría habido desgajamiento de yod y posterior monoptongación): CICŌNIA > *cigogne* frente a TESTIMŌNIU > *témoin*; MONTANEA > *montagne* frente a BA(L)NEU > *bain*. Sin embargo, según Bourciez & Bourciez (1967: § 62), /e/ ante /ɲ/ se habría comportado como ante /n/, es decir, habría diptongado en [eį]: TĬNEA > fr.ant. [tɛįɲə] <teigne>. Para /o/ no parece que pueda postularse la misma D, "dont l'éventualité est logique" según Bourciez & Bourciez (1967: § 77).
  Quizá convenga interpretar la evolución de las vocales ante /ɲ/ de la misma manera que hemos propuesto para /ʎ/. La consonante palatal nasal puede tanto desgajar una yod como volver a absorberla. Un resto de esta posibilidad parece encontrarse en la evolución de

Por otra parte, en el caso de labial + yod ((177); Meyer-Lübke 1934⁴ y Bourciez &
Bourciez 1967 sólo mencionan el caso de *liège*) no puede contarse con la presencia de yod en
contacto con la vocal. La evolución de v̯i̯, p̯i̯ muestra el reforzamiento del *glide* característico
en el caso de que la consonante precedente no sea fácil de palatalizar, como sucede con las
labiales (Pensado 1988: 122). Como era de esperar, en el caso de las demás vocales tenemos
evolución en ST: RŬBEU > *rouge*, RABIA > *rage*, SAPIA > *sache*. Como propone Richter (1924:
227), puede pensarse que la forma *liège* se haya formado a partir de *legier* sobre el modelo de
lieve (fr.ant.) ~ *lever*; o quizá quepa también la posibilidad de un cruce entre una evolución de
LĔVIU con pérdida de la labial y D ante yod (cf. SAPIO > fr.ant. *sai*, junto a SAPIA > *sache*) y la
evolución con reforzamiento del *glide*.

Por último nos quedan los casos de grupo consonántico + yod (178). Ha habido
varios intentos para explicar su evolución. Meyer-Lübke (1934⁴: § 58) reconoce que falta una
buena explicación para el fenómeno y parece inclinado a pensar que yod a distancia actuaría
como yod en contacto. Señala además que sólo hay casos de D de /ɛ/, frente a FŎRTIA > *force*,
HŎRDEU > *orge*, SCŎRTEA > *écorce*, *NŎPTIAE > *noces*, pero aporta algunos ejemplos que
hablarían a favor de una D también en /ɔ/: *noeces* en textos normandos y picardos, *TŎRCET >
dialectal *toerst*. Bourciez (1937⁸: § 49) supone una silabación *pe.ttia*. Para Bourciez & Bourciez
(1967: 50) la D se debe a la influencia a distancia de yod.

Fouché (1926: 236; 1927: 41) intenta explicar la D de TĔRTIU y NĔPTIA, suponiendo
que la consonante que trababa la sílaba era incluso más breve que la primera parte de una
geminada. Al ser tan breve habría permitido la D. Esa consonante sería tan breve porque en los
grupos del tipo RTI̯, PTI̯ nos encontraríamos con una fase *r.ts*, *p.ts* o bien *r.tsi̯*, *p.tsi̯*, en la que
las consonantes *r*, *p* serían forzosamente muy breves, ya que en los grupos consonánticos la
duración de las distintas consonantes estaría en función del número de consonantes y, en tal
caso *r* y *p*, por ser implosivas, experimentarían una reducción considerable. Por otro lado,
Fouché (1927: 41) supone que *pièce* proviene de *PĔTIA con D normal en SL; sin embargo el
resultado sordo, frente a RATIONE > *raison*, habla en contra de tal suposición (*Lausberg* §§
453-454). Según Fouché, la falta de D en *force* se debería a la analogía con FŎRTE > *fort*. Por
último, Fouché (1927: 42) explica la diferencia entre *nièce* y *noces* acudiendo al viejo criterio de
que una vocal que requiere dos articulaciones (labial y lingual) tiende a ser más estable que otra
que requiere sólo una articulación. Este criterio es muy débil, porque también puede usarse en
sentido contrario, es decir, haciendo de la complejidad de las vocales posteriores un motivo de
su evolución:

> Toutes choses égales d'ailleurs, un fonème comportant deux mouvements
> articulatoires nets et essentiels doit être plus solide qu'un autre qui exige un seul
> mouvement, mais le contraire peut se produire si la coordination des mouvements
> n'est pas réussie (Ronjat 1930: § 67)

Gröber atribuye las formas *nièce*, *pièce* a analogía con NĔPOS > *nies*, PĔDE > *pied* (cf.
Voretzsch 1900: 55). Para Gilliéron & Roques (1914: 31) y Gilliéron (*Revue de Philologie
française et de littérature* 20: 161; cf. FEW) la D de *nièce* sería fonética y no analógica. El
argumento de Gilliéron consiste en que los resultados con diptongo *nièce* y *pièce* coinciden

---

INGĔNIU > fr.ant. *engien* (cf. Bourciez & Bourciez 1967: § 53) junto a *engin*. La aparición
de yod también es posible en los casos en que /ɲ/ quedaba en posición intervocálica. Esto
sucede al menos en algunos dialectos y ha dejado restos en la lengua literaria: ARANEA >
(*mus*)*araigne* [mɥzarɛɲ] (Nyrop 1935⁴: § 229). En estas condiciones, tal y como defendemos
en el texto, /ɛ/ podría diptongar, mientras que la D periferizante de las otras vocales no llegaría
a desarrollarse.

geográficamente, lo mismo que coinciden, por otra parte, los resultados sin diptongo *nèce*, *pèce* (cf. Millardet 1923: 203). Richter (1934: 227) señala que tenemos casos antiguos sin D: FĔRREAE > *ferges*, CĔRVIA > *cerge* (cf. la evolución de CĔREU > *cerge, cirge, cierge*, VĬRGO > *verge, virge, vierge*). Por otro lado, *nièce* sería, como decía Gröber, una formación analógica a partir de NĔPOS > fr.ant. *nies*. En el el caso de TENĔBRICU tendríamos **tenevriju* > **tenievriju* > **tenievrədʃə* > *tenierge*.

   Como puede verse, estos casos se han sentido como un auténtico problema dentro de la evolución del francés y ciertamente lo son. Pero quizá no deba pasarse por alto el hecho de que casi todos los casos afectados tienen una sílaba trabada por /r/: *tiers, cierge, fierge, tenierge, concierge, confierce*. En este contexto, como sabemos, la vocal tiende a alargarse y esto podría explicar una cierta tendencia a la D en estos casos. Por otro lado, junto a *nies* tenemos NĔSCIA > *nice*, donde se comprueba la posibilidad de que el grupo desgajara una yod, lo cual habría facilitado la D de NĔSCIU (es sabido que el francés presenta una gran capacidad de palatalización y desgajamiento de yod en los grupos: cf. p. ej. ŌSTREA > *huître*). En los casos de *nièce* y *pièce*, junto a la posibilidad de las influencias analógicas señaladas por algunos autores, cabría también pensar en la posibilidad de una evolución ocasional con yod en contacto. En los casos paralelos de consonante simple más yod, tenemos resultados con geminación y sin yod (PLATEA > *place*), junto a otros sin geminación y con yod (PALATIU > *palais*). Esta doble posibilidad puede estar detrás de la evolución de NĔPTIA y **PĔTTIA*. La evolución de estas dos palabras podría haber entrado en relación con la alternancia geminación ~ no geminación (*place ~ palais*), de manera que el diptongo provendría de la forma con yod, donde ya sabemos que la D es esperable y la forma definitiva de la consonante provendría de la forma geminada (la falta de resultados con la evolución del hipotético triptongo se debería precisamente a la alternancia entre formas con y sin yod). Algo semejante ocurriría en los casos de CĮ, aunque aquí tenemos la evolución del triptongo: GRAECIA > fr.ant. *Grice*, SPĔCIA > *épice* vs. FACIA > *face*, VICIA > *vesce* (cf. Meyer-Lübke 1934⁴: § 58).

5.5.9.   FRANCÉS: CONCLUSIÓN

Hasta aquí hemos visto los aspectos más importantes de la D de /ɛ, ɔ/ en francés. Ahora estamos en condiciones de comprobar que el desarrollo de la evolución de estas vocales se ajusta a los principios universales de la D, dentro del marco de la D románica. Por un lado, el francés conoce fundamentalmente la D en SL de acuerdo con la jerarquía de estructura silábica (cf. (30) § 2.3.3), pero ha manifestado algunas vías de extensión del fenómeno, como han sido la D de monosílabos (cf. §§ 2.3.5, 5.2.11) y la D ante yod, de acuerdo con la jerarquía de contexto segmental (cf. (175)). Ocasionalmente hemos aludido también a la posibilidad de que la D de /e, o/ se haya visto influida por la jerarquía de contexto vocálico (cf. (122-125, 131) § 5.4.10). Con todo esto se comprueba que no es necesario acudir a la hipótesis de una D de /ɛ, ɔ/ condicionado por factores como la palatalidad, ya que los hechos franceses, como los de las demás lenguas se integran dentro del mismo marco de D por alargamiento cuyas manifestaciones particulares se deben a la combinación entre la intensidad del reforzamiento de las vocales tónicas de cada lengua y los diversos parámetros que determinan la duración de las vocales.

   Sin embargo, esta reconstrucción suscita inmediatamente un problema, ya que el provenzal, primer punto natural de comparación para la evolución del francés, parece no haber conocido el punto de partida en SL. Intentaremos resolver a continuación esta cuestión.

5.5.10. LA DIPTONGACIÓN EN PROVENZAL

Para comprender la verdadera situación del provenzal dentro de la D románica hay que considerar con más detalle algunos aspectos de esta lengua que no han sido suficientemente valorados.

En primer lugar, no puede pasarse por alto que junto a casos con D, frecuentemente hallamos los correspondientes sin D (Anglade 1921: 64, 74; Fernández González 1985: 144-145, 451 n.101, 452 n.104):

(180)	MĔI	*miei*	*mei*
	SĔX	*sieis*	*seis*
	HŎDIE	*uoi, uei*	*oi*
	*PŎSTIUS	*pueis, puois*	*pois*
	CŎXA	*cueissa, cuoissa*	*coissa*
	NŎCTE	*nueit, nuech, nuoit*	*noit*
	DĔU	*Dieu*	*Deu*
	ĔGO	*ieu*	*eu*
	BRĔVE	*brieu*	*breu*
	*GRĔVE	*grieu*	*greu*
	BŎVE	*buou, bueu*	*bou*
	NŎVU	*nuou, nueu*	*nou*
	FŎCU	*fuoc, fuec*	*foc*
	IŎCU	*juec*	*joc*
	LŎCU	*luec, luoc*	*loc*
	CŎCU	*cuec, cuoc*	*coc*
	CRŎCU	*gruoc, gruec*	*groc*

De hecho, algunas de las formas sin D se conservan en los dialectos modernos: LĔCTU > Montalba (Pirineos Orientales), Fontan (Alpes Marítimos) *lèch*, Velai, Auvernia, Béziers, Narbona, Carcasona, pays de Foix, lauragais (entre los departamentos de Tarn y Aude), albigense (departamento de Tarn), aquitano *lèit* (Ronjat 1930: 154). La forma *brèu* es general en provenzal (Ronjat 1930: 150). En una banda al sur del departamento de Puy-de-Dôme (Auvernia) tenemos CŎRIU > *coi*, NŎCTE > *noit*, CŎXA > *coissa* (Ronjat 1930: 176). En varios puntos del departamento de los Alpes Marítimos [bɔu̯, ɔu̯, bou̯, ou̯] y en alguno de las Landas [bɔu̯] (Ronjat 1930: 185). En casi toda Aquitania (entre el Garona y los Pirineos) y en muchos puntos de otras zonas encontramos NŎVE > *nau*, NŎVU > *nau*, PLŎVIT > *plau*, DIE JŎVIS > *dijaus*, MŎVET > *mau* (Ronjat 1930: 166-167). En varios puntos del departamento de Tarn-et-Garonne, en la zona de Toulouse y en otros puntos al sur y al este tenemos *foc, loc, joc* (Ronjat 1930: 169). El mismo resultado en Aquitania (Ronjat 1930: 170). Este es un primer indicio de que nos hallamos ante un ámbito lingüístico en el que la D fue vacilante. En concreto, Schultz-Gora (1924⁴: § 20) cree que la D en provenzal es un fenómeno facultativo.

En segundo lugar, es llamativo el hecho de que esta D no aparezca en los textos hasta el siglo XIII. Según Anglade (1921), la D de /ɛ/ es rara en los textos más antiguos y la de /ɔ/ no aparece. De hecho, parece predominar entre los estudiosos la opinión de que la D no fue preliteraria, sino posterior al siglo XIII (cf. Fernández González 1985: 145), lo cual la alejaría demasiado de la D de /ɛ, ɔ/ en otras lenguas, que se considera unánimemente muy anterior.

En tercer lugar, se observa fácilmente al repasar las gramáticas históricas que la formulación de los contextos de la D plantea no pocos problemas. Por un lado, todos los autores están de acuerdo en ver la influencia de un contexto palatal, que se supone que actuaría tanto a distancia como en contacto con la vocal. Pero la cuestión es menos clara en el caso de los condicionamientos velares. Ya hemos mencionado antes la discusión acerca del contexto que provocaría la D en FŎCU, LŎCU, etc. Además se intenta hacer entrar dentro de este segundo condicionamiento algunos casos como ŎPUS > *uops*. A este propósito es indicativa la rúbrica de Anglade (1921: 75): "Groupes *ǫ + u, v (p?)*". Esta dificultad para definir el contexto velar queda de manifiesto también en otros pasajes de Anglade: "[hablando de /ɛ/] il se diphtongue même, *dans certaines circonstances*, quand il est en contact avec un *u* suivant" y con respecto a /ɔ/: "suivi (en contact immédiat ou non) de *i, j, c, g*, et *quelquefois* de *u*" (Anglade 1921: 63, 72; énfasis nuestros). Por su parte, Fernández González (1985: 144) los agrupa bajo el epígrafe: "Por influjo de /u/ primaria o secundaria y ante /k/ o /g/".

Por otra parte, se ha afirmado que el provenzal tiene D en contexto metafónico (cf. Voretzsch 1900). Los casos que se aducen son los siguientes (Voretzsch 1900: 27-28; Anglade 1921: 74):

(181)   HĔRI > *ier*, *VENDESTI > *vendiest*, *ĔSTI > *iest*, VŎLUI > *vuelc*, URGŎLI > *orguelh*

Ya hemos visto los motivos para rechazar la explicación fonética de una supuesta D provocada por (*-i*) (cf. § 5.4). Tampoco en este caso hay motivos para aceptarla, ya que en todas estas formas la D puede explicarse satisfactoriamente de forma distinta. El diptongo de *vendiest*, forma junto a la cual existe *vendest*, proviene de la primera persona VENDĔ(D)I > *vendei, vendiei* (cf. Anglade 1921: 294). En *orguelh* podemos estar ante una D en contacto con yod desgajada de /ʎ/ y luego absorbida por la consonante (como sucede en ŎCLU > *uelh*, FŎLIA > *fuelha*). La forma *vuelc* es francamente minoritaria, frente al más extendido *volc* (Anglade 1921: 352) y quizá pueda verse en ella la influencia de otras primeras personas como *vuelh, vuelha*. En los casos de *ier* y *iest* nos encontramos ante dos contextos /r, s/ que, como veremos más adelante, han favorecido la extensión de la D en provenzal. Además no sería raro que en estos monosílabos la D viniera a dar mayor entidad fonética a la palabra, como hemos visto que sucede en otras lenguas y como es bastante frecuente en la evolución del verbo SUM en los diferentes romances (cf. Lausberg § 882; Menéndez Pidal 1940⁶: §§ 73, 116.1).

Junto a todo lo dicho nos encontramos con algunos ejemplos de D de /ɔ/ fuera de los contextos tradicionalmente considerados pertinentes para el provenzal:

(182)   ŎPUS > *uops, ops*
         SŎROR > *suer* (cf. Diez 1868³ [1874]: 150)
         FŎRU > *fuer* (cf. Diez 1868³ [1874]: 150)
         PRŎPE > *pruep* (Schürr 1970a: § 53)
         SŎCRU > *suegre, sogre*
         TRŎPPU > *truep*

Estos ejemplos vienen a demostrar que el fenómeno de la D en provenzal, a pesar de no presentar el vigor de otras lenguas, no se habría limitado sólo a los contextos que se le atribuyen tradicionalmente. De hecho esta tendencia a la expansión de la D se ha manifestado con claridad en la parte central y oriental del dominio provenzal, donde la D de /ɔ/ habría llegado a imponerse con el tiempo (Ronjat 1930: §§ 97-98; los datos son de Aymeric 1879: 331):

(183)   PRŎBA > *pruobo*, IŎCAT > *dʒuogo*, LŎCAT > *luogo*, SCHŎLA > *escuolo*, ŎLEU >
        uoli, SŎLU > *suol*, HŎMINE > *uome*, *NŎRA > *nuoro*, ŎPERA > *uobro*, PŎPULU >
        puople, RŎTA > *ruodo*, *PŎTENT > *puodu*, TRŎVAT > *truobo*, *BRŎCCA >
        bruoco, RŎCCA > *ruoco*, FLŎCCU > *fluoc*, FŎLLE > *fuol*, RŎTULU > *ruolle*,
        CŎLLU > *cuol*, *COLPU > *cuop*, PŎRCU > *puorc*, CŎRPUS > *cuors*, FŎRTE > *fuor*

        Igualmente tenemos en varias partes casos de extensión de la D de /ɛ/ y, como era de
esperar, en los contextos más favorables /r, l, s/ (Ronjat 1930: §§ 94-95):

(184)   HIBĔRNU > *yvœɐr̯*, TĔRRA > *teɐrra*, *ţjarro*, VĔRSAT > *vjarsa*, SĔRRA > *seɐrre*,
        FĔRRU > *fjar*, CAELU > *ciel*, *cial*, FĔL > *fiel*, *fial*, MĔL > *miel*, *mial*, ESSERE >
        iètre, FENESTRA > *feniètro*, PRĔSSU > *priès*, TĔSTA > *tièto*, VESPERAS > *vièpras*

        Todos estos hechos relacionan la D del provenzal con la de las demás lenguas. En esta
zona se habría experimentado un movimiento de D menos intenso que en otras de su entorno,
como es el caso del francés, lo cual está de acuerdo con la misma diferencia que se observa
entre los procesos de debilitamiento de las vocales átonas en ambas lenguas. Por motivos que
actualmente no están muy claros, la D del provenzal, junto a algunos restos en SL, tuvo una
mayor concreción ante aquellos contextos consonánticos tautosilábicos que favorecen el
alargamiento de la vocal, en concreto /j̯, u̯, r, l, s/. Esto ya fue observado por Schroeder
(1932), que ha estudiado el desarrollo de la D en una serie de textos provenzales de la parte
suroriental del dominio desde el siglo XI al XVI. Como este autor señala, la D está
condicionada en primer lugar por el acento y el segundo factor importante es la presencia de un
sonido consonántico que trabe la sílaba (cf. Schroeder 1932: 227). Las vocales que más
diptongaron fueron /ɛ, ɔ/ y en los contextos mejores la D alcanzó también a otras vocales (p. ej.
MORĪRE > *myriɐr*, FŬRNU > *fuɐrn*, PĪLU > *peɐl*).
        Teniendo en cuenta todos estos datos, puede llegarse a la conclusión de que la D del
provenzal, a pesar de su fuerte vinculación a determinados contextos, no necesita ser
interpretada de manera diferente a como venimos haciendo con el resto de lenguas románicas.
La D ha sido también en provenzal un fenómeno de reforzamiento que se ha impuesto con
mayor facilidad allí donde las preferencias de esta lengua han permitido el alargamiento de las
vocales.

5.5.11. EL PROBLEMA DEL CATALÁN
El catalán presenta una notable similitud con el francés en la evolución de las vocales en
contacto con yod (Rokseth 1921: 536-539; Moll 1952: §§ 36, 55):

(185)   MĔDIU   *mig*   TRŎIA   *truja*
        LĔGIT   ant. *llig*   HŎDIE   *avui*
        EXTĔRIUS   ant. *estirs*   CŎRIU   *cuir*
        INGĔNIU   *enginy*   LŎNGE   *lluny*
        INTĔGRU   ant. *entir*   *GRŎSSIA   *gruixa*
        SĔX   *sis*   *PŎSTIUS   *puix*
        LĔCTU   *llit*   CŎXA   *cuixa*
        CATHĔDRA   *cadira*   NŎCTE   ant. *nuyt*
        SPĔCLU   *espill*   ŎCLU   *ull*
        MĔLIUS   ant. *mills*   FŎLIA   *fulla*

        Como puede verse, el resultado de /ɛ/ más yod ha sido /i/, como en francés, y el de /ɔ/
ha sido /ui̯, u/ (según la yod haya quedado absorbida o no en la consonante), que puede

compararse con el /ɥi/ del francés. Además de esto, el catalán presenta también el tratamiento diferenciado de /ɛ, ɔ/ y /e, o/ ante yod que caracteriza a todas las lenguas con D:

(186)   LĔCTU > *llit*   ≠   *estret* < STRĬCTU

        CŎXA > *cuixa*   ≠   *angoixa* < ANGŬSTIA

Ante esta situación, la mayoría de autores han considerado que detrás de estos resultados se hallaría una D como la que se supone para el francés y el provenzal: cf. Rokseth (1921), Fouché (1924: 29, 43; 1925), Coromines (1958 [1971]: 248-250). En contra de una D se manifiesta Badia i Margarit (1951 [1981]: § 48.II). Este autor cree que podría haber habido un cierre en dos fases con diferencias cronológicas que impidieran la confusión con /e, o/ o incluso un cierre directo.

Contra la opinión de Badia, Coromines (1958 [1971]: 248) supone que un cierre progresivo de /ɛ, ɔ/ en contacto con yod habría llevado irremediablemente a la confusión con /e, o/ y tal confusión no se produjo. Sin embargo, esto no es necesariamente así. Como ha estudiado Labov (1994: capítulos 10-14), en diferentes variedades del inglés se han producido fenómenos de "casi-fusión" (= *near-mergers*) dentro de la evolución de dos vocales, en los que se pasó por fases durante las cuales los hablantes no eran capaces de percibir las diferencias entre formas con una vocal y formas con otra, pero sí serían capaces de producirlas de manera distinta, lo cual permitió en fases posteriores volvieran a separarse. Este sería el caso de las formas que actualmente tienen /ɔɪ/ y /aɪ/ (p. ej. *loin, line*), que pasaron por un período de "casi-fusión" durante los siglos XVII y XVIII (cf. Labov 1994: 307-309). El propio Labov ha encontrado situaciones actuales de "casi-fusión" que demuestran la verdadera existencia de fases de ese tipo[98]. Además como es bien sabido, algunas variedades del catalán conocen precisamente un proceso de cambio de aberturas en sus vocales anteriores (ɛ > e, e > ɛ), que no acabó en una confusión entre ambas vocales y al que podría aplicarse un razonamiento similar al de Labov[99].

---

[98] En los casos analizados por Labov la falta de confusión total se vería favorecida por el movimiento que cada vocal sigue dentro del espacio vocálico. Siguiendo su hipótesis de un espacio vocálico con distinción entre una banda periférica y una banda no periférica, Labov supone que en cada caso una de las dos vocales se movía dentro de una de las bandas, mientras que la otra vocal lo hacía dentro de la otra banda.

[99] En todo el dominio catalán (excepto en rosellonés) la vocal /ɛ/ del latín vulgar se ha cerrado en /e/ (p. ej. PĔLLE > *p*[e]*ll*. Este cambio no ha tenido lugar ante determinados contextos consonánticos: RR, R + consonante no labial, L, wau secundario, -N- en proparoxítonos (FĔRRU > *f*[ɛ]*rro*, CAELU > *c*[ɛ]*l*, DĔCE > *d*[ɛ]*u*, TĔNERU > *t*[ɛ]*ndre*). En algunos contextos hay diferencias entre el catalán occidental y el oriental; en estas ocasiones el catalán oriental suele presentar /e/ y el catalán occidental vacila entre /e/ y /ɛ/. Puede verse un estudio detallado de la evolución en catalán de /ɛ/ latinovular en Kuen (1932-34: 100-117).

Por su parte, /e/ del latín vulgar se mantiene cerrada en catalán occidental y en Alguer. En catalán oriental aparece actualmente como /ɛ/ (p. ej. DIRĔCTU > *dr*[ɛ]*t*), mientras que en las Baleares encontramos /ə/; cf. Kuen (1932-34: 117-123).

Ha llamado la atención de todos los autores el hecho de que los cambios ɛ > e, e > ɛ del catalán oriental no hayan producido una confusión general de ambas vocales. Para resolver esta cuestión se han propuesto varias explicaciones. Algunos autores han supuesto que los cambios tendrían lugar por medio de Ds. Fabra (1906: 20, 22) supone unas evoluciones: *e* > *ei* > *ɛi* > *ɛ*, frente a *ɛ* > *ɛe* > *ie* > *e*. Y Fouché (1925: 30-44): *ɛ* > *ɛẹ* > *eẹ* > *eẹ* > *e* frente a *e* > *eẹ* > *ɛẹ* > *ɛẹ* > *ɛ*. Sin embargo, no hay ningún testimonio que avale tales procesos, además una D que afectara sólo a las dos vocales anteriores /ɛ, e/ sería una rareza dentro de las lenguas románicas.

Kuen (1932-34: 126-130) acepta y refuerza la idea de Meyer-Lübke, según el cual en la evolución *e* > *ɛ* se habría pasado por una fase intermedia [ə]. Testimonio de esta fase sería el

Para apoyar la idea de una fase con D en catalán, Coromines (1958 [1971]: 249) aduce los casos de HŎDIE > *(a)vui* y ŎCTO > *vuit*, donde, según este autor, tendríamos la consonantización en posición inicial del primer elemento del triptongo: u̯oi̯ > u̯ui̯ > vui̯. A favor de esta interpretación estarían las formas paralelas del provenzal HŎDIE > *bei*, ŎCTO > *beit*. La consonantización no se encontraría en ŎCLU > *ull*, porque tal palabra, a diferencia de *vui* y *vuit* se usa generalmente con artículo (*l'ull*) y en tal situación sería más improbable el proceso. Sin embargo, también sería posible suponer que en *(a)vui* y *vuit* ha habido prótesis de una consonante, al igual que sucede en ORA > *vora* (Fouché 1924: 205; Badia i Margarit 1951 [1981]: § 107.VI; Moll 1952: § 219). Igualmente tenemos *vora* en provenzal y hay procesos similares de prótesis en los dialectos italianos septentrionales: ŎCTO > *vòtt*, UNU > *vün*, HORA > *vora* (*Rohlfs* § 340). El mismo desarrollo de una consonante labial lo encontramos como fenómeno fonético y vulgar en algunos casos de u̯ en posición inicial en castellano: *hueso* > βu̯eso (junto a u̯u̯eso, cf. Navarro Tomás 1932⁴ [1990]: 64).

Al principio de este apartado dedicado a las lenguas con D en contextos palatales y velares ya anunciábamos que el catalán no parecía poder integrarse dentro de las lenguas con D. Después de haber estudiado cuál es la situación en francés y provenzal podemos ver que el catalán se diferencia bastante de estas lenguas por lo que se refiere a la D. Y la diferencia fundamental estriba en el hecho de que, frente a lo que sucede con las dos lenguas mencionadas, el catalán no muestra ningún caso de extensión de la hipotética D fuera del contexto palatal. Es decir, frente a todas las lenguas románicas con D que hemos estudiado, donde el proceso ha seguido los cauces que le marcan las jerarquías de duración de las vocales tal y como las hemos delimitado en el capítulo 2 y en este capítulo, el catalán sería la única lengua que, habiendo tenido supuestamente D, no sería sensible a tales jerarquías. Cabe por lo tanto pensar que, a pesar de la parcial coincidencia con los resultados franceses, en catalán nos encontramos ante un proceso de cierre de las vocales ante yod. A reforzar esta posibilidad contribuye otra peculiaridad del catalán, esta vez en la evolución de las vocales átonas ante yod. Como puede verse en (187), el catalán manifiesta una mayor tendencia al cierre de estas vocales en contacto con yod:

(187)

	catalán	francés	provenzal
LECTIONE	*lliçó*		*leisso*
MĔLIORE	*millor*	*meilleur*	*melhor*
*SĔXANTA	*ʃiʃanta* (dialectal)	*soixante*	*seissanta*
SĔNIORE	*siɲo* (dialectal)	*seigneur*	*senhor*
*TĔXITORE	*tixidor* (dialectal)		*tesider, teisier*
MĔDIANU	*mitjà*	*moyen*	*mejá*
PĔIOR	*pitjor*		*pejor*
*ŎCTANTA	*vuitanta*	fr.ant. *oitante*	*ochanta*
MŎDIOLU	*mujol*	*moyeu*	*moiol*
*MŎLLIARE	*mullar*		*molhar, mulhar*
*PŎDIARE	*pujar*		*pojar*
FŎLIOSU	*fullós*		*folhos*
DESPŎLIARE	*despullar*	*dépouiller*	*despolhar*

dialecto actual de las Baleares. Alarcos (1960) acepta la evolución *e* > *ə* > *ɛ* dentro de su explicación estructuralista de la evolución del vocalismo catalán.
El testimonio del dialecto de las Baleares permite suponer que el proceso de cruce entre las dos vocales en el catalán oriental se llevaría a cabo (en términos de Labov) por medio de un cierre de /ɛ/ a lo largo de la banda periférica del espacio vocálico, mientras que /e/ evolucionaría en la dirección contraria desplazándose a lo largo de la banda no periférica con tendencia a la centralización.

Aunque con esto no pretendemos zanjar definitivamente la cuestión, creemos que hay motivos suficientes para sospechar que el catalán fue una lengua refractaria a la D y que su coincidencia parcial con los resultados del francés se debe al desarrollo de procesos distintos en ambas lenguas.

5.6. Conclusión

En este capítulo hemos trazado el marco que permite comprender el desarrollo de las distintas Ds que han afectado a las lenguas románicas, especialmente durante su fase de formación. Nuestra intención ha sido mostrar que tanto la D de /ɛ, ɔ/, común a buena parte de las lenguas, como la de /e, o/ y las más esporádicas que afectan al resto de vocales, pueden explicarse de la misma forma. Esto quiere decir que no es necesario separar, como hacía Schürr y luego la mayoría de romanistas, entre una D condicionada de /ɛ, ɔ/ y una D espontánea del resto de vocales.

Por un lado, la D de /ɛ, ɔ/ ha sido centralizante, como es característico de las vocales laxas y ha dado lugar a diptongos del tipo [ɛə̯, ɔə̯, eə̯, oə̯, iə̯, uə̯], que se conservan en buena parte de la Romania y que también frecuentemente se han transformado en diptongos crecientes [i̯ɛ, u̯ɔ, i̯e, u̯o, u̯e]. Tanto los procesos de D centralizante, como el cambio de silabicidad de estos diptongos encuentran paralelos en otros grupos lingüísticos y se explican de acuerdo a principios naturales de la evolución de los sonidos.

Por otro lado, la hipótesis que defendía que la D de /ɛ, ɔ/ era un proceso condicionado descansaba sobre una interpretación equivocada de los procesos de asimilación a distancia. Hemos discutido que no existen las asimilaciones "a saltos", como la que supone Schürr y que, por el contrario, hay otros procesos en las propias lenguas románicas (como la D de /e, o/ en rumano) que sí se comportan en la forma esperable para una asimilación a distancia.

La posibilidad de incluir la D de las distintas vocales dentro del mismo marco explicativo se fundamenta en los siguientes puntos. Por un lado, las lenguas con mayor número de vocales diptongadas son aquellas en las que se ha desarrollado más intensamente la tendencia hacia un ritmo acentual. Hemos comprobado que en estas lenguas las Ds van acompañadas de procesos de debilitamiento de las vocales átonas y que este tipo de evoluciones se han repetido recientemente en varios dialectos románicos. Desde este punto de vista, todas las Ds se integran dentro de la misma tendencia evolutiva hacia un tipo determinado de organización rítmica.

Por otro lado, hemos ido comprobando en las diferentes lenguas que todas las Ds espontáneas se hallan sometidas a las jerarquías de la D que habíamos trazado en § 2. Dichas jerarquías dependen directamente de los factores que condicionan la duración de los sonidos. Como hemos tenido oportunidad de ver, son muchos los aspectos que intervienen a la hora de determinar la duración de un segmento. Esto da lugar a que la D esté regida por un buen número de jerarquías, cuya combinación ha dado lugar a los distintos desarrollos de las lenguas románicas. Hemos intentado mostrar que, por complicados que parezcan a primera vista, los hechos se someten continuamente a estas jerarquías.

Bibliografía

Aebischer, Paul. 1944. "Les plus anciens témoignages de la diphtongaison de ę et ǫ libres en Italie". *Zeitschrift für romanische Philologie* 64: 364-370.

AIS = Karl Jaberg & Jakob Jud. 1928-1940. *Sprach- und Sachatlas Italiens und der Südschweiz*. Zofingen, Ringier.

Alarcos Llorach, Emilio. 1958a. "Quelques précisions sur la diphtongaison espagnole". En *Omagiu lui I. Iordan*. Bucureşti, Editura Academiei: 1-4.

Alarcos Llorach, Emilio. 1958b. "Remarques sur la métaphonie asturienne". *Cercetări de Lingvistica* 3, Supliment: 19-30. [Mélanges linguistiques offerts à Emil Petrovici.]

Alarcos Llorach, Emilio. 1960. "La constitución del vocalismo catalán". En *Studia Philologica, Homenaje ofrecido a Dámaso Alonso*. Madrid, Gredos, 1: 35-59.

Alarcos Llorach, Emilio. 1965. "Efectos de la yod sobre la vocal tónica en castellano". En Straka, Georges, ed. *Actes du Xe Congrès International de Linguistique et Philologie Romanes. Strasbourg 1962*. Paris, Klincksieck, 3: 945-950.

Alarcos Llorach, Emilio. 1965[4]. *Fonología española*. Madrid, Gredos. [1950[1]]

Alcina Franch, Juan & José Manuel Blecua. 1975. *Gramática española*. Barcelona, Ariel.

Allen, William Sidney. 1976. "Long and short diphthongs: phonological analogies and phonetic anomalies". En Davies, Anna Morpurgo & Wolfgang Meid, eds. *Studies in Greek, Italic, and Indo-European linguistics offered to Leonard R. Palmer on the occasion of his seventieth birthday June 5, 1976*. Innsbruck, Inst. für Sprachwissenschaft der Univ. Innsbruck: 9-16.

Allen, William Sidney. 1978[2]. *Vox Latina. The pronunciation of classical Latin*. Cambridge, CUP. [1965[1]]

Allen, William Sidney. 1987[3]. *Vox Graeca. A guide to the pronunciation of classical Greeek*. Cambridge, CUP. [1968[1]]

Almeida, Manuel. 1986. "La cantidad vocálica en el español de Canarias. Estudio acústico". *Revista de Filología de la Universidad de La Laguna* 5: 73-82.

Alonso, Amado. 1945 [1951]. "Una ley fonológica del español". En *Estudios lingüísticos (Temas españoles)*. Madrid, Gredos: 288-303. [Publicado originalmente en *Hispanic Review* 13 (1945): 91-101.]

Alonso, Dámaso. 1958. "Metafonía y neutro de materia en España". *Zeitschrift für romanische Philologie* 74: 1-24.

Alonso, Dámaso. 1962 [1972]. "Temas y problemas de la fragmentación fonética peninsular". En *Obras completas. I. Estudios lingüísticos peninsulares*. Madrid, Gredos: 15-290. [Publicado originalmente como *La fragmentación fonética peninsular*. (Enciclopedia Lingüística Hispánica. Tomo I. Suplemento.) Madrid: CSIC, 1962.]

ALPI. 1956. *Atlas lingüístico de la Península Ibérica I*. Madrid, CSIC.

Altamura, Antonio. 1968[2]. *Dizionario dialettale napoletano*. Napoli, Fausto Fiorentino.

Álvarez Blanco, Rosario. 1988. "Consideracións sobre a metafonía nominal galega". En Kremer, Dieter, ed. *Homenagem a Joseph M. Piel por ocasião do seu 85º aniversário*. Tübingen, Niemeyer: 141-157.

Andersen, Henning. 1972. "Diphtongization". *Language* 48: 11-50.

Andersen, Henning. 1973. "Abductive and deductive change". *Language* 49: 567-593.

Anderson, Stephen R. 1985 [1990]. *La fonología en el siglo XX*. Madrid, Visor. [= *Phonology in the twentieh Century. Theories of rules and theories of representations.* Chicago, The University of Chicago Press, 1985.]

Anglade, Joseph. 1921. *Grammaire de l'ancien provençal ou ancienne langue d'oc. Phonétique et morphologie.* Paris, Klincksieck.

Árnason, Kristján. 1980. *Quantity in historical phonology. Icelandic and related cases.* Cambridge, Cambridge University Press.

Ascoli, Graziadio Isaia. 1873. "Saggi ladini". *Archivio Glottologico Italiano* 1: 1-573.

Ascoli, Graziadio Isaia. 1892-94. "Figure nominativali proposte o discusse, ed altro insieme". *Archivio Glottologico Italiano* 13: 280-298.

Auer, Peter. 1990. "A note on prosody in Natural Phonology". En Méndez Dosuna, Julián & Carmen Pensado, eds. *Naturalists at Krems. Papers from the workshop on Natural Phonology and Natural Morphology (Krems, 1-7 July 1988).* Salamanca, Universidad de Salamanca: 11-22.

Avram, Andrei. 1964. "Contribuţii la interpretarea grafiei chirilice a primelor texte româneşti (I)". *Studii şi cercetări lingvistice* 15: 15-37.

Avram, Andrei. 1968. "La diphtongaison de [é], [ó] et le passage de [ă] à [î] en daco-roumain". *Revue Roumaine de Linguistique* 13: 397-400.

Avram, Andrei. 1975. "Perceperea secvenţelor de două vocale sintetice şi problema naturii fonetice a diftongilor". *Fonetică şi Dialectologie* 9: 67-75.

Aymeric, J. 1879. "Le dialecte Rouergat". *Zeitschrift für romanische Philologie* 3: 321-358.

Badia i Margarit, Antoni Maria. 1951 [1981]. *Gramàtica històrica catalana.* València, Tres i Quatre. [= *Gramática histórica catalana.* Barcelona, Noguer, 1951.]

Banfi, Emanuele. 1985. *Linguistica balcanica.* Bologna, Zanichelli.

Bartoli, Matteo Giulio. 1906. *Das Dalmatische. Altromanische Sprachreste von Veglia bis Ragusa und ihre Stellung in der apennino-balkanischen Romania.* Wien, Hölder. [dos vols.]

Beckman, Mary E. 1988 [1990]. "Teoría fonética". En Newmeyer, Frederick J., ed. *Panorama de la lingüística moderna de la Universidad de Cambridge. I. Teoría lingüística: Fundamentos.* Madrid, Visor: 259-282. [= *Linguistics: The Cambridge Survey. I. Linguistic theory: Foundations.* Cambridge, Cambridge University Press, 1988.]

Bello, Andrés. 1835 [1933]. "Principios de la ortología y métrica de la lengua castellana". En *Obras completas. Tomo octavo. Opúsculos gramaticales.* Santiago de Chile, Nascimento: 63-269.

Benediktsson, Hreinn. 1959. "The vowel system of Icelandic: a survey of its history". *Word* 15: 282-312.

Benediktsson, Hreinn. 1982. "Nordic umalut and breaking: thirty years of research". *Nordic Journal of Linguistics* 5: 1-60.

Benincà, Paola. 1988. *Piccola storia ragionata della dialettologia italiana.* Padova, Unipress.

Benincà, Paola. 1989. "Friulano: Evoluzione della grammatica". *LRL* 3 § 210: 563-585.

Berg, Thomas. 1986. "The monophonematic status of diphthongs revisited". *Phonetica* 43: 198-205.

Bertinetto, Pier Marco. 1979. "La quantità vocalica in italiano. Verifica spettrografica". En Varvaro, Alberto, ed. *Atti del XIV Congresso Internazionale di Linguistica e Filologia Romanza. Napoli 1974.* Napoli/Amsterdam, Macchiaroli/Benjamins, 3: 75-85.

Bertinetto, Pier Marco. 1981. *Strutture prosodiche dell'italiano. Accento, quantità, sillaba, giuntura, fondamenti metrici.* Firenze, Accademia della Crusca.

Bertinetto, Pier Marco. 1988a. "Felicity and poverty of Experimental Phonology". *Quaderni del Laboratorio di Linguistica* 2: 85-111.

Bertinetto, Pier Marco. 1988b. "Reflections on the dichotomy "stress" vs. "syllable timing"". *Quaderni del Laboratorio di Linguistica* 2: 59-84.

Bertoni, Giulio. 1923. "La così detta "metafonesi italiana centro-meridionale"". En *Programma di filologia romanza come scienza idealistica*. Ginevra, Olschki: 123-127.

Bertoni, Giulio. 1940. *Profilo linguistico d'Italia*. Modena, Istituto di Filologia Romanza dell'Università di Roma.

Bhat, D. N. S. 1974 [1978]. "A General Study of Palatalization". En Greenberg, Joseph H., ed. *Universals of Human Language. Vol. 2: Phonology*. Stanford, Stanford University Press: 47-92. [Publicado originalmente en *Working Papers on Language Universals* 14 (April 1974): 17-58.]

Birken-Silverman, Gabriele. 1989. *Phonetische, morphosyntaktische und lexikalische Varianten in den palermitanischen Mundarten und im Sikuloalbanischen von Piana degli Albanesi*. Wilhelmsfeld, Gottfried Egert. [Mannheim, Univ., Diss., 1988]

Bisol, Leda. 1989. "Vowel harmony: a variable rule in Brasilian Portuguese". *Laguage Variation and Change* 1: 185-198.

Blasi, Ferruccio. 1936, 1938. "Il dialetto di Preta (Rieti). Saggio fonetico-lessicale". *L'Italia Dialettale* 12, 14: 35-57; 59-77.

Blaylock, Curtis. 1964/65. "Hispanic metaphony". *Romance Philology* 18: 253-271.

Blumstein, Sheila E. 1991. "The relation between phonetics and phonology". *Phonetica* 48: 108-119.

Bond, Z. S. 1978. "The effects of varying glide durations of diphthong identification". *Language and Speech* 21: 253-263.

Borzone de Manrique, Ana María. 1979. "Acoustic analysis of the Spanish diphthongs". *Phonetica* 36: 194-206.

Bottiglioni, Gino. 1919. *Fonologia del dialetto imolese*. Pisa, Mariotti.

Bottiglioni, Gino. 1928. "L'antico genovese e le isole linguistiche sardo-corse". *L'Italia Dialettale* 4: 1-60, 130-149.

Bourciez, Édouard. 1930³. *Éléments de linguistique romane*. Paris, Klincksieck. [1910¹; 1923²]

Bourciez, Édouard. 1937⁸. *Précis historique de phonétique française*. Paris, Klincksieck. [1900¹]

Bourciez, Édouard & Jean Bourciez. 1967. *Phonétique française. Étude historique*. Paris, Klincksieck. [Reelaboración de Édouard Bourciez, *Précis historique de phonétique française*.]

Browman, Catherine P. & Louis M. Goldstein. 1992. "Articulatory Phonology: An overview". *Phonetica* 49: 155-180.

Burger, André. 1935. "Palatalisation et diptongaison en roman et en slave". *Romania* 61: 129-144.

Bußmann, Hadumod. 1990². *Lexikon der Sprachwissenschaft*. Stuttgart, Alfred Kröner.

Butcher, Andrew & Eckart Weiher. 1976. "An electropalatographic investigation of coarticulation in VCV sequences". *Journal of Phonetics* 4: 59-74.

Butler, Jonathan L. 1976. "Uno sguardo al vocalismo tonico del veglioto". En Boudreault, Marcel & Frankwalt Möhren, eds. *Actes du XIIIe Congrès International de Linguistique et Philologie Romanes. Québec 1971*. Québec, Presses de l'Université Laval, 1: 221-228.

Çabej, Eqrem. 1965. "Betrachtungen über die rumänisch-albanischen Sprachbeziehungen". *Revue Roumaine de Linguistique* 10: 101-115.

Camastral, Peter. 1959. "Il vocalismo dei dialetti della Valle Mesolcina". *L'Italia Dialettale* 23: 75-191.

Camilli, Amerindo. 1923. "La così detta "metafonesi italiana centro-meridionale"". *Zeitschrift für romanische Philologie* 43: 474-477.

Campbell, A. 1959 [1977]. *Old English grammar*. Oxford, University Press.

Campbell, George L. 1991. *Compendium of the world's languages*. London, Routledge. [dos vols.]

Campbell, Lyle. 1981. "Generative phonology vs. Finnish phonology: Retrospect and prospect". En Goyvaerts, Didier L., ed. *Phonology in the 1980's*. Ghent, Story-Scientia: 141-182.

Canepari, Luciano. 1980. *Italiano standard e pronuncie regionali*. Padova, Cleup.

Canepari, Luciano. 1985⁴. *Introduzione alla fonetica*. Torino, Einaudi. [1977¹]

Carvalho, José G. Herculano de. 1962-63. "Nota sobre o vocalismo antigo português: valor dos grafemas *e* e *o* em sílaba átona". *Revista Portuguesa de Filologia* 12: 17-39.

Castellani, Arrigo. 1960 [1980]. "Attestazioni dugentesche dei dittonghi *IA, UA* nella Toscana orientale e meridionale". En *Saggi di linguistica e filologia italiana e romanza (1946-1976)*. Roma, Salerno Editrici, 1: 330-341. [Publicado originalmente en *Studia philologica. Homenaje ofrecido a Dámaso Alonso por sus amigos y discípulos con ocasión de su 60° aniversario*. Madrid, Gredos, 1960, 1: 321-331.]

Castellani, Arrigo. 1962 [1980]. "Quelques remarques à propos de la diphtongaison toscane. Réponse à M. Schürr". En *Saggi di linguistica e filologia italiana e romanza (1946-1976)*. Roma, Salerno Editrici, 1: 139-145. [Publicado originalmente en *Zeitschrift für romanische Philologie* 78 (1962): 494-502.]

Castellani, Arrigo. 1965 [1980]. "La diphtongaison des *E* et *O* ouverts en italien". En *Saggi di linguistica e filologia italiana e romanza (1946-1976)*. Roma, Salerno Editrici, 1: 123-138. [Publicado originalmente en Georges Straka, ed. *Actes du Xe Congrès International de Linguistique et Philologie Romanes. Strasbourg 1962*. Paris, Klincksieck, 1965: 951-964]

Castellani, Arrigo. 1970a [1980]. "Note sul dittongamento toscano". En *Saggi di linguistica e filologia italiana e romanza (1946-1976)*. Roma, Salerno Editrici, 1: 146-155. [Publicado originalmente en *Mille i dibattiti del Circolo linguistico fiorentino*. Firenze, 1970: 41-53.]

Castellani, Arrigo. 1970b [1980]. "Ancora sul dittongamento italiano e romanzo (Seconda risposta a Friedrich Schürr)". En *Saggi di linguistica e filologia italiana e romanza (1946-1976)*. Roma, Salerno Editrici, 1: 156-171. [Publicado originalmente en *Cultura Neolatina* 30 (1970): 117-130.]

Castellani, Arrigo. 1970c [1980]. "Dittongamento senese e dittongamento aretino nei dialetti dell'Italia mediana (in epoca antica)". En *Saggi di linguistica e filologia italiana e romanza (1946-1976)*. Roma, Salerno Editrici, 1: 358-422. [Publicado originalmente en *Atti del Convegno "I dialetti dell'Italia mediana con particolare riguardo alla regione umbra"*. Perugia, Facoltá di Lettere dell'Università di Perugia, 1970: 311-380.]

Castellani, Arrigo. 1980. "Postilla a "Ancora sul dittongamento italiano e romanzo (Seconda risposta a Friedrich Schürr)"". En *Saggi di linguistica e filologia italiana e romanza (1946-1976)*. Roma, Salerno Editrici, 1: 172-176.

Catalán, Diego. 1953. "Inflexión de las vocales tónicas junto al Cabo Peñas (Contribución al dialecto leonés)". *Revista de Dialectología y Tradiciones Populares* 9: 405-415.

Catalán, Diego & Álvaro Galmés. 1954. "La diptongación en leonés". *Archivum* 4: 87-147.

Catford, John Cunnison. 1977. *Fundamental problems in phonetics*. Edinburgh, Edinburgh University Press.

Catford, John Cunnison. 1988. *A practical introduction to phonetics*. Nueva York, Oxford University Press.

Cavacas, Augusto d'Almeida. 1921. *A língua portuguesa e a sua metafonia*. Coimbra.

Chao, Yuen-Ren. 1934 [1957]. "The non-uniqueness of phonemic solutions of phonetic systems". En Joos, M., ed. *Readings in linguistics*. Washington, American Council of Learned Societies, 1: 38-54.

Clements, George N. & Samuel Jay Keyser. 1983. *CV phonology. A generative theory of the syllable*. Cambridge (Massachusetts), The MIT Press.

Collier, René; Fredericka Bell-Berti & Lawrence J. Raphael. 1982. "Some acoustic and physiological observations on diphthongs". *Language and Speech* 25: 305-323.

Contini, Michel. 1987. *Étude de géographie phonétique et de phonétique instrumentale du sarde*. Alessandria. [dos vols.]

Coromines, Joan. 1953 [1971]. "Algunes lleis fonètiques catalanes no observades fins ara". En *Lleures i converses d'un filòleg*. Barcelona, El Pi de les Tres Branques: 183-216. [Publicado originalmente en *Estudis Romànics* 3 (1953): 201-230.]

Coromines, Joan. 1958 [1971]. "De gramàtica històrica catalana: A propòsit de dos llibres". En *Lleures i converses d'un filòleg*. Barcelona, El Pi de les Tres Branques: 245-275. [Publicado originalmente en A. G. Hatcher & K. L. Selig, eds. *Studia philologica et litteraria in honorem L. Spitzer*. Bern, Francke, 1958: 123-148.]

Crothers, John H.; James P. Lorentz; Donald A. Sherman & Marilyn M. Vihman. 1979. *Handbook of phonological data from a sample of the World's languages. A report of the Stanford Phonology Archive*. Stanford, Department of Linguistics, Stanford University. [Introduction. Vol. 1: Phonetic inventories. Vol. 2: Indexes.]

D'Ovidio, Francesco & Wilhelm Meyer[-Lübke]. 1888. "Die italienische Sprache". En Gröber, Gustav, ed. *Grundriss der romanischen Philologie*. Strassburg, Trübner, 1: 489-560.

Dal, Ingerid. 1967. "Über den i-Umlaut im Deutschen". *Neuphilologische Mitteilungen* 68: 47-64.

Daniloff, Raymond G. & Robert E. Hammarberg. 1973. "On defining coarticulation". *Journal of Phonetics* 1: 239-248.

Dardano, Maurizio. 1988. "Italiano: Formazione delle parole". *LRL* 4 § 238: 51-63.

Dauer, Rebecca M. 1987. "Phonetic and phonological components of language rhythm". En *Proceedings of the Eleventh International Congress of Phonetic Sciences*. Tallinn, Acad. of Sciences of the Est. S.S.R., Inst. of Language and Lit., 5: 447-450.

DCECH = Joan Corominas & José Antonio Pascual. 1980-91. *Diccionario crítico etimológico castellano e hispánico*. Madrid, Gredos.

De Gregorio, Iolanda. 1939. "Contributo alla conoscenza del dialetto di Bisceglio (Bari)". *L'Italia Dialettale* 15: 31-51.

Densusianu, Ovid. 1901-38 [1961]. *Istoria limbii romîne, vol 1: Originile, vol 2: Secolul al XVI-lea*. Bucureşti, Editura ştiinţifică. [= *Histoire de la langue roumaine*, vol. 1: *Les origines* (1901), vol. 2: *Le seizième siècle* (1938), Paris Ernest Leroux. Ed. rumana de Jacques Byck.]

Devoto, Giacomo. 1970. "L'italia dialettale". En *Atti del Convegno "I diletti dell'Italia mediana con particolare riguardo alla regione umbra"*. Perugia, Facoltá di Lettere dell'Università di Perugia: 93-127.

Diez, Friedrich. 1868[3] [1874]. *Grammaire des langues romanes. Tome premier*. Paris, Franck. [= *Grammatik der romanischen Sprachen*. Bonn, 1868. Traducción de Auguste Brachet y Gaston Paris. Las ediciones de la obra completa en alemán son: 1836-38[1], 1856-60[2], 1868-70[3], 1876-77[4], 1882[5] (póstuma).]

Dobson, Eric J. 1968[2]. *English pronunciation 1500-1700*. Oxford, Clarendon Press. [1957[1]]

Donegan, Patricia Jane. 1978 [1985]. *On the natural phonology of vowels*. New York, Garland. [Tesis doctoral publicada originalmente en *Working Papers in Linguistics, Ohio State University*, 23, 1978.]

Donegan, Patricia Jane & David Stampe. 1979. "The study of natural phonology". En Dinnsen, Daniel A., ed. *Current approaches to phonological theory*. Bloomington, Indiana University Press: 126-173.

Donegan, Patricia Jane & David Stampe. 1983. "Rhythm and the holistic nature of language". En Richardson, John F.; Mitchell Marks & Amy Chukerman, eds. *Papers from the parasession on the interplay of phonology, morphology and syntax*. Chicago, CLS: 337-353.

Dressler, Wolfgang U. 1975. "La variazione fonologica: concetti, metodi e problemi dei lavori viennesi". *Lingua e Contesto* 2: 141-159.

Dressler, Wolfgang U. 1977. *Grundfragen der Morphonologie*. Wien, Österreichische Akademie der Wissenschaften.

Dressler, Wolfgang U. 1978. "How much does performance contribute to phonological change?". En Fisiak, Jacek, ed. *Recent developments in historical phonology*. The Hague, Mouton: 145-158.

Dressler, Wolfgang U. 1979a. "Arguments and non-arguments for naturalness in phonology: on the use of external evidence". En Fischer-Jørgensen, Eli; Jørgen Rischel & Nina Thorsen, eds. *Proceedings of the Ninth International Congress of Phonetic Sciences*. Copenhagen, Inst. of Phonetics, Univ. of Copenhagen, 2: 93-100.

Dressler, Wolfgang U. 1979b. "Reflections on phonological typology". *Acta Linguisticae Academiae Scientiarum Hungaricae* 29: 259-273.

Dressler, Wolfgang U. 1982. "A semiotic model of diachronic process phonology". En Lehmann, Winfred P. & Yakov Malkiel, eds. *Perspectives on historical linguistics*. Amsterdam, Benjamins: 93-131.

Dressler, Wolfgang U. 1984. "Explaining natural phonology". *Phonology Yearbook* 1: 29-51.

Dressler, Wolfgang U. 1985. *Morphonology*. Ann Arbor, Karoma Press.

Dressler, Wolfgang U. & Sylvia Moosmüller. 1991. "Phonetics and phonology: A sociopsycholinguistic framework". *Phonetica* 48: 135-148.

Dubois, Jean; Mathée Giacomo; Louis Guespin; Christiane Marcellesi; Jean-Baptiste Marcellesi & Jean-Pierre Mével. 1973 [1983]. *Diccionario de lingüística*. Madrid, Alianza.

Dumas, Denis. 1974. "Durée vocalique et diphtongaison en français québécois". *Cahiers de linguistique* 4: 13-55.

Duraffour, Antonin. 1932. "Phénomènes généraux d'évolution phonétique dans les dialectes franco-provençaux étudiés d'aprés le parler de la commune de Vaux (Ain)". *Revue de Linguistique Romane* 8: 1-280.

Einarsson, Stéfan. 1945. *Icelandic: grammar, texts, glossary*. Baltimore, Johns Hopkings Press.

Elcock, William D. 1960. *The Romance languages*. London, Faber & Faber.

Elia, Silvio. 1994. "O português do Brasil". *LRL* 6,2 § 451: 559-575.

Ernst, Gerhard. 1989. "Rumänisch: Interne Sprachgeschichte und Entwicklungstendenzen II. 19. und 20. Jahrhundert". *LRL* 3 § 194: 334-346.

Fabra, Pompeu. 1906. "Les *e* toniques du catalan". *Revue Hispanique* 15: 9-23.

Fagan, David S. 1979. "On diphtongization in Northern Portuguese". En Varvaro, Alberto, ed. *Atti del XIV Congresso Internazionale di Linguistica e Filologia Romanza. Napoli 1974*. Napoli/Amsterdam, Macchiaroli/Benjamins, 3: 197-211.

Fagan, David S. 1985. "Competing sound change via lexical diffusion in a Portuguese dialect". *Annali. Istituo Universitario Orientale. Sezione Romanza* 27: 263-292.

Faiciuc, Ioan. 1978. "Diftongul ea în poziţia "e" în unele graiuri din Banat". *Cercetări de Lingvistica* 23: 207-220.

Fankhauser, Franz. 1911. *Das Patois von Val D'Illiez (Unterwallis)*. Halle (Saale), Ehrhardt Karras.

Farnetani, Edda & Shiro Kori. 1984. "Effects of syllable and word structure on segmental durations in spoken italian". *Quaderni del Centro di Studio per le Ricerche di Fonetica* 3: 143-188.

Farnetani, Edda; Kyriaki Vagges & Emanuela Magno-Caldognetto. 1985. "Coarticulation in Italian /VtV/ sequences: A palatographic study". *Phonetica* 42: 78-99.

Fernández González, José Ramón. 1985. *Gramática histórica provenzal*. Oviedo, Universidad de Oviedo.

Fernández Ramírez, Salvador. 1951 [1986]. *Gramática española. 2. Los sonidos*. Madrid, Arco Libros. [Volumen preparado por José Polo.]

Ferrero, Franco E.; Emanuela Magno-Caldognetto; Kyriaki Vagges & C. Lavagnoli. 1978. "Some Acoustic Characteristics of the italian Vowels". *Journal of Italian Linguistics* 3: 87-96.

FEW = Walther von Wartburg. 1922-. *Französiches Etymologisches Wörterbuch. Eine Darstellung des galloromanischen Sprachschatzes*. Bonn, Schroeder. [Bonn 1922-28; Leipzig 1932-40; Basel 1944-.]

Fischer-Jørgensen, Eli. 1975. *Trends in phonological theory. A historical introduction*. Copenhagen, Akademisk Forlag.

Fischer-Jørgensen, Eli. 1985. "Some basic vowel features, their articulatory correlates, and their explanatory power in phonology". En Fromkin, Victoria A., ed. *Phonetic linguistics. Essays in honor of Peter Ladefoged*. Orlando, Academic Press: 79-99.

Foerster, Wendelin. 1879. "Beiträge zur romanischen Lautlehre. Umlaut (eigentlich Vocalsteigerung) im Romanischen". *Zeitschrift für romanische Philologie* 3: 481-517.

Foerster, Wendelin. 1881. "Recensión de Ascoli, *Una lettera glottologica*". *Zeitschrift für romanische Philologie* 5: 590-593.

Fónagy, Ivan. 1956. "Über den Verlauf des Lautwandels". *Acta Linguisticae Academiae Scientiarum Hungaricae* 6: 173-278.

Fónagy, Ivan. 1992. "Fonctions de la durée vocalique". En Martin, Philippe, ed. *Mélanges Léon: Phonétique, phonostylisitque, linguistique et littérature. Hommages à Pierre Léon*. Toronto, Mélodie: 141-164.

Forner, Werner. 1975. "Metatesi, metafonesi o attrazione nei dialetti liguri?". *L'Italia Dialettale* 38: 77-89.

Foster, David William. 1968. "A survey of the development of Latin *é* and *ó* in Italian in relation to consonantal gemination". *Orbis* 17: 399-407.

Fouché, Pierre. 1924. *Phonétique historique du roussillonnais*. Toulouse. [Reimpresión: Slatkine Reprints, Genève, 1980.]

Fouché, Pierre. 1925. "La diphtongaison en catalan". *Butlletí de Dialectologia Catalana* 13: 1-46.

Fouché, Pierre. 1926. "Questions de vocalisme latin et préroman". *Revue des Langues Romanes* 63: 195-260.

Fouché, Pierre. 1927. *Études de phonétique générale*. Paris, Les Belles Lettres (Publications de la Fac. des Lettres de l'Université de Strasbourg).

Fouché, Pierre. 1933. "Diphtongaison et tendances phonétiques". *Archives néerlandaises de phonétique expérimentale* 8-9: 247-249.

Fox, Robert Allen. 1983. "Perceptual structure of monophthongs and diphthongs in English". *Language and Speech* 26: 21-60.

Francescato, Giuseppe. 1959. "La dittongazione friulana". *L'Italia Dialettale* 23: 43-54.

Francescato, Giuseppe. 1966. *Dialettologia friulana*. Udine, Soc. Fil. Friulana.

Francis, W. Nelson. 1958. *The structure of American English. With a chapter on American English dialects by Raven I. McDavid, Jr*. New York, Ronald Press.

Fromkin, Victoria A. 1971. "The non-anomalous nature of anomalous utterances". *Language* 47: 27-52.

Gartner, Theodor. 1888. "Die rätoromanischen Mundarten". En Gröber, Gustav, ed. *Grundriss der romanischen Philologie*. Strassburg, Trübner, 1: 461-488.

Gartner, Theodor. 1910. *Handbuch der rätorromanischen Sprache und Literatur*. Halle.

Gauchat, Louis; Jules Jeanjaquet & Ernest Tappolet. 1925. *Tableaux phonétiques des patois suisses romands*. Neuchâtel, Paul Attinger.

Gay, Thomas. 1968. "Effects of speaking rate on diphthong formant movements". *Journal of the Acoustical Society of America* 44: 1570-1573.

Gay, Thomas. 1977. "Articulatory movements in VCV sequences". *Journal of the Acoustical Society of America* 62: 183-193.

Geisler, Hans. 1992. *Akzent und Lautwandel in der Romania*. Tübingen, Gunter Narr.

Germain, Jean & Jean-Marie Pierret. 1990. "Français: Les aires linguistiques I. Dialectes du Nord: a) Wallonie". *LRL* 5,1 § 326: 595-604.

Gheție, Ion. 1968. "Contribuții la istoria trecerii lui ea la e (leage > lege). Prezența lui ea în Muntenia la începutul secolului al XVIII-lea". *Limba Română* 17: 501-508.

Giacomino, Claudio. 1901. "La lingua dell'Alione". *Archivio Glottologico Italiano* 13: 403-448.

Giannelli, Luciano. 1988. "Italiano: Aree linguistiche VI. Toscana". *LRL* 4 § 272: 594-606.

Gilliéron, Jules & Mario Roques. 1914. *Études de géographie linguistique*. Paris.

Goidànich, Pier Gabriele. 1907. *L'origine e le forme della dittongazione romanza*. Halle.

Goldsmith, John. 1990. *Autosegmental & metrical phonology*. Oxford, Basil Blackwell.

Grammont, Maurice. 1933 [1971]. *Traité de Phonétique*. Paris, Delagrave.

Grammont, Maurice. 1946. *Traité pratique de prononciation française*. Paris, Delagrave.

Grandgent, Charles Hall. 1907 [1970]. *Introducción al latín vulgar*. Madrid, CSIC.

Grisch, Mena. 1939. *Die Mundart von Surmeir (Ober- und Unterhalbstein). Beitrag zur Kenntnis einer rätoromanischen Sprachlandschaft*. Paris/Zürich-Leipzig, Droz/Niehans. [Romanica Helvetica, vol. 12]

Gröber, Gustav, ed. 1888-1902. *Grundriss der romanischen Philologie*. Strassburg, Trübner.

Guberina, Petar. 1960. "La diphtongaison vegliote est-elle une diphtongaison romane?". En *Atti dell'VIII Congresso internazionale di studi romanzi. Firenze 1956*. Firenze, Sansoni: 537-48.

Hadlich, Roger L. 1965. *The phonological history of Vegliote*. Chapel Hill, The University of North Carolina Press.

Hafner, Hans. 1955. *Grundzüge einer Lautlehre des Altfrankoprovenzalischen*. Bern, Francke.

Haiman, John. 1988. "Rhaeto-Romance". En Harris, Martin & Nigel Vincent, eds. *The Romance languages*. London, Croom Helm: 351-390.

Hála, Bohuslav. 1961 [1966]. *La sílaba, su naturaleza, su origen y sus transformaciones*. Madrid, CSIC. [= "La syllabe, sa nature, son origine et ses transformations", *Orbis* 10 (1961): 69-143. Traducción de Edgardo R. Palavecino y Antonio Quilis. El artículo aparecido en *Orbis* es la versión francesa reducida de un original checo de 1956.]

Hall, Robert A. jr. 1976. *Proto-Romance phonology*. New York, Elsevier.

Harris, James W. 1974. "Morphologization of phonological rules: an example from Chicano Spanish". En Champbell, R. Joe; Mark G. Goldin & Mary Clayton Wang, eds. *Linguistic studies in Romance languages. Proceedings of the Third Linguistic Symposium on Romance Languages*. Washington, Georgtown University Press: 8-27.

Harris, Martin. 1988. "French". En Harris, Martin & Nigel Vincent, eds. *The Romance languages*. London, Croom Helm: 209-245.

Haudricourt, André G. & Alphonse G. Juilland. 1949. *Essai pour une histoire structurale du phonétisme français*. Paris, Klincksieck.

Havet, L. 1874. "OI et UI en français". *Romania* 3: 321-338.

Havet, L. 1877. "La prononciation de ie en français". *Romania* 6: 321-327.

Hegedüs, Ludwig. 1956. "Neue Methoden in der Erforschung der Diphtonge". *Zeitschrift für Phonetik, Sprachwissenschaft und Kommunikationsforschung* 9: 31-74.

Herzog, E. 1904. *Streitfragen der romanischen Philologie. I: Die Lautgesetzfrage. Zur französischen Lautgeschichte*. Halle.

Hirt, Hermann. 1931. *Handbuch des Urgermanischen. Teil I: Laut- und Akzentlehre*. Heidelberg, Carl Winters Universitätsbuchhandlung.

Hock, Hans Henrich. 1986a. *Principles of historical linguistics*. Berlin, Mouton de Gruyter.

Hock, Hans Henrich. 1986b. "Compensatory lengthening: in defense of the concept 'mora'". *Folia Linguistica* 20: 431-460.

Hoequist, Charles Jr. 1983. "Durational correlates of linguistic rhythm categories". *Phonetica* 40: 19-31.

Horning, A. 1887. "Über steigende und fallende Diphtonge im Ostfranzösischen". *Zeitschrift für romanische Philologie* 11: 411-418.

Huber, Joseph. 1933 [1986]. *Gramática do português antigo*. Lisboa, Fundação Calouste Gulbenkian. [= *Altportugiesisches Elementarbuch*. Heidelberg, Carl Winters Universitätsbuchhandlung, 1933. Traducción de Maria Manuela Gouveia Delille]

Hyman, Larry M. 1975 [1981]. *Fonología. Teoría y análisis*. Madrid, Paraninfo. [= *Phonology. Theory and analysis*. Nueva York: Holt, Rinehart & Winston, 1975. Traducción de Rafael Monroy Casas.]

Ionașcu, Al. 1958. "Cu privire la problema "diftongarii" lui *e* și *o* accentuați în poziția *ă, e*". En *Omagiu lui I. Iordan*. București, Editura Academiei: 425-432.

Iordan, Iorgu. 1920. *Diftongarea lui e și o accentuați în pozițiile ă, e*. Iași, Viața romîneasca.

IPA = International Phonetic Association. 1949. *The principles of the International Phonetic Association*. London.

Ive, Antonio. 1886. "L'antico dialetto di Veglia". *Archivio Glottologico Italiano* 9: 115-187.

Jackson, Kenneth Hurlstone. 1967. *A historical phonology of Breton*. The Dublin Institute for Advanced Studies.

Janson, Tore. 1979. *Mechanisms of language change in Latin*. Stockholm, Almqvist & Wiksell International.

Jespersen, Otto. 1897-99 [1904]. *Lehrbuch der Phonetik*. Leipzig/Berlin, Teubner. [= *Fonetik. En systematisk fremstilling af læren om sproglyd*. København, 1897-99. Autorisierte Übersetzung von Hermann Davidsen.]

Jespersen, Otto. 1922. *Language. Its nature, origin and development*. London, Allen & Unwin.

Jodogne, Omer. 1939. "Notes sur la diphtongaison de l'e ouvert entravé en wallon liégois". En *Mélanges de linguistique romane offerts à M. Jean Haust*. Liège: 233-38.

Juret, A. 1922. "Essai d'explication de la transformation des voyelles latines accentuées ę, ǫ, *a* en roman *ie, uo, ë*". *Bulletin de la Société de Linguistique de Paris* 23: 138-155.

King, Robert D. 1969. *Historical linguistics and Generative Grammar*. Englewood Cliffs, NJ, Prentice-Hall.

Kiss, Sándor. 1971. *Les transformations de la structure syllabique en latin tardif*. Debrecen, Kossuth Lajos Tudományegyetem.

Klaasen-Don, L. E. O. & L. C. W. Pols. 1984. "The role of coarticulation in the identification of consonants". En Van den Broecke, M. P. R. & A. Cohen, eds. *Proceedings of the Tenth International Congress of Phonetic Sciences*. Dordrecht, Foris: 451-454.

Klausenburger, Jürgen. 1975. "Latin vocalic quantity to quality: A pseudo-problem?". En Saltarelli, Mario & Dieter Wanner, eds. *Diachronic studies in Romance linguistics. Papers presented at the Conference on Diachronic Romance Linguistics, University of Illinois, April 1972*. The Hague, Mouton: 107-117 y 5 (abstract).

Kluender, Keith R.; Randy L. Diehl & Beverly A. Wright. 1988. "Vowel-length differences before voiced and voiceless consonants: an auditory explanation". *Journal of Phonetics* 16: 153-169.

Kovaćec, A. 1984. "Istroromâna". En Rusu, Valeriu, coord. *Tratat de dialectologie românească*. Craiova, Scrisul Românesc: 550-591.

Křepinský, Max. 1923. *Inflexión de las vocales en español*. Madrid, RFE, Anejo III. [Original en checo. Traducción de la versión francesa y notas de Vicente García de Diego]

Kröll, Heinz. 1994. "Português: Dialectos e variedades regionais em Portugal". *LRL* 6,2 § 450: 545-559.

Krüger, Fritz. 1923. *El dialecto de San Ciprián de Sanabria. Monografía leonesa*. Madrid, Sucesores de Hernando. [Anejo IV de la RFE]

Kuen, Heinrich. 1932-1934. "El dialecto de Alguer y su posición en la historia de la lengua catalana". *Anuari de l'Oficina Romànica de Lingüística i Literatura* 5, 7: 121-177; 41-112. [El trabajo apareció fragmentado en los volúmenes 5 (1932) y 7 (1934) y tiene tanto la paginación correspondiente a cada número, como también una paginación interna al propio artículo: 1-57, 59-130. Las páginas que se dan en las citas son las correspondientes a la paginación interna.]

Kurath, Hans. 1964. *A phonology and prosody of modern English*. Ann Arbor, University of Michigan Press.

Kuryłowicz, Jerzy. 1968. *Indogermanische Grammatik. Band II: Akzent. Ablaut*. Heidelberg, Carl Winter, Universitätsverlag. [*Indogermanische Grammatik. Herausgegeben von Jerzy Kuryłowicz.*]

Labov, William. 1972 [1977]. "La evolución interna de las reglas lingüísticas". En Stockwell, Robert P. & Ronald K. S. Macaulay, eds. *Cambio lingüístico y teoría generativa*. Madrid, Gredos: 146-233. [= "The internal evolution of linguistic rules" en *Linguistic change and generative theory. Essays from the UCLA Conference in Historical Linguistics in the Perspective of Transformational Theory, February 1969*. Bloomington, Indiana University Press, 1972. Traducción de José L. Melena.]

Labov, William. 1994. *Principles of linguistic change. 1: Internal factors*. Oxford, Blackwell.

Ladefoged, Peter. 1982[2]. *A course in phonetics*. Los Angeles, University of California.

Ladefoged, Peter & Ian Maddieson. 1996. *The sounds of the world's languages*. Oxford, Blackwell.

Lambrior, Alexandru. 1878. "L'*e* bref latin en roumain". *Romania* 7: 85-93.

Lass, Roger. 1984. "Vowel system universals and typology: prologue to theory". *Phonology Yearbook* 1: 75-111.

Lausberg, Heinrich. 1947. "Zum romanischen Vokalismus". *Romanische Forschungen* 60: 295-307.

Lausberg = Heinrich Lausberg. 1963[2] [1965]. *Lingüística románica: Fonética*. Madrid, Gredos. [= *Romanische Sprachwissenschaft. I. Einleitung und Vokalismus. II. Konsonantismus*. Berlin, de Gruyter, 1956[1]; 1963[2] de la introducción y el vocalismo. Traducción de J. Pérez Riesco y E. Pascual Rodríguez.]

1962. [1966] *Lingüística románica: Morfología.* Madrid, Gredos. [= *Romanische Sprachwissenschaft. III. Formenlehre.* Berlin, de Gruyter, 1962. Traducción de J. Pérez Riesco y E. Pascual Rodríguez.]

Learned, Henry Dexter. 1929. "The cause of the breaking of Vulgar Latin open e and o". *The Romanic Review* 20: 331-339.

Lehiste, Ilse & Gordon E. Peterson. 1961. "Transitions, glides and diphthong". *Journal of the Acoustical Society of America* 33: 268-277.

Lehiste, Ilse. 1970. *Suprasegmentals.* Cambridge, MIT.

Leite de Vasconcelos, José. 1901 [1970]. *Esquisse d'une dialectologie portugaise.* Lisboa, Centro de Estudos Filológicos. [2ª edição, com aditamentos e correcções do Autor, preparada, com base no exemplar conservado no Museu Etnológico "Dr. Leite de Vasconcellos", por Maria Adelaide Valle Cintra]

Leite de Vasconcelos, José. 1928. *Opúsculos II: dialectologia.* Coimbra, Imprensa da Coimbra.

Lima, Maria Alves. 1963. *Matosinhos: contribução para o estudo da linguagem, etnografia e folclore do concelho.* Coimbra, Imprensa da Coimbra.

Lindau, Mona. 1978. "Vowel features". *Language* 54: 541-563.

Lindau, Mona; Kjell Norlin & Jan-Olof Svantesson. 1990. "Some cross-linguistic differences in diphthongs". *Journal of the International Phonetic Association* 20: 10-14.

Lindblom, Björn. 1986. "Phonetic universals in vowel systems". En Ohala, John J. & Jeri J. Jaeger, eds. *Experimental phonology.* Orlando, Florida, Academic Press: 13-44.

Lindgren, Kaj B. 1980. "Mittelhochdeutsch". En Althaus, Peter; Helmut Henne & Herbert Ernst Wiegand, eds. *Lexikon der germanistischen Linguistik. 2., vollständig neu bearbeitete und erweiterte Auflage.* Tübingen, Max Niemeyer, § 66: 580-584.

Lindsay, Wallace Martin. 1894 [1897]. *Die lateinische Sprache. Ihre Laute, stämme und Flexionen in sprachgeschichtlicher Darstellung.* Leipzig, Hirzel. [= *The Latin language. An historical account of Latin sounds, stems and inflexions.* Oxford, Clarendon Press, 1894. Traducción de Hans Nohl.]

Lipski, John M. 1979. "On vowel-diphthong transitions". En Hollien, Harry & Patricia Hollien, eds. *Current issues in the phonetic sciences. Proceedings of the IPS-77 Congress, Miami Beach, Florida, December 1977.* Amsterdam, John Benjamins: 551-561.

Lloyd, Paul M. 1987 [1993]. *Del latín al español.* Madrid, Gredos. [= *From Latin to Spanish. Vol. I.: Historical phonology and morphology of the Spanish language.* Traducción de Adelino Álvarez Rodríguez.]

Loi Corvetto, Ines. 1975. "La metafonesi nell'italiano regionale di Sardegna". *Lingua e Stile* 10: 57-77.

Loporcaro, Michele. 1987. *Grammatica storica del dialetto di Altamura.* Pisa, Giardini.

Louro, José Inês. 1961. "Metafonia do e tónico em português". En *Actas do IX Congresso Internacional de Linguística Românica. Lisboa 1959.* Lisboa, Centro de Estudos Filológicos, 1: 105-113.

LRL = Günter Holtus; Michael Metzeltin & Christian Schmitt, eds. 1988-. *Lexikon der Romanistischen Linguistik. Band III: Rumänisch, Dalmatisch/istroromanisch, Friaulisch, Ladinisch, Bündnerromanisch (1989). Band IV: Italienisch, Korsische, Sardisch (1988). Band V,1: Französich (1990). Band V,2: Okzitanisch, Katalanisch (1991). Band VI,2: Galegisch, Portugiesisch (1994).* Tübingen, Niemeyer.

Lubker, James. 1981. "Temporal aspects of speech production: Anticipatory labial coarticulation". *Phonetica* 38: 51-65.

Lücking, G. 1877. *Die ältesten französischen Mundarten: Eine sprachgeschichtliche Untersuchung.* Berlin.

Lüdtke, Helmut. 1953. "Fonemática portuguesa II: Vocalismo". *Boletim de Filologia* 14: 197-217.

Lüdtke, Helmut. 1954/55. "Zur Lautlehre des Bündnerromanischen". *Vox Romanica* 14: 223-242.

Lüdtke, Helmut. 1956. *Die strukturelle Entwicklung des romanischen Vokalismus.* Bonn, Romanisches Seminar an der Universität Bonn.

Luick, Karl. 1891. "Unechte und steigende Diphthonge". *Beiträge zur Geschichte der deutschen Sprache und Literatur* 16: 336-342.

Luschützky, Hans Christian. 1992. *Zur Phonologie der Affrikaten.* Frankfurt a. M., Wissenschaftliche Buchhandlung Theo Hector. [Forum Phonetikum, 48]

Luzi, Johann. 1904. "Die sutselvischen Dialekte (Lautlehre)". *Romanische Forschungen* 16: 757-846.

Maddieson, Ian. 1984. *Patterns of sounds.* Cambridge, CUP.

Maddieson, Ian. 1985. "Phonetic cues to syllabification". En Fromkin, Victoria A., ed. *Phonetic linguistics. Essays in honor of Peter Ladefoged.* Orlando, Academic Press: 203-221.

Maddieson, Ian & Karen Emmorey. 1985. "Relationship between semivowels and vowels: cross-linguistic investigations of acoustic difference and coarticulation". *Phonetica* 42: 163-174.

Magno-Caldognetto, Emanuela & L. Croatto. 1985. "I movimenti articolatori: problemi e modelli". *Quaderni del Centro di Studio per le Ricerche di Fonetica* 4: 99-161.

Maiden, Martin. 1991. *Interactive morphonology. Metaphony in Italy.* London, Routledge.

Major, Roy C. 1981. "Stress-timing in Brazilian Portuguese". *Journal of Phonetics* 9: 343-351.

Major, Roy C. 1985. "Stress and rhythm in Brazilian Portuguese". *Language* 61: 259-82.

Major, Roy C. 1990. "Rhythmic typology and change in Brazilian Portuguese". *Folia Linguistica Historica* 11: 105-120.

Malagoli, Giuseppe. 1930. "Fonologia del dialetto di Lizzano in Belvedere". *L'Italia Dialettale* 6: 125-196.

Malkiel, Yakov. 1975/76. "From falling to rising diphthongs: The case of Old Spanish *ió* < *éu* (with excursuses on the weak preterite, on the possessives, and on *judío, sandío,* and *romero)*". *Romance Philology* 29: 435-500.

Malkiel, Yakov. 1976. "Multi-conditioned sound change and the impact of morphology on phonology". *Language* 52: 757-778.

Malkiel, Yakov. 1980/81. "The fluctuating intensity of a "sound law": Some vicissitudes of Latin ĕ and ŏ in Spanish". *Romance Philology* 34: 48-63.

Malkiel, Yakov. 1982/83. "Morpho-semantic conditioning of Spanish diphthongization: The case of *teso ~ tieso*". *Romance Philology* 36: 154-184.

Malkiel, Yakov. 1984a. "Spanish diptongization and accentual structure in diachronic perspective". *Diachronica* 1: 217-241.

Malkiel, Yakov. 1984b. "Old Spanish resistance to diphthongization, or previous vowel lengthening?". *Language* 60: 70-114.

Malmberg, Bertil. 1948 [1965]. "La estructura silábica del español". En *Estudios de fonética hispánica.* Madrid, C.S.I.C.: 3-28. [= "La structure syllabique de l'espagnol. Étude de phonétique". Publicado originalmente en *Boletim de Filologia* 9 (1948): 99-120.]

Malmberg, Bertil. 1962. "La structure phonétique de quelques langues romanes". *Orbis* 11: 131-178.

Marin, M. & B. Marinescu. 1984. "Dacoromâna. Graiurile din Transilvania". En Rusu, Valeriu, coord. *Tratat de dialectologie românească.* Craiova, Scrisul Românesc: 354-390.

Markey, T. L. 1973. "Comparability, graduality and simplification in dialectology". *Orbis* 22: 305-330.

Markey, T. L. 1981. *Frisian*. The Hague, Mouton.

Marotta, Giovanna. 1985. *Modelli e misure ritmiche: la durata vocalica in italiano*. Bologna, Zanichelli.

Marotta, Giovanna. 1987. "Dittongo e iato in italiano: una difficile discriminazione". *Annali della Scuola Normale Superiore di Pisa. Serie III. Classe di lettere, storia e filosofia* 17: 847-887.

Martinet, André. 1964[2] [1974]. *Economía de los cambios fonéticos. Tratado de fonología diacrónica*. Madrid, Gredos. [= *Économie des changements phonétiques. Traité de phonologie diachronique*. Berne, Francke, 1955[1], 1964[2]. Traducción de Alfredo de la Fuente Arranz.]

Martinet, André & Henriette Walter. 1973. *Dictionnaire de la prononciation française dans son usage réel*. Paris, France-Expansion.

Martínez Celdrán, Eugenio. 1984. *Fonética. Con especial referencia a la lengua castellana*. Barcelona, Teide.

Martínez Celdrán, Eugenio. 1989. *Fonología general y española*. Barcelona, Teide.

Martins, Ana Maria. 1988. "Metafonia verbal no português — uma abordagem histórica". En Kremer, Dieter, ed. *Homenagem a Joseph M. Piel por ocasião do seu 85° aniversário*. Tübingen, Niemeyer: 349-366.

Matzke, John E. 1896. "Ueber die Aussprache des altfranzösichen ue von lateinischem ŏ". *Zeitschrift für romanische Philologie* 20: 1-14.

Meillet, Antoine. 1900-03. "De la différenciation des phonèmes". *Mémoires de la Société de Linguistique de Paris* 12: 14-34.

Méndez Dosuna, Julián & Carmen Pensado. 1986. "Can phonological changes really have a morphological origin? The case of old spanish *ie > i* and *ue > e*". *Diachronica* 3: 185-201.

Menéndez Pidal, Ramón. 1906 [1962]. *El dialecto leonés*. Oviedo, Instituto de Estudios Asturianos. [Publicado originalmente en *Revista de Archivos, Bibliotecas y Museos* 14 (1906): 128-172, 294-311. Reimpreso junto con "Notas acerca del bable de Lena", con prólogo, notas y apéndices de Carmen Bobes. "El dialecto leonés", págs. 13-117. "Notas acerca del bable de Lena", págs. 119-151. "Mapa del dominio leonés", pág. 152. "Apéndices y bibliografía", págs. 153-183.]

Menéndez Pidal, Ramón. 1940[6]. *Manual de gramática histórica española*. Madrid, Espasa-Calpe. [1904[1]]

Menéndez Pidal, Ramón. 1950[3]. *Orígenes del español. Estado lingüístico de la Península Ibérica hasta el siglo XI*. Madrid, Gredos.

Mengel, Erich. 1936. *Umlaut und Diphtongierung in den Dialekten des Picenums*. Köln.

Menzerath, Paul. 1941. *Der Diphtong. Eine kritische und experimentelle Untersuchung*. Bonn & Berlin, Dümmler.

Merlo, Clemente. 1920. *Fonologia del dialetto di Sora (Caserta)*. Pisa, Mariotti.

Meyer, Gustav. 1888. "Die lateinischen Elemente im Albanesischen". En Gröber, Gustav, ed. *Grundriss der romanischen Philologie*. Strassburg, Trübner, 1: 804-821.

Meyer-Lübke, Wilhelm. 1884. "Beiträge zur romanischen Laut- und Formenlehre. I. Die Behandlung tonloser Paenultima". *Zeitschrift für romanische Philologie* 8: 204-242.

Meyer-Lübke, Wilhelm. 1890. *Grammaire des langues romanes. Tome premier: Phonétique*. Paris, Welter. [= *Grammatik der romanischen Sprachen. Romanische Lautlehre*. Leipzig, Fues's Verlag (R. Reisland), 1890. Traducción de Eugène Rabiet.]

Meyer-Lübke, Wilhelm. 1894 [1895]. *Grammaire des langues romanes. Tome deuxième: Morphologie*. Paris, Welter. [= *Grammatik der romanischen Sprachen. Romanische*

Formenlehre. Leipzig, O. R. Reisland, 1894. Traducción de Auguste Doutrepont y Georges Doutrepont.]

Meyer-Lübke, Wilhelm. 1914. "Rumänisch, Romanisch, Albanesisch". *Mitteilungen des rumänischen Instituts an der Universität Wien* 1: 1-42.

Meyer-Lübke, Wilhelm. 1920[3] [1926]. *Introducción al estudio de la lingüística romance*. Madrid, Centro de Estudios Históricos. [= *Einführung in das Studium der romanischen Philologie*. Heidelberg, 1920. Traducción, notas y adiciones de Américo Castro. 1901[1], 1909[2]]

Meyer-Lübke, Wilhelm. 1927. *Grammatica storica della lingua italiana e dei dialetti toscani. Riduzione e traduzione di Matteo Bartoli e Giacomo Braun. Con aggiunte dell'Autore e di E. G. Parodi. Nuova edizione curata da Matteo Bartoli*. Torino, Chiantore. [= *Italienische Grammatik*. Leipzig, 1890. = *Grammatica storica della lingua italiana e dei dialetti toscani. Riduzione e traduzione di Matteo Bartoli e Giacomo Braun*. Torino, 1901.]

Meyer-Lübke, Wilhelm. 1934[4]. *Historische Grammatik der französichen Sprache. Erster Teil: Laut- und Flexionslehre*. Heidelberg, Carl Winters Universitätsbuchhandlung.

Millardet, Georges. 1910. *Études de dialectologie landaise. Le développement des phonèmes additionnels*. Toulouse, Édouard Privat.

Millardet, Georges. 1923. *Linguistique et dialectologie romanes. Problèmes et méthodes*. Montpellier, Société des Langues Romanes.

Mioni, Alberto M. 1973. *Fonematica constrastiva. Note ed esercizi. Italiano, francese, spagnolo, tedesco, inglese, russo, portoghese, rumeno, neerlandese, altre lingue*. Bologna, Pàtron.

Moll, Francesc de Borja. 1952. *Gramática histórica catalana*. Madrid, Gredos.

Monroy Casas, Rafael. 1980. *Aspectos fonéticos de las vocales españolas*. Madrid, SGEL.

Morosi, Giuseppe. 1878. "Il vocalismo del dialetto leccese". *Archivio Glottologico Italiano* 4: 117-144.

Muljačić, Žarko. 1971. "IV. Dalmate". En Bec, Pierre, *Manuel pratique de philologie romane. II: Français, roumain, sarde, rhéto-frioulan, franco-provençal, dalmate. Phonologie. Index*. Paris, Picard: 393-416.

Munhall, Kevin; Carol Fowler; Sarah Hawkins & Elliot Saltzman. 1992. ""Compensatory shortening" in monosyllables of spoken English". *Journal of Phonetics* 20: 225-239.

Murray, Robert W. 1987. "Preference laws and gradient change: Selected developments in Romance". *Canadian Journal of Linguistics* 32: 115-132.

Murray, Robert W. 1989. "On models of syllable division". *Revue Québécoise de Linguistique Théorique et Appliquée* 18: 151-170.

Mussafia, Adolfo. 1868. "Zur rumänischen Vokalisation". *Sitzungsberichte der Wiener Akademie der Wissenschaften* 58: 125-154.

Nandriş, Octave. 1963. *Phonétique historique du roumain*. Paris, Klincksieck.

Nathan, Geoffrey S. 1986. "Phonemes as mental categories". En Nikiforidou, Vassiliki; Mary VanClay; Mary Niepokuj & Deborah Feder, eds. *Proceedings of the twelfth annual meeting of the Berkeley Linguistics Society*. Berkeley, BLS, University of California: 212-223.

Navarro Tomás, Tomás. 1916. "Cantidad de las vocales acentuadas". *Revista de Filología Española* 3: 387-408.

Navarro Tomás, Tomás. 1917. "Cantidad de las vocales inacentuadas". *Revista de Filología Española* 4: 371-388.

Navarro Tomás, Tomás. 1932[4] [1990]. *Manual de pronunciación española*. Madrid, CSIC. [1918[1]]

Navarro Tomás, Tomás. 1971. "Diptongos y tonemas". *Thesaurus. Boletín del Instituto Caro y Cuervo* 26: 1-10.

Neagoe, Victorela. 1984. "Dacoromâna. Subdialectul bănăţean". En Rusu, Valeriu, coord. *Tratat de dialectologie românească*. Craiova, Scrisul Românesc: 240-284.

Neiescu, Petru. 1977. "Cu privire la o accentuat în dialectul aromân". *Cercetări de Lingvistica* 22: 203-204.

Niederländer, J. 1900. "Die Mundart von Namur". *Zeitschrift für romanische Philologie* 24: 1-32; 251-309.

Nielsen, Karl Martin. 1957. "Scandinavian Breaking". *Acta Philologica Scandinavica* 24: 33-45.

Noreen, Adolf. 1923[4]. *Altnordische Grammatik. I. Altisländische und altnorwegische Grammatik (Laut- und Flexionslehre) uner Berücksichtigung des Urnordischen*. Halle (Saale), Niemeyer. [Reimpresión: Niemeyer, Tübingen, 1970. 1884[1]]

Nyrop, Kristoffer. 1935[4]. *Grammaire historique de la langue française. I: Histoire générale de la langue française. Phonétique historique*. Copenhague, Gyldendalske Boghandel, Nordisk Forlag.

Ohala, John J. 1989. "Sound change is drawn from a pool of synchronic variation". En Breivik, Leiv Egil & Ernst Håkon Jahr, eds. *Language change. Contributions to the study of its causes*. Berlin, Mouton de Gruyter: 173-198.

Palmer, H. 1920. *First course of English phonetics*. Cambridge, Heffer.

Papa, Eugene. 1978. "The Metaphony of /ɛ/ and /ɔ/ in Central and Southern Italy". *Journal of Italian Linguistics* 3: 1-14.

Passy, Paul. 1891. *Étude sur les changements phonétiques et leurs caractères généraux*. Paris, Firmin Didot.

Passy, Paul. 1909. "L'évolucion de quelques diftongues en vieus français. ei (oi), ie, ou (eu), uo (ue)". En *Philologie et linguistique: Mélanges offerts à L. Havet*. Paris, Hachette: 343-358.

Penny, Ralph J. 1969a. *El habla pasiega: Ensayo de dialectología montañesa*. London, Tamesis Books Limited.

Penny, Ralph J. 1969b. "Vowel-harmony in the speech of the Montes de Pas (Santander)". *Orbis* 18: 148-166.

Penny, Ralph J. 1991. *A history of the Spanish language*. Cambridge, CUP.

Pensado, Carmen. 1984. *Cronología relativa del castellano*. Salamanca, Universidad de Salamanca.

Pensado, Carmen. 1985. "El cierre de las vocales romances ante una palatal y su motivación articulatoria". En Melena, José L., ed. *Symbolae Ludovico Mitxelena septuagenario oblatae*. Vitoria Gasteiz, Universidad del País Vasco: 639-646.

Pensado, Carmen. 1986. "El contacto de sílabas como origen de las evoluciones de las secuencias de consonante + *wau* en romance". *Revista de Filología Románica* 4: 73-110.

Pensado, Carmen. 1988. "How do unnatural syllabifications arise? The case of consonant + glide in Vulgar Latin". *Folia Linguistica Historica* 8: 115-142.

Pensado, Carmen. 1989. "Los triptongos *iou, uei* en los dialectos hispánicos: ¿arcaísmos o contaminaciones recientes?". En *Philologica II. Homenaje a D. Antonio Llorente*. Salamanca, Universidad de Salamanca: 351-366.

Petrovici, Emil. 1957a. *Kann das Phonemsystem einer Sprache durch fremden Einfluss umgestaltet werden? Zum slavischen Einfluss auf das rumänische Lautsystem*. The Hague, Mouton.

Petrovici, Emil. 1957b. "Fenomene de sinarmonism în fonetica istorică a limbii romîne". *Cercetări de Lingvistica* 2: 97-124.

Piccitto, Giorgio. 1941. "Fonetica del dialetto di Ragusa. Parte prima: vocalismo". *L'Italia Dialettale* 17: 17-80.

Piel, Joseph M. 1942. "Considerações sôbre a metafonia portuguesa". *Biblos* 18: 365-371.

Pike, Kenneth L. 1947a. *Phonemics: A technique for reducing languages to writing.* Ann Arbor, University of Michigan Press.

Pike, Kenneth L. 1947b. "On the phonemic status of English diphthongs". *Language* 23: 151-159.

Pike, Kenneth L. & Eunice Victoria Pike. 1947. "Immediate constituents of Mazateco syllables". *International Journal of American Linguistics* 13: 78-91.

Pope, Mildred K. 1934 [1952]. *From Latin to modern French with especial consideration of Anglo-norman. Phonology and Morphology.* Manchester, Manchester University Press. [Reproducción de la edición original con algunas correcciones menores y añadidos.]

Posner, Rebecca. 1965/66. "Rumanian and Romance Philology. Review article on Octave Nandriş, *Phonétique historique du roumain,* Paris: 1963". *Romance Philology* 19: 450-459.

Pulgram, Ernst. 1979. "What is a diphthong?". En Rauch, Irmengard & Gerald F. Carr, eds. *Linguistic method: Essays in honor of Herbert Penzl.* The Hague, Mouton: 153-160.

Purczinsky, Julius. 1969/70. "A Neo-Schuchardtian theory of general Romance diphtongization". *Romance Philology* 23: 492-528.

Quirk, Randolph & C. L. Wrenn. 1957[2]. *An Old English grammar.* London, Methuen. [1955[1]]

RAE = Real Academia Española. 1973. *Esbozo de una nueva gramática de la lengua española.* Madrid, Espasa-Calpe.

Recasens, Daniel. 1984. "Timing constraints and coarticulation: alveolo-palatals and sequences of alveolar + [j] in Catalan". *Phonetica* 41: 125-139.

Recasens, Daniel. 1987. "An acoustic analysis of V-to-C and V-to-V coarticulatory effects in Catalan and Spanish VCV sequences". *Journal of Phonetics* 15: 299-312.

Recasens, Daniel. 1991. *Fonètica descriptiva del català. Assaig de caracterització de la pronúncia del vocalisme i consonantisme del català al segle XX.* Barcelona, Institut d'Estudis Catalans.

Reinhard, Tomi. 1955-1956. "Umbrische Studien". *Zeitschrift für romanische Philologie* 71, 72: 172-234; 1-53.

Reinheimer-Rîpeanu, Sanda. 1976. ""Diftongi" romanice". *Studii și cercetări lingvistice* 27: 155-162.

Renzi, Lorenzo. 1965. "Gli studi di rumeno di Adolfo Mussafia". En *Omagiu lui Alexandru Rosetti la 70 de ani.* Bucureşti, Editura Academiei: 745-750.

REW = Wilhelm Meyer-Lübke. 1935[3]. *Romanisches etimologisches Wörterbuch.* Heidelberg, Carl Winters Universitätsbuchhandlung.

Richter, Elise. 1911. "Der innere Zusammenhang in der Entwicklung der romanischen Sprachen". En Gröber, Gustav, ed. *Prinzipienfragen der romanischen Sprachwissenschaft. Wilhelm Meyer-Lübke zur Feier der Vollendung seines 50. Lehrsemesters und seines 50. Lebensjahres.* Halle, Niemeyer, 2: 57-143.

Richter, Elise. 1934. *Beiträge zur Geschichte der Romanismen I: Chronologische Phonetik des Französischen bis zum Ende des 8. Jahrhunderts.* Halle, Max Niemeyer.

Rischel, Jørgen. 1968. "Diphthongization in Faroese". *Acta Linguistica Hafniensia* 11: 98-118.

Rischel, Jørgen. 1991. "The relevance of phonetics for phonology: A commentary". *Phonetica* 48: 233-262.

Rix, Helmut. 1966. "Die lateinische Synkope als historisches und phonologisches Problem". *Kratylos* 11: 156-165.

Rizzolatti, Piera. 1979. "Nuove ipotesi sulla dittongazione friulana". *Ce fastu?* 55: 56-65.

Rizzolatti, Piera. 1981. *Elementi di linguistica friulana.* Udine, Soc. Filologica Friulana.

Rodríguez Castellano, Lorenzo. 1952. *La variedad dialectal del alto Aller.* Oviedo.

Rodríguez Castellano, Lorenzo. 1959. "Algunas precisiones sobre la metafonía de Santander y Asturias". *Archivum* 9: 236-248.

Rohlfs = Gerhard Rohlfs. 1966-1969[2]. *Grammatica storica della lingua italiana e dei suoi dialetti. I: Fonetica. II: Morfologia. III: Sintassi e formazione delle parole.* Torino, Einaudi. [Traducción y revisión de *Historische Grammatik der Italienischen Sprache und ihrer Mundarten. I: Lautlehre. II: Formenlehre und Syntax. III: Syntax und Wortbildung.* Bern, Francke, I-II, 1949; III, 1954. Traducción de Salvatore Persichino (I); Temistocle Franceschi (II y primera parte de III); Maria Caciagli Fancelli (segunda parte de III).]

Rohlfs, Gerhard. 1977. *Nuovo dizionario dialettale della Calabria (con repertorio italo-calabro). Nuova edizione interamente rielaborata ampliata ed aggiornata.* Ravenna, Longo.

Rohlfs, Gerhard. 1977[3]. *Le Gascon. Études de philologie pyrénnéenne.* Tübingen & Pau, Niemeyer & Marrimpouey. [1935[1], 1970[2]]

Rokseth, Pierre. 1921. "La diphtongaison en catalan". *Romania* 47: 532-546.

Romeo, Luigi. 1968. *The Economy of Diphtongization in Early Romance.* The Hague, Mouton.

Ronjat, Jules. 1924. "Accent, quantité et diphtongaison en roman et ailleurs". *Bulletin de la Société de Linguistique de Paris* 24: 356-377.

Ronjat, Jules. 1930. *Grammaire istorique [sic] des parlers provençaux modernes. I: Introduction. Fonétique: I. Voyelles et diftongues.* Montpellier, Société des langues romanes.

Rosetti, Alexandru. 1950. "Recensión de Friedrich Schürr, "Die rumänische Diphthongierung". *Archiv für das Studium der neueren Sprachen und Literaturen* 186 (1949): 146-154". *Studii și cercetări lingvistice* 1: 306-307.

Rosetti, Alexandru. 1954 [1959]. "Quelques problèmes de la phonétique du roumain". En Rosetti, Alexandru, ed. *Recherches sur les diphtongues roumaines.* Bucarest/Copenhague, Éditions de l'Académie/Munksgaard: 47-52. [Publicado originalmente en rumano en *Studii și cercetări lingvistice* 5 (1954): 3-4, 433-442.]

Rosetti, Alexandru. 1964. "Asupra diftongării lui e și o accentuați în limba română". *Studii și cercetări lingvistice* 15: 571-573.

Rosetti, Alexandru. 1966. "Sur la diphtongaison de l'e accentué en roumain". *Revue Roumaine de Linguistique* 11: 323-324.

Rosetti, Alexandru. 1975. "Sur la diphtongaison en roumain". *Revue Roumaine de Linguistique* 12: 732. [Reseña de Spore (1972).]

Rousselot, l'abbé Jean-Pierre. 1901-08. *Principes de phonétique expérimentale.* Paris-Leipzig, Welter.

Sala, Marius. 1976. *Contributions à la phonétique historique du roumain.* Paris, Klincksieck. [Traducción ampliada de *Contribuții la fonetica istorică a limbii române.* București, Editura Academiei, 1970.]

Salverda de Grave, Jean-Jacques. 1918. "La diphtongaison des voyelles libres accentuées en français". *Neophilologus* 3: 161-167.

Salverda de Grave, Jean-Jacques. 1928. *Sur une double accentuation des diphtongues en français.* Amsterdam, Uitgave van de Koninklijke Akademie van Wetenschappen te Amsterdam.

Salvioni, Carlo. 1886. "Saggi intorno ai dialetti di alcune vallate all'estremità settentrionale del Lago Maggiore. I. Annotazioni fonetiche e morfologiche. II. Effetti dell'-*i* sulla tonica". *Archivio Glottologico Italiano* 9: 188-260.

Salza, Pier Luigi. 1988. "Durations of Italian diphthongs and vowel clusters". *Language and Speech* 31: 97-113.

Salza, Pier Luigi; Giovanna Marotta & Davide Ricca. 1987. "Duration and format frequencies of italian bivocalic sequences". *Quaderni del Laboratorio di Linguistica* 1: 29-32.

Sampson, Rodney. 1985a. "Observations sur la diphtongaison de /ɛ/ en *ie* en protoroumain". En Bouvier, Jean-Claude, ed. *Actes du XVIIe Congrès International de Linguistique et Philologie Romanes. Aix-en-Provence 1983*. Aix-en-Provence, Université de Provence, 3: 79-88.

Sampson, Rodney. 1985b. "The pattern of evolution of Balkan Latin /E/". *Revue Roumaine de Linguistique* 30: 327-359.

Sánchez Miret, Fernando. 1997. "Los diptongos [i̯ə, u̯ə] en la Romania y su relación histórica con [i̯e, u̯e, u̯o]". *Verba* 24: 83-97.

Sánchez Miret, Fernando. 1998. "Aspectos de la metafonía en los dialectos italianos. ¿Hubo realmente diptongación de /ɛ, ɔ/ condicionada por (-*i*, -*u*)?". En Giovanni Ruffino, ed. *Atti del XXI Congresso Internazionale di Linguistica e Filologia Romanza. Palermo 1995. Vol. I. Grammatica storica delle lingue romanze*. Tübingen, Niemeyer: 361-369.

Santerre, Laurent & Jean Millo. 1978. "Diphthongization in Montreal French". En Sankoff, David, ed. *Linguistic variation. Models and methods*. New York, Academic Press: 173-184.

Saporta, Sol. 1956. "A note on Spanish semivowels". *Language* 32: 287-290.

Scaffidi Abbate, Augusto. 1979. *Introduzione allo studio comparativo delle lingue germaniche antiche*. Bologna, Pàtron.

Schane, Sanford A. 1995. "Diphthongization in Particle Phonology". En Goldsmith, John A., ed. *The handbook of phonological theory*. Cambridge, Blackwell: 586-608.

Schmitt Jensen, Jørgen. 1974. "Discussion de la thèse de Palle Spore: *La diphtongaison romane*". *Revue Romane* 9: 145-157. [Incluido dentro de la discusión de la tesis de Palle Spore: Knud Togeby, págs. 122-129. Réponse à Knud Togeby, págs. 130-134. Réplique de Knud Togeby à Palle Spore, págs. 134-135. M. Nøjgaard, págs. 135-143. Réponse a M. Nøjgaard, págs. 143-145. Jørgen Schmitt Jensen, págs. 145-157. Réponse a Jørgen Schmitt Jensen, págs. 157-161. Réplique de Jørgen Schmitt Jensen à Palle Spore, págs. 162-164]

Schmitt, Alfred. 1931. *Akzent und Diphthongierung*. Heidelberg, Carl Winter Universitätsverlag.

Schorta, Andrea. 1938. *Lautlehre der Mundart von Müstair*. Paris/Zürich-Leipzig, Droz/Max Niehans.

Schroeder, Walter. 1932. "Die bedingte Diphthongierung betonter Vokale im südfranzösischen Alpengebiet". *Volkstum und Kultur der Romanen* 5: 152-241.

Schubiger, Maria. 1977² [1989]. *Introducción a la fonética*. Valladolid, Universidad de Valladolid. [= *Einführung in die Phonetik*. Berlin, de Gruyter, 1977², 1970¹. Edición preparada por Francisco J. Zamora Salamanca y Micaela Carrera de la Red]

Schuchardt, Hugo. 1866-68. *Der Vokalismus des Vulgärlateins*. Leipzig, Teubner. [tres vols.]

Schuchardt, Hugo. 1872. "Albanisches und romanisches. Zu Miklosich's albanischen forschungen". *(Kuhns) Zeitschrift für vergleichende Sprachforschung auf dem Gebiete des Deutschen, Griechischen und Lateinischen* 20: 241-302.

Schuchardt, Hugo. 1874. "Phonétique française. I: *oi, ui = o + i, u + i*. II: *CH*. III: *Lz, nz*". *Romania* 3: 279-286.

Schuchardt, Hugo. 1878. "Recensión de Havet, "La prononciation de *ie* en français"". *Zeitschrift für romanische Philologie* 2: 187-188.

Schuchardt, Hugo. 1880. "Zu Foerster's romanische 'Vokalsteigerung'". *Zeitschrift für romanische Philologie* 4: 113-23.

Schuchardt, Hugo. 1885. *Über die Lautgesetze: Gegen die Junggrammatiker*. Berlin, Oppenheim. [Reproducido en Terence H. Wilbur, ed. 1977. *The Lautgesetzcontroversy. A documentation (1885-86)*. Amsterdam, John Benjamins.]

Schultz-Gora, Oskar. 1924⁴. *Altprovenzalisches Elementarbuch*. Heidelberg, Carl Winter. [1906¹]

Schürr, Friedrich. 1918. *Romagnolische Dialekstudien I. Lautlehre alter Texte*. Wien.

Schürr, Friedrich. 1919. *Romagnolische Dialekstudien II. Lautlehre lebender Mundarten*. Wien.

Schürr, Friedrich. 1933 [1971]. "La posizione storica del romagnolo fra i dialetti contermini". En *Probleme und Prinzipien romanischer Sprachwissenschaft*. Tübingen: 87-112. [Publicado originalmente en *Revue de Linguistique Romane* 9 (1933): 203-229]

Schürr, Friedrich. 1936. "Umlaut und Diphthongierung in der Romania". *Romanische Forschungen* 50: 275-316.

Schürr, Friedrich. 1938. "Nochmals über "Umlaut und Diphtongierung in der Romania"". *Romanische Forschungen* 52: 311-318.

Schürr, Friedrich. 1940 [1971]. "Die Stellung des Portugiesischen in der Romania". En *Probleme und Prinzipien romanischer Sprachwissenschaft*. Tübingen: 291-301. [Publicado originalmente en *Portugal-Festschrift der Universität Köln*, 1940: 107-119.]

Schürr, Friedrich. 1949 [1971]. "Die rumänische Diphtongierung". En *Probleme und Prinzipien romanischer Sprachwissenschaft*. Tübingen: 265-272. [Publicado originalmente en *Archiv für das Studium der neueren Sprachen und Literaturen* 186 (1949): 146-153]

Schürr, Friedrich. 1956. "La diphtongaison romane". *Revue de Linguistique Romane* 20: 107-144, 161-248.

Schürr, Friedrich. 1962. "Toskanische und romanische Diphtongierung". *Zeitschrift für romanische Philologie* 78: 479-489. [Seguido de un "Nachtrag" págs. 490-493, como respuesta a Castellani (1965 [Congreso de 1962]).]

Schürr, Friedrich. 1966 [1971]. "Dacorrománico e iberorrománico. Areas laterales de la Romanidad". En *Probleme und Prinzipien romanischer Sprachwissenschaft*. Tübingen: 313-324. [Publicado originalmente en *Acta Philologica* 5 (1966): 129-140.]

Schürr, Friedrich. 1970a. *La diphtongaison romane*. Tübingen, Fotodruck Präzis.

Schürr, Friedrich. 1970b [1971]. "L'italia meridionale focolare della metafonia romanza". En *Probleme und Prinzipien romanischer Sprachwissenschaft*. Tübingen: 219-237. [Publicado originalmente en *Abruzzo* (1970): 21-39.]

Schürr, Friedrich. 1972. "Epilogo alla discussione sulla dittongazione romanza". *Revue de Linguistique Romane* 36: 311-321.

Schürr, Friedrich. 1975. "Caractères et fonctionnement de la métaponie romane. Débarras de mirages phonétiques". *Revue de Linguistique Romane* 39: 296-307.

Sievers, Eduard. 1901⁵. *Grundzüge der Phonetik zur Einführung in das Studium der Lautlehre der indogermanischen Sprachen*. Leipzig, Breitkopf & Härtel. [1876¹, con el título de *Grundzüge der Lautphysiologie*]

Silva, Maria Helena Santos. 1961. "Características fonéticas do falar minhoto". *Boletim de Filologia* 20: 309-321.

Simon, Hans Joachim. 1967. *Beobachtungen an Mundarten Piemonts*. Heidelberg, Winter.

Skousen, Royal. 1975. *Substantive Evidence in Phonology. The Evidence from Finnish and French*. The Hague, Mouton.

Slama-Cazacu, Tatiana. 1958 [1959]. "The experimental reversed speaking, with special view to diphthongs". En Rosetti, Alexandru, ed. *Recherches sur les diphtongues roumaines.* Bucarest/Copenhague, Éditions de l'Académie/Munksgaard: 123-134.

Solomon, I. & S. J. Sara. 1984. "English diphthongs, [ai, oi, au]". En Van den Broecke, M. P. R. & A. Cohen, eds. *Proceedings of the Tenth International Congress of Phonetic Sciences.* Dordrecht, Foris: 411-414.

Sonderegger, Stefan. 1959. "Die Umlautfrage in den germanischen Sprachen". *Kratylos* 4: 1-12.

Spence, Nicol C. W. 1965. "Quantity and quality in the vowel system of Vulgar Latin". *Word* 21: 1-18.

Spore, Palle. 1972. *La diphtongaison romane.* Odense, Odense Universitetsforlag.

Stampe, David. 1972. "On the natural history of diphthongs". En Peranteau, Paul M.; Judith N. Levi & Gloria C. Phares, eds. *Papers from the eighth annual regional meeting of the Chicago Linguitic Sociey.* Chicago, CLS: 578-590.

Stampe, David. 1973 [1979]. *A dissertation on Natural Phonology.* Bloomington, IULC. [= *How I spent my summer vacation.* Ph. D. dissertation, University of Chicago, 1973.]

Steblin-Kamenskij, M. I. 1960. "The vowel system of modern Icelandic". *Studia Linguistica* 14: 35-46.

Stehl, Thomas. 1980. *Die Mundarten Apuliens. Historische und strukturelle Beiträge.* Münster, Aschendorffsche Buchhandlung.

Stengel, Edmund. 1868. *Vocalismus des lateinischen elemente in den wichtigsten romanischen dialekten von Graubünden und Tyrol, aufgestellt zur erlangung der doctorwürde.* Bonn.

Stimm, Helmut & Karl Peter Linder. 1989. "Bündnerromanisch: Interne Sprachgeschichte I. Grammatik". *LRL* 3 § 226: 764-785.

Storm, J. 1875. "Remarques sur les voyelles atones du latin, des dialectes italiques et de l'italien". *Mémoires de la Société de Linguistique de Paris* 2: 81-144.

Straka, Georges. 1953. "Observations sur la chronologie et les dates de quelques modifications phonétiques en roman et en français prélittéraire". *Revue des Langues Romanes* 71: 247-307.

Straka, Georges. 1959. "Durée et timbre vocaliques. Observations de phonétique générale, appliquées à la phonétique historique des langues romanes". *Zeitschrift für Phonetik, Sprachwissenschaft und Kommunikationsforschung* 12: 276-300.

Straka, Georges. 1990. "Le français. Phonétique et phonématique". *LRL* 5,1 § 293: 1-33.

Strang, Barbara M. H. 1970. *A history of English.* London, Methuen & Co Ltd.

Straßner, Erich. 1980. "Nordoberdeutsch". En Althaus, Peter; Helmut Henne & Herbert Ernst Wiegand, eds. *Lexikon der germanistischen Linguistik. 2., vollständig neu bearbeitete und erweiterte Auflage.* Tübingen, Max Niemeyer, § 51: 479-482.

Suchier, Hermann. 1888. "Die französische und provenzalische Sprache und ihre Mundarten". En Gröber, Gustav, ed. *Grundriss der romanischen Philologie.* Strassburg, Trübner, 1: 561-668.

Svenson, Lars-Ove. 1959. *Les parlers du Marais Vendéen.* Göteborg, Elanders Boktvyckeri Aktiebolag. [dos vols.]

Tekavčić, Pavao. 1972. *Grammatica storica dell'italiano.* Bologna.

Tekavčić, Pavao. 1976. "L'opera di Friedrich Schürr alla luce dei suoi contributi linguistici e letterari". *Studia Romanica et Anglica Zagrabiensia* 41-42: 129-165.

Terry, R. M. 1980. "Open syllabification and diphtongization of /è/ and /ò/ in preliterary Spanish". *Word* 31: 199-215.

Thomsen, V. 1876. "*E + I* en français". *Romania* 5: 64-75.

Tiktin, Hariton. 1886-88. "Der Vocalismus des Rumänischen". *Zeitschrift für romanische Philologie* 10, 11, 12: 246-255; 56-84; 220-241 y 436-462.

Tobler, Adolf. 1878. "Recensión de Havet, "La prononciation de *ie* en français"". *Zeitschrift für romanische Philologie* 2: 187.

Togeby, Knud. 1959/60. "Les explications phonologiques historiques sont-elles possibles?". *Romance Philology* 13: 401-413. [Recensión de Weinrich (1958).]

Torreblanca, Máximo. 1989. "De fonosintaxis histórica española: La ausencia de diptongación de ĕ y ŏ latinas no condicionada por palatal". *Journal of Hispanic Philology* 14: 61-77.

Trubetzkoy, Nicolai Serguievitch. 1939. *Grundzüge der Phonologie.* (*Travaux du Cercle Linguistique de Prague*, 7). Prague.

Tuttle, Edward F. 1973/74. "*Sedano, senero, prezzemolo* and the intertonic vowels in Tuscan". *Romance Philology* 27: 451-456.

Tuttle, Edward F. 1985/86. "Editor's note: Morphologization as redundancy in Central Italian dialects". *Romance Philology* 39: 35-43.

Tuttle, Edward F. 1985a. "Assimilazione "permansiva" negli esiti centro-meridionali di A tonica". *L'Italia Dialettale* 48: 1-30.

Tuttle, Edward F. 1985b. "Morfologizzazione della metafonesi nel ragusano. Postilla morfofonologica alla "Fonetica ... di Ragusa" di Giorgio Piccitto". En Ambrosini, Riccardo, ed. *Tra linguistica storica e linguistica generale. Scritti in onore di Tristano Bolelli*. Pisa, Pacini: 323-334.

Väänänen, Veikko. 1967² [1968]. *Introducción al latín vulgar.* Madrid, Gredos. [= *Introduction au latin vulgaire, nouvelle édition revue et complétée d'une anthologie avec commentaires.* Traducción de Manuel Carrión.]

Van Coetsem, Frans. 1979. "The features 'vocalic' and 'syllabic'". En Rauch, Irmengard & Gerald F. Carr, eds. *Linguistic method: Essays in honor of Herbert Penzl.* The Hague, Mouton: 547-556.

Van Coetsem, Frans & Anthony F. Buccini. 1990. "Variation and the Reconditioning of Phonological Rules". *Lingua* 81: 169-220.

Van Dantzig, Branco. 1929. "Der Einfluß des heterosyllabischen Jots auf einige vorangehende Vokale in der niederländischen Sprache". *Archives néerlandaises de phonétique expérimentale* 4: 60-66.

Vanelli, Laura. 1979. "L'allungamento delle vocale in friulano". *Ce fastu?* 55: 66-76.

Vayra, Mario; Cinzia Avesani & Carol A. Fowler. 1984. "Patterns of temporal compression in spoken Italian". En Van den Broecke, M. P. R. & A. Cohen, eds. *Proceedings of the Tenth International Congress of Phonetic Sciences.* Dordrecht, Foris: 541-546.

Venturelli, G. 1979. "Varietà di armonizzazioni vocaliche nella Garfagnana centro-meridionale". En Varvaro, Alberto, ed. *Atti del XIV Congresso Internazionale di Linguistica e Filologia Romanza. Napoli 1974.* Napoli/Amsterdam, Macchiaroli/Benjamins, 3: 101-104.

Vignoli, Carlo. 1911. "Il vernacolo di Castro dei Volsci". *Studj Romanzi* 7: 117-296.

Vignuzzi, Ugo. 1988. "Italiano: Aree linguistiche VII. Marche, Umbria, Lazio". *LRL* 4 § 273: 606-642.

Vihman, Marilyn May. 1968/69. "A paradox in the Vegliote treatment of Latin proparoxytonic vowels?". *Romance Philology* 22: 489-492.

Vincent, Nigel. 1988. "Latin". En Harris, Martin & Nigel Vincent, eds. *The Romance languages.* London, Croom Helm: 26-78.

Vineis, Edoardo. 1993. "Latino". En Giacalone Ramat, Anna & Paolo Ramat, eds. *Le lingue indoeuropee.* Bologna, Il Mulino: 289-348.

Virdis, Maurizio. 1988. "Sardo: Aree linguistiche". *LRL* 4 § 291: 897-913.

Vogel, Irene. 1982. *La sillaba come unità fonologica.* Bologna, Zanichelli.

Voretzsch, Carl. 1900. *Zur Geschichte der Diphthongierung im Altprovenzalischen.* Halle, Max Niemeyer.

Wagner, Max Leopold. 1941 [1984]. *Fonetica storica del sardo*. Cagliari, Trois. [= *Historische Lautlehre des Sardischen*. Halle, Max Niemeyer, 1941. Traducción al italiano de Giulio Paulis aumentada con una "Introduzione", págs. VII-CX y un "Appendice", págs. 477-636.]

Walker, Douglas C. 1984. *The pronunciation of Canadian French*. Ottawa, University of Ottawa Press.

Wallace, Stephen. 1975. "Structure, change, and typology: The case of Germanic". *Orbis* 24: 391-403.

Walter, Henriette. 1982. *Enquête phonologique et variétés régionales du français*. Paris, Presses Universitaires de France.

Wartburg, Walter von. 1967² [1971]. *La fragmentación lingüística de la Romania*. Madrid, Gredos. [= *La fragmentation linguistique de la Romania*. Paris, Klincksieck, 1967. Traducción al francés de J. Allières y G. Straka (contiene algunos retoques de Wartburg) de: *Die Ausgliederung der romanischen Sprachräume*. Bern, 1950. Traducción de la versión francesa de Manuel Muñoz Cortés. Una primera redacción del trabajo apareció en *Zeitschrift für romanische Philologie* 56 (1936): 1-48.]

Weeda, Don. 1983. "Perceptual and articulatory constraints on diphthongs in Universal Grammar". *Texas Linguistic Forum* 22: 147-162.

Weerenbeck, B. H. J. 1930. "Remarques sur l'ancienne diptongaison des voyelles latines e et o dans les langues romanes". *Neophilologus* 15: 161-178.

Weinrich, Harald. 1958. *Phonologische Studien zur romanischen Sprachgeschichte*. Münster, Äschendorffsche Verlags Buchhandlung.

Wheeler, Max W. 1988. "Occitan". En Harris, Martin & Nigel Vincent, eds. *The Romance languages*. London, Croom Helm: 246-278.

Wiesinger, Peter. 1970. *Phonetisch-phonologische Untersuchungen zur Vokalentwicklung in den deutschen Dialekten*. *Bd. 1: Die Langvokale im Hochdeutschen*. *Bd. 2: Die Diphthonge im Hochdeutschen*. Berlin, de Gruyter.

Wiesinger, Peter. 1982-83a. "Diphthongierung und Monophthongierung in den deutschen Dialekten". En Besch, Werner; Ulrich Knoop; Wolfgang Putschke & Herbert Ernst Wiegand, eds. *Dialektologie. Ein Handbuch zur deutschen und allgemeinen Dialektforschung*. Berlin, de Gruyter, 2; § 55: 1076-1083.

Wiesinger, Peter. 1982-83b. "Phonologische Vokalsysteme deutscher Dialekte. Ein synchronischer und diachronischer Überblick". En Besch, Werner; Ulrich Knoop; Wolfgang Putschke & Herbert Ernst Wiegand, eds. *Dialektologie. Ein Handbuch zur deutschen und allgemeinen Dialektforschung*. Berlin, de Gruyter, 2; § 54: 1042-1076.

Williams, Edwin B. 1962². *From Latin to Portuguese. Historical phonology and morphology of the Portuguese language*. Philadelphia, University of Pennsylvania Press. [1938¹]

Wright, Joseph. 1907. *Historical German grammar. Vol. I. Phonology, word-formation and accidence*. Oxford, University Press. [Reimpresión 1966]

Wüest, Jakob. 1974. "Recensión de Spore, *La diphtongaison romane*". *Vox Romanica* 33: 271-278.

Wurzel, Wolfgang Ullrich. 1980. "Ways of morphologizing phonological rules". En Fisiak, Jacek, ed. *Historical morphology*. The Hague, Mouton: 443-462.

Zamora Vicente, Alonso. 1967². *Dialectología española*. Madrid, Gredos. [1960¹]

Zdrenghea, M. 1957. [1960] "Quelques considérations sur l'évolution du système vocalique de la langue roumaine". *Revue Roumaine de Linguistique* 5: 91-99. [Versión en francés del artículo aparecido en *Analele ştiinţifice ale Univ. 'A.I. Cuza' din Iaşi* 3 (1957): 153-161.]

Apéndice

Presentamos aquí reunidas las distintas jerarquías que afectan al proceso de D y que se han ido elaborando a lo largo del trabajo. El orden en que aparecen es el mismo en el que han sido expuestas en el trabajo.

Las cuatro primeras (jerarquía de acento, de duración intrínseca de la vocal, de color y de tensión) señalan características propias de las vocales.

jerarquía de acento, cf. (13) § 2.2

+	-
tónicas	átonas

jerarquía de duración intrínseca de la vocal, cf. (15) § 2.2

+	-
bajas	altas

jerarquía de color, cf. (19) § 2.2

+	-
cromáticas	acromáticas

jerarquía de tensión, cf. (22) § 2.2

+	-
tensas	laxas

La jerarquía de ritmo es de orden distinto a las cuatro precedentes, ya que se refiere al tipo de lengua en el que se dan las Ds:

jerarquía de ritmo, cf. (26) § 2.3.1

+	-
ritmo acentual	ritmo silábico

Las jerarquías restantes delimitan los contextos (en sentido amplio) en los que la D se ve favorecida:

jerarquía de acento de frase, cf. (28) § 2.3.2

+	-
acento principal	acento secundario

jerarquía de estructura silábica, cf. (30) § 2.3.3

+	-
sílaba libre	sílaba trabada

jerarquía de posición del acento, cf. (38) § 2.3.5

oxítonas

paroxítonas ⟩ proparoxítonas

jerarquía de estilos, cf. (39) § 2.3.6

+	-
hiperarticulado	hipoarticulado
lento	allegro

jerarquía de contexto vocálico, cf. (131) § 5.4.10

+		-
(-i, -u)	(-e, -o)	(-a)

jerarquía de contexto segmental, cf. (175) § 5.5.7

+					-
glide	líquidas	fricativas sonoras	oclusivas sonoras	fricativas sordas	oclusivas sordas

Languages of the World/Materials
LINCOM's Descriptive Grammar series

* = already published

Amaya
208 **Embera** (Chocó) Daniel Aguirre
209 **Hiligaynon / Ilonggo** Walter L. Spitz
210 **Lobire** Moses Kwado-Kambou
211 **Fering** (Northfrisian, Germanic) Karen Ebert
212 **Udmurt (Finno-Ugric)** Erberhard Winkler
213 **Ancient Greek** Silvia Luraghi
214 **Chiwere Siouan** N. Louanna Furbee & Jill D. Davidson
215 **Chuckchee (Paleosiberian)** Alexander Volodin
216 **Chiriguano** Wolf Dietrich
217 **Latvian** Nicole Nau*
222 **Tyvan** Gregory Anderson
225 **Slovenian** Ch. Gribble
226 **Nootka** T. Nakayama
227 **Malayalam** Rodney Moag
242 **Modern Scots** Alexander T. Bergs
251 **Xakas** Gregory Anderson*
252 **Old Saxon** James E. Cathey
254 **Saho** (East Cushitic) Giorgio Banti
255 **Udeghe** (Tungus-Manchu) Albina H.Girfanova
256 **Newari/Newar** E. Austin Hale
257 **Tyvan** (Turkic) Gregory Anderson
258 **Biri (Pama-Nyungan)** Angela Terrill*
260 **Ostyak (Uralic)** Irina Nikolaeva
261 **Lingala** Michael Meeuwis
262 **Klallam** Timothy Montler
263 **Manchu** Carsten Naeher
266 **Chuj** Judith Maxwell
267 **Kaqchikel** Judith Maxwell
268 **Urak Lawoi'** David Hogan
269 **Karitiana** L.R. Storto
270 **Sapuon** Pascale Jacq & Paul Sidwell
271 **Oi** Pascale Jacq & Paul Sidwell
272 **Talieng** Pascale Jacq & Paul Sidwell
273 **Bubbure** Andrew Haruna
274 **Romanian** Cynthia M. Vakareliyska
275 **Aragonés** Carlos Inchaurralde
276 **Chagatay** A. Bodrogligeti
277 **Turkish** A. Bodrogligeti
278 **Isleño Spanish** Felice Coles
298 **Gheg** Pandeli Pani
300 **Nuu-chah-nulth (Nootka)** T. Nakayama
301 **Oneida** C. Abbott
302 **Sapuon** P. Jacq & P. Sidwell
303 **Oi** P. Jacq & P. Sidwell
304 **Talieng** P. Jacq & P. Sidwell
305 **Ostyak** I. Nikolaeva
306 **Ottoman** A. Bodrogligeti
307 **Faetar** Naomi Nagy
311 **Juang** Manideepa Patnaik
312 **Karitiana** L. Raccanello Storto
320 **Kawesqar** Oscar Aguilar F.
321 **Turkish** A. Bodrogligeti
322 **Shanghai** Sean Zhu

Languages of the World/Text Collections:

01 **Even- Texts** Andrej Malchukov
05 **Palestinian Texts** Kimary N. Shahin
07 **Tariana Texts** (North Arawak) Alexandra Aikhenvald
08 **Chinook Jargon** Zvjezdana Vrzic
09 **Western Apache Texts** W.de Reuse
11 **Camling -Texts** Karen Ebert
12 **Itelmen - Texts** Jonathan David Bobaljik
14 **A Collection of Laz Spoken Texts (+CD-ROM)** Silvia Kutscher & Nuran Sevim Genç
15 **Saho Texts** Giorgo Banti
16 **Mbay Texts** John M. Keegan

Languages of the World/Text Library:

01 **Minhe Mangghuer Folktales** Zhu Yongzhong, Wang Xianzheng, Keith Slater & Kevin Stuart
02 **Xunhua Salar Folklore** Ma Wie, Ma Jianzhong & Kevin Stuart
03 **Huzhu Mongghul Folklore** Limusishiden & Kevin Stuart
04 **Huzhu Folklore Selections** Limusishiden & Kevin Stuart (eds.)
05 **Die udischen Evangelien der Gebrüder Be**□**anov (1893)** Wolfgang Schulze
06 **Anthology of Menominee Sayings** Timothy Guile
07 **Kawesqar Texts** Oscar Aguilar F.

Languages of the World/Dictionaries:

01 **Minhe Mangghuer - English Dictionary** Wang Xianzheng (*Qinghai Medical College*), Zhu Yongzhong (*Zhongchuan Junior Middle School*), Keith Slater (*Qinghai Junior Teachers' College*), & Kevin Stuart (*University of California, Santa Barbara*)
03 **Dictionary of Mbay** John Keegan*
05 **Dictionary of Sango** Bradford & Bradford
06 **A Dictionary of Negerhollands** Robin Sabino & Anne-Katrin Gramberg
07 **Degema - English Dictionary** Ethelbert Kari
08 **Eudeve Dictionary** David Shaul
09 **A Short Bonan-English Dictionary** Chen Nai-Xiong
10 **A Short Dongsiang-English Dictionary** Chen Nai-Xiong
11 **A Short Mongour-English Dictionary** Chen Nai-Xiong
12 **A Short East Yugour-English Dictionary** Chen Nai-Xiong
13 **A Short Dagour-English Dictionary** Chen Nai-Xiong
14 **Tyvan dictionary** Gregory Anderson
15 **Xakas dictionary** Gregory Anderson
16 **Nhaheun - French - English Lexicon** Michel Ferlus (ed. by P. Jacq & P. Sidwell)
21 **Comparative West Bahnaric Dictionary** P. Jacq & P. Sidwell

Standing orders available for all 4 series

Language and Location in Space and Time

PETR ZIMA & VLADIMÍR TAX (eds.)
Charles University, Prague

This is a collection of papers prepared within the framework of the research project *Communications, Contacts and Barriers in Different Cultures and Regions of Europe and Africa* (IFSC / IZV, Charles University, Prague, Grant Agency of the Czech Republic Project No 403/96/0787). The major part of the papers published within this volume was presented either at the international workshop *Language and its Stratification in Space and Time* held in Prague in 1996, or at various disciplinary (linguistic) and multidisciplinary (sociolinguistic and psycholinguistic) round-tables organized in 1996 and 1997 by this research group in cooperation with the Charles University and the Prague Linguistic Circle. The multidisciplinary character of the project offered even outlooks in philosophical and cognitive aspects of the linguistic expression of existence and its location in space and time. That is why the present volume was prepared in cooperation with a philosopher and a participant from the Max Planck Institute for Sociolinguistics. In spite of the fact that language data and situations dealt with by these papers involve different language types, families and areas deserving different cultures in several regions of two continents, the original versions of certain papers were subject to discussions, and a sort of coordination and homogenisation was attempted. As several authors of the present team are also members of the *Groupement de Recherche Européen No 1172 of the Centre National de la Recherche Scientifique (Paris) "Diffusion Lexicale"* (Caron, Cyffer, Jungraithmayr, Nicolaï, Zima), the main focus of most papers was on languages of the Sahel-Sahara region of Africa. However, contrasting with data from languages of other regions both in Africa (Bantu) and in Europe (Indo-European in general, and Romance or Baltic languages in particular) proved very useful and offered opportunities for attempting more universal conclusions.

Papers presented by Eleonore Adwiraah, Thomas Bearth, Siegmund Brauner, Cecile Canut, Bernard Caron, Norbert Cyffer, Nella Vladimirovna Gromova, Tomáš Hoskovec, Herrmann Jungraithmayr, Robert Nicolaï, Eric Pederson, Zdeněk Pinc, Jan Šabršula, Petr Zima

ISBN 389586 540 0.
LINCOM Studies in Theoretical Linguistics 07.
Ca. 220 pp. Ca. USD 67 / DM 102 / £ 39. 1998/IV.

LINCOM EUROPA

academic publishers

LINCOM EUROPA
Paul-Preuss-Str. 25
D-80995 Muenchen
Germany
FAX +49 89 3148909
LINCOM.EUROPA@t-online.de

Introduction to Linguistic Field Methods
BERT VAUX & JUSTIN COOPER
Harvard University

The present volume addresses the need for an up-to-date, accessible, and comprehensive introduction to the elicitation of linguistic data from native speaker informants. The material, following an introductory chapter surveying the general enterprise of field research, is organized into eight major areas of current linguistic and anthropological interest: Phonetics, Phonology, Morphology, Syntax, Semantics, Sociolinguistics/ Dialectology, Lexicography, and Folklore. The chapters are designed to be covered at a rate of one per week, based on a sixteen-week semester. Each chapter presents basic structures to be elicited, and provides cautionary tales drawn from the experiences of seasoned field workers who have attempted to elicit these structures. These, in turn, are followed by suggested readings and illustrative exercises for each chapter. Emphasis is placed not on developing a theory of field work, but rather on providing enlightening suggestions and entertaining anecdotes designed to guide students down their own personal path to linguistic discovery.

ISBN 3 89586 198 7.
LINCOM Coursebooks in Linguistics 01.
Ca. 240 pp. USD 48 / DM 72 / £ 28. 1998/III.

Coursebook in Feature Geometry
JOHN NEWMAN
Massey University

The *Coursebook in Feature Geometry* is an undergraduate course introducing students to current phonology through a sustained use of the Feature Geometry framework. It is written as a coherent, accessible, and well-illustrated introduction to the key ideas of Feature Geometry, focusing on rules of assimilation. In its 20 units and 40 exercises, it takes the reader step-by-step through the representational devices of Feature Geometry. The *Coursebook* attempts to present the core ideas of Feature Geometry in a unified way, rather than attempting to incorporate the (considerable) debate concerning almost every aspect of the theory. The version of Feature Geometry underlying the *Coursebook* is basically that found in Sagey's The *Representation of features in non-linear phonology* (1990), revised in accordance with the claims of Lahiri and Evans' 1991 article on *Palatalization and coronality*.

The author is Senior Lecturer in the Department of Linguistics and Second Language Teaching, *Massey University*, New Zealand. The author has a PhD in linguistics from the University of California at San Diego.

ISBN 3 89586 102 2.
LINCOM Coursebooks in Linguistics 02.
160pp. USD 39 / DM 64 / £ 25.

Course discounts available!

LINCOM EUROPA

academic publishers

LINCOM EUROPA
Paul-Preuss-Str. 25
D-80995 Muenchen
Germany
FAX +49 89 3148909
LINCOM.EUROPA@t-online.de